中国社会科学院考古研究所

考古学集刊

考古杂志社　编辑
主　编　刘庆柱
副主编　张　静

17

科学出版社
北京

图书在版编目(CIP)数据

考古学集刊. 17 / 刘庆柱主编. —北京:科学出版社,2010. 3
ISBN 978-7-03-026836-5

Ⅰ. ①考… Ⅱ. ①刘… Ⅲ. ①考古学-中国-丛刊 Ⅳ. ①K87-55

中国版本图书馆 CIP 数据核字(2010)第 030702 号

责任编辑:宋小军 / 特邀编辑:顾智界 / 责任校对:林青梅
责任印制:赵德静 / 封面设计:陈 敬

科学出版社 出版
北京东黄城根北街 16 号
邮政编码: 100717
http://www.sciencep.com

中国科学院印刷厂 印刷

科学出版社发行 各地新华书店经销

*

2010 年 3 月第 一 版 开本:787×1092 1/16
2010 年 3 月第一次印刷 印张:13 3/4 插页:17
印数:1—1 200 字数:319 000

定价:98.00 元

(如有印装质量问题,我社负责调换)

考古学集刊

第17集

目　　录

KAOGUXUE JIKAN

(Papers on Chinese Archaeology)

No. 17

Contents

山东平度东岳石遗址发掘报告

中国社会科学院考古研究所山东队
青岛市文物局　平度市博物馆

内容提要：1993 年秋冬之际对东岳石遗址进行的第二次发掘，虽然揭露的面积不大，发现的遗迹不多，但却出土了较为丰富而单纯的文化遗物，从而使我们对后来据以定名为“岳石文化”原始依据的本来面貌有了直观而真切的了解。

此次发掘出土的文化遗物，包括陶器、石器和骨角器等，虽然完整和可复原的器物不是很多，但从大量碎片中大致能看出器形者则不在少数，各种器类都比较齐全，足以反应“岳石文化”的基本面貌，其中尤以陶网坠的数量最多，可见渔业捕捞在当时的经济生活中占有何等重要的地位。

东岳石遗址所处的地理位置，恰好在胶东低山丘陵的西部边缘种胶莱平原东部边缘的交汇地带，与照格庄的距离较远且路途崎岖，与郝家庄的距离较近且路途平坦。因而其文化内涵与照格庄差别较大而与郝家庄比较接近，如照格庄最具特色的乳头形甗足和有三个舌形足的子口罐，在东岳石则基本不见，而东岳石的所有器类包括不见于照格庄的有三个矮足的小鼎，绳纹罐和舟形器等，在郝家庄的遗存中几乎都能见到。因此，就类型划分而言，东岳石遗址无疑应该划归“郝家庄类型”。

关键词：淄阳河水库　东岳石遗址　岳石文化　郝家庄类型

平度市位于胶东半岛的西北部，青岛市的西北隅。东岳石遗址坐落在平度市北大泽山镇东岳石村东南，淄阳河水库的东北部台地上，东靠大泽山，南依大泽山支脉高望山和明堂山，西北两面地势比较平坦。南距平度市约 30 公里。遗址现存面积东西长约 200 米，南北宽约 100 米，总面积约 20000 平方米。遗址于 1959 年修筑淄阳河水库时发现（图 1）。

1960 年中国科学院（现中国社会科学院）考古研究所山东工作队对遗址进行第一次发掘，发掘面积 200 余平方米。出土了大量的陶器、石器、骨器和蚌器，主要器形有腰部和裆部饰附加堆纹的甗，腹部带凸棱的尊形器，盘内带凸棱的豆和有蘑菇状捉钮的器盖等。石器有半月形石刀和石铲等。由于当时对典型龙山文化了解不够，可供

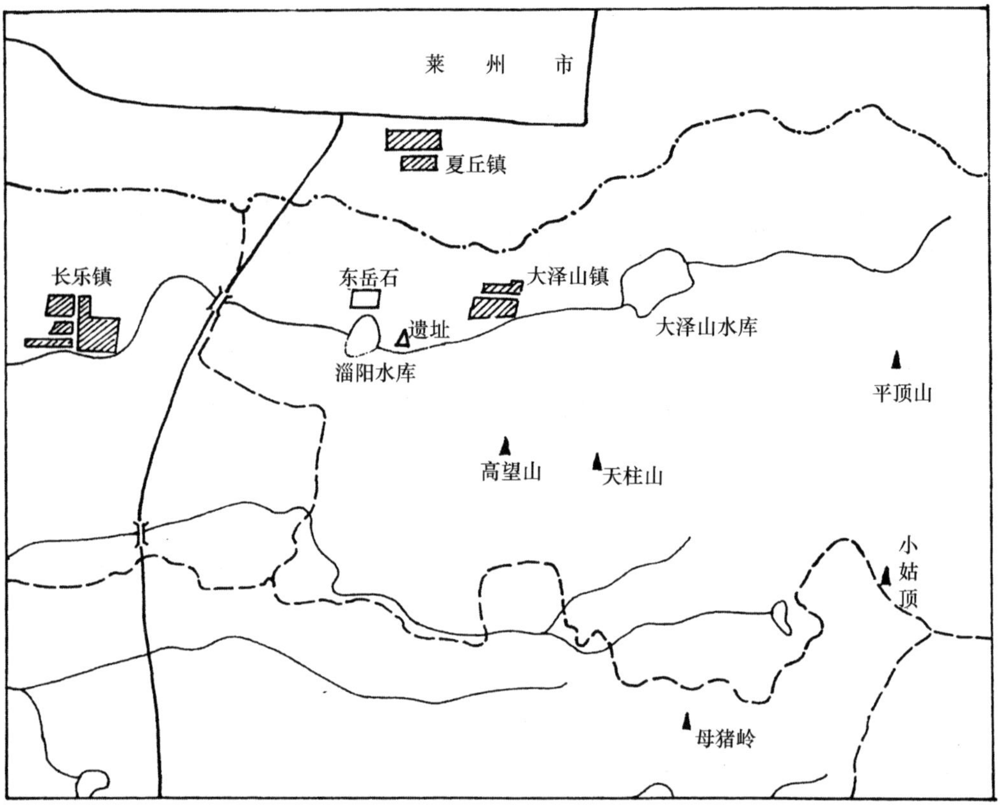

图1 东岳石遗址位置示意图

比较的资料不多，故把东岳石遗址出土遗物仍归入龙山文化之中〔1〕。直到20世纪80年代初，考古学家根据大量的考古资料证实，东岳石遗址所代表这类古文化遗存的文化面貌，特别是出土的陶器造型与风格都别具一格，与山东龙山文化有很大的差别，学术界遂将这类文化遗存定名为“岳石文化”〔2〕。1984年青岛市人民政府将东岳石遗址公布为市级文物保护单位。1992年山东省人民政府又将东岳石遗址公布为省级文物保护单位。2006年国家文物局公布为全国文物保护单位。在此期间，中国社会科学院考古所山东队、北京大学考古学系和青岛市文物局等有关单位又多次调查这一遗址。鉴于目前遗址保存现状，为了更进一步探讨东岳石遗址的文化内涵，由中国社会科学院考古所山东队、青岛市文物局、平度市博物馆联合组成考古队，对东岳石遗址进行第二次发掘。发掘工作自1993年10月23日开始，至11月25日结束，历时34天。遗址分东西发掘区，共发掘探方13个，西部编号为（T104～T604），东部编号为

〔1〕 中国科学院考古研究所山东发掘队：《山东平度东岳石村新石器时代遗址与战国墓》，《考古》1962年第10期。

〔2〕 严文明：《龙山文化和龙山时代》，《文物》1981年第6期。

（T1014、T1015、T1016、T1114、T1115、T1116、T1215）。连同扩方，共揭露面积近280平方米（图2）。

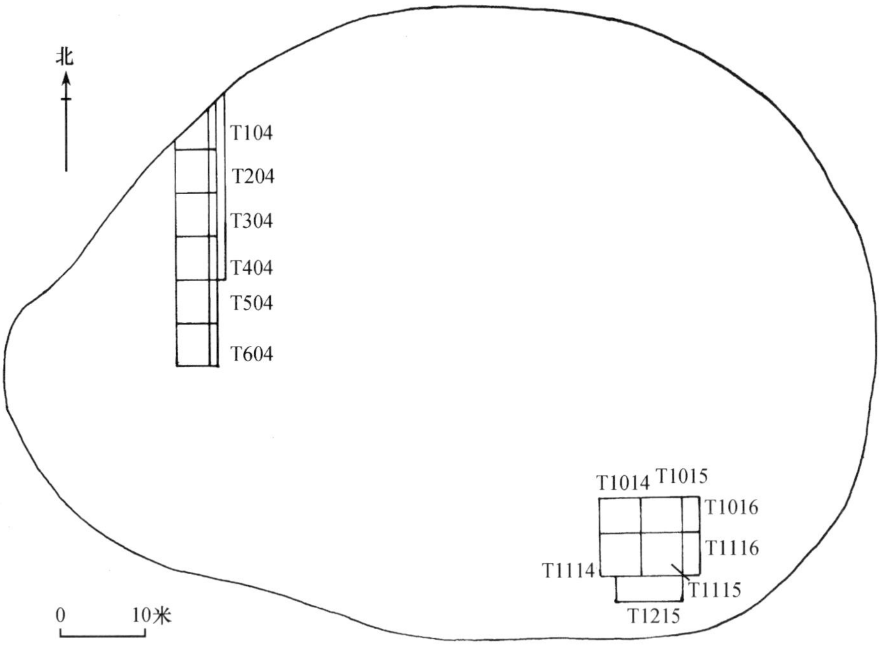

图2　东岳石遗址第二次发掘探方示意图

一　地层堆积情况

本次发掘的13个探方分东西两区，其中T104～T604等6个探方位于发掘区的西部，T1014～T1215等7个探方位于发掘区的东部。东西两区的地层堆积有一定的区别，西区耕土层下有三层文化堆积，其北部第2层下为一条灰沟（编号G1）打破第3层堆积。东区耕土层下有四层文化堆积。东区各探方实际上布在一个大坑之上，因而地层堆积相对较厚而单纯。现分别以T304、T404、T504东壁，T1015、T1115、T1215东壁剖面为例，介绍遗址堆积情况。

（一）T304、T404、T504东壁（图3）

第1层：耕土层，黄色土；厚0.10米～0.50米。

第2层：岳石文化层。灰褐色土，土质坚硬紧密，含有较多的烧土粒，深0.10米～1.20米，厚0.25米～0.85米。出土遗物有石器、陶片、兽骨等。陶片以褐陶为主，其次为灰陶，可辨器形有尊形器、器盖、罐、豆等。本层下面遗迹有灰坑1个（H1），灰沟1条（G1）。

第3层：岳石文化层。灰色土，深0.35米～2.25米，厚0.50米～1.15米，根据

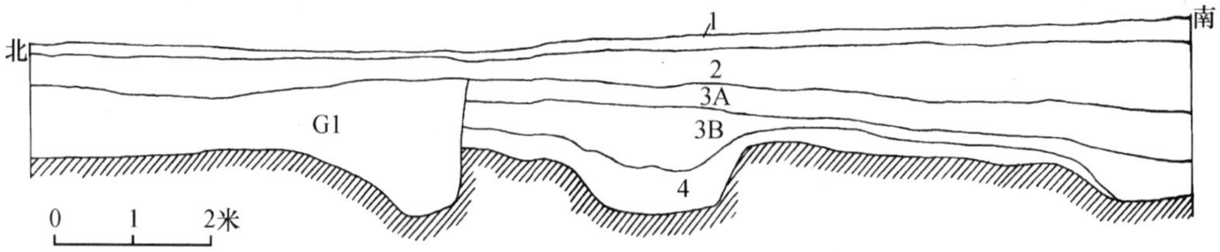

图3 T304、T404、T504 东壁剖面图

土质土色的不同又可分为两小层。3A 层，深灰色土，土质略软，夹杂有木炭屑、灰土块及红烧土粒，厚0.25 米～0.60 米。出土遗物有石器、骨器、陶片、兽骨等。陶片中以褐陶为主，其次为灰陶，另有少量黑陶和红陶，可辨器形在甗、罐、器盖、豆、盆、尊形器等。3B 层，黄灰色土，土质松软，夹杂有烧土粒、草木灰及黄土块，厚0.10 米～0.80 米,出土遗物较少，陶片与3A 层类似。

第4 层：岳石文化层。黑灰土，土质松软，内含较多的草木灰及少量红烧土粒，深1.15 米～2.20 米，厚0.10 米～0.55 米。本层呈锅底状，中间厚，两侧薄。出土遗物有石器、骨器、陶片及兽骨等。陶片中以灰陶为主，其次为褐陶，可辨器形有甗、罐、尊形器、器盖、豆等。

第4 层以下为生土。

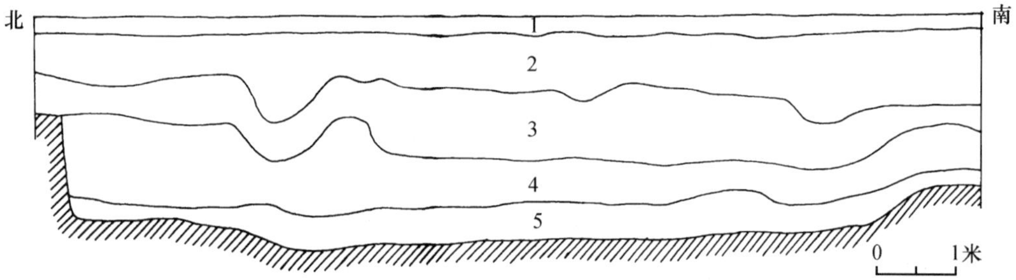

图4 T1015、T1115、T1215 东壁剖面图

（二）T1015、T1115、T1215 东壁（图4）

第1 层：耕土层。黄色土，土质较软，厚0.15 米～0.25 米。

第2 层：岳石文化层。棕灰色土，土质较硬，含红烧土粒、炭屑等，深0.15 米～1.35 米，厚0.50 米～1.05 米。出土遗物有石器、骨器、陶片、兽骨等。陶片以灰陶和褐陶为主，黑陶较少，可辨器形有罐、尊形器、甗、豆、器盖、网坠等。本层下开口遗迹有灰坑1 个（H2）。另有1 个不能判明性质及用途的红烧土遗迹。红烧土遗迹位于T1015 东南部和T1115 北部，堆积厚0.20 米～0.36 米，其中有长0.10 米～0.25 米的大块，也有由碎小颗粒结成的小块。有些地方胶结为一体，有些则相当零散。

第3 层：岳石文化层。灰褐色土，土质松软，含有大量的红烧土粒及炭屑等，深0.80 米～1.90 米，厚0.25 米～1.00 米。出土遗物有石器、骨器、陶片及兽骨等。陶片以褐陶为主，其次为灰陶，另有少量黑陶，可辨器形有罐、尊形器、盆、甗、舟形器、器盖、豆、网坠等。

第4层：岳石文化层。浅灰色土，土质松软，含炭屑较多，夹杂有淤土条及沙土条，深1.20米~2.50米，厚0.35米~1.20米。出土遗物有石器、骨器、陶片、兽骨等。陶片以灰陶为主，其次为褐陶，黑陶较少，可辨器形有罐、甗、盆、舟形器、尊形器、器盖、网坠等。

第5层：岳石文化层。上部为灰褐色土；近底部为深黄色土，土质较黏，含有较多的铁锈及少量炭屑等。深2.00米~2.90米，厚0.15米~0.50米。出土遗物有石器、骨器、陶片、兽骨等。陶片以褐陶为主，其次有灰陶，可辨器形有尊形器、罐、器盖、网坠等。

5层以下为生土。

二 遗 迹

（一）灰坑

共发现灰坑2个（H1、H2）

H1位于T204西部，开口于第2层下，打破灰沟（G1）及生土，坑口距地表0.50米，呈椭圆形，坑壁略直，坑底凹凸不平。坑口南北径2.52米，东西径1.80米，坑深0.40米。坑内堆积为松软的灰土，夹杂有略呈白色的灰土条和灰土块。内含兽骨和少量陶片，并出土小件器物4件，其中器盖1件，骨锥2件，骨笄1件（图5）。

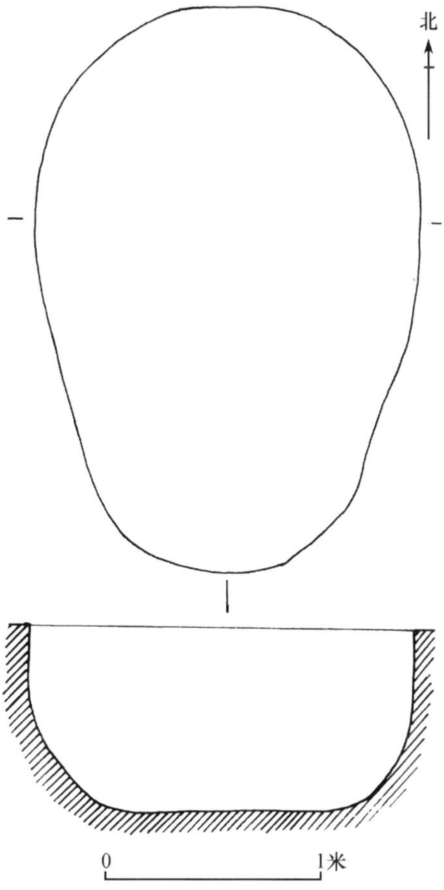

图5　H1平、剖面图

H2位于T1015西南部，开口于第2层下，打破第3层，坑口距地表0.65米。坑口呈近圆角长方形，坑壁斜直，底部较平，坑口南北长1.10米，东西宽0.80米。坑内堆积为灰褐色土，较硬，底部有厚约0.10米的含沙土层。出土陶片26片，主要为灰陶和褐陶，大多难辨器形（图6）。

（二）灰沟

G1位于T104、T204、T304东部，南至T404北隔梁下，北至T104断崖。灰沟南北向，开口于第2层下，在T404北部打破第3、第4层，在T104、T204、T304内沟下即为生土（图7）。沟为长条形，口大底小，呈圜底状，

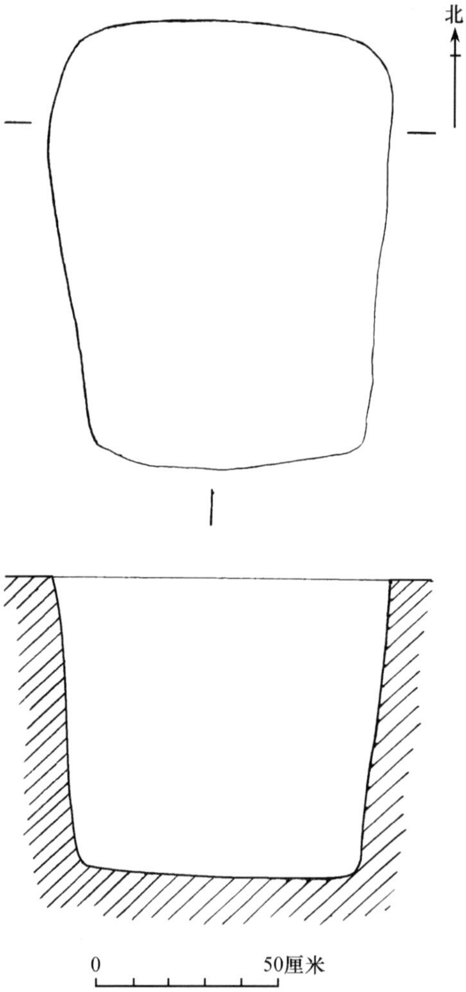

图6　H2平、剖面图

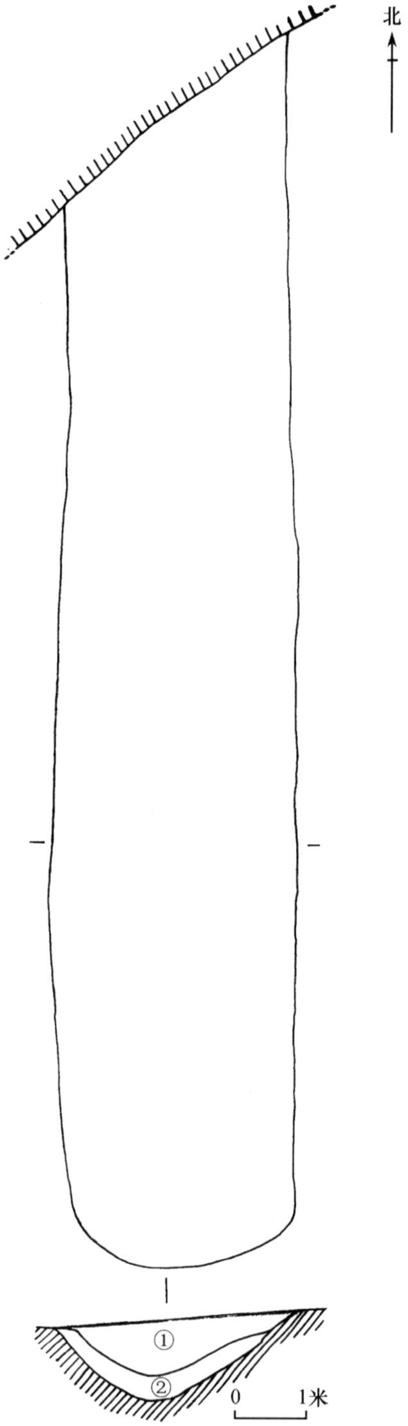

图7　G1平、剖面图

沟壁呈斜坡状，未发现加工痕迹。现存长 16 米，宽 3.00 米～3.40 米，深 0.90 米～1.70 米，北部高，南部低，沟口距地表 0.50 米。沟内堆积分两层，以 T304 南壁为例，第 1 层厚 0.90 米，灰褐色土，土质松软，含有大量的红烧土粒、木炭屑等，出土陶片较多；第 2 层厚 0.80 米，浅灰色土，土质稍硬，含红烧土粒较少，木炭屑，沙粒较多，出土陶片较少。沟内出土遗物有石器、骨器、陶片、兽骨等。陶片中夹砂陶多于泥质陶。夹砂陶中以褐陶为主，其次为灰陶，黑陶较少，但陶色不纯，一器多色现象比较普遍。器表以素面为主，常见纹饰有附加堆纹、细绳纹、划纹。泥质陶中以灰陶为主，其次为褐陶，黑陶较少。器表以素面为主，纹饰有凸棱纹、弦纹、乳丁纹、方格纹等。可辨器形有尊形器、罐、盒、盆、豆、器盖、甗等。

三　遗　　物

（一）陶器

本次发掘共出土陶片 24379 片，其中完整及可复原的陶器 176 件，内有陶质容器 85 件，陶网坠 91 件。与 1960 年第一次发掘相比，新增器类有大口罐、小口罐、高领罐、圈足罐、绳纹罐、深腹盆、折腹盆、三足盆、深盘豆、覆碗形器盖、无钮器盖、盘形钮器盖、碗、瓮等，加上第一次发掘时已发现的鼎、甗、中口罐、子口罐、三足罐、浅盘豆、平底尊、圈足尊、舟形器、盒、蘑菇钮器盖、杯等，器类更加丰富，器物的形制也较多样，数量也较前有所增加，其中以器盖、平底尊、豆、各种罐、盒等最为常见。器物造型以平底器最多，包括罐、盒、碗、深腹盆、尊形器等，三足器和圈足器次之，包括鼎、甗、三足罐、三足盆、豆、圈足罐、圈足尊等。

陶质分泥质和夹砂两大类，夹砂陶约占总数的 76%；泥质陶约占总数的 24%；可以辨别出器形的陶片中，夹砂陶约占总数的 28%，泥质的约占总数的 72%，完整及可复原的器物中，夹砂的约占总数的 63%，泥质的约占总数的 37%，前者包括占完整及可复原陶器总量半数以上的陶网坠。夹砂陶中有夹沙砾、夹云母和夹滑石三种，而以前者居多，后两种或在一件器物中兼而有之。夹砂陶器类有鼎、甗、各种罐、舟形器、碗、器盖、瓮、深腹盆、盅等。泥质陶的原料大多未经淘洗，含少量细砂。少量经过淘洗的杯、罐、器盖等，质地比较细腻坚硬，表面光亮，器类有平底尊、圈足尊、豆、器盖、折腹盆、三足盆、三足罐、盒、中口罐、子口罐等。

陶器的颜色主要有褐、灰、红、黑四种。夹砂陶以灰褐和红褐为主，次为灰色，也有一定数量的黑色和红色。多数器物一器多色，往往器表和陶胎呈现不同的颜色，器表色泽斑驳不一。泥质陶以灰色为主，次为黑色和褐色，红色少量。多数泥质陶器的表面经过磨光处理。有一定数量的黑皮陶，陶胎多呈灰色或褐色，表里如一的极少。

陶器的制作工艺主要有手制和轮制两种，形体较小的器物多数用手捏制，器形较大者往往用泥条盘筑法制作，口颈部或经慢轮修整，器表内、外多数有篦状刮擦痕迹。泥质和夹细砂陶器多用快轮制作，器形规整、厚薄均匀，往往留有明显的轮制痕迹。

复杂的器形如鼎、豆、三足罐、三足盆等，多采用分体制作然后黏接在一起的方法制作。甗的腰部和裆部，往往附加泥条，并在其上加饰纹样，起到加固和装饰的作用。豆盘的底与柄的结合部位往往刻划多道细、浅沟槽，以增大其黏合力。三足罐、三足盆等和豆的制作方法大致相同，分别制作上体和圈足，待黏合到一起后，再将圈足切割成三足。

陶器的纹饰主要有附加堆纹、弦纹、凸棱、几何形纹等，刻划纹、戳刺纹、乳丁纹、连珠纹、网格纹、按窝纹等的数量也比较多，还有少量绳纹、方格纹和镂孔纹。部分器盖内壁有布纹，纹理较细。1件瓮的底部有席纹。个别豆盘内壁有红色条形彩绘。

附加堆纹主要见于甗的腰部和裆部。罐和瓮的口部、颈部、腹部和底部，其上往往再加印绹索纹、戳刺纹、按窝纹、折线纹、网格纹、十字纹、三角纹等几何纹样。

弦纹主要见于豆柄，器盖的钮部、盖面，盒的口部，罐的肩部和腹部，盆的腹部，三足罐的足部等。

凸棱主要见于平底尊、圈足尊的腹部，子口罐的口部，豆盘内壁，盒和器盖的口部等。

几何形纹常见与附加堆纹同出。乳丁纹多见于器盖的顶部，罐的颈、腹部和舟形器的腹部。形式多样，有两两并列或两两对称的，有多个等距离分布的，有的则与弦纹相结合。

连珠纹仅见于1件残陶器的折棱上，系用较细的空心管戳印而成。

绳纹数量较少，仅见于罐的腹部，纹理较细密、散乱，印痕较浅。

方格纹数量也较少见，见于罐的腹部，有拍印和压印两种制法，前者形成的纹样多较散乱，且部分重叠，后者则较清晰整齐（图8）。

镂孔的数量极少，有长方形和圆形两种，前者见于1件圈足尊之足部，四个镂孔等距离分布，后者见于1件甗腰的残片。

另有少量横耳和管状耳。因残破较甚，不知属于何种器物。

现将各种器物分类介绍如下：

平底尊　完整及复原者共12件，另有可分出个体的器底及腹片共35件。均为泥质陶，轮制，器表大多经过磨光处理。通体呈杯状，子母口，平底，底缘外凸。依据器形的不同，分四式。

Ⅰ式：3件。子口微敛，下腹稍内收，底缘外凸不明显。T1115⑤：123，磨光灰陶。平底微内凹，上下腹各饰凸弦纹一周。口径13.2厘米，底径9.2厘米，高13.7厘米（图9-1；图版1-1）。T1115⑤：138，黑皮灰胎。腹微鼓，上腹饰两周凸弦纹。口径10.6厘米，底径8.5厘米，高14.4厘米（图9-2）。

Ⅱ式：4件。上腹微鼓，下腹内收。H1：5，黑皮陶。上腹饰凹弦纹一周，下腹近底部饰凹弦纹两周。口径11.8厘米，底径8厘米，通高13.2厘米（图9-3）。T1115③：33，黑皮灰胎。子口微敛。口径12.4厘米，底径8.5厘米，通高13.5厘米（图9-4；图版1-2）。

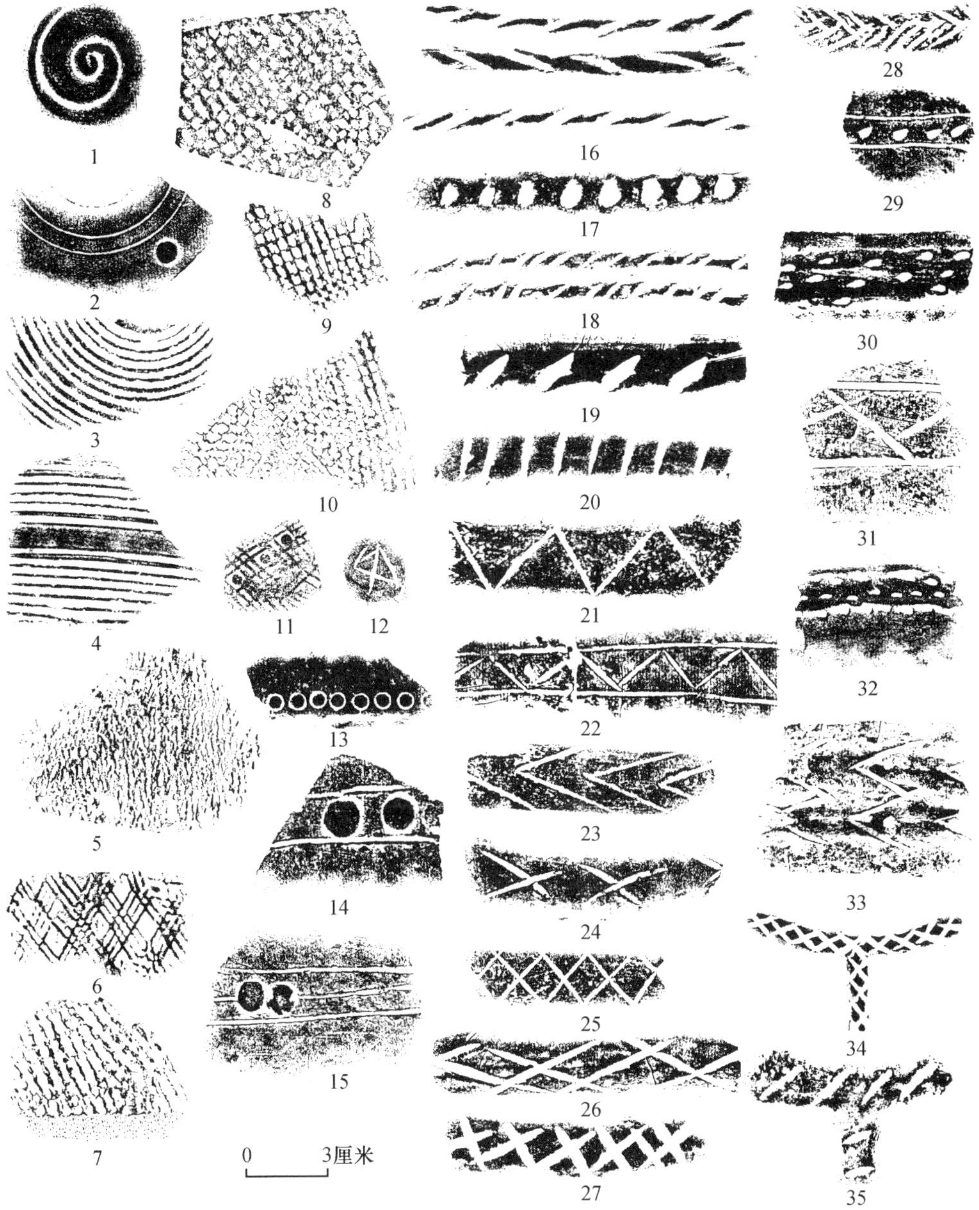

图8 陶器（片）纹饰拓本

1. T404③A∶27 2. T404③A∶28 3. T1016③A∶36 4. T1114③A∶59 5. T1115④∶197 6. G1①∶78 7. T1114②∶60 8. T404③C∶29 9. T1115③∶193 10. T404④∶10 11. G1①∶79 12. T1215②∶62 13. T1114③∶61 14. T1116③∶82 15. T1215③∶84 16. G1①∶72 17. T1115⑤∶200 18. G1①∶80 19. T1115④∶198 20. T1115⑤∶201 21. T1115⑤∶202 22. T1116⑤∶83 23. T1115⑤∶203 24. T404③A∶30 25. T1015③∶45 26. T1115③∶194 27. T1115③∶195 28. T304②∶4 29. T1115③∶196 30. T1115④∶199 31. T404③∶62 32. T1114④∶63 33. T1215④∶86 34. T1215③∶70 35. T1215③∶85

Ⅲ式：3件。上腹较直，下腹内收较甚，底沿外突明显。T404③A：13，灰褐陶。下腹饰凹弦纹一周。口径11.5厘米，底径8.8厘米，通高12.7厘米（图9-5）。T1115③：67，磨光灰陶。底微内凹。口径12.6厘米，底径8.5厘米，通高13.7厘米（图9-6；图版1-3）。

Ⅳ式：2件。上腹微鼓，下腹内收较甚，底较小。T1015③：26，灰陶。子口较直。上腹饰一周、下腹饰两周凹弦纹。口径12.3厘米，底径7.5厘米，通高14.3厘米（图9-7；图版1-4）。T404③A：12，磨光灰陶。子口微敛。上、下腹各饰一周凸弦纹。口径11.6厘米，底径7厘米，通高13.7厘米（图9-8）。

圈足尊　未见完整器及整体复原者，修复上体4件，另有圈足4件。均为泥质。轮制。上体外形近似平底尊，唯口径较大，子口微内凹，突棱较明显，上腹内凹，下腹较浅。G1①：37，磨光灰陶。腹部饰两周凹弦纹。足残。口径14厘米，残高10.7厘米（图9-9）。G1①：36，灰胎黄褐陶。腹部饰一周凸弦纹。底部及圈足均残。口径14.4厘米，残高9.7厘米（图9-10）。G1①：39，褐胎黑皮陶。足上饰凸弦纹一周，其上有四个等距离的方形镂孔。底径10.4厘米，残高4厘米（图9-11）。T404②：25，圈足。磨光灰陶。底径12厘米，残高3.8厘米（图9-12）。

盒　完整及复原者共11件，另有1件底残缺。均为泥质陶。大部轮制。素面居多。依据器形的不同，分五型。

A型　2件。子口微敛，深腹，平底。分二式。

Ⅰ式：1件。T1115⑤：118，灰胎黑皮陶。子口甚矮，口下突棱薄而锐，腹部陶胎较厚。口径11.5厘米，底径6.2厘米，通高4.7厘米（图10-1）。

Ⅱ式：1件。T1116④：67，灰陶。子口略长，突棱圆钝。口径10.8厘米，底径6厘米，通高5.37厘米（图10-2；图版2-1）。

B型　5件。子口较高，腹较浅，平底。分四式。

Ⅰ式：2件。G1①：16，黄褐陶。底部有轮制切割痕迹。口径9.7厘米，底径6.5厘米，通高5.8厘米（图10-3）。G1①：76，壁斜直，底有残。口径13.6厘米，底径10.2厘米，通高6厘米（图10-4）。

Ⅱ式：1件。G1①：26，灰陶。唇沿微起棱，子口中部有一周凸弦纹。平底较大微内凹。口径10.5厘米，底径9厘米，高5.2厘米（图10-5）。

Ⅲ式：1件。G1①：15，灰胎黑皮陶。子口微侈。其上饰一周凸弦纹。平底微内凹。口径10.2厘米，底径8.6厘米，通高7厘米（图10-6；图版2-3）。

Ⅳ式：1件。G1①：18，黄褐陶。子口高且直，唇略厚，唇下一周凹弦纹，平底。口径10厘米，底径6.3厘米，通高6.2厘米（图10-7）。

C型　1件。G1①：17，灰陶。手制。侈口，折腹，平底较厚。口径11.2厘米，底径7厘米，通高5厘米（图10-8）。

D型　2件。矮子口，浅腹，平底较大，整体较矮。G1①：19，灰陶。底部有泥片贴筑痕迹。口径12.4厘米，底径11.2厘米，通高8厘米（图10-9；图版2-2）。G1①：27，黄褐陶。子口微敛，底有残，底部有轮制切割痕迹。口径13.5厘米，底径

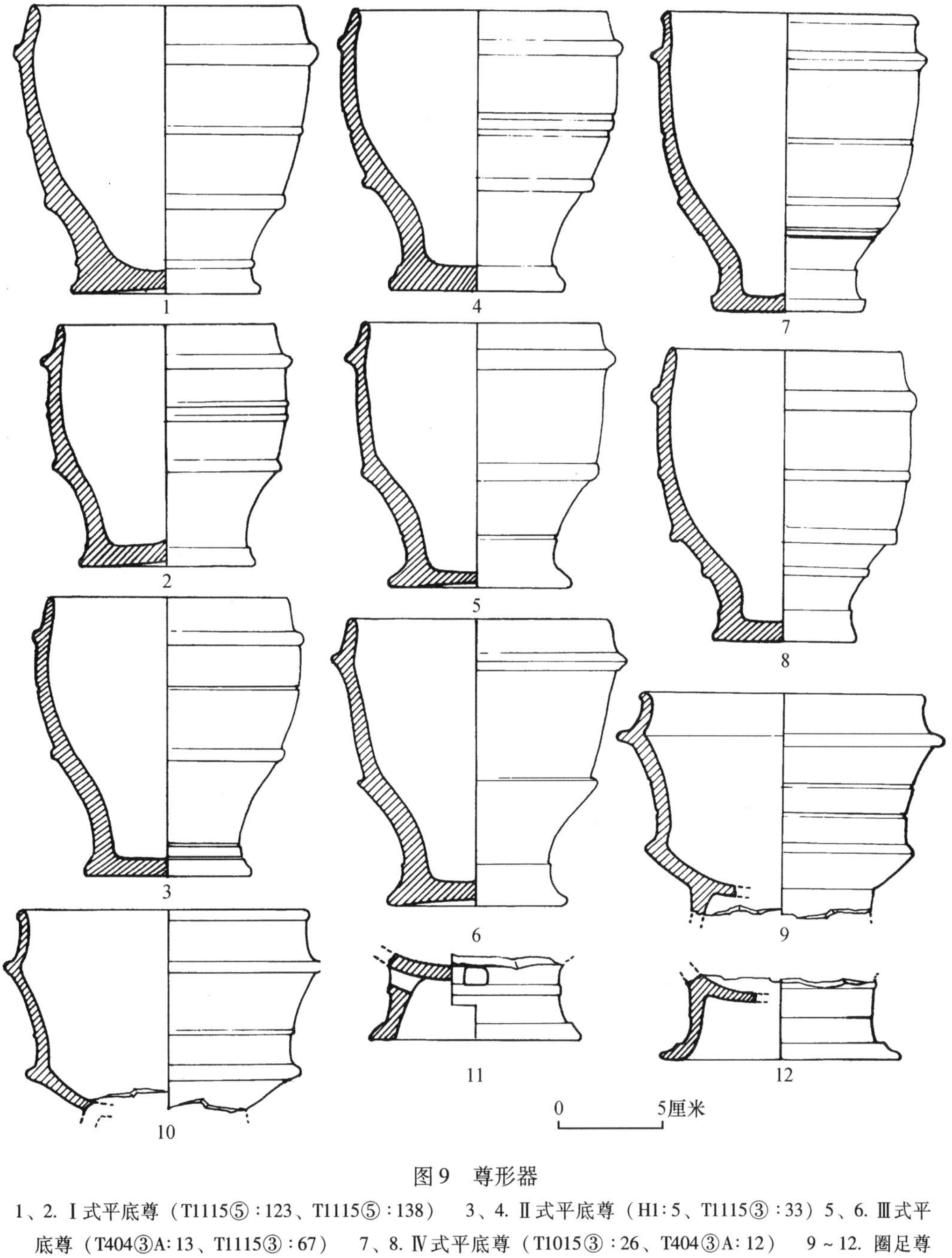

图9　尊形器

1、2. Ⅰ式平底尊（T1115⑤：123、T1115⑤：138）　3、4. Ⅱ式平底尊（H1：5、T1115③：33）5、6. Ⅲ式平底尊（T404③A：13、T1115③：67）　7、8. Ⅳ式平底尊（T1015③：26、T404③A：12）　9～12. 圈足尊（G1①：37、G1①：36、G1①：39、T404②：25）

12厘米，通高3.8厘米（图10-10）。

E型　2件。子口较高，下腹微内凹，平底略小。G1②：25，磨光灰胎黑皮陶。底有残。口径11.5厘米，底径7.5厘米，通高7.3厘米（图10-11；图版2-4）。G1①：

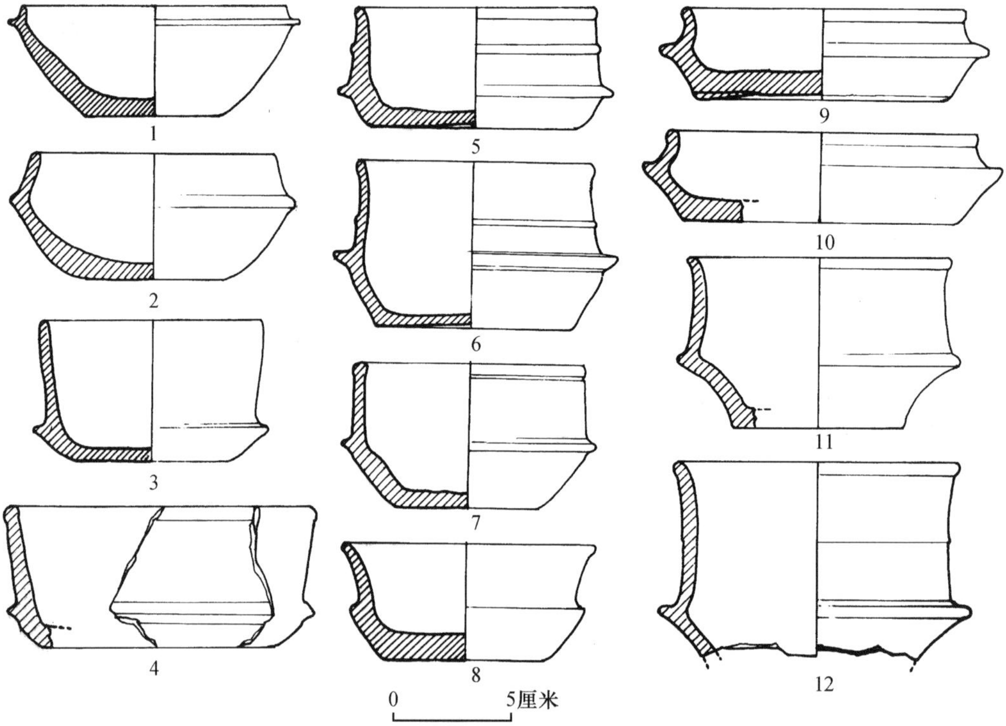

图10 陶盒

1. AⅠ式（T1115⑤：118） 2. AⅡ式（T1116④：67） 3、4. BⅠ式（G1①：16、G1①：76） 5. BⅡ式（G1①：26） 6. BⅢ式（G1①：15） 7. BⅣ式（G1①：18） 8. C型（G1①：17） 9、10. D型（G1①：19、G1①：27） 11、12. E型（G1①：25、G1①：62）

62，泥质黄褐陶。轮制。底残缺。口径12.5厘米，残高8.5厘米（图10-12）。

折腹盆 3件。底均残缺。泥质陶。轮制。上腹磨光，饰两周凸弦纹。T1116④：71，灰陶。腹部折棱略显。口径21厘米，残高9.3厘米（图11-1）。G1①：66，褐胎黑皮陶。腹部折棱明显。口径21厘米，残高8.6厘米（图11-2）。

盂形器 1件。T604④：15，泥质灰陶。轮制。口沿部分断残经磨平露出胎心，腹饰一周凹弦纹。口径8.8厘米，底径5.1厘米，高5.8厘米（图11-3）。

碗 3件。大敞口，斜直腹，平底。T1115③：46，夹砂红褐陶，内壁下部呈黑色。底稍残。口径22厘米，底径11厘米，通高8.2厘米（图11-4）。T104②：3，夹砂黑陶，局部红褐色。唇沿稍外撇，底稍残。口径19.7厘米，底径10.2厘米，通高7.6厘米（图11-5）。T1215②：3，夹砂红褐陶，局部黑灰色。器表有篦状刮擦痕迹。口径15厘米，底径7厘米，高7.3厘米（图11-6；图版1-6）。

盅 3件。皆夹砂陶，手制。T1115④：114，褐色陶。含滑石。直口平唇，腹壁斜直，平底微内凹。口径5.2厘米，底径4.3厘米，通高5.2厘米（图11-7）。T1115④：137，灰褐陶。含滑石。口微侈，腹壁较直，下腹内收，平底较厚。器表凹凸不平。口

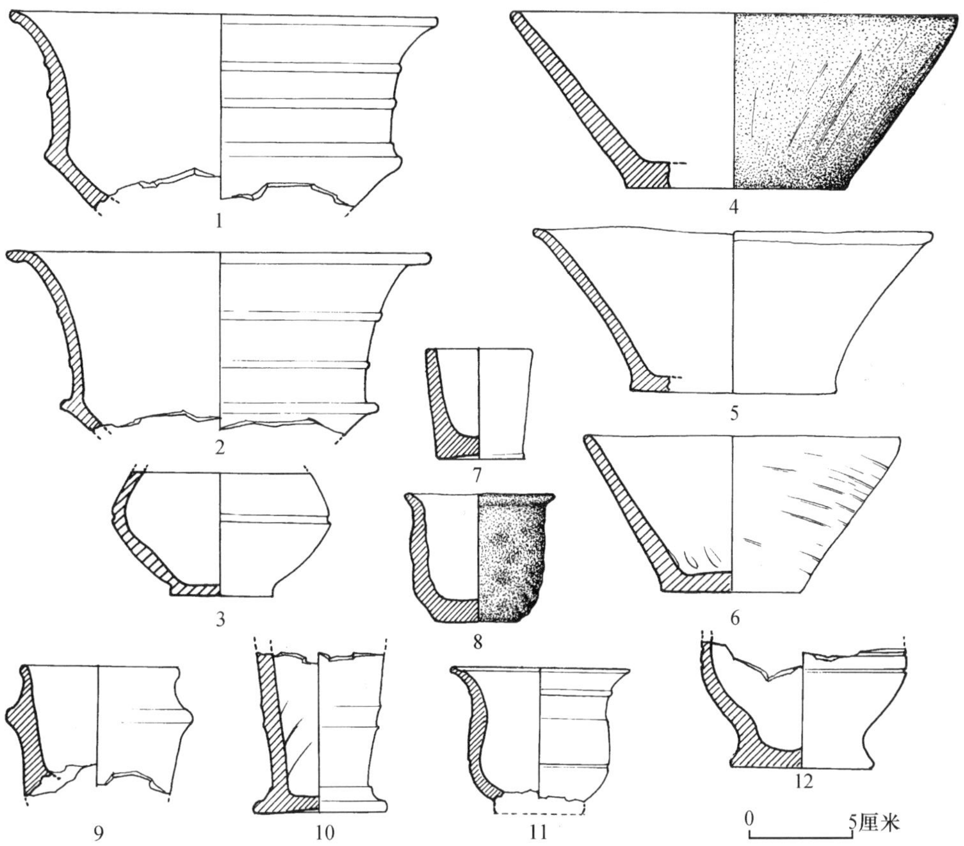

图 11　陶器

1、2. 折腹盆（T1116④：71、G1①：66）　3. 盂形器（T604④：15）　4～6. 碗（T1115③：46、T104②：3、T1215②：3）　7～9. 盅（T1115④：114、T1115④：137、T204②：3）　10～12. 杯（T1116⑤：73、T1115④：143、T1115②：182）

径 7.3 厘米，底径 4.2 厘米，通高 6 厘米（图 11-8）。T204②：3，泥质灰陶。子口圆唇，外侧有凸棱一周。底残缺。口径 7.6 厘米，残高 6 厘米（图 11-9）。

杯　6 件。均残。泥质陶。轮制。T1116⑤：73，磨光灰陶。深腹较直，平底微内凹，底缘外凸。口部残缺。腹部饰两周凸弦纹。底径 6.5 厘米，残高 7.7 厘米（图 11-10）。T1115④：143，磨光灰陶。侈口束颈，腹微鼓，底残缺。颈部一周凸弦纹，腹部一周凹弦纹。口径 8.7 厘米，残高 65 厘米（图 11-11；图版 2-5）。T1115②：182，灰褐胎黑皮陶。腹微鼓，下腹内收，小平底，底沿外凸呈假圈足状。口残。腹饰两周凹弦纹。底径 7 厘米，残高 5.8 厘米（图 11-12）。

舟形器　完整者 1 件，另有残器底 8 件。均为夹砂陶。手制。T1115③：127，灰褐色。整体窄长，口微侈，呈椭圆形，腹壁斜直，平底较窄，呈长椭圆形。器身有刮抹痕迹。口径 22.8 厘米～34 厘米，底径 9.8 厘米～24 厘米，通高 16 厘米

（图12-1；图版1-5）。T1114④：43，灰褐色。器身略呈长方形。上腹两周凹弦纹，弦纹之间有乳钉（图12-2）。T1215③：60，红褐陶，局部黑色。底部边沿外突（图12-3）。T1215④：75，灰褐色，陶色不纯。近底部有两周凹弦纹（图12-4）。

器盖　完整及较完整者51件。分六型。

A型　完整及较完整者37件，其中实心蘑菇钮36件，空心蘑菇钮1件。均为泥质陶。轮制。盖面隆起平缓，周边棱缘较明显，子口较直。分三式。

Ⅰ式：完整者8件。捉钮较宽厚，棱角突出，钮顶有小平面。T1115⑤：131，灰陶。子口边沿起凸棱，钮顶一周凹弦纹，盖面上下两组四周凹弦纹。口径12厘米，通高7.3厘米（图13-1）。T1116③：24，泥质磨光灰陶。钮顶一周凹弦纹，盖面上下两组各两周凹弦纹。口径14.5厘米，通高8厘米（图13-3；图版3-2）。T1015③：19，灰胎黑陶。钮顶一周凸弦纹，盖面上下两组各两周凹弦纹。口径12.8厘米，通高6.5厘米（图13-2）。

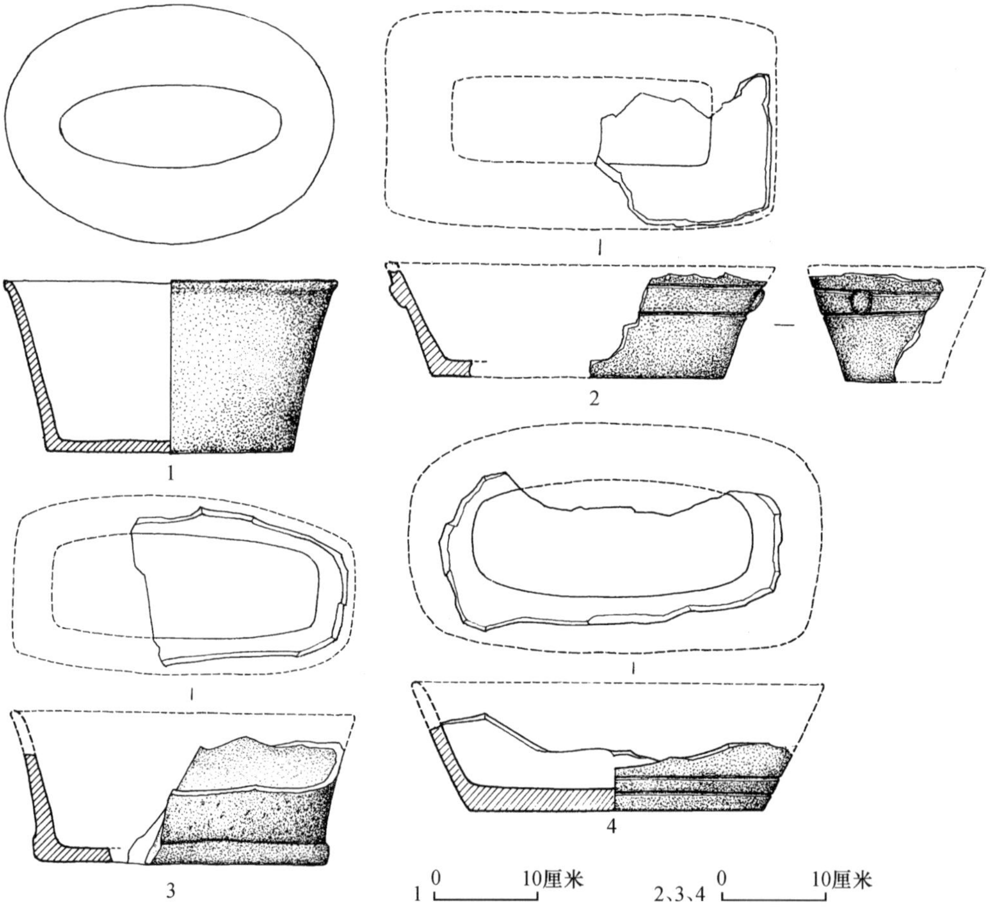

图12　舟形器

1. T1115③：127　2. T1114④：43　3. T1215③：60　4. T1215④：75

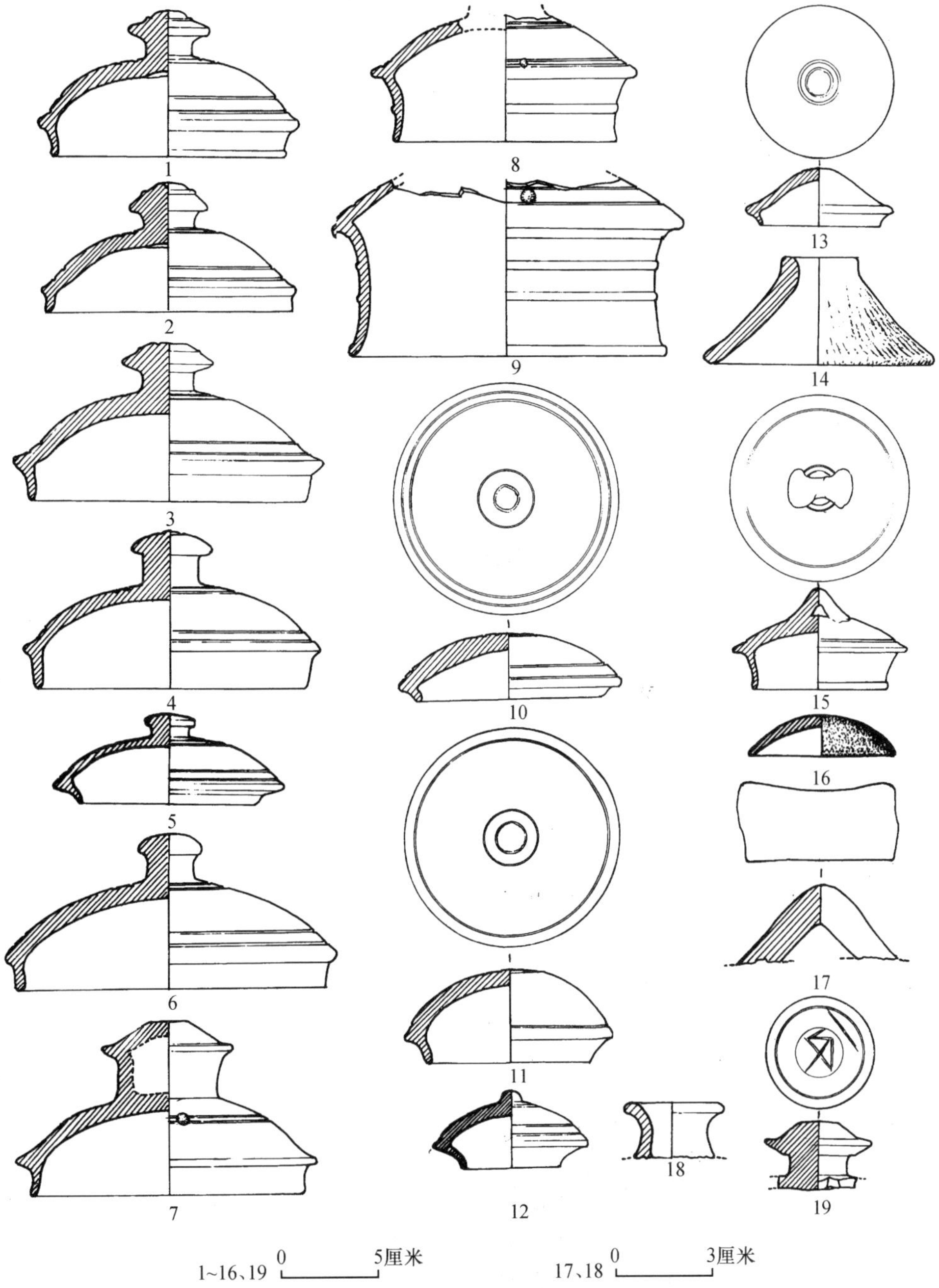

图 13　器盖

1～3. AⅠ式（T1115⑤：131、T1015③：19、T1116③：24）　4～6. AⅡ式（T1115③：42、T1215 ③:59、T1115③：56）　7. AⅢ式（G1①：1）　8. FⅠ式（G1②：56）　9. FⅡ式（G1①：41）　10. BⅠ式（T1114④：30）　11. BⅡ式（H1：1）　12. D型（T1115③：85）　13. BⅢ式（T1215②：56）　14. G型（G1①：14）　15. E型（G1①：2）　16. C型（T1116④：39）　17～19. 盖钮（G1①：64、G1①：57、T1215②：62）

Ⅱ式：完整者9件。捉钮径略小，顶面凸起略呈半圆形。T1115③：42，磨光灰陶。盖顶饰一周凹弦纹，盖面上下两组各饰两周凹弦纹。口径14.4厘米，通高8厘米（图13-4）。T1215③：59，灰陶。圆饼状矮钮，顶面较平。盖面上下两组各饰两周凹弦纹。矮子口内敛明显。口径9.1厘米，盖径12厘米，通高4.5厘米（图13-5）。T1115③：56，灰陶。盖面上下各饰两周凹弦纹。口径16厘米，通高7.7厘米（图13-6）。

Ⅲ式：1件。G1①：1，黄褐陶，局部灰色。空心蘑菇形钮，颈粗且高，顶面隆起有平台。盖面中部饰两周凹弦纹，其上有两个对称的小圆泥钉。口径14.3厘米，通高8.8厘米（图13-7；图版3-1）。

B型　完整者7件。无钮。分三式。

Ⅰ式：完整者1件。T1114④：30，泥质灰陶。轮制。子口微敛，盖面隆起较平缓。顶部及边缘各饰两周凹弦纹。口径9.5厘米，通高3.3厘米（图13-10）。

Ⅱ式：完整者5件。H1：1，泥质磨光灰陶。轮制。盖面隆起较高。顶部饰两周、边缘一周凹弦纹。口径8.5厘米，通高4.6厘米（图13-11；图版3-5）。

Ⅲ式：完整者1件。T1215②：56，泥质灰陶。手制。子口微敛。顶部饰两周凹弦纹。口径6厘米，通高2.9厘米（图13-13；图版3-6）。

C型　1件。T1116④：39，夹砂灰陶。含云母。手制。素面。覆碟形。无子口。器形较矮小。口径7.7厘米，通高2厘米（图13-16）。

D型　完整者1件。器形较小。T1115③：85，泥质黑皮陶。轮制。乳钉形钮，盖面边沿较突出，子口内敛较甚。钮边一周、盖面周边两周凹弦纹。口径5厘米，通高3.9厘米（图13-12；图版3-3）。

E型　1件。G1①：2，泥质灰褐陶。盖身轮制，钮为手制。桥形钮由两边对接而成。盖面边沿突出较明显，子口较高，边沿微凸起。钮下两周凹弦纹，盖面近边一周凹弦纹。口径7厘米，通高5.1厘米（图13-15；图版3-4）。

F型　5件，捉钮皆残缺。高子口，微向内曲。分二式。

Ⅰ式：G1②：56，磨光灰褐陶。子口中部饰凹弦纹一周，盖面上下两组各饰两周凹弦纹，下边一组凹弦纹之上残留一个小乳钉。口径11.5厘米，残高6厘米（图13-8）。

Ⅱ式：G1①：41，磨光灰褐陶。子口较高，其上饰两周凸弦纹，盖面残留两周凹弦纹，其间饰一个小乳钉。口径16厘米，残高8.9厘米（图13-9）。

G型　1件。G1①：14，夹砂灰褐陶。手制。似覆碗形，盖顶透空。大口径12厘米，小口径4厘米，通高5.4厘米（图13-14；图版2-6）。

此外，遗址中还出土了数量较多的残捉钮，其中以实心蘑菇形钮居多，另有空心蘑菇形钮、桥形钮、盅形钮等少量。G1①：64，桥形钮（图13-17）。G1①：57，盅形钮（图13-18）。另有1件实心蘑菇形钮，钮顶有刻划符号，T1215②：62（图13-19）。

豆　均残。豆盘较完整者11件，另有圈足6件，皆泥质陶。轮制。以豆盘之不同分为五型。

A型　浅盘式。11件。盘心起一周突棱，依突棱位置不同分为三式。

Ⅰ式：1 件。盘心突棱偏上。T1115④：185，灰陶。盘柄分界不明显，盘柄交界处饰一周凸弦纹。圈足残。盘径 17 厘米，残高 7 厘米（图 14-1）。

Ⅱ式：9 件。盘心突棱居中。T1115③：151，磨光灰胎黑皮陶。柄稍粗，其上饰两周凸弦纹。足残。盘径 19 厘米，残高 11.2 厘米（图 14-2）。T404③A：15，红褐胎黑皮陶。盘内有彩绘，为两条平行之红色线条。柄略细，足残。口径 17 厘米，残高 6 厘米（图 14-3）。T1115②：149，灰胎黑皮陶。柄残后磨平继续使用。盘径 17.5 厘米，残高 3.7 厘米（图 14-4）。

Ⅲ式：1 件。盘心突棱偏下。T504③C：25，灰胎黑皮陶。盘底较平。柄残后略加磨制继续使用。口径 19.5 厘米，残高 3.6 厘米（图 14-6）。

此型豆之柄多为喇叭形圈足。其上往往饰多道凸弦纹。T1116③：20，磨光红褐陶。盘残。底径 15.2 厘米，残高 14.5 厘米（图 14-5）。

B 型　1 件。深盘式。盘身相对略深。T1215②：57，黄褐陶。盘内不起棱，盘外壁微内凹略呈双腹状。柄较细，断残后磨平继续使用。盘壁交界处及柄上各饰两周凹弦纹。口径 16 厘米，残高 9 厘米（图 14-7）。

C 型　3 件。G1①：61，黄褐陶。沿略残。盘内有凸棱，盘外壁微鼓，柄略粗，下部残缺。其上残留凸弦纹一周。残高 5.6 厘米（14-8）。T404③A：17，灰陶。盘残。圈足外撇较甚，其上一周凸弦纹。底径 13 厘米，残高 7.5 厘米（图 14-9）。

D 型　1 件。折盘式。G1①：35，黄褐陶。外表磨光。直口平唇，盘壁微内凹，折棱明显。柄上部饰两周凹弦纹，下部残。口径 12 厘米，残高 6.6 厘米（图 14-10）。

E 型　1 件。T1115⑤：147，灰胎黑皮陶。直口圆唇，盘壁较直略呈子母口状。突棱明显，柄上部几与盘径等粗，其下向内斜收。底及柄下部均有残缺。口径 18 厘米，残高 8 厘米（图 14-11）。

鼎　无完整器及可复原者。有夹砂和泥质两类。均手制。T1115③：150，泥质黑皮陶。圜底，近三角形矮足，足外侧正中有竖向沟槽。残高 4.2 厘米（图 15-8）。T1016③：34，凿形残足，残长 5 厘米（图 15-9）。G1①：58，夹砂红褐陶。手制。舌形足，足外侧中部有竖向凹槽，其两侧饰斜向刻划纹，残长 7.3 厘米（图 15-10）。

甗　无完整器及可复原者。仅存甗腰及甗足部分。皆夹砂陶。大多为手制，有一些袋足较规整，可能是模制的。其上体部分不易辨认，与夹砂陶罐难以区分。腰部以下亦多残破，腰及裆部皆施以附加泥条，其上再施以各种纹饰，甗足所见有袋状空足和带实足尖的两种。

T1115⑤：171，夹细砂黑灰陶。腰部饰附加堆纹，其上有刻划之斜向划纹。并有一圆形镂孔。腰部断残后略经磨平。腰径 9.6 厘米，残高 4.7 厘米（图 15-1）。T1115④：173，夹细砂灰褐陶。腰及裆部饰附加堆纹，其上有半圆形按窝纹。腰部断残后复经磨平。腰径 11 厘米（图 15-2）。T1215③：70，夹砂黑皮陶。腰较细，其横断面近似三角形。腰及裆部饰附加堆纹，其上有刻划之网格状纹。器表有篦状刮痕。腰单边长 6.4 厘米，残高 5.2 厘米（图 15-3）。T1115③：166，夹细砂黑褐陶。腰及裆部饰附加堆纹，其上

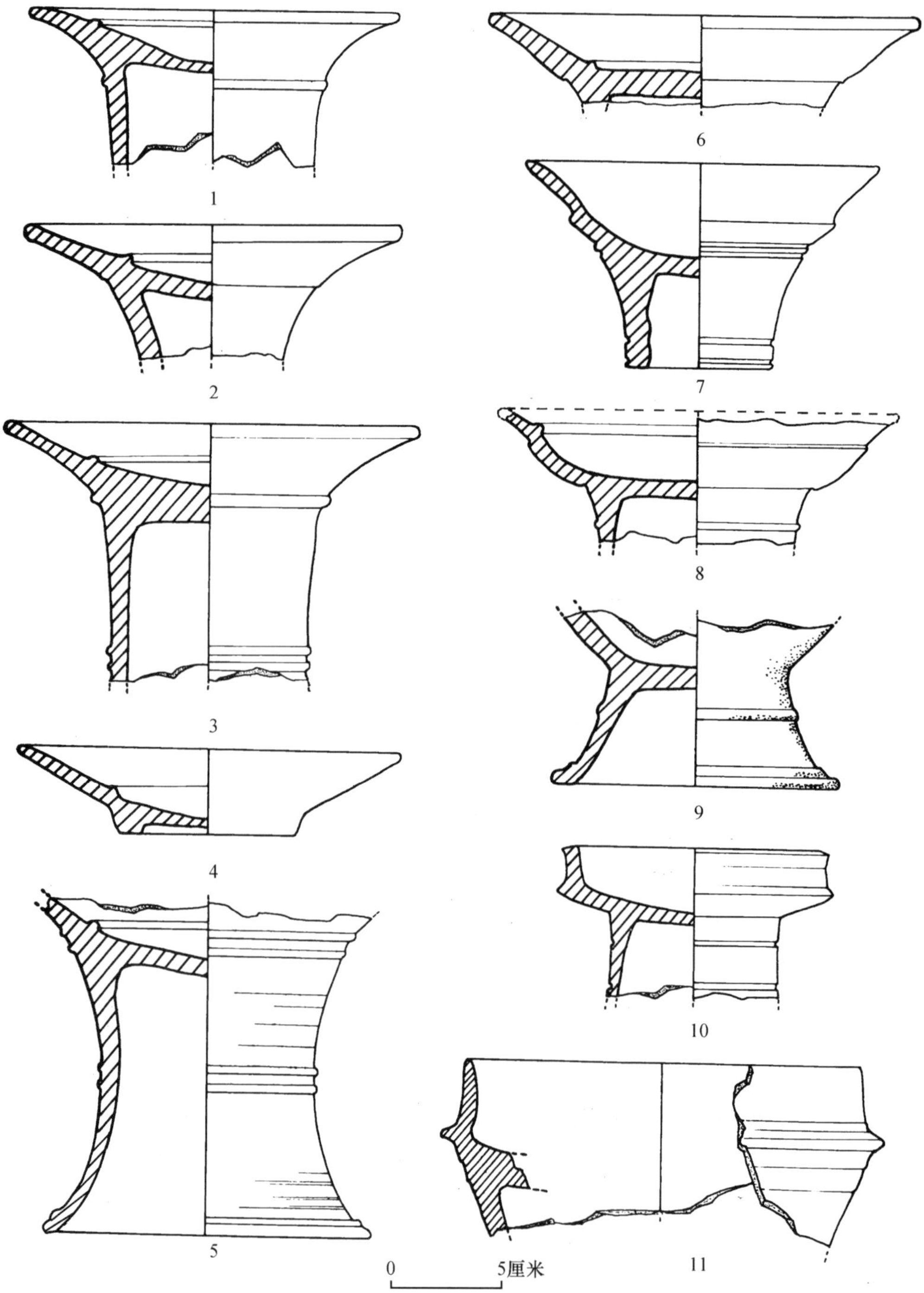

图 14 陶豆

1. A Ⅰ式（T1115④：185） 2～5. A Ⅱ式（T1115③：151、T404③A：15、T1115②：149、T1116③：20） 6. A Ⅲ式（T504③C：25） 7. B 型（T1215②：57） 8、9. C 型（G1①：61、T404③A：17） 10. D 型（G1①：35） 11. E 型（T1115⑤：147）

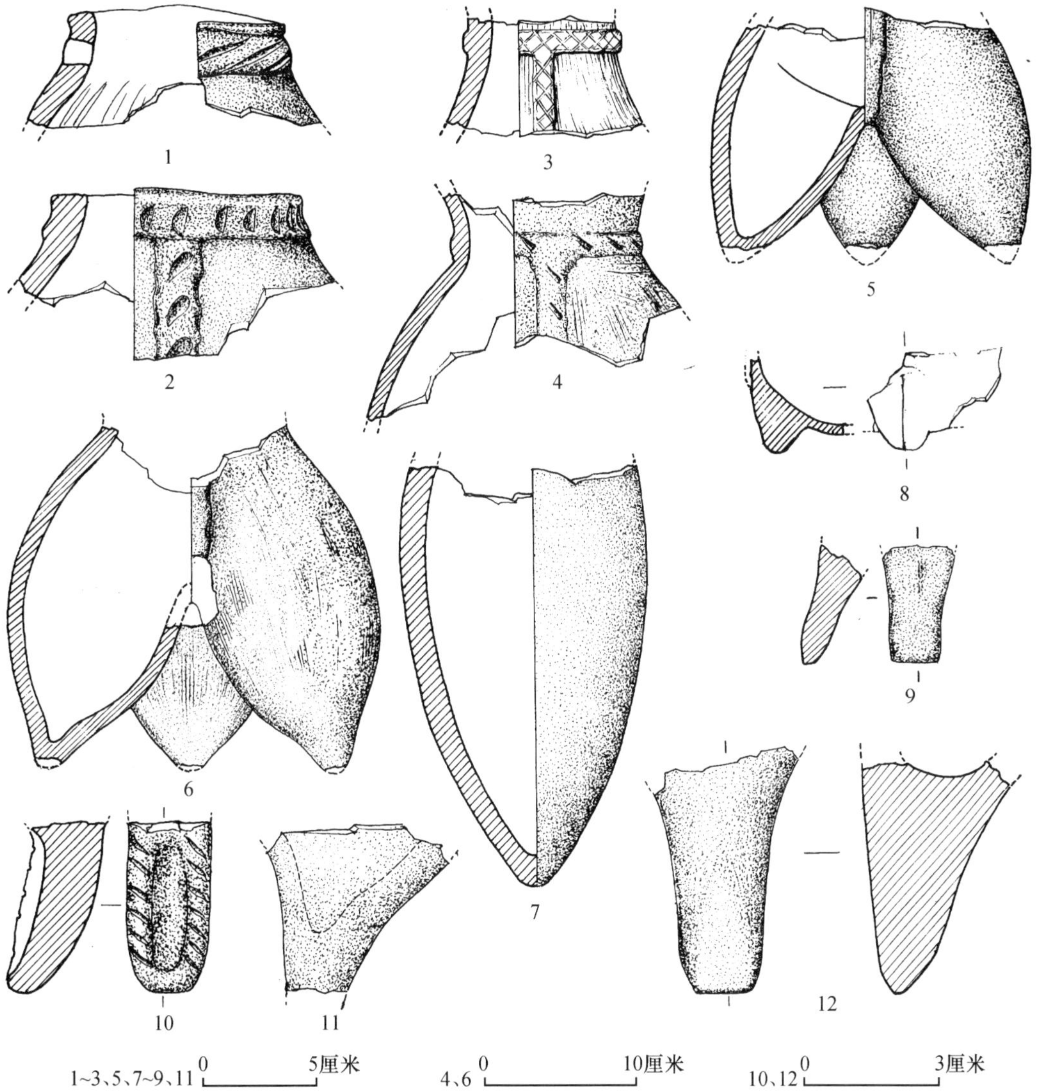

图 15　陶器

1～4. 甗腰（T1115⑤：171、T1115④：173、T1215③：70、T1115③：166）　5～7、11、12. 甗足（T1115⑤：168、T604③：25、T1115④：169、T1116④：74、T1215②：83）　8～10. 鼎足（T1115③：150、T1016③：34、G1①：58）

有戳印之楔形纹，器表有篦状刮痕。腰径 12 厘米，残高 14.5 厘米（图 15-4）。

甗足　有袋状足和带实足尖的两种。

T1115⑤：168，夹砂灰胎黑皮陶，含云母。腰部以上残，裆部有附加泥条，袋足较肥，足尖残。残高 10 厘米（图 15-5）。T604③：25，夹砂灰褐陶，含少量云母。腰部以上残，裆部有附加泥条，袋足肥硕，其上有篦状刮痕，足尖微残。残高 21.8 厘米（图 15-6）。T1115④：169，夹砂黑褐陶，含云母。袋足瘦高。残高 18 厘米（图 15-7）。T1116④：74，夹砂灰褐陶，含云母屑，局部黑色。有实足尖，尖端残。残高 7.3 厘米

(图15-11)。T1215②:83，夹砂灰褐陶，含云母。为凿形实足尖。残高6.2厘米(图15-12)。

大口罐　无完整器及可复原者。口径在30厘米以上，最大者超过半米。仅存口沿及腹上部者有以下四种。

T1215⑤:76，夹砂灰褐陶，含滑石。手制。侈口，折肩，颈部饰三周凹弦纹，器表有篦状刮痕。颈以下残。口径36厘米，残高8.5厘米(图16-1)。

T1114④:45，夹细砂红褐陶，含少量滑石。手制。口微侈，方唇，唇外沿有斜向刻划纹，颈较高，颈下一周附加堆纹，其上亦有斜向之刻划纹。器内外均有篦状刮痕。口径34厘米，残高17厘米(图16-2)。

T404③A:21，夹砂红褐陶，含云母。手制，轮修。侈口，圆唇，束颈，颈部饰两周凸弦纹。腹下部残缺。口径36厘米，残高19.5厘米(图16-3)。

T1114②:44，夹砂红褐陶，含云母，手制。侈口，叠唇，溜肩。肩以下残缺。口径46厘米，残高14.2厘米(图16-4)。

中口罐　未见完整器及可复原者。口径约在20厘米。仅存口沿及上腹部分者有以下三种。

T1115⑤:174，夹砂灰褐陶，含少量云母。手制。侈口，束颈，溜肩。口沿外侧有刻划之网格状纹。肩部以下残缺。口径18厘米，残高6.5厘米(图16-5)。

T1015③:43，夹砂黑陶，含滑石。手制。侈口，圆唇，折肩，颈肩之际饰一周凹弦纹。腹下部残缺。口径19厘米，残高10.5厘米(图16-6)。

T1115③:165，夹砂黑陶。手制。侈口，斜方唇，溜肩。器表颈部及内壁有刮擦痕迹。腹下部残缺。口径18厘米，残高11.5厘米(图16-7)。

小口罐　完整及可复原者2件。口径约10厘米上下。依器形之不同可分为二式，另有2件残器。

Ⅰ式：G1②:23，灰褐色，局部黑灰色。手制。侈口，唇外卷，折肩，腹圆鼓，大平底。颈外部有竖向篦状刮痕，腹上部饰两个对称的乳钉。口径11.8厘米，底径8.3厘米，通高11.7厘米(图16-9；图版4-3)。

Ⅱ式：T1215②:69，夹砂陶。灰褐色。用泥片贴筑法制成。侈口，圆唇，束颈，溜肩，腹微鼓，口径与腹径略等，平底，底略残。器壁内外均有篦状刮痕。口径9.5厘米，通高14厘米(图16-10)。

残器　2件。T1215②:71，泥质磨光灰陶。轮制。口微侈，叠唇，唇沿面有一周凹弦纹，短颈。腹中部以下残缺。口径10厘米，残高4.8厘米(图16-8)。G1①:34，夹砂红褐陶。手制。近直领较高，溜肩，腹微鼓。腹壁内外有刮擦痕迹。腹下部残缺。口径12.7厘米，残高21厘米(图16-11)。

圆腹罐　4件。皆残。T1115④:186，夹细砂褐胎黑皮陶。手制。侈口，圆唇，束颈，鼓腹，素面。下腹残缺。口径15厘米，残高11.4厘米(图17-4)。T1115④:141，夹细砂黑陶。手制。口微侈，有短颈，圆肩，鼓腹，素面。腹中部以下残缺。口径16厘米，残高11厘米(图17-1)。T1115③:120，夹砂黑陶，含云母。手制。口微

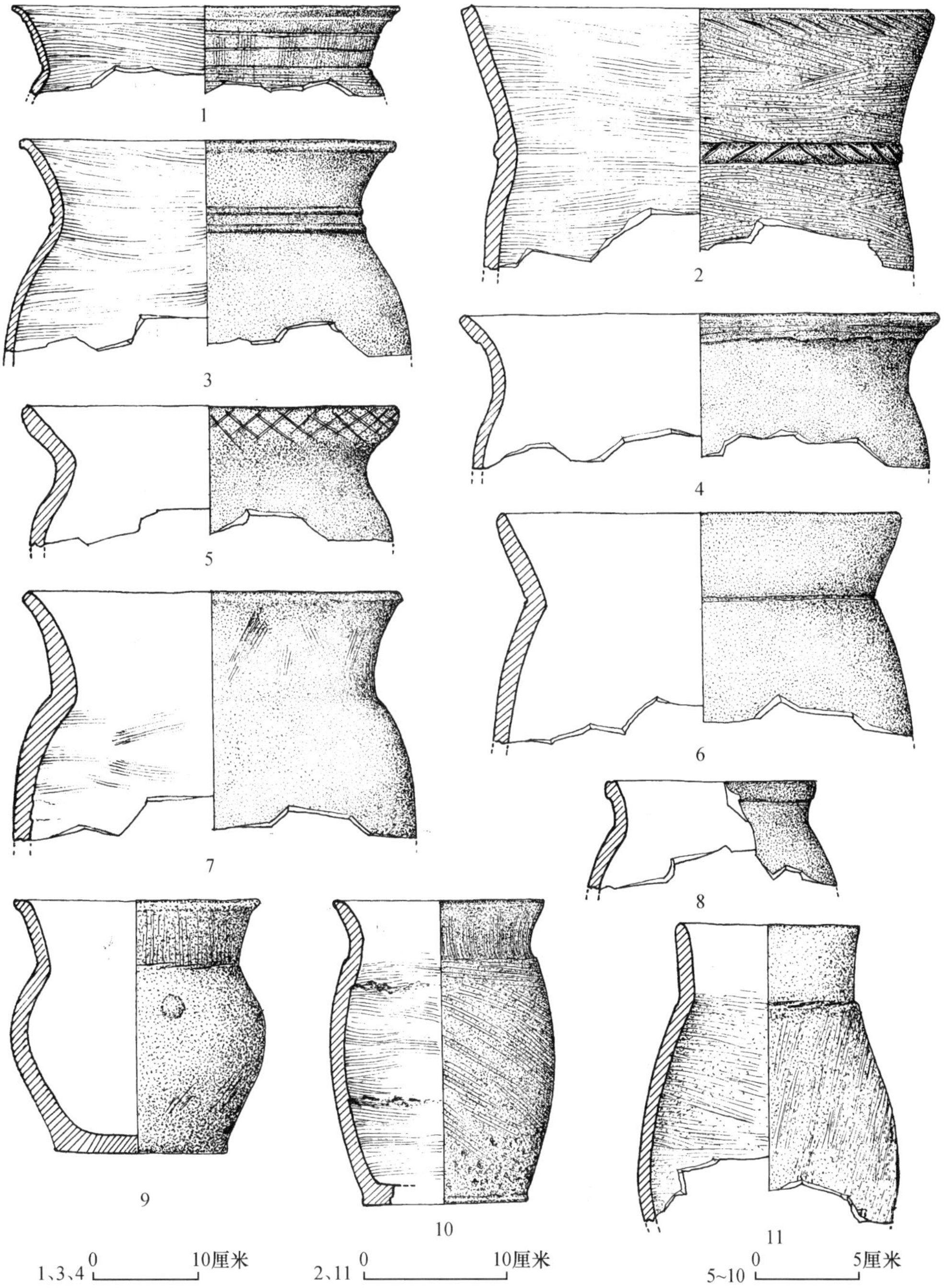

图16　陶罐

1～4. 大口罐（T1215⑤：76、T1114④：45、T404③A：21、T1114②：44）　5～7. 中口罐（T1115⑤：174、T1015③：43、T1115③：165）　8、11. 残小口罐（T1215②：71、G1①：34）　9. Ⅰ式小口罐（G1②：23）　10. Ⅱ式小口罐（T1215②：69）

侈，有短颈，下腹残缺。口径9厘米，残高7厘米（图17-3）。另有夹砂小圆腹罐1件。G1①：45，夹细砂红褐陶。轮制。口微侈，束颈，溜肩，颈饰一周凸弦纹，腹饰两周凹弦纹。底残缺。口径8.8厘米，口径7.2厘米（图17-2）。

有领罐　皆残。T1115⑤：193，夹砂黑陶，含滑石。手制。口微侈，溜肩，肩部以下残缺。口径19厘米，残高7.3厘米（图17-5）。T1115④：187，夹砂黑陶，含云母。手制。口近直，斜尖唇，短颈，溜肩，素面。腹下部残缺。口径11.5厘米，残高7.5厘米（图17-6）。G1①：38，泥质灰褐胎黑皮陶。轮制。近直口，沿外卷，颈部饰一周凸弦纹，肩部饰刻划之网格状纹。肩部以下残缺。口径18厘米，残高5.5厘米（图17-7）。

绳纹罐　1件，残。G1①：47，夹砂灰陶，含云母。手制，轮修。口近直，圆唇，鼓腹，最大腹径偏上。颈部以下饰竖向细绳纹，肩部又经刮抹。下腹残缺。口径18厘米，残高23.7厘米（图17-10）。

圆腹盆　未见完整及可复原者。皆为侈口、圆唇、束颈、溜肩。T1016③：33，夹细砂灰褐胎黑皮陶。手制，轮修。素面。腹下部残缺。口径24厘米，残高12.4厘米（图17-9）。G1②：28，泥质灰胎黑皮陶。轮制。颈部饰两周凸弦纹，腹部一周凹弦纹。腹下部残缺。口径28厘米，残高9.7厘米（图17-8）。

泥质平底小罐　共4件。完整及复原者。依据器形的不同，分为四型。另有4件虽残，但大致可以看出器形。皆轮制。

A型　1件。T1015④：36，灰胎黑皮陶。口微侈，圆唇，鼓腹，平底。颈、腹部各饰两周细凸弦纹。口径10.4厘米，底径5.3厘米，通高10.8厘米（图18-1；图版4-2）。

B型　1件。T604④：12，灰胎黑皮陶。侈口，束颈，圆腹，平底微凸，当心微内凹。颈肩之际饰一周凸弦纹，腹中部饰三周凹弦纹。口径11.5厘米，底径6.2厘米，通高10厘米（图18-2）。

C型　1件。G1①：77，灰胎黑皮陶。口微侈，沿外翻，颈较直，腹微鼓，大平底。颈、肩部各饰一周凸弦纹，腹中部饰两周细浅凹弦纹。口径15.8厘米，底径9.4厘米，通高10.2厘米（图18-3）。

D型　1件。T1116②：64，磨光灰陶。口微侈，颈近直，鼓腹，平底。颈肩之际饰一周凸弦纹。口径11.5厘米，底径7厘米，通高9.4厘米（图18-4；图版4-1）。

残罐　4件。T1115⑤：144，磨光灰陶。口微侈，腹较鼓。颈部饰三周凸弦纹，腹部一周凹弦纹。腹下部残。口径14厘米，残高11厘米（图18-5）。T1116④：72，磨光灰陶。口微侈，沿外卷，短颈，鼓腹。腹中部饰一周凹弦纹。底残缺。口径10.6厘米，残高8厘米（图18-6）。T1114④：42，磨光灰陶。腹圆鼓，平底突出略呈假圈足状。颈部残存一周凸弦纹，腹部两周凸弦纹。颈及口部残缺。底径8.6厘米，残高12.4厘米（图18-7）。T1115③：44，磨光黑陶。侈口，束颈，鼓腹，小平底。胎较厚。素面。口沿微残。底径5.5厘米，胎厚0.5厘米～1厘米，残高9.2厘米（图18-8）。

子口罐　完整及可复原者4件，另有残体多件。依据器形的不同，可分四式。

Ⅰ式：复原1件。T404④：19，泥质灰陶。轮制。子口直，外侧突棱明显，有短

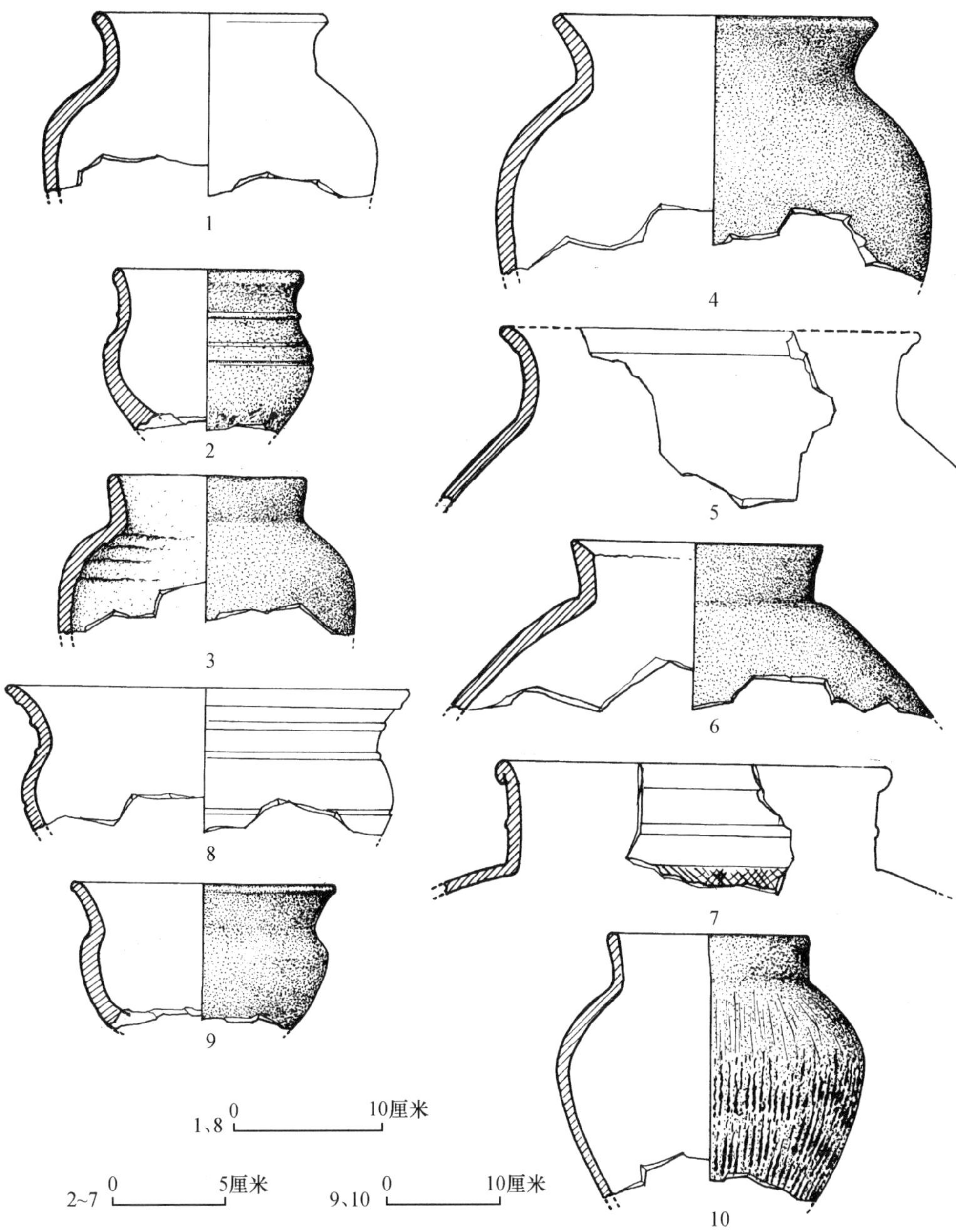

图17　陶器

1、3、4. 圆腹罐（T1115④：141、T1115③：120、T1115④：186）　2. 夹砂小圆腹罐（G1①：45）　5～7. 有领罐（T1115⑤：193、T1115④：187、G1①：38）　8、9. 圆腹盆（G1②：28、T1016③：33）　10. 绳纹罐（G1①：47）

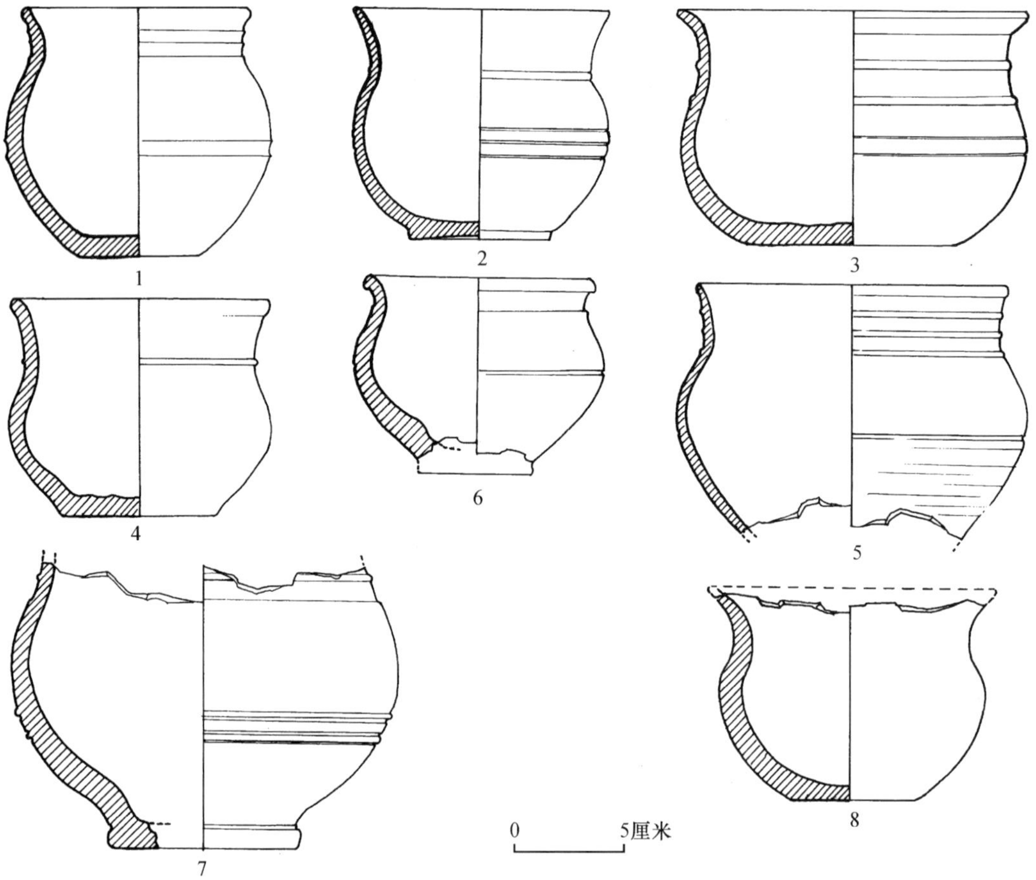

图18　陶罐

1. A型泥质平底罐（T1015④：36）　2. B型泥质平底罐（T604④：12）　3. C型泥质平底罐（G1①：77）　4. D型泥质平底罐（T1116②：64）　5～8. 残罐（T1115⑤：144、T1116④：72、T1114④：42、T1115③：44）

颈，扁腹，上腹饰两周凹弦纹。平底较厚，微残。口径9.4厘米，底径6.4厘米，底厚1.2厘米，通高6.3厘米（图19-1）。

Ⅱ式：G1②：27，泥质磨光灰褐陶，轮制。圆唇，子口较直略有弧度，外侧突棱微上翘，束颈，扁圆腹，腹部饰两周凹弦纹，下腹残。口径11厘米，残高7.8厘米（图19-2）。

Ⅲ式：完整者2件。G1①：22，泥质磨光灰褐陶。轮制。子口较直，外侧突棱明显，圆腹，大平底。素面。口径7.8厘米，底径6.5厘米，通高7厘米（图19-3）。G1①：24，泥质黑灰陶。轮制。子口直，厚唇，鼓腹，大平底。口径8厘米，底径6.7厘米，通高6.9厘米（图19-4；图版4-5）。

Ⅳ式：完整者1件。T1215②：52，夹砂红褐陶，含云母。矮子口微侈，外侧突棱圆钝，球形腹，平底微内凹。素面。口径10厘米，底径7厘米，通高11.3厘米（图

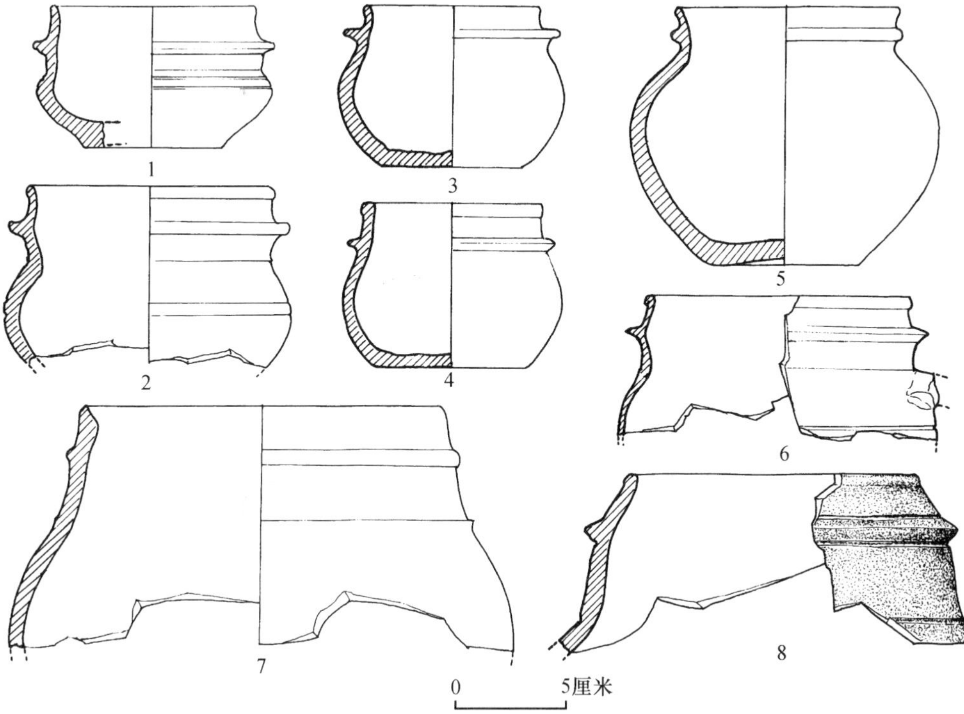

图19 陶罐

1. Ⅰ式子口罐（T404④:19） 2. Ⅱ式子口罐（G1②:27） 3、4. Ⅲ式子口罐（G1①:22、G1①:24） 5. Ⅳ式子口罐（T1215②:52） 6. 有耳子口罐（G1①:63） 7、8. 残罐（T1114④:46、T1215②:72）

19-5；图版4-6）。

残罐 3件。T1114④:46，泥质灰陶。轮制。子口微敛，斜尖唇，外侧突棱不明显，颈外斜，溜肩，腹中部以下残缺。素面。口径16.5厘米，残高10.5厘米（图19-7）。T1215②:72，夹砂黑皮陶。手制。子口内敛，圆唇，外侧突棱较明显，突棱上、下各饰一周凹弦纹，颈较长，微外斜，颈肩分界处饰一周凹弦纹，肩以下残缺。口径13.2厘米，残高7.6厘米（图19-8）。G1①:63，夹细砂红褐胎黑皮陶。轮制。子口微敛，叠唇，外侧突棱较尖锐，束颈，溜肩，颈下有一横置桥形耳，已断残，腹上部残留一周凹弦纹，腹中部以下残缺。口径12厘米，残高6.2厘米（图19-6）。

三足罐 完整者仅1件，另有残底1件、残足2件。T1116⑤:58，泥质磨光黑陶。轮制。矮子口近直，外侧突棱较圆钝，束颈，扁腹，平底微内凹，下附三个横长方形矮扁足。腹中部饰两周凹弦纹。口径11.2厘米，底径5.5厘米，通高10.2厘米，足高2厘米，壁厚0.6厘米~1.2厘米（图20-1；图版4-4）。T1115②:148，泥质灰陶。球形腹，圜状底，横长方形厚矮扁足，足两侧有切割痕迹。腹部残留两周凹弦纹，足外侧饰三周凹弦纹。腹中部以上残缺。腹径22厘米，足高2厘米，残高10厘米（图20-5）。T1215③:82，夹细砂黑陶，含云母。手制。近方形足甚矮，外侧饰斜向交叉刻划纹。足宽3厘米，残高2.5厘米（图20-6）。T1114②：50，夹砂红褐陶，局部黑色。含滑石较多。宽扁瓦状足。器表内外有篦状刮擦痕迹。足宽10厘米，残高6.6厘米（图20-7）。

三足盆　无完整复原器。腹上部复原2件，残底1件，残足5件。T1115③：142，泥质磨光灰陶。轮制。侈口，圆唇，折腹。腹上部饰凸弦纹三周，下腹折棱以下斜内收，其上饰一周凸弦纹，底部残存凹槽四周，刻划较深，局部贴有泥片，未贴泥片处当为黏接足根之处，惜三足已残缺。口径19厘米，底13厘米，残高8.6厘米，壁厚0.8厘米~1厘米（图20-2）。T1115③：145，侈口，圆唇。上腹部饰凸弦纹四周，底及足残缺。口径20厘米，残高7.4厘米（图20-3）。T404②：20，泥质灰陶。轮制。仅存残底，中心稍薄，底缘有三周断续之细凹槽及一残足根。底径约10.6厘米，厚0.6厘米~1.4厘米（图20-4）。另有残足5件。皆泥质陶。轮制。为较宽扁之瓦状矮足。T1115⑤：159，黑皮陶。足上饰一周凸弦纹。残高6厘米（图20-8）。T1115③：157，残高7厘米（图20-9）。

此外，还有3件猪嘴形足。G1①：71，泥质灰褐陶。手制。足正面略呈倒梯形，足尖较厚并向内外两侧翻卷。残高3厘米（图20-10）。G1①：74，足尖较厚内卷呈中空状。残高2.5厘米（图20-11）。唯此猪嘴形足不知属于何种器形。

瓮　只发现2件残器底及若干腹片。皆为手制。T1115⑤：181，夹砂灰陶，含云母。下腹瘦削，底较小，略内凹，底缘微外突。腹部饰一周附加堆纹，其上有刻划之斜向网格纹。底径16厘米，残高28.5厘米，厚1厘米~1.6厘米（图21-1）。T1115⑤：155，夹细砂灰陶。下体略肥，陶胎较厚，平底有残，底缘外凸。腹部饰一周附加堆纹，其上有两排按窝纹，近底部附加一圈泥条。底部有席纹印痕。底径22.5厘米，残高17厘米，厚1.4厘米~2.4厘米（图21-6）。

器底　总计各类残器底有百余件之多，唯因残破较甚难窥其整体之原貌，只能依据底部之形状大致分为平底、假圈足底与圈足底三类，兹分别介绍如下：

平底器底　T1215③：77，夹砂灰褐陶，器表有较多烟炱。手制。斜腹略外曲，腹以上残缺。底径8.5厘米，残高8.5厘米，厚0.5厘米~0.8厘米（图21-2）。T404③A：18，夹砂红褐陶，含滑石。手制。壁斜直，腹以上残缺。底径10.6厘米，残高7厘米，厚0.4厘米~0.8厘米（图21-3）。T1115②：190，泥质灰陶。轮制。鼓腹，腹部残留四周凹弦纹，腹下部留有多周轮旋纹痕迹。底较小，微内凹。底径9厘米，残高8.6厘米，厚0.5厘米~1.2厘米（图21-7）。

圈足器底　T404③A：24，泥质灰陶。轮制。圈足甚矮。足径6.8厘米，残高3厘米，厚0.4厘米~0.8厘米（图21-5）。T1215②：81，夹砂黄褐陶。手制。矮圈足，微外撇。足径8.3厘米，残高4.4厘米，厚0.4厘米~0.8厘米（图21-10）。

假圈足底　T504③C：21，泥质灰陶。轮制。腹部残留两周凹弦纹。突底微内凹。底径8.3厘米，残高4.3厘米，厚0.4厘米~0.6厘米（图21-11）。T404③A：26，泥质磨光灰褐陶。轮制。平底微内凹，底缘略外凸。底径14厘米，残高10厘米，厚0.6厘米~1厘米（图21-9）。G1①：44，夹砂灰陶，含云母。手制。底缘外凸，当心微内凹。底径21

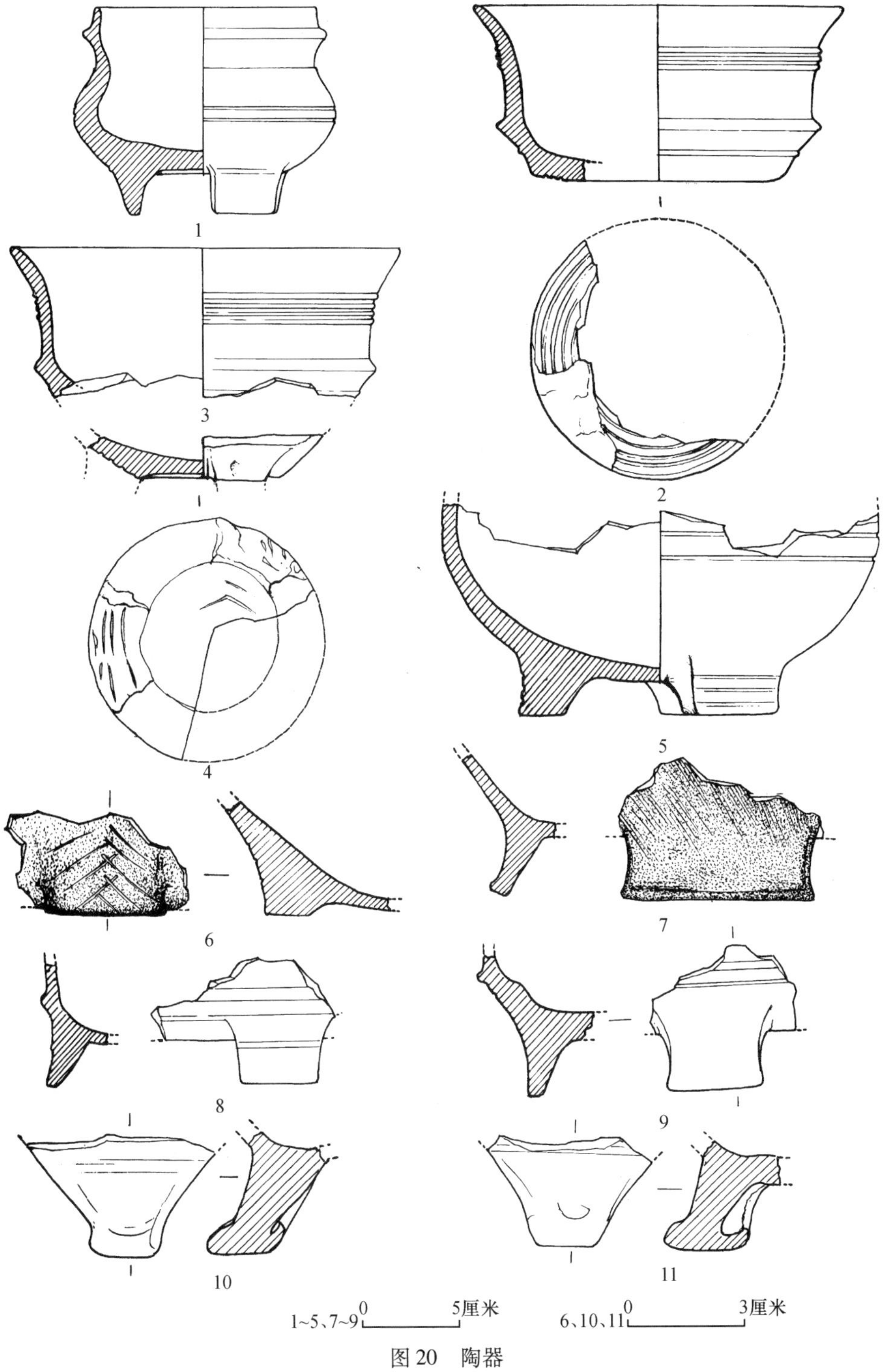

图20　陶器

1、5. 三足罐（T1116⑤:58、T1115②:148）　2~4、8、9. 三足盆（T1115③:142、T1115③:145、T404②:20、T1115⑤:159、T1115③:157）　6、7、10、11. 三足器残足（T1215③:82、T1114②:50、G1①:71、G1①:74）

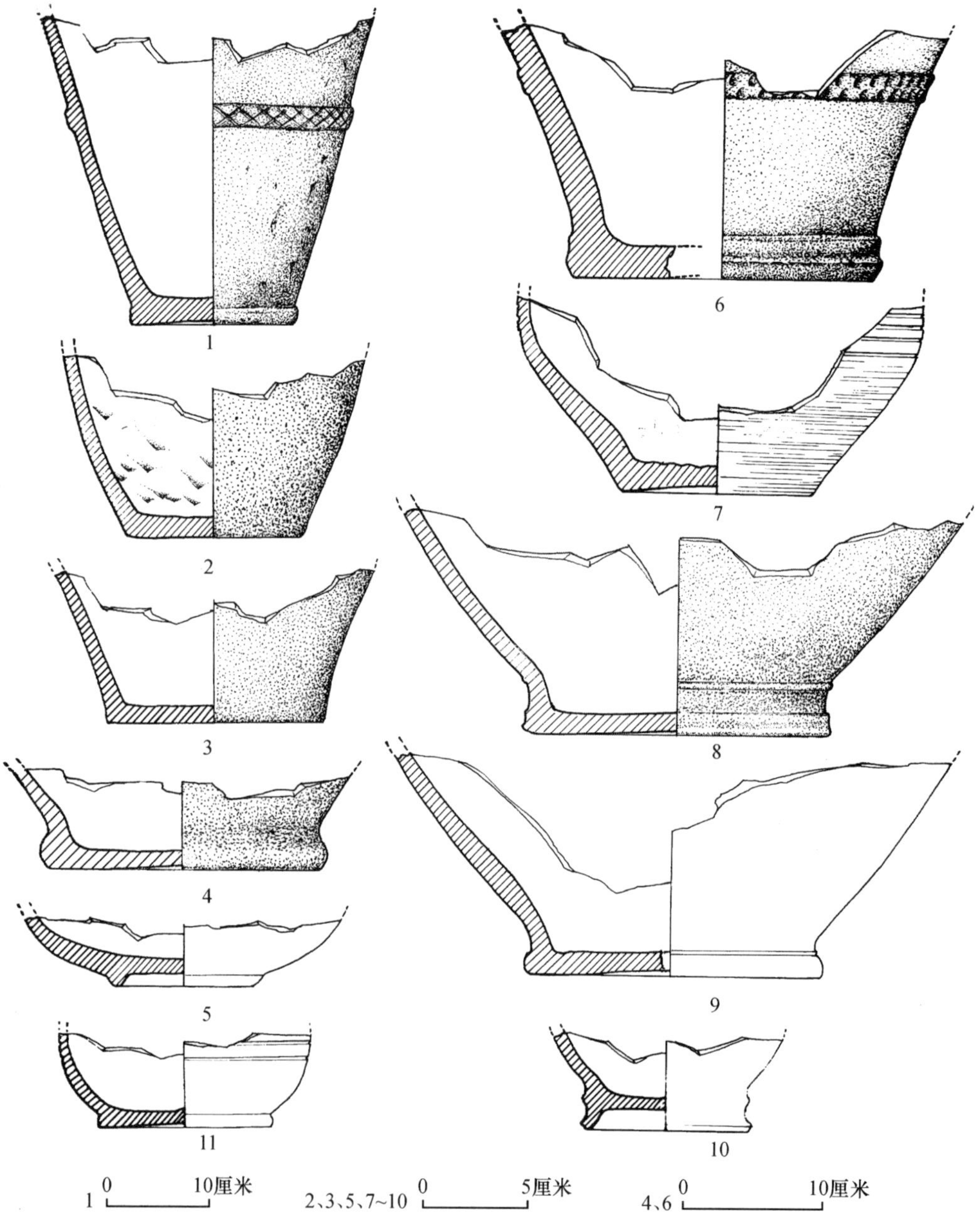

图21 陶器

1、6. 瓮（T1115⑤：181、T1115⑤：155） 2、3、7. 平底器底（T1215③：77、T404③A：18、T1115②：190） 4、8、9、11. 假圈足底（G1①：44、G1①：67、T404③A：26、T504③C：21） 5、10. 圈足器底（T404③A：24、T1215②：81）

厘米，残高7厘米，厚1厘米~1.5厘米（图21-4）。G1①:67，夹细砂灰陶。轮制。突底当心微内凹。底径15厘米，残高10.3厘米，厚0.6厘米~1厘米（图21-8）。

网坠　完整及近完整者共91件．为陶质完整器中之最多者。皆夹砂陶。皆手制。依据器形之不同，分为六型。

A型　41件。卵圆形，分三式。

Ⅰ式：2件。器形较瘦长，中心穿孔。T1115⑤:119，灰褐色。含滑石。长径8.9厘米，短径5.5厘米（图22-1）。T1115④:107，灰褐色。长径8.6厘米，短径5.2厘米（图22-2；图版5-1）。

Ⅱ式：38件。器形略宽短，多数中心穿单孔，少数中心穿双联孔。T1115⑤:115，灰褐色。含滑石。长径6.7厘米，短径4.2厘米（图22-3）。T1015③:14，黑褐色。体长7.9厘米，径长5.6厘米（图22-4；图版5-4）。

Ⅲ式：1件。T1114④:33，灰褐色。中心穿梅花状相连三孔。长径7.1厘米，短径5.1厘米（图22-5）。

B型　12件。圆柱形。T1215⑤:50，黑褐色。体长5.9厘米，径长5.2厘米（图22-6；图版5-5）。T1115④:83，黑褐色。体长5.9厘米，径长5.2厘米（图22-7）。T1115③:77，红褐色。体长6厘米，径长4.8厘米（图22-8）。

C型　16件。橄榄形。器形略小，且不甚规整。T1114④:35，黑褐色。体长4.5厘米，径长3厘米（图22-9；图版5-2）。T1215③:32，黑褐色。含云母。体长5.4厘米，径长3.3厘米（图22-10）。T1015②:1，灰黑色。器表凹凸不平。体长5.2厘米，径长3.4厘米（图22-11）。

D型　8件。近球形。T1115④:129，黑褐色。中心穿相连双孔。直径6.1厘米~6.5厘米（图22-12）。T1116④:81，灰褐色。直径6.2厘米（图22-13）。T1114④:34，黑褐色。器表一侧有条状凹槽。长径7.1厘米，短径5.4厘米（图22-14；图版5-3）。T1114②:2，黑色。孔径略粗。长径6.8厘米，短径5.2厘米（图22-15）。

E型　10件。细长柱状体，器形较小，穿孔较细。T1115⑤:121，灰褐色。体长5.5厘米，直径2厘米（图22-16）。T1015③:22，灰褐色。体长7.5厘米，直径2.5厘米（图22-17）。T1115③:125，黑褐色。体长4厘米，直径1.8厘米（图22-18）。

F型　4件。器形扁平近圆饼状，中间穿孔较小。T1115③:29，灰黑色。一侧有划痕。直径3.5厘米，厚1.7厘米（图22-19）。T1215②:6，黑褐色。直径4厘米，厚2厘米（图22-20；图版5-6）。

纺轮　3件。均为泥质。分二型。

A型　2件。分二式。

Ⅰ式：T104③:2，灰褐色。轮制。一面略鼓，一面较平，两面各有一周凹弦纹。边缘较薄，剖面略呈梭形。直径4.2厘米，厚1.2厘米（图23-1）。

Ⅱ式：T1115②:5，黑灰色。轮制。一面微隆起，一面较平整，隆起面边缘有凹弦纹一周。直径6.5厘米，厚1厘米（图23-2）。

B型　G1①:20，半残。黄褐色。手制。两面较平整，边缘较整齐，厚薄较均匀。

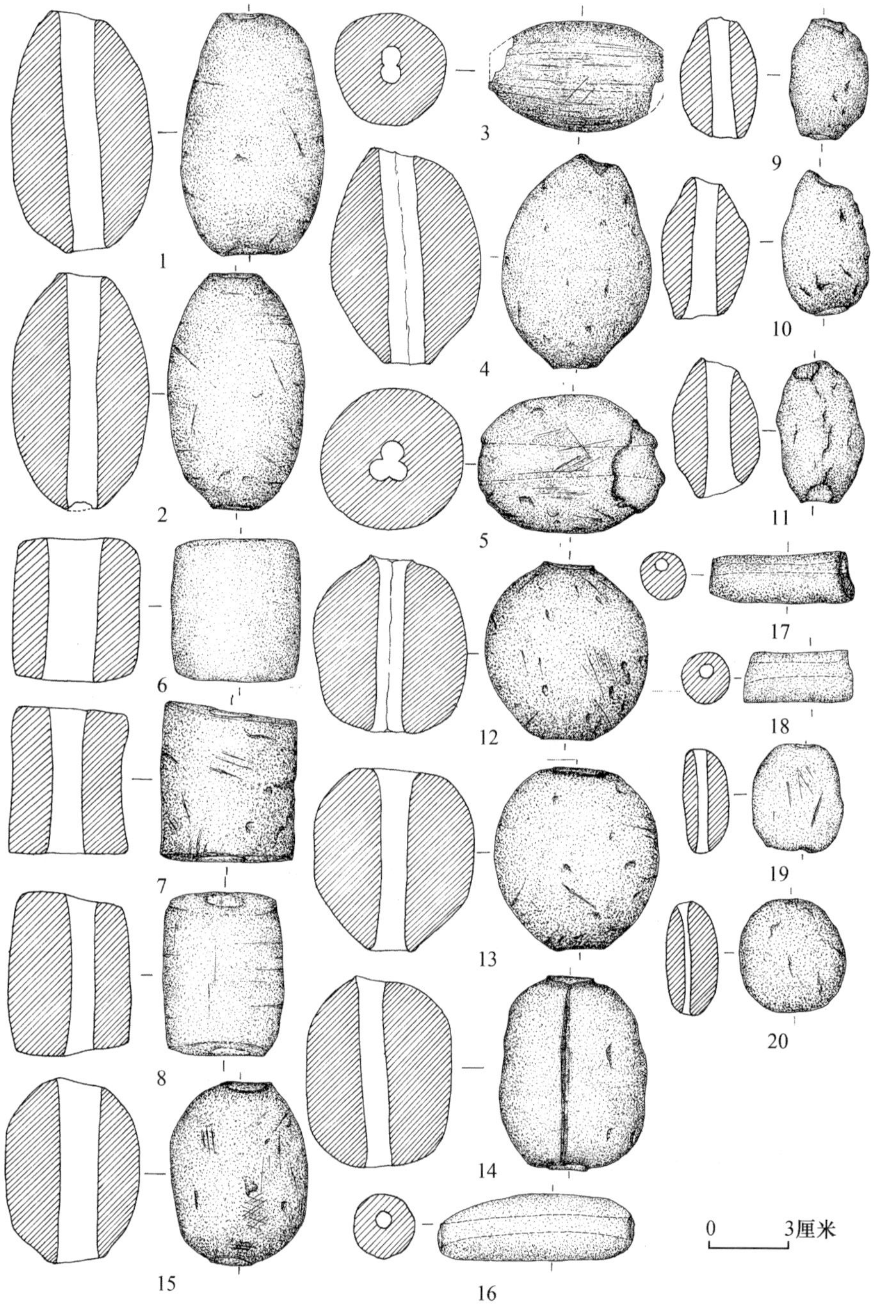

图22　网坠

1、2. AⅠ式（T1115⑤：119、T1115④：107）　3、4. AⅡ式（T1115⑤：115、T1015③：14）　5. AⅢ式（T1114④：33）　6～8. B型（T1215⑤：50、T1115④：83、T1115③：77）　9～11. C型（T1114④：35、T1215③：32、T1015②：1）　12～15. D型（T1115④：129、T1116④：81、T1114④：34、T1114②：2）　16～18. E型（T1115⑤：121、T1015③：22、T1115③：125）　19、20. F型（T1115③：29、T1215②：6）

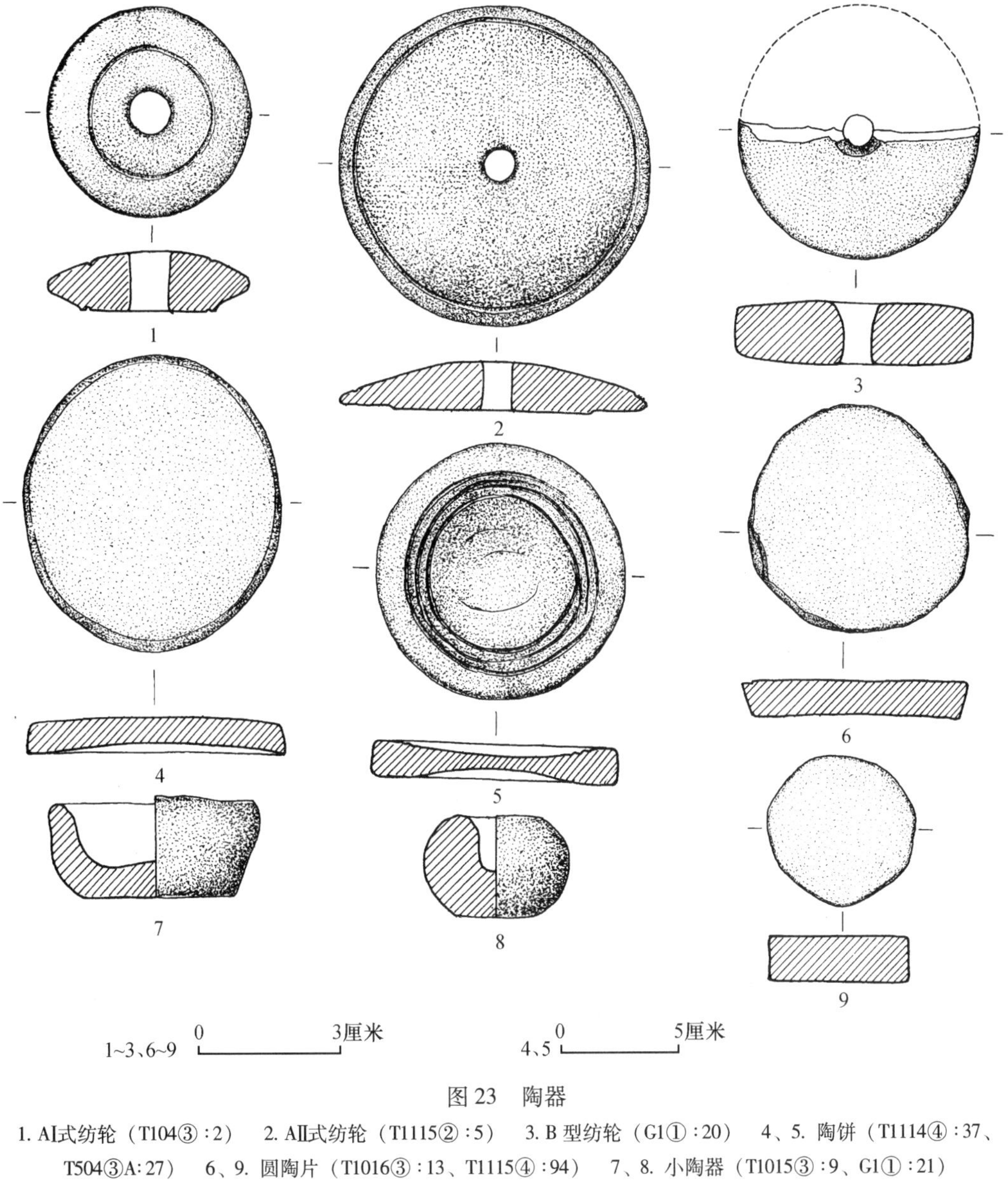

图 23 陶器

1. AⅠ式纺轮（T104③：2） 2. AⅡ式纺轮（T1115②：5） 3. B 型纺轮（G1①：20） 4、5. 陶饼（T1114④：37、T504③A：27） 6、9. 圆陶片（T1016③：13、T1115④：94） 7、8. 小陶器（T1015③：9、G1①：21）

直径 4. 2 厘米，厚 1. 3 厘米（图 23-3）。

圆陶饼 3 件。皆夹砂陶。2 件手制，另 1 件系利用破损之豆盘磨制而成。T1114④：37，灰褐色。含云母。近圆形。一面较平，一面略凹。直径 11 厘米 ~ 12 厘米（图 23-4）。T504③A：27，灰褐色，局部红色。两面均内凹，边缘平直，一面划三周凹弦纹。直径 10. 5 厘米（图 23-5）。

圆陶片 5件。均为破碎陶片加工而成。T1115④:94，直径约3厘米（图23-9）。T1016③:13，直径约4.7厘米（图23-6）。

小陶器 2件。皆夹砂陶。T1015③:9，灰褐色。直口圆唇，浅腹平底，胎较厚。口径4.5厘米，底径3.2厘米，通高1.9厘米（图23-7）。G1①:21，黄褐色。手制。近鼓形。一面有凹窝。直径3.1厘米，厚2厘米，窝径1.1厘米（图23-8）。

（二）石器

共发现151件，其中有16件因残破较甚，难辨器形。经鉴定石器材料有斜长角闪岩、磁铁角闪岩、透浑变粒岩、花岗岩、大理岩、长石石英岩、角闪石英片岩、黑云母角闪岩、细粒闪长岩、蛇纹岩、滑石片岩、砂岩等。除少数半成品外，大多经过磨制。穿孔以对面琢钻为主，管钻较少。主要器形有刀、铲、斧、钺、锛、凿、镞、纺轮、石球、砍砸器、杵、磨棒、磨石、研磨器、片状石器和石楔等。现分叙如下。

双孔石刀 共34件。主要采用花岗岩、细粒角内岩、石英岩经过打、琢、磨制而成。双孔多数由两面琢钻而成，管钻仅占少数。依据器形之不同分三型。

A型 19件。

Ⅰ式：8件。半月形，器体较宽。单面刃，通体磨制。T1116③:25，青灰色。双孔两面琢钻而成。长9.1厘米，宽5.5厘米，厚1.1厘米（图24-1；图版6-1）。T404③C:9，灰褐色。双孔两面琢钻而成。长9.3厘米，宽5.8厘米，厚1.2厘米（图24-2；图版6-2）。

Ⅱ式：11件。半月形，器体略窄。单面直刃，均通体磨光。T1015③:24，灰白色。双孔两面琢钻而成。长10.7厘米，宽4.8厘米，厚1厘米（图24-3；图版6-3）。T1114②:4，透辉变粒岩。黄白色。双孔两面琢钻而成。长8.4厘米，宽4.5厘米，厚1.1厘米（图24-4；图版6-4）。

B型 11件。

Ⅰ式：4件。圆弧角近似方形。通体磨制。T1015③:8，半残。灰褐色。单面刃微凹，双孔两面琢钻而成。残长8厘米，宽4.6厘米，厚0.9厘米（图24-5）。

Ⅱ式：7件。T1215②:5，有残缺。双面刃内凹较甚。双孔由两面管钻而成。残长7.2厘米，宽4.3厘米，厚0.8厘米（图24-6）。

C型 4件。近长方形。T1116②:8，残。灰褐色。单面刃较窄，双孔由两面琢钻而成。残长8厘米，宽5.3厘米，厚0.9厘米（图24-7）。

另有石刀半成品11件。经琢打已近半月形。T1115③:37，透辉石英岩。灰白色。未见孔痕。长12.8厘米，宽6厘米，厚2.2厘米（图24-9；图版6-5）。T304②:1，黄褐色。双孔已具琢痕（未穿通）。长11.8厘米，宽6.3厘米，厚1.7厘米（图24-8；图版6-6）。

铲 共12件。大都用石英片岩经打磨制成。器体扁薄，单面刃。其中4件因残损严重而无法分式。另1件为半成品，其余7件皆通体磨制。分二型。

A型 5件。器体较宽。

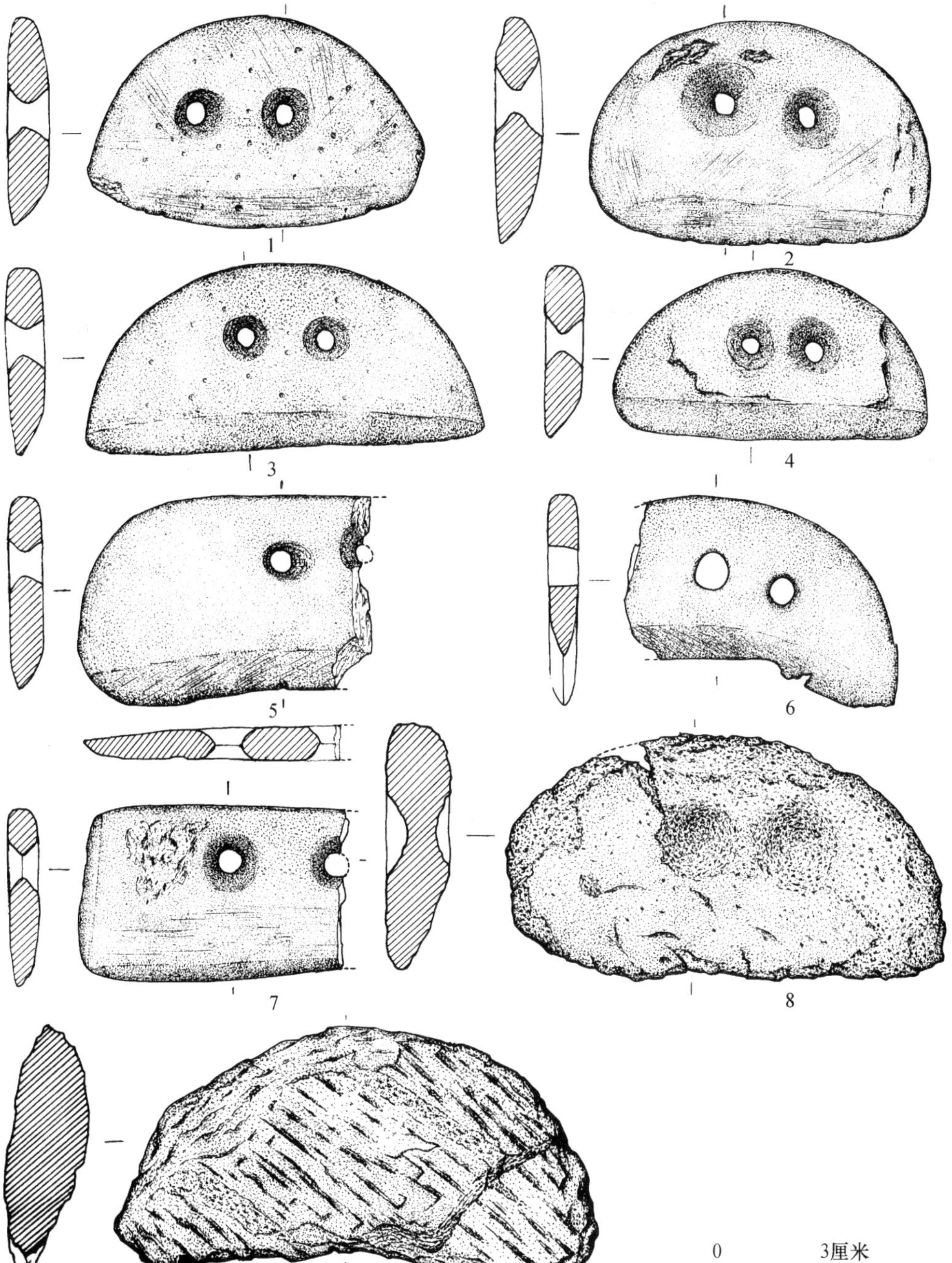

图24　石刀

1、2. AⅠ式（T1116③：25、T404③C：9）　3、4. AⅡ式（T1015③：24、T1114②：4）　5. BⅠ式（T1015③：8）　6. BⅡ式（T1215②：5）　7. C型（T1116②：8）　8、9. 半成品（T304②：1、T1115③：37）

Ⅰ式：T1116⑤：56，暗灰色。刃微斜，有崩损，顶部有残。残长9.3厘米，宽7.8厘米，厚0.8厘米（图25-1；图版7-1）。

Ⅱ式：T1116②：9，灰色。上体略窄，平顶弧刃。长11.1厘米，宽8.3厘米，厚0.7厘米（图25-2；图版7-3）。

B型　2件。器体较窄，体形略显瘦长。T1114⑤：38，暗灰色。平顶，弧刃。器身上部两侧有残。长11.5厘米，宽5.8厘米，厚0.5厘米（图25-3；图版7-2）。T1115③：45，灰色。刃微弧。顶部残缺，一侧微残。残长9.2厘米，宽6.2厘米，厚0.5厘米（图25-4；图版7-4）。

半成品　1件。T1115⑤：116，石英角闪片岩。暗灰色。已基本打琢成形，但无磨痕。长15.7厘米，宽8.3厘米，厚1厘米（图25-5）。

钺　9件。用角闪岩、石英片岩、透辉变粒岩制成。均有残。皆通体磨光。T1116③：34，灰白色。孔以下残缺，平顶，顶端略宽，单孔由两面琢钻而成。残长6.4厘米，宽7.3厘米，厚1.2厘米（图26-2）。T1215②：12，乳白色。刃端残。平面呈长方形，器体扁薄，平顶一侧微斜。单孔由两面用管钻对穿而成。残长9.5厘米，宽7.1厘米，厚1厘米（图26-1）。

锛　1件。残。T504③：24，石英岩。青灰色。较厚重，刃部细磨。残长7厘米，宽4.8厘米，残厚3.5厘米（图26-3）。

凿　12件。主要用蛇纹片岩、石英岩制成。单面刃。分三式。

Ⅰ式：3件。器形较小，器体扁薄，通体磨光。G1①：6，青黄色。平顶微斜，刃微弧。长7厘米，宽2.9厘米，厚1.2厘米（图26-4）。

Ⅱ式：2件。长条形，器身较短，横断面呈方形。T1215②：7，顶面斜，刃较平，两面磨制较细，两侧未磨。长8.6厘米，宽2.2厘米，厚1.7厘米（图26-5；图版7-6）。

Ⅲ式：7件。长条形，器身较长。T1115②：7，青灰色。圆顶平刃，两面及刃部磨制较细。长15.2厘米，宽2.3厘米，厚3厘米（图26-6；图版7-5）。

镞　4件。皆有残。主要用角闪石英岩、石英岩制成。皆通体磨制。T1114②：1，黑灰色。平面略呈叶形，横剖面呈菱形。铤部有残缺。残长5.2厘米（图27-3）。T1114②：6，平面近似柳叶形，横剖面呈菱形，半残（图27-2）。T1115②：1，平面略呈长三角形，两面较平，横剖面近似梭形，锋及铤部均有残。残长4厘米（图27-1）。

纺轮　5件。皆扁圆形。分二式。

Ⅰ式：1件。T1115④：96，系用片状残石器改制而成，边缘不甚规整，仍保留打击痕迹。直径4.9厘米，厚0.9厘米（图27-10）。

Ⅱ式：4件。皆有残缺。器体扁薄规整，边缘浑圆。T1116③：21，中间圆孔系由两面琢钻而成。直径5.8厘米，厚0.7厘米（图27-11）。T1015②：11，中心圆孔由一面管钻而成。直径5.7厘米，厚0.9厘米（图27-12）。

磨棒　2件。皆残。T1114③：40，用透辉变粒岩制成。青灰色。磨面较平，背呈弧形，琢、磨而成。残长9.4厘米（图27-4）。

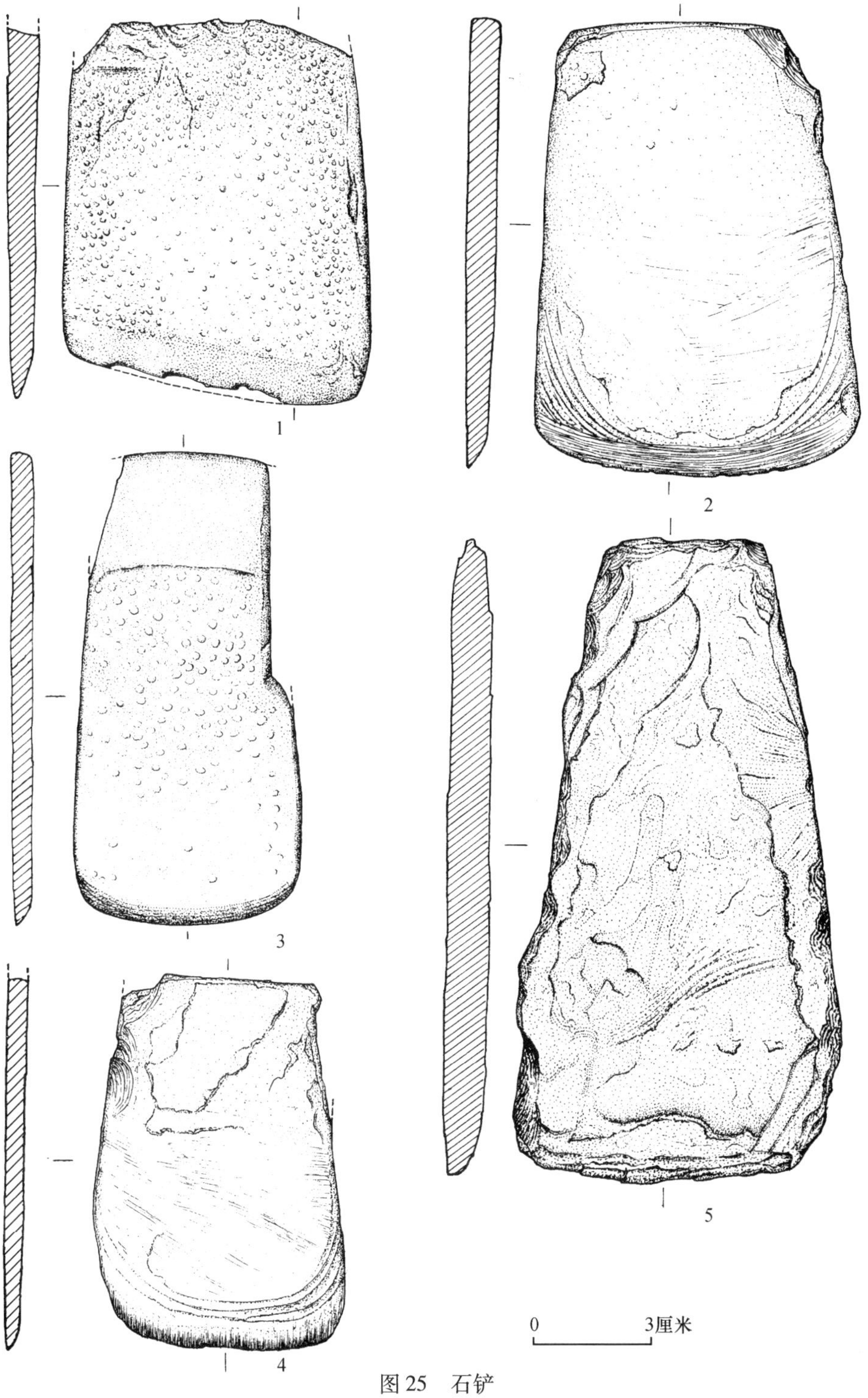

图25　石铲

1. AⅠ式（T1116⑤：56）　2. AⅡ式（T1116②：9）　3、4. B型（T1114⑤：38、T1115③：45）

5. 半成品（T1115⑤：116）

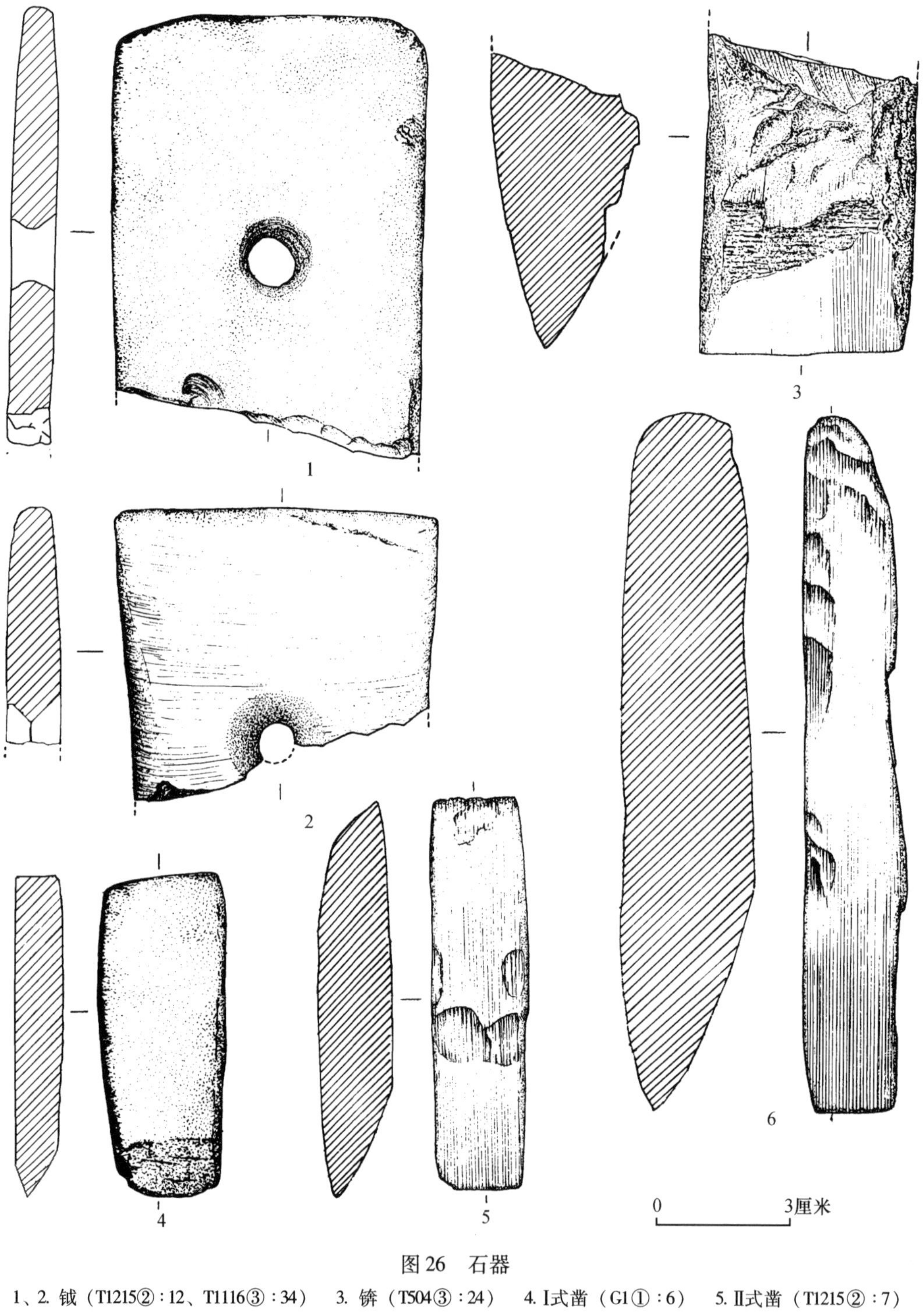

图26 石器

1、2. 钺（T1215②：12、T1116③：34） 3. 锛（T504③：24） 4. Ⅰ式凿（G1①：6） 5. Ⅱ式凿（T1215②：7） 6. Ⅲ式凿（T1115②：7）

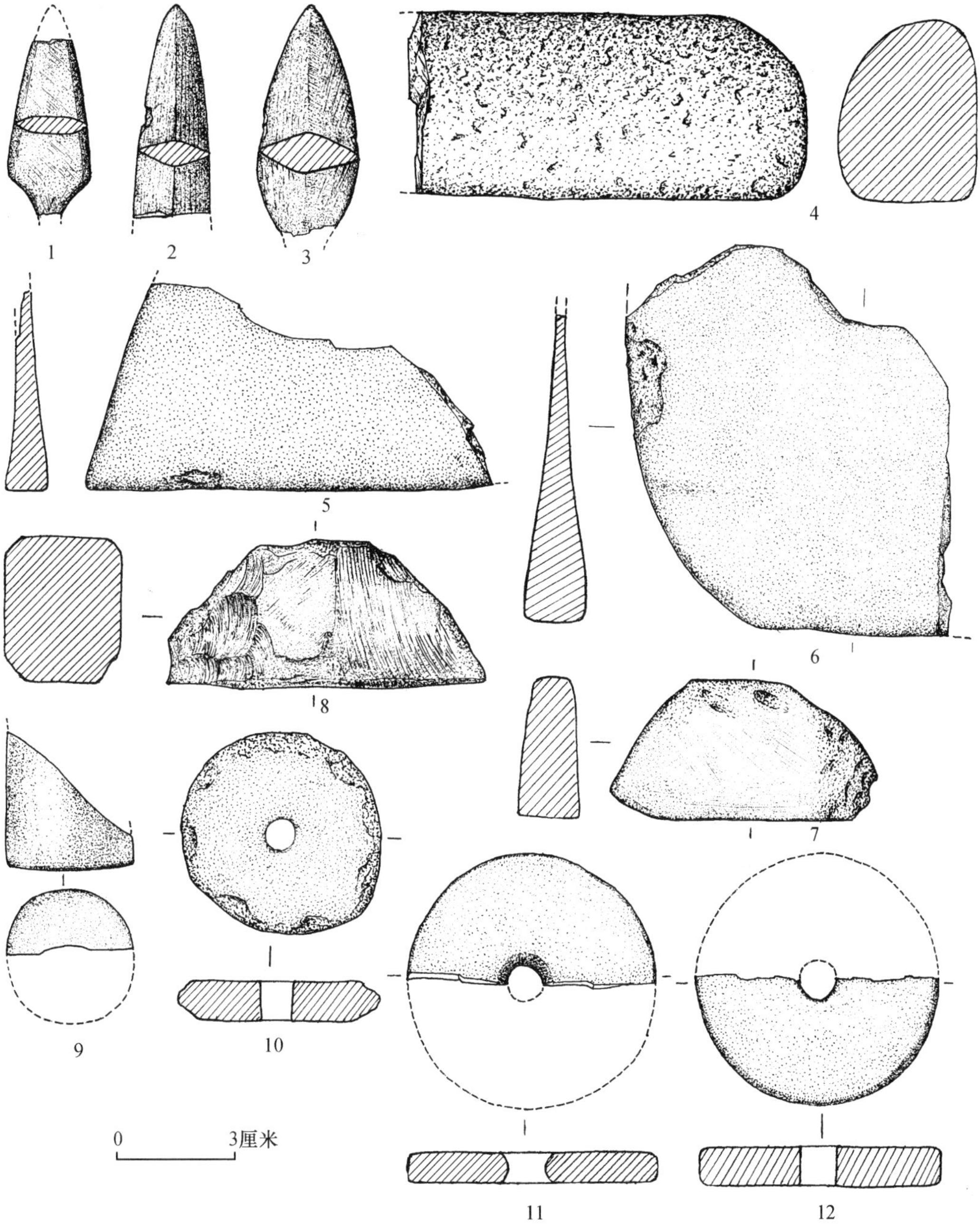

图27　石器

1～3. 镞（T1115②：1、T1114②：6、T1114②：1）　4. 磨棒（T1114③：40）　5、6. 磨石（T1115③：64、G1①：49）　7～9. 研磨器（T1116④：42、T1115③：204、T504②：7）　10. Ⅰ式纺轮（T1115④：96）　11、12. Ⅱ式纺轮（T1116③：21、T1015②：11）

磨石　3件。皆残，用细砂岩和饰变片麻岩制成。磨面光洁。T1115③：64，青灰色。边缘平直呈锐角。一面有磨痕。残存部分约5厘米×9厘米（图27-5）。G1①：49，红褐色。边缘呈弧形，两面均有磨痕。残存部分约8厘米×9厘米（图27-6）。

研磨器　4件。用细粒石英岩、滑石片岩制成。T1116④：42，黄白色。断面近似长梯形，磨面平整光滑。长6.3厘米，高3.2厘米，厚1.4厘米（图27-7）。T1115③：204，暗灰色。平面近梯形，剖面近似长方形。磨面光滑。长7.5厘米，高3.4厘米，厚2.7厘米（图27-8）。T504②：7，残。灰褐色。圆柱体，大半残，通体磨制精细。直径3厘米，残高3.1厘米（图27-9）。

砍砸器　4件。用糜棱片岩、角闪岩、石英岩制成。刃部均有明显的敲击使用痕迹。T604④：13，灰色。平面略呈长方形，刃较斜，体较厚。长10.1厘米，宽6.8厘米，厚3.5厘米（图28-1）。T1116③：22，灰色。平面呈三角形，两侧边面斜切割较整齐，高6.5厘米，厚1.6厘米（图28-2）。T1015③：18，红褐色。平面略呈卵圆形。

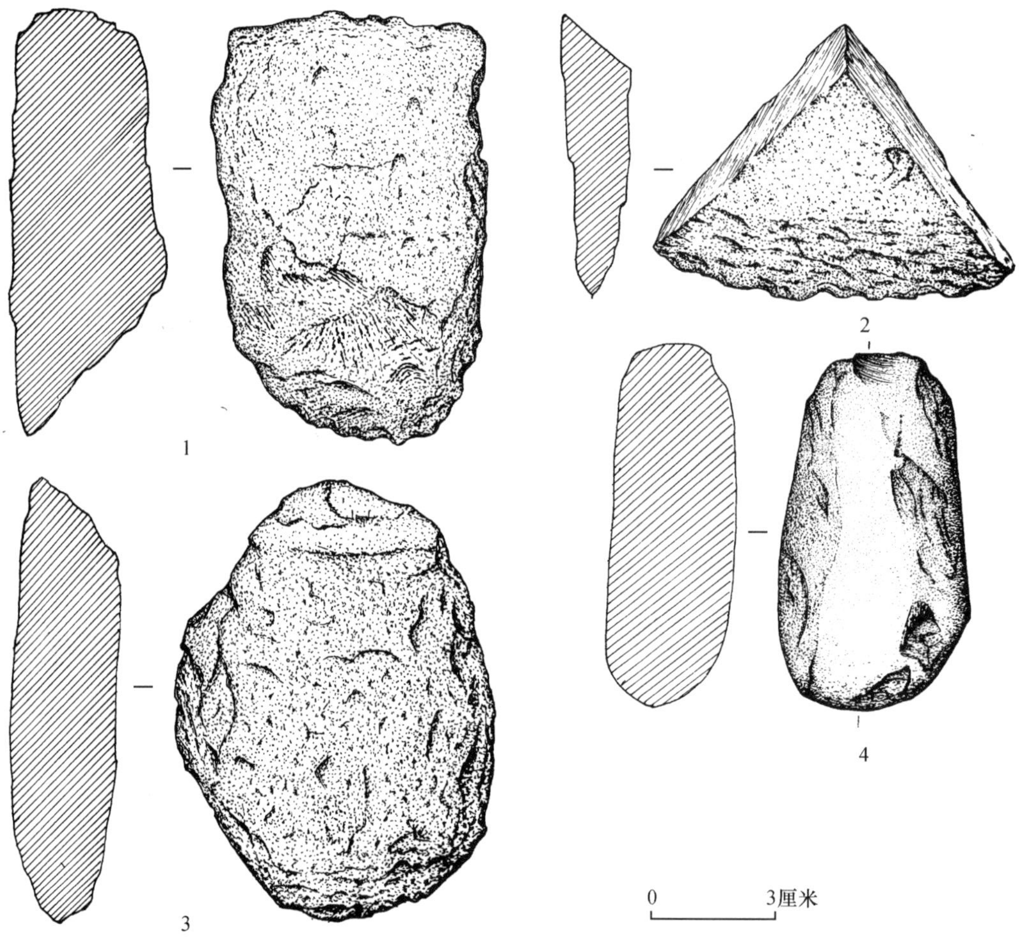

图28　石器

1～3. 砍砸器（T604④：13、T1116③：22、T1015③：18）　4. 杵（T604④：22）

长 10.8 厘米，宽 7.9 厘米，厚 2.7 厘米（图 28-3）。

石杵　3 件。用斜长角闪岩、角闪石英岩制成。T604④：22，暗灰色。平面近似不规整长方形。两面粗磨较平。刃部捶击痕迹十分明显。长 8.5 厘米，宽 4.7 厘米，厚 3 厘米（图 28-4）。

石球　2 件。用花岗岩、透辉变粒岩制作。经琢打、粗磨制成。T1115④：139，青灰色。器体近圆形，较规整。径长 4 厘米～4.5 厘米（图 29-11）。T1116③：18，白色。扁圆体，两面较平整。直径 6.1 厘米，厚 3.4 厘米～3.8 厘米（图 29-12）。

石楔　共 42 件。主要用角闪石英片岩、斜长角闪岩等制成。其中完整及大致可以看出器形者 22 件，其余 20 件破损相当严重。大致可以分为大、中、小三种类型。一般器形呈长短不等的条状体，横剖面呈不规整的方形、长方形或梯形等。一般经琢打成形，有的略经粗磨。刃部多呈斜状，顶端都有明显的敲击痕迹。因而残破者甚多。现分述如下。

较大型　8 件。器体较厚重。T504③C：19，青灰色。无磨痕。长 11.8 厘米，宽 4 厘米，厚 4.7 厘米（图 29-1）。T604②：8，青灰色。顶端较平，斜刃及两面磨平。长 9.1 厘米，宽 3.1 厘米，厚 4.3 厘米（图 29-2）。

中型　9 件。体形中等。T1115⑤：122，灰色。顶端残缺，两面及刃部稍磨。残长 7 厘米，宽 3.3 厘米，厚 3.1 厘米（图 29-3）。T1114④：28，青灰色。两面及斜刃磨制。长 7.7 厘米，宽 3.4 厘米，厚 3.5 厘米（图 29-4）。T1114②：3，青灰色。顶端残损。通体粗磨，斜刃较长。残长 9.2 厘米，宽 2.7 厘米，厚 3 厘米（图 29-5）。

小型　5 件。体形较小，长短不一。T1116④：41，青灰色。长 8.2 厘米（图 29-6）。T1115③：20，长 7.9 厘米（图 29-7）。T1116③：32，长 4.8 厘米（图 29-8）。T1215②：11，长 3.5 厘米（图 29-9）。

片状石器　1 件。G1①：12，角闪岩制成。青灰色。平面呈椭圆形，器体扁薄，一面磨平。长 5.1 厘米，宽 3.5 厘米，厚 0.4 厘米（图 29-10）。

（三）骨、角、牙器

共发现 139 件。其中 6 件不辨器形，原料大多为哺乳动物的长骨，也有少量其他材料，如鹿角、鸟骨、鱼骨等。骨、角器的制作，大都经过劈、截、刮、削、磨等工艺程序，或者采用其中一部分工艺。绝大部分器物表面光洁滑润，锋刃锐利。器形有铲、锥、刀、匕、镞、针、鱼镖、笄、梳、管、佩饰、两刃器、圭形器、獐牙器、鹿角器等。现分述如下。

骨铲　共 5 件。依据其形状之不同，分为三型。

A 型　2 件。平面近似靴形。T1116④：40，用动物肩胛骨削磨而成。两侧稍厚、中间较薄，顶近中部有刻出之弧形凹陷，刃部有崩痕。长 10.8 厘米，宽 8.3 厘米，厚 1 厘米（图 30-1）。T1116③：30，用动物牙床骨削磨而成，顶部有两楔形刻槽，一面凹凸不平，刃部有崩损。长 9.9 厘米，宽 8.7 厘米，厚 1.2 厘米（图 30-2；图版 8-3）。

B 型　2 件。都是用动物肩胛骨削磨而成。T1115③：40，平面略近方形，平顶，圆角直刃，刃部崩损较甚。长 8.2 厘米，宽 6.8 厘米，厚 0.9 厘米（图 30-4；图版 8-2）。T1115③：25，平面略呈梯形，两侧较厚，中间稍薄，直刃微弧，刃部有崩损。长 9.2 厘米，宽 4.5 厘米～7.5 厘米，厚 1 厘米（图 30-3；图版 8-1）。

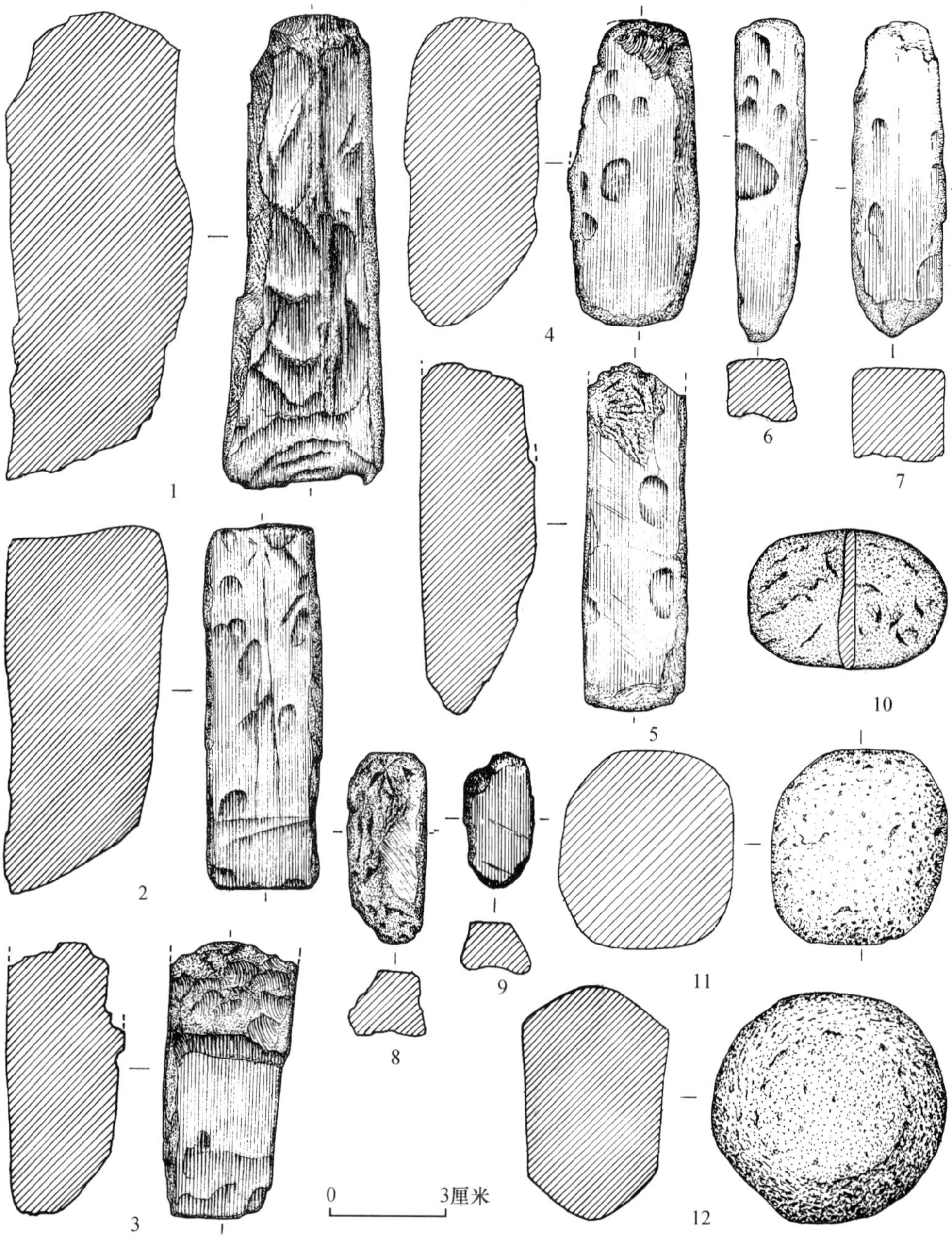

图29　石器

1、2. 大型石楔（T504③C: 19、T604②：8）　3～5. 中型石楔（T1115⑤：122、T1114④：28、T1114②：3）
6～9. 小型石楔（T1116④：41、T1115③：20、T1116③：32、T1215②：11）　10. 片状器（G1①：12）
11、12. 石球（T1115④: 139、T1116③：18）

C 型　1 件。T504③C∶23，用动物牙床骨制成。平面略呈长方形，平顶，斜弧刃，刃部略有崩损。长 11.3 厘米，宽 3 厘米～4.5 厘米，厚 1 厘米（图 30-5）。

骨锥　共 33 件。其中有 19 件因残破严重，难分型式，其余 14 件分三型。

A 型　6 件，完整者 3 件。一端保留骨关节，另一端磨成尖刃。分二式。

Ⅰ式：4 件，1 件完整。T1015③∶31，关节宽大，尖端细锐，骨腔劈剩一半。长 10.6 厘米（图 31-11；图版 10-1）。

Ⅱ式：2 件。T1115③∶72，器身中空，尖端有残。残长 4.3 厘米（图 31-12）。

B 型　2 件。骨为实心，横截面近椭圆形。分二式。

Ⅰ式：1 件。T1215③∶45，尖锐斜刃，长 9.8 厘米（图 31-13）。

Ⅱ式：1 件。T1116③∶37，两端略宽，中段略窄，尖微残。残长 7.2 厘米（图31-14）。

C 型　6 件。分三式

Ⅰ式：2 件。1 件完整。T1115③∶66，器身扁方微弯曲，横截面略呈长方形，顶平尖利。长 9.4 厘米（图 31-15）。

Ⅱ式：1 件。T1115③∶13，横截面略呈正方形，顶部削成圆形，尖端锐利。长 7.8 厘米（图 31-16）。

Ⅲ式：3 件。1 件完整，另 2 件残。通体磨制。横截面近曲尺形。T1215②∶13，顶端不甚平整，尖锋锐利，器身中凹似血槽。长 11.2 厘米（图 31-17；图版 10-2）。

鱼骨锥　4 件，1 件完整。T1115③∶12，保留鱼骨背鳍棘原貌，略经磨制而成。长 5.5 厘米（图 31-20）。

骨鱼镖　1 件。T1114④∶64，通体磨制。器身略呈长条形，横截面近椭圆形，前锋呈三角形，一侧有倒刺，近尾部一侧刻有凹槽一段。锋尖及倒刺尖微残。体长约 6 厘米（图 31-21；图版 9-4）。

骨镞　8 件。皆通体磨制。分四式。

Ⅰ式：1 件。T1115③∶47，器身较小，略呈方锥状，镞身与铤分界不明显。长 4.2 厘米（图 32-7；图版 10-6）。

Ⅱ式：4 件。2 件完整。器身扁薄似叶形，镞身与铤分界不明显。T1215③∶29，长 4.4 厘米（图 32-8）。T1114②∶7，长 4.3 厘米（图 32-9）。

Ⅲ式：1 件。T1115③∶36，镞身及铤横断面均为圆形，镞身较长，铤部缓收，前锋残损。残长 8.1 厘米（图 32-12）。

Ⅳ式：2 件。均有残，镞身横断面呈三角形或近梯形。T1016②∶1，铤部呈锥状，前锋残损。残长 4.6 厘米（图 32-10）。T104②∶1，尖锋锐利，铤部残损。残长 7.1 厘米（图 32-11）。

骨刀　共 6 件，2 件完整，皆通体磨光，器体扁薄。分二式。

Ⅰ式：4 件。1 件完整。T1015④∶37，短斜刃，平顶，近顶部两侧各有一楔形刻槽。长 10.3 厘米（图 31-19；图版 10-5）。

Ⅱ式：2 件。1 件完整。H1∶2，平顶，斜弧刃。长 7.5 厘米（图 31-18）。

骨匕　共 34 件。其中有 18 件因残损较甚难分型式。余者分为三型。

A 型　12 件。其中完整者 6 件。皆通体磨光，器身扁薄，器形规整，平顶微弧，

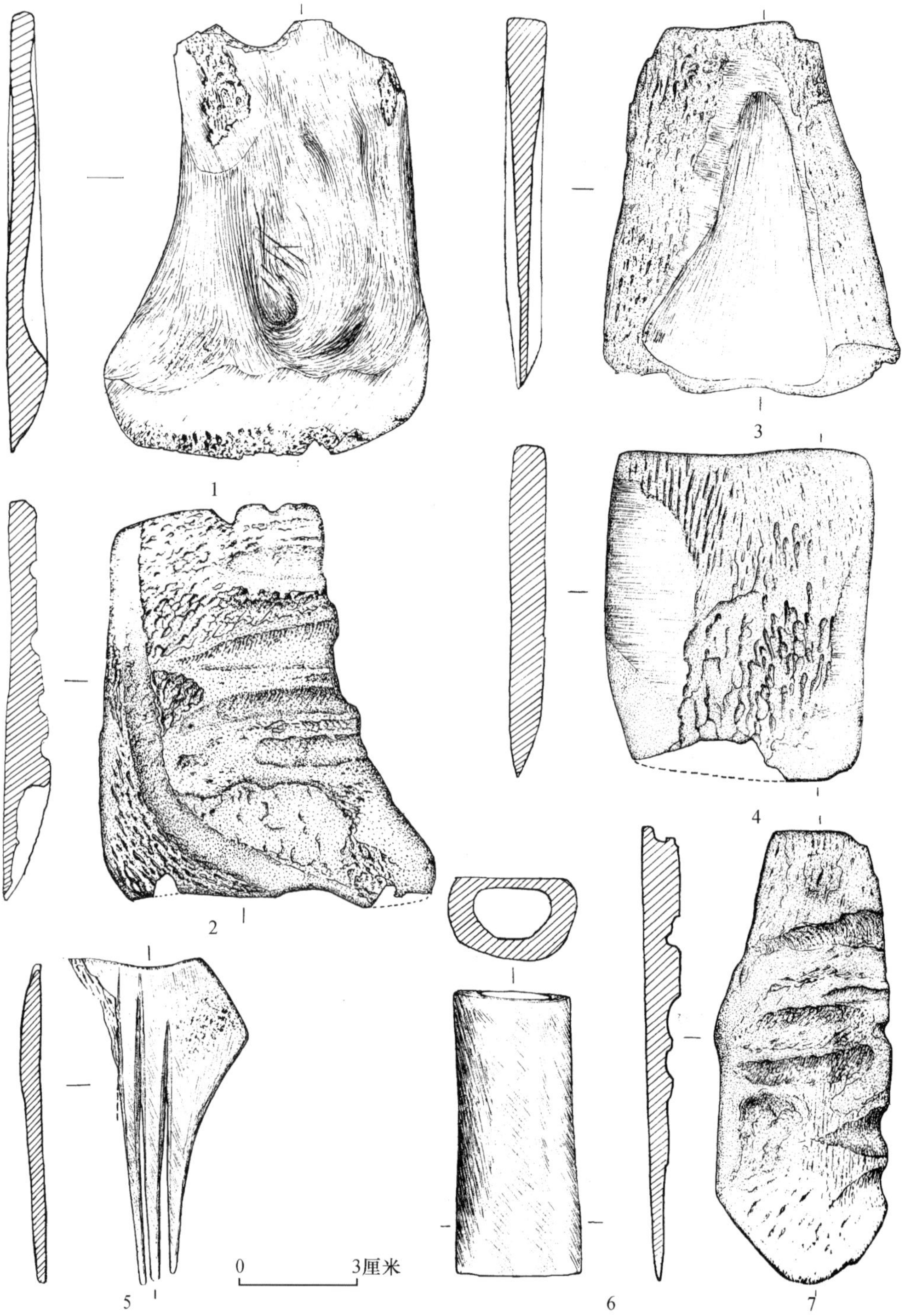

图30　骨器

1、2. A型铲（T1116④:40、T1116③:30）　3、4. B型铲（T1115③:25、T1115③:40）　5. C型铲（T504③C:23）　6. 梳（T1114④:24）　7. 管（T1215③:54）

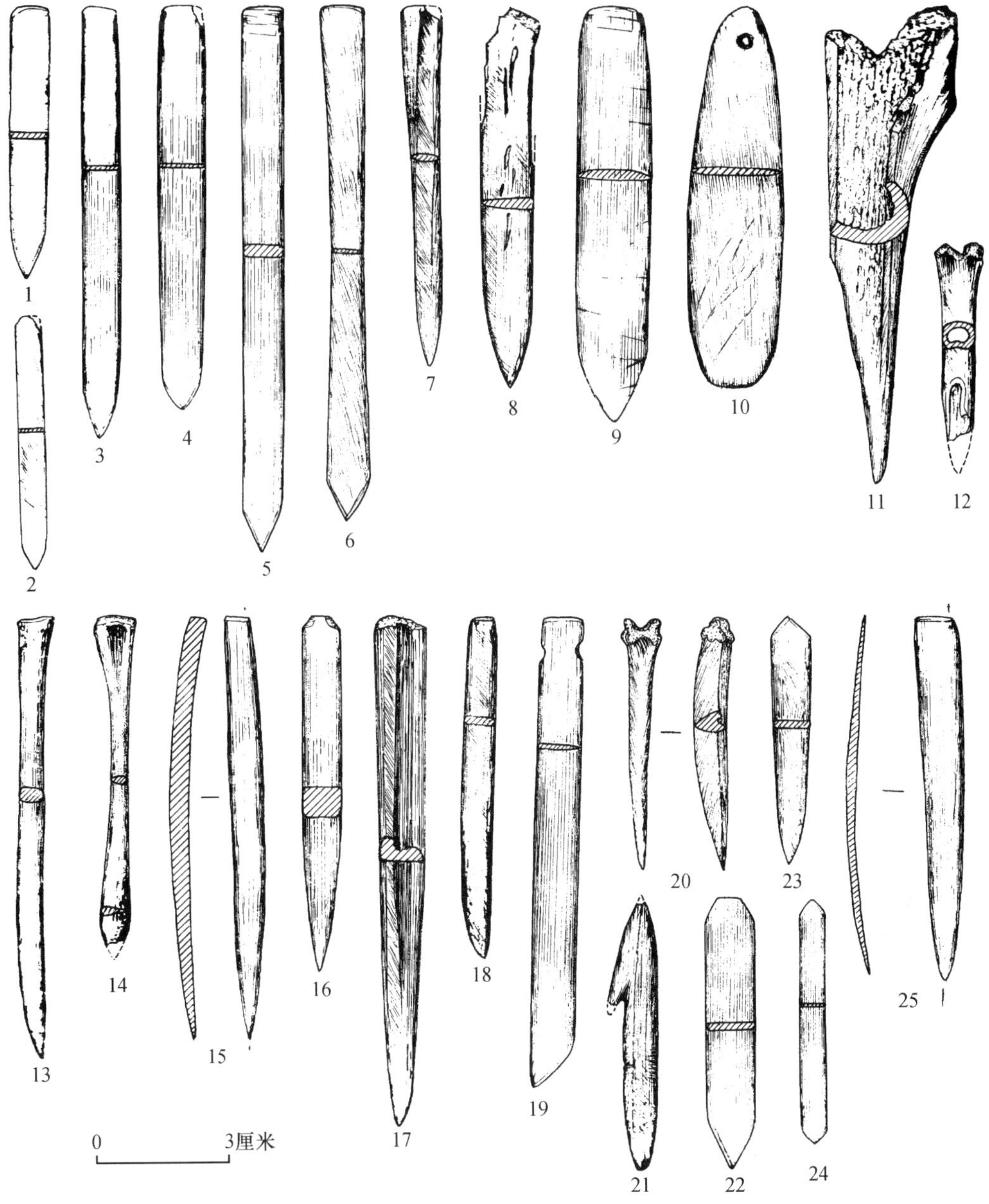

图31 骨器

1、2. AⅠ式匕（T1015④：41、T1116②：11） 3、4. AⅡ式匕（T1115③：54、T1015③：23） 5、6. AⅢ式匕（T1115③：51、T1016③：21） 7. BⅠ式匕（T1016③：26） 8. BⅡ式匕（T1016③：9） 9. C型匕（T1116④：50） 10. D型匕（T1016③：5） 11. AⅠ式锥（T1015③：31） 12. AⅡ式锥（T1115③：72） 13. BⅠ式锥（T1215③：45） 14. BⅡ式锥（T1116③：37） 15. CⅠ式锥（T1115③：66） 16. CⅡ式锥（T1115③：13） 17. CⅢ式锥（T1215②：13） 18. Ⅱ式刀（H1：2） 19. Ⅰ式刀（T1015④：37） 20. 鱼骨锥（T1115③：12） 21. 骨鱼镖（T1114④：64） 22. Ⅰ式圭形器（T1116⑤：54） 23. Ⅱ式圭形器（T1116④：14） 24. Ⅰ式两刃器（T1016③：28） 25. Ⅱ式两刃器（T1115③：30）

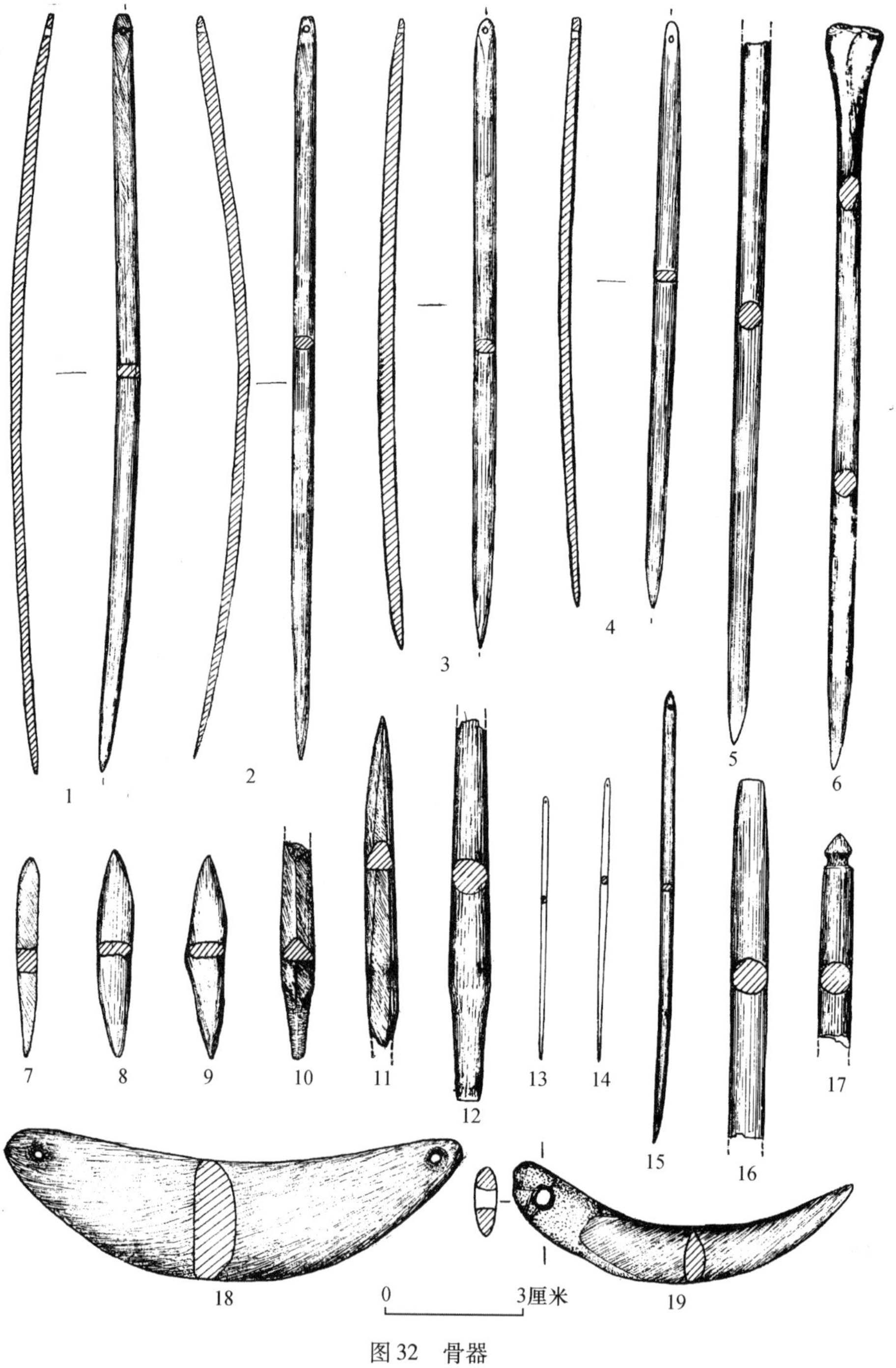

图32 骨器

1～4. 大型针（T1115③：28、T1115③：27、T1115③：26、T1114③：21） 5、6、16、17. 笄（G1①：7、T1115④：106、G1①：4、T1116⑤：60） 7. Ⅰ式镞（T1115③：47） 8、9. Ⅱ式镞（T1215③：29、T1114②：7） 10、11. Ⅳ式镞（T1016②：1、T104②：1） 12. Ⅲ式镞（T1115③：36） 13、14. 小型针（T1215③：27、T1115④：41） 15. 中型针（G1①：10） 18. 配饰（T1114③：12） 19. 獐牙刀（T1116②：13）

三角形尖刃。依长短之不同分为三式。

Ⅰ式：2件。器身较短。T1015④：41，长6厘米（图31-1）。T1116②：11，器身略窄。顶一角微残，长5.6厘米（图31-2）。

Ⅱ式：2件。器身中等。T1115③：54，顶微斜。长9.5厘米（图31-3）。T1015③：23，顶一角微残。长8.9厘米（图31-4）。

Ⅲ式：2件。器身较长。T1115③：51，长12厘米（图31-5）。T1016③：21，器身中段略窄。长11.3厘米（图31-6）。

B型　2件。略有残损，顶端略宽，尖部呈扁锥状。分二式。

Ⅰ式：1件。T1016③：26，器身较瘦，平顶一角微残，长7.9厘米（图31-7）。

Ⅱ式：1件。T1016③：9，器身较宽，顶有斜度，上半部两侧略有残。长8.3厘米（图31-8）。

C型　1件。器形宽而较短。T1116④：50，平顶微弧，器身一面平一面微鼓，三角形尖刃。通体磨制精致。长9.2厘米（图31-9；图版10-3）。

D型　1件。T1016③：5，顶部呈圆形，近顶端有一圆形小孔。刃部呈圆弧状。两端微翘。长8.4厘米（图31-10；图版10-4）。

两刃器　2件。器体扁薄，磨制精致。分二式。

Ⅰ式：1件。T1016③：28，两端均为三角形尖刃。长5.4厘米（图31-24）。

Ⅱ式：1件。T1115③：30，一端为平刃，另一端呈尖锥状。长8厘米（图31-25）。

圭形器　2件。器体扁薄，磨制精致。分二式。

Ⅰ式：1件。T1116⑤：54，顶端为小平顶，两角磨削成斜状，尖部呈三角形，器身略宽。长6厘米（图31-22）。

Ⅱ式：1件。T1116④：14，顶端呈三角形，刃部呈扁锥状。长5.5厘米（图31-23）。

骨针　共24件。完整者7件。均通体磨制，精致光滑，依粗细长短之不同，大致分为大、中、小三种型号。

大型　共8件，完整者4件。长度一般在10厘米以上，粗细在0.5厘米左右。横断面一般呈椭圆形。针鼻一端略呈圆形，针鼻处略扁薄，针身略有弧度，针尖略呈扁锥状。针鼻孔径约为0.1厘米左右。T1115③：28，长15.9厘米（图32-1；图版8-4）。T1115③：27，长15.6厘米（图32-2）。T1115③：26，长13.2厘米（图32-3）。T1114③：21，长12.3厘米（图32-4）。

中型　2件。1件完整。G1①：10，针鼻一端呈尖状，针身断面略呈椭圆形。针粗为0.3厘米，长9.5厘米（图32-15；图版8-6）。

小型　共14件，完整者仅2件。针身较直，横断面呈圆形。粗细大都在0.2厘米以下，针鼻孔径不足0.1厘米。T1115④：41，长6厘米（图32-14）。T1215③：27，长

5.6厘米（图32-13；图版8-5）。

骨笄　共7件。仅1件完整。器身修长，横断面皆呈圆形，尖端呈圆锥状，均通体磨制精致。T1115④：106，顶端宽而略扁，应为保留之骨关节部分。长15.7厘米（图32-6；图版9-5）。T1116⑤：60，三角形尖圆顶，近顶部削一周凹槽。中段以下大部残缺。残长4.5厘米（图32-17）。G1①：7，顶部断残。残长14.7厘米（图32-5）。G1①：4，仅存顶端，为圆平顶。残长7.5厘米（图32-16）。

骨梳　1件。断残。T1114④：24，仅存三梳齿，齿端略薄，握端稍厚。通体磨制。长8.1厘米，残宽4.6厘米，厚0.5厘米（图30-6；图版9-1）。

骨管　1件。T1215③：54，用动物肢骨制成。骨腔经扩磨，通体磨制光滑。一面较平整。长7.1厘米（图30-7；图版9-2）。

骨佩饰　1件。T1114③：12，半月形，一面微鼓，一面近平，两端微上翘，近尖端处各对钻一圆孔。通体磨制精致。长10厘米，宽2.5厘米，厚1厘米（图32-18；图版9-6）。

獐牙刀　1件。T1116②：13，尖端磨削成弧刃，根端对钻一圆孔。长7.4厘米（图32-19；图版9-3）。

鹿角器　3件。1件尖端有残。T1015④：44，为一有三支杈之鹿角，三支杈尖端均有使用磨损痕迹。前端二支杈磨痕尤其明显。长16.6厘米（图33-1）。G1①：5，为单支鹿角尖，尖端磨痕明显，根部有切削痕迹。应为鹿角锥。长14厘米（图33-2）。T1016②：3，器身弯曲，尖端残。长15.4厘米（图33-3）。

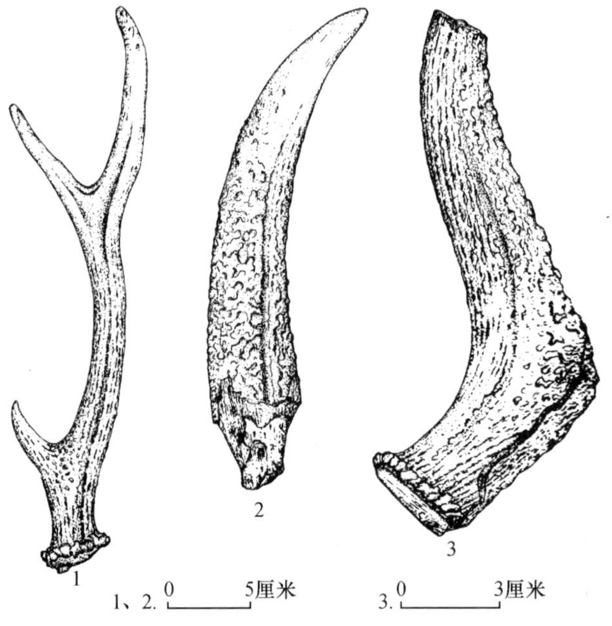

图33　鹿角器

1. T1015④：44　2. G1①：5　3. T1016②：3

四 结 语

东岳石遗址曾于1960年4、5月间，因配合淄阳河水库的修建而进行过（第一次）发掘。发现了一批既有与城子崖龙山文化遗存有某些相似的因素，又“具有独特风格”的文化遗存。20世纪30年代初发掘的城子崖遗址，确认了龙山文化的存在。但是其中也包含了若干年后才认识并从龙山文化中分离出来的岳石文化的遗物。在此后的近30年间，上述后者虽然有一些零星的发现，但资料发表的不多，所以当1960年东岳石遗址第一次发掘时，虽然发现了一批比较单纯的岳石文化遗存。但是当时可以对比的资料，只有城子崖遗址出土的一批龙山文化遗存。因此，在1962年发表东岳石遗址的发掘资料时，尽管作者比较准确而概括地描绘出其主要的文化特征，但是，还是认为它与城子崖遗址的龙山文化遗存相似或大体相同，因而，“从总的特征上观察”，认为“应属于龙山文化”。20世纪70年代后期，随着牟平照格庄遗址和泗水尹家城遗址的发掘，出土了一批内涵单纯而颇具特色的文化遗存，且与东岳石遗址出土的遗物极为相似，而从层位关系上证明它又是晚于龙山文化的。从而引起了人们的极大关注。不久，即正式提出了“岳石文化”的命名。此后，不少学者慕名来到平度，但遗憾的是，原来东岳石遗址发掘的遗物已经荡然无存。

1983年平度划归青岛市之后，青岛市文物局即有意对东岳石遗址进行再次发掘，以期对岳石文化的本来面貌有更真切的了解。所幸的是东岳石遗址虽然在淄阳河水库之内，但是蓄水线始终未没过遗址保留下来的部分。1993年遂由青岛市文物局，会同中国社会科学院考古研究所山东队、平度市博物馆，共同组成一支考古队，对东岳石遗址进行第二次发掘，这次发掘获得了比第一次发掘更为丰富的资料。从而使我们对东岳石遗址的文化遗存有了更深入的了解。

东岳石遗址第二次发掘的面积与第一次约略相当，但出土遗物远较第一次丰富。唯遗迹发现不多，仅有一条沟和两个灰坑。出土遗物以陶器为大宗，还有相当数量的石器、骨器和少量鹿角器。不见蚌器，亦未发现铜器。

陶器分夹砂和泥质两大类。夹砂陶以褐色为主，炊器类多为黑褐色，容器类多呈红褐色。炊器类以甗最为多见，惜未见完整及可复原者。其上部呈侈口罐形，下部为三个肥大的袋状足，多呈炮弹头形，少数有很矮的实足尖，类似照格庄的乳头形足基本不见。腰及裆部普遍有附加泥条，少量未施纹饰，多数施以各种装饰，以按窝和划纹最为常见。夹砂罐类完整及可复原者数量较少，从残存部分看，大口罐的口径有近60厘米者，器壁厚1厘米~1.5厘米，底径在20厘米以上，整个器物高度约在半米以上，器壁稍薄者口径也在40厘米上下。夹砂罐中带子口的数量较少，且仅见于中、小型罐。有一定数量的有领罐，夹砂与泥质各半。泥质罐中带子口和舌形足的三足罐数量较少，仅有一件可复原者，扁圆腹、矮扁足。三足器底及残足则有一定数量，有一种上部呈折腹盆形，底部有三周较深的沟槽，并有足部断残痕迹，据此观察分析，这些沟槽显然是为安装器足而设的，即先在器物底部刻上三圈较深的沟槽，再在其上黏贴一圈扁状圈足，然后将圈足大致划分为六等分，相间剔除三分，留下三分，然后将空挡处抹平，使之成为三足盆。故三足两侧的切割痕迹甚为清晰明显，三足的形状也显得非常规整。可惜未见完整及可复原者。泥质陶中以带子口的平底尊和实心蘑菇钮器盖数量最多，发现的个体各有近50件之多，其中完整及复原者各有10余件。另外还有一定数量的圈足尊和空心蘑菇钮以及高子口的器盖。后者仅见于西部的G1中，可能是较晚出现的一种器形。绳纹只有少量发现，较早地层中仅见2片，较晚地层中有40多片。且都较细碎，难辨器形，较成形者只有1件含云母和滑石的夹砂小口罐，底残缺，肩部以下饰绳纹，竖向微斜，其特点是浅、细、密，略显模糊。舟形器共发现8件个体，其中可复原者仅1件。陶鼎发现的数量也不多，且未见完整及可复原者。以上三种器物多见于山东中西部地区，而在东岳石以东的胶东半岛地区则迄未发现。真正典型的舌形足这里只发现1件。照格庄遗址中常见的乳头状足根的甗足和有三个舌形足的子口三足罐则在东岳石遗址中迄未发现。陶器纹饰方面，照格庄的压印之字形折线纹在东岳石基本不见。此外，这里发现的彩绘陶只有朱绘一种，且数量较少，不及照格庄的色彩多样而丰富〔1〕。

淄阳河源出于大泽山群山环抱之中，向西流经一段低山丘陵而入于胶莱河，东岳石遗址坐落在淄阳河北岸的台地上。淄阳河水源充足，两岸土地肥沃，适宜人们从事农耕及渔猎等生产活动。在东岳石遗址出土的170余件完整及可复原陶器中，陶网坠占到半数以上（共91件），与第一次发掘的情况相类同，由此可见渔业捕捞在当时的经济生产生活中占有极为重要的地位。

东岳石遗址虽地处胶莱河以东，从地理位置而言应属胶东地区。但它所在的具体位置却是在胶东低山丘陵的西部边沿。西部则濒临胶莱平原的东部边缘。东岳石遗址恰好处于胶东低山丘陵与胶莱平原的交汇地带。与郝家庄的距离要比照格庄近得多，且由此向西是一望无际的平原，与郝家庄的交往要远比照格庄方便得多。就文化内涵方面，东岳石与郝家庄更为接近。因此，就类型划分而言，东岳石的文化遗存无疑应该划归郝家庄类型〔2〕。

执笔者：宋爱华　邱玉胜　赵海涛　林玉海

〔1〕 中国社会科学院考古研究所山东队、烟台市文物管理委员会：《山东牟平照格庄遗址》，《考古学报》1986年第4期。

〔2〕 吴玉喜：《岳石文化地方类型初探——从郝家庄岳石遗存的发现谈起》，《考古学文化论集》（三），文物出版社1993年。

附　记：参加发掘工作人员有中国社会科学院考古所山东队韩榕、焦天龙、傅群起；青岛市文物局孙善德、林玉海、邱玉胜、宋爱华；平度博物馆于书亭、高瑞吾、孙雅君、王君平、李秀兰等同志。

东岳石遗址的发掘资料，曾先后于1995年5月和2001年7、8月间进行过两次整理。先后参加过整理工作的有中国社会科学院考古研究所韩榕、傅群起、赵海涛，青岛市文物局宋爱华、邱玉胜、林玉海、徐宝春，平度市博物馆荆展远、高瑞吾、孙雅君、曲涛、李秀兰、曲爱君、王雁等同志，绘图王相锋。照相于2007年10月完成，承担照相的是曲涛。初稿由宋爱华、邱玉胜、赵海涛、林玉海分别执笔完成，最后由韩榕修改定稿。

2004年秋季周原老堡子遗址发掘报告

中国社会科学院考古研究所周原考古队

内容提要：2004年秋季周原考古队在周原遗址的老堡子村南进行了发掘，发现了一批仰韶、龙山和商时期的遗存，为研究周原地区考古学文化提供了重要的实物资料。尤其是本次发掘所获得的商时期遗存，为建立周原地区商时期考古学遗存的年代分期序列提供了重要的资料，同时也为研究周原地区商时期相关遗存的分期和年代提供了较准确的标尺。

关键词：周原　老堡子遗址　商代遗存

2002年秋季由中国社会科学院考古研究所、陕西省考古研究所、北京大学考古系联合组成的周原考古队在对七星河流域区域调查时，在窑白沟、赵家沟与七星河交汇地带发现大面积从仰韶至西周时期的文化遗存[1]。其中在扶风县窑白村赵家沟组西边（窑白沟东）断崖上一个灰坑内发现一些面貌独特的陶片。我们初步认为它是关中西部夏商时期一种新的文化因素。为了全面探索这种文化因素所反映的整体文化面貌及确切时代，研究关中西部夏商时期考古学文化谱系。2004年夏季，周原考古队对扶风县赵家沟村周围台地进行钻探，发现一批古代遗存。2004年秋季周原考古队对老堡子遗址进行发掘。

一　遗址概况

本次发掘分三个地点进行（图1；图版11）。第一地点和第二地点位于窑白沟和七星河交汇处东侧台塬西缘，第三地点位于窑白沟和七星河交汇处东侧一级阶地西缘断崖上（扶风县窑白村赵家沟组西、窑白沟东）。具体情况如下：

第一地点：扶风县官务村老堡子组西南。布5米×5米探方16个，探方编号为04SFLT1～T16。老堡子实际发掘面积约为383平方米。

第二地点：扶风县官务村魏家村西断崖边。西北距第一地点约46米。布探沟1条，

〔1〕 周原考古队：《陕西周原七星河域2002年考古调查报告》，《考古学报》2005年第4期。

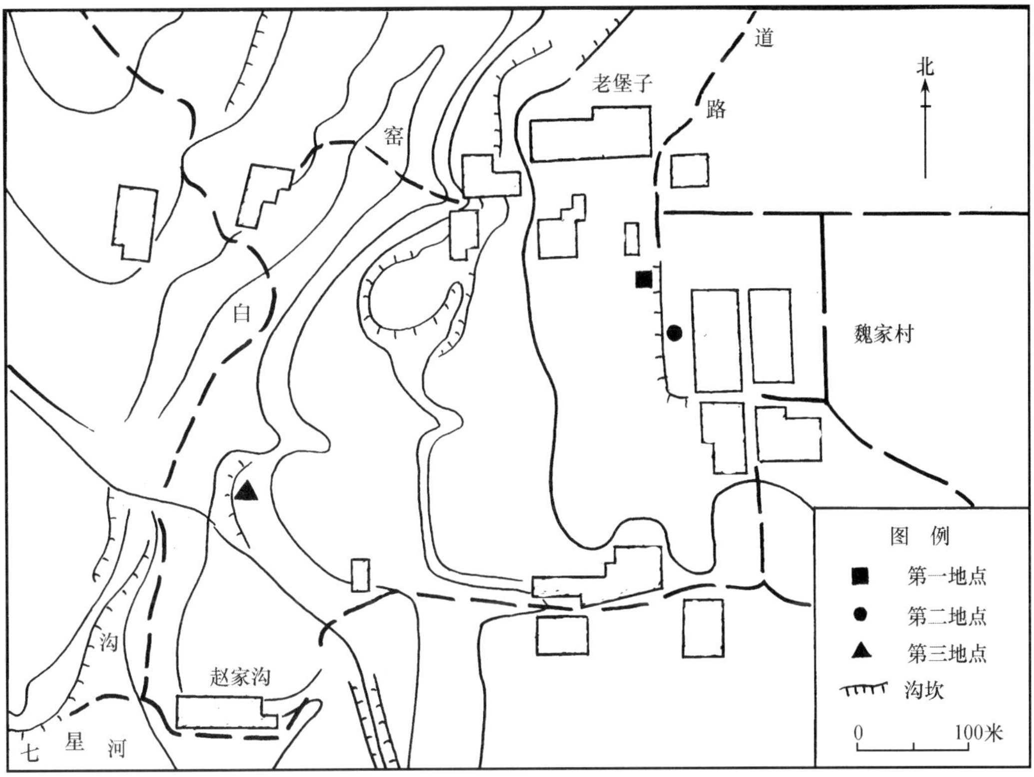

图 1　老堡子遗址发掘位置示意图

编号为 04SFLTG1。由于 TG1 西壁为断崖，故其南、北壁宽度不一。实际发掘面积约为 30 平方米。

第三地点：扶风县窑白村赵家沟组村西断崖上（图版 12-1）。东北距第二地点约 400 米。清理了断崖上两个灰坑，编号 04SFZH1、H2。

以上三个地点实际发掘总面积约为 413 平方米。

本次发掘在第一地点发现灰坑 52 个，其中新石器时期灰坑 43 个（H14 和 H36 为龙山时期的一座房址，后改编号 F1，故这两个灰坑号空缺），晚期坑 1 个，商代灰坑 8 个。新石器时期沟 2 条；新石器时期陶窑 2 座；新石器时期房址 1 座。在第二地点发现灰坑 3 个，其中新石器时期灰坑 1 个，商代灰坑 2 个。在第三地点发现灰坑 2 个，其中新石器时期灰坑 1 个，商代灰坑 1 个。

二　地层堆积

本次发掘的三个地点地层堆积比较简单，现以 T14、T15 和 T16 南壁剖面为例介绍地层堆积状况（图 2；图版 12-2）。T14、T15 和 T16 南壁剖面可分为 2 层：

第 1 层：耕土层。灰褐色，土质疏松，厚 18 厘米 ~48 厘米。内含植物根系、腐殖物、塑料膜及扰上来的早期灰陶片等。此层下发现 2 个商代灰坑和 1 座晚期墓葬。

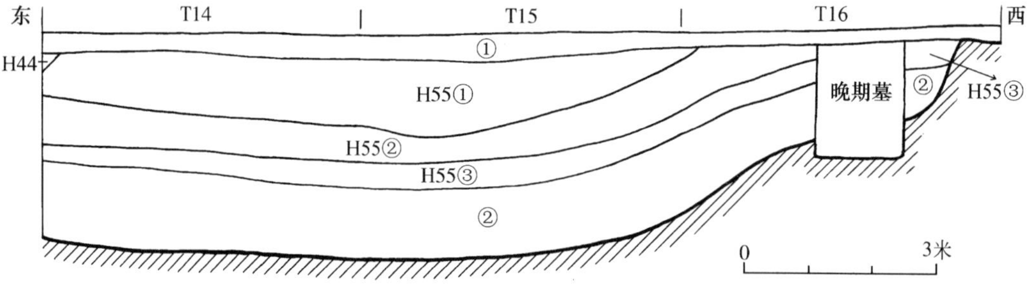

图2 T14、T15、T16南壁地层图

第2层：龙山文化层。黄褐色土层。土质较为疏松。整个探方均有分布，往探方东南部斜向堆积，距地表55厘米～240厘米，厚0厘米～120厘米。内出土大量红陶片，陶片较碎，可辨器物有斝、罐等。此层下即为生土。

三 仰韶时期遗存

未发现这一时期的遗迹，只在一些较晚时期的单位中出土有一些遗物，时代从仰韶中期延续到仰韶晚期。下面进行分类介绍：

小口尖底瓶 15件。H3④：1，泥质红陶。重唇口，矮直颈。颈饰线纹。口径10.4厘米，残高3.6厘米（图3-9）。H29：11，泥质红陶。重唇口，直颈。颈部饰线纹。口径6.6厘米，残高5.4厘米（图3-10）。T12②：26，泥质褐陶。重唇口，矮直颈。颈饰稀疏的线纹。口径5厘米，残高5.6厘米（图3-8）。F1：36，泥质红陶。小平沿上一道凹槽，细长颈。素面。口径6.4厘米，残高6厘米（图3-7）。

葫芦口瓶 4件。均泥质红陶。尖圆唇。素面。H8②：8，口径3.8厘米，残高8.8厘米（图3-5）。H29：12，口径4.4厘米，残高8.8厘米（图3-6）。

折沿盆 40件。均泥质红陶。H3①：2，口沿及腹饰黑彩弧线三角纹、圆点纹、勾连纹。斜折沿，尖圆唇。上腹鼓。口径37.8厘米，残高10厘米（图3-17）。H12：7，斜折沿，圆唇。上腹略鼓。口沿及腹饰黑彩弧线三角纹。口径44.2厘米，残高8厘米（图3-14）。H12：8，斜折沿，圆唇。直口，腹缓内收。素面。上腹有套烧痕迹，下部颜色略浅。口径39.8厘米，残高6.2厘米（图3-4）。H48：2，斜折沿，沿面略鼓，斜方唇。上腹鼓，口沿及腹饰黑彩弧线三角纹。口径43.8厘米，残高4.4厘米（图3-16）。H54：5，斜折沿，沿面略鼓，厚圆唇。腹微鼓。口沿及腹饰黑彩弧线三角纹、圆点纹、勾连纹。口径44.4厘米，残高5.2厘米（图3-15）。

叠唇盆 56件。H12：4，泥质红陶。敛口，圆唇。腹斜收。腹部残存一个鸡冠形鋬。素面。口径39.6厘米，残高6.6厘米（图3-3）。H12：5，泥质褐陶。敛口，方唇。上腹较直。素面。口径28厘米，残高6.6厘米（图3-22）。

钵 95件。H29：10，泥质红陶。敛口，圆唇。鼓腹，下腹缓收。素面。口径20.4厘米，残高4.2厘米（图3-12）。H54：8，泥质红陶。敛口，方圆唇。上腹近直，下腹弧收。素面。口径38厘米，残高6.4厘米（图3-18）。

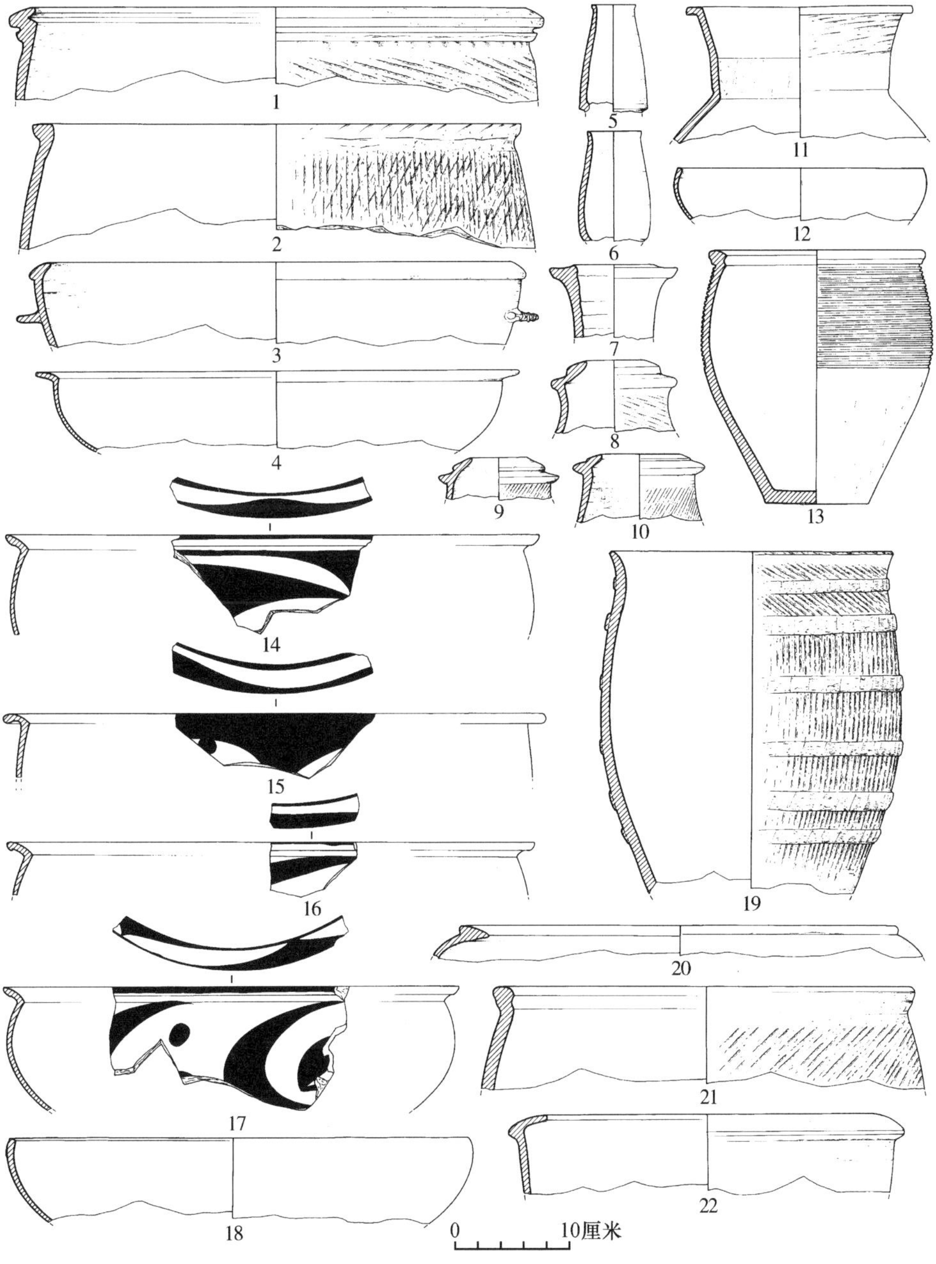

图 3　仰韶时期陶器

1、2、13、19、21. 夹砂罐（H29∶2、H29∶4、H12∶3、H38∶4、H12∶10）　3、22. 叠唇盆（H12∶4、H12∶5）4、14～17. 折沿盆（H12∶8、H12∶7、H54∶5、H48∶2、H3①∶2）　5、6. 葫芦口瓶（H8②∶8、H29∶12）　7～10. 小口尖底瓶（F1∶36、T12②∶26、H3④∶1、H29∶11）　11. 高领罐（H3③∶6）　12、18. 钵（H29∶10、H54∶8）　20. 瓮（H29∶13）

瓮　1 件。H29∶13，泥质灰陶，敛口。叠唇，鼓腹。素面。口径 36 厘米，残高 2.2 厘米（图 3-20）。

夹砂罐　103 件。H12∶3，泥质灰陶。圆唇，内凹旋纹口沿。上腹略鼓，下腹急收，小平底。上腹通饰旋纹。口径 17.6 厘米，残高 20.6 厘米（图 3-13）。H29∶2，夹砂红陶。直口，内凹旋纹口沿，腹近直。腹饰稀疏的绳纹。口径 40.4 厘米，残高 6.2 厘米（图 3-1）。H12∶10，夹砂褐陶。直口，圆唇加厚，腹微鼓。腹饰稀疏绳纹。口径 34.4 厘米，残高 6.6 厘米（图 3-21）。H29∶4，夹砂红陶。敛口，唇部加厚。腹微鼓。口沿下一道弦纹。通体饰绳纹。口径 40.2 厘米，残高 8.6 厘米（图 3-2）。H38∶4，夹砂红陶。侈口，方唇。束颈。深腹略鼓。通体饰绳纹，唇面上加饰绳纹压印，颈及腹饰多道附加泥条。口径 23.4 厘米，残高 27.2 厘米（图 3-19）。

高领罐　1 件。H3③∶6，泥质红陶。小口，短平折沿，方唇。直颈，溜肩。口沿外饰篮纹。口径 18.6 厘米，残高 10.8 厘米（图 3-11）。

四　龙山时期遗存

（一）遗迹

这个时期的遗迹较多，打破关系也比较丰富，但大部分单位出土器物都极少，并且混杂有仰韶各段的器物。出土物数量较丰富，时代单一的只有 H18、H28、F1 等 3 个单位，另外 H18 打破同期的 H21，虽出土器物较少，但时代单一。鉴于上述情况，我们以这 4 个单位为例来介绍。

H18　位于 T9 中部，小部分伸入 T10 隔梁内。开口于第 3 层下。距地表 0.45 米，平面形状呈不规则圆形。坑壁不甚规整，北壁略弧。

共出陶片 703 片。陶器可分为夹砂和泥质两大类，其中夹砂灰陶占 26.89%，夹砂褐陶占 15.51%，夹砂红陶占 8.68%，泥质灰陶占 21.34%，泥质红陶占 10.53%，泥质褐陶占 17.07%。纹饰篮纹占 34.99%，其次为附加堆纹占 20.77%，绳纹占 7.97%，另有少量线纹、刻划纹、方格纹等。素面陶占 33.29%，

出土器物有：罐 17 件，鼎足 7 件，深腹盆 2 件，豆柄、盘、甑、器盖各 1 件。

H21　位于 T10 东南角。开口于第 3 层下。距地表 0.3 米～0.45 米，平面呈不规则半圆形，长径 1.72 米，短径 2.32 米，深 0.35 米～1.2 米。坑底呈弧形。

共出陶片 424 片。陶器可分为夹砂和泥质两大类，其中夹砂灰陶占 27.83%，夹砂褐陶占 5%，夹砂红陶占 5.9%，泥质灰陶占 42.69%，泥质红陶占 6.6%，泥质褐陶占 12.03%。纹饰以篮纹占 38.44%，其次为附加堆纹占 16.51%，绳纹占 8.73%，方格纹占 3.06%，另有少量弦纹、线纹、刻划纹、压印纹等。素面陶占 29.01%，

出土器物有：罐 11 件，浅腹盆、斝足、豆各 1 件。

H28　位于 T8 西北角、T9 东北角。开口于第 2 层下。平面呈不规则圆形。距地表 0.13 米～0.25 米。长径 2.1 米，短径 2.84 米。深 1.2 米～1.42 米。坑底略呈锅底状。

共出陶片 1884 片。陶器可分为夹砂和泥质两大类，其中夹砂灰陶占 44. 1%，夹砂褐陶占 12. 79%，夹砂红陶占 2. 97%，泥质灰陶占 24. 58%，泥质红陶占 3. 45%，泥质褐陶占 12. 1%。纹饰篮纹占 41. 7%，附加堆纹占 23. 46%，绳纹占 9. 93%，线纹占 1. 96%，另有少量弦纹、方格纹、压印纹、刻划纹等。素面陶占 22. 08%。

出土器物有：罐 49 件，深腹盆 3 件，浅腹盆 5 件，釜灶 1 件，尊 1 件，豆 2 件。

F1　位于 T3、T4 内，部分延伸至两探方外南部和北部。开口于第 1 层下，被 H6、H7、H9 和 H31 打破。是一座有地穴式院庭的窑洞，由前庭、门洞、洞室三部分组成。洞室南端延伸至探方外，探方以外未作发掘。南北全长 9 米，东西宽 1. 8 米 ~5 米，洞室底面距地表 3. 2 米（图 4）。

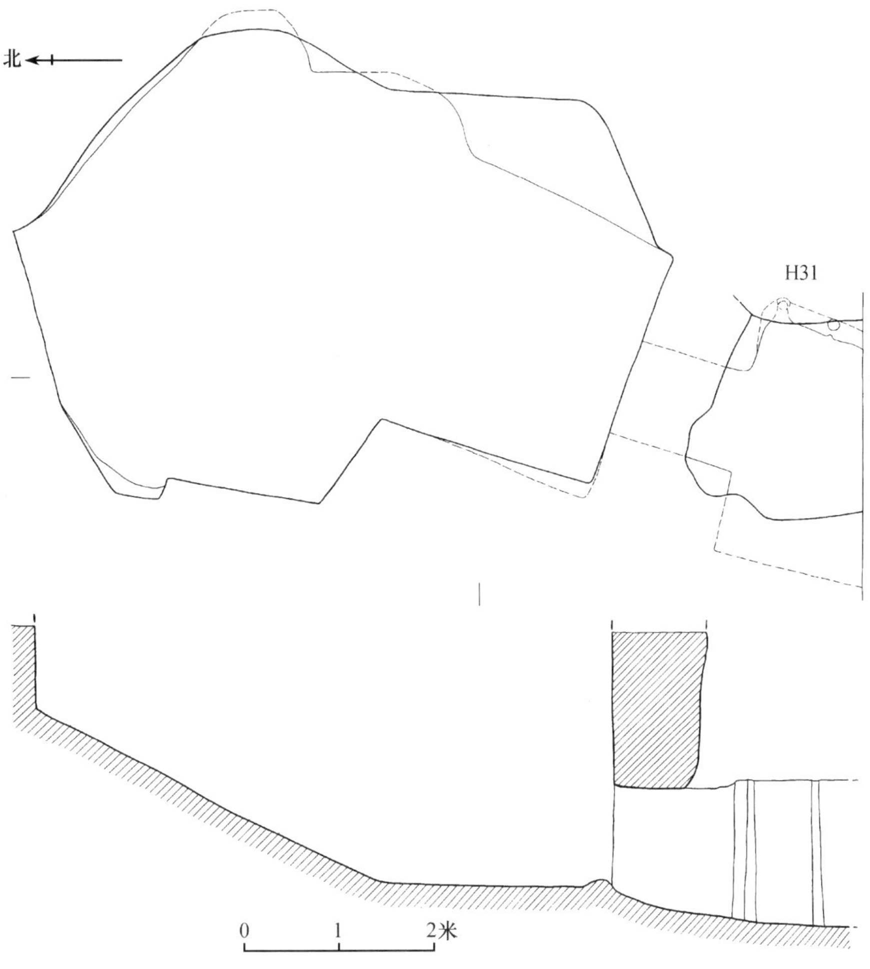

图 4　F1 平面、剖视图

前庭　位于居址北端，平面不规则，南部窄，近方形。北部不规则。南北长 6. 6 米，北部宽 5 米，南部宽 2. 6 米。北壁外弧，门道情况已不详。东西两壁竖直，底部略外扩。东壁有二道拐角向内收缩，西壁由北往南有三道拐角。东壁口部有垮塌，其余壁面平整。底面北部由北往南呈26°斜坡，通往南端洞室，南部坡道较为平缓。整个前庭底部有5厘米~15厘米厚的踩踏面，中间稍厚。

门洞　位于前庭与洞室之间。为平顶土洞，壁顶角圆弧。南北进深1.4米，宽1米，高0.7米~1.36米。底面北高南低呈斜坡，有厚0.1米的踩踏面，门洞北口地面有东西一道高0.1米左右的土坎，以阻挡前庭雨水流入洞室之内。

洞室　位于居址南端，南端向探方外延伸，未作发掘。发掘部分南北长1.6米，东西宽2.55米。平面形状为南北向长方形，顶部已塌陷。东西两壁顶部向内倾斜，室顶较窄。依西壁倾斜度及原壁面保存高度推算，顶宽1.55米左右，高2.2米~2.3米。东壁上部被H31破坏，残存高1.5米。西北角及沿西壁中部各有一个直径0.15米，深0.12米的柱窝，东北角及东壁中部各有一直径0.1米~0.12米的柱槽，深0.05米~0.22米，残高1.5米，柱槽下有0.15米深的柱窝，可作为支撑洞室顶部之用。地面北部略高，斜平，有0.1米厚踩踏面。

共出陶片3018片。陶器可分为夹砂和泥质两大类，其中夹砂灰陶占3.1%，夹砂褐陶占15.37%，夹砂红陶占12.36%，泥质灰陶占8.98%，泥质红陶占53.35%，泥质褐陶占6.8%。纹饰以篮纹为主，占33.63%，其次为绳纹14.6%，线纹4%，方格纹3.9%，另有少量弦纹、附加堆纹、戳点纹、乳钉纹、压印纹、刻划纹等。素面陶占38.5%。

出土器物有：罐25件，斝3件，鬲7件，斝足3件，鬲足8件。

（二）遗物

鉴于H18、H21、H28、F1和T11~T16②等5个单位层位关系明确，出土物较为丰富，且时代单一，故本文仅对这5个单位遗物进行详细介绍（器类统计见表1）。

表1　老堡子龙山时期遗存典型单位器类统计表

器类 单位	罐														盆形鼎	鼎足		深腹盆	浅腹盆	斝		鬲				釜灶	豆	尊	盘	甑	器盖	不明陶器
	A	BⅠ	BⅡ	C	Da	Db	E	F	G	H	I	J	K	L		A	B			A	B	AⅠ	AⅡ	BⅠ	BⅡ							
H18	10			1	1	2	1			2						2	5	2											1	1	1	
H21	8	3																	1								1					
H28	37	9		1							1			1	1			3	5							1	2	1				
F1			10			5		3	4	2		1								2	1	3	1	3								
T11~T16②			3	1	4	2		2	3				1	1							1	2			2						1	1

1. 陶器

罐　119件。根据整体形态的不同，分为十二型。

A型　55件。深腹罐。大部分为夹砂灰陶，少量泥质灰陶。折沿占绝大部分，卷沿极少。H18:15，夹砂黑陶，敛口，斜折沿，方唇。腹略鼓。通体饰篮纹，上加饰多道附加泥条。口径25厘米，残高12.4厘米（图5-1）。H18:20，夹砂灰陶。敛口，斜折沿，圆唇。腹略鼓。腹饰竖绳纹。折沿下一道附加泥条。口径24厘米，残高5厘米（图5-2）。H21∶3，夹砂灰陶。敛口，卷沿。方唇，腹略鼓，通体饰绳纹，口沿下抹光。口径15.4厘米，残高3.2厘米（图6-1）。H28∶7，夹砂灰陶。直口，方唇，腹略鼓。唇及通体饰横绳纹。口沿外饰三道附加堆纹，腹上另有一道。口径25厘米，残高10.2厘米（图7-1）。

B型　25件。小口折肩罐。根据肩部的不同分为二式。

Ⅰ式：12件。肩部较平，多饰横篮纹，全部为灰陶。H21∶1，夹砂灰陶。喇叭口，鼓肩，肩饰篮纹。口径10.6厘米，残高10.8厘米（图6-2）。H28∶13，泥质褐陶。喇叭口，方唇，鼓肩，肩饰篮纹。口径16厘米，残高10.4厘米（图7-2）。

Ⅱ式：13件。溜肩，肩部多素面，红陶居多。F1∶23，泥质红陶。圆唇。口径14.2厘米，残高11厘米（图8A-1）。T15②∶14，泥质红陶。折肩，肩略微鼓，下腹斜急收，小平底。下腹及底饰拍印长方格纹。通高16厘米，底径3.6厘米（图9-2）。T15②∶17，泥质褐陶。颈上饰六道弦纹，腹饰篮纹。口径8.6厘米，通高19.4厘米，底径5.2厘米（图9-1）。

C型　3件。器体较小，呈橄榄形。H18∶18，泥质褐陶。短斜折沿，圆唇，腹饰篮纹。口径7.2厘米，残高14.4厘米（图5-5）。T11②∶49，夹砂灰陶，圆唇，腹略鼓。腹上部饰二周戳点纹，下接绳纹。口径10厘米，残高4.2厘米（图9-6）。

D型　14件。大口束颈鼓腹罐。根据唇部有无花边分为二亚型。

Da型　5件。无花边。H18∶17，夹砂褐陶。侈口，圆唇。通体饰竖绳纹，口沿至颈抹光。口径13.2厘米，残高12.6厘米（图5-15）。T16②∶44，夹砂褐陶。侈口，圆唇。口沿及腹饰绳纹。口径14厘米，残高8厘米（图9-3）。T11②∶48，夹砂灰陶。腹饰竖绳纹。口径16厘米，残高5.4厘米（图9-4）。

Db型　9件。有花边。H18∶8，夹砂褐陶。通体竖绳纹，颈腹相接处和近底部抹光。通高18厘米，口径15厘米，底径9.4厘米（图5-14；图版13-1）。H18∶9，泥质红褐陶。通体饰篮纹。通高20.6厘米，口径15厘米，底径9厘米（图5-13；图版13-2）。F1∶14，夹砂灰陶。腹饰竖绳纹。通高19.2厘米，口径14.8厘米，底径10.2厘米（图8A-2；图版13-3）。F1∶33，夹砂褐陶。腹饰竖绳纹。口径16.6厘米，残高14.6厘米（图8A-7）。

E型　1件。敛口折沿鼓腹罐。H18∶19，夹砂褐陶。圆唇。桥形耳。耳及腹饰篮纹。口径12厘米，残高12.6厘米（图5-6）。

F型　5件。大口折肩罐。F1∶13，泥质红陶。圆唇，折肩。肩略外鼓，下腹急收。小平底，下腹和底饰拍印方格纹。通高26.4厘米，口径19.2厘米，底径10厘米（图8A-4）。F1∶15，泥质红陶。尖圆唇。肩略鼓，下腹急收，小平底，腹饰篮纹。通高21.8厘米，口径18.6厘米，底径9.4厘米（图8A-5；图版13-4）。F1∶24，泥质红陶。小平折沿，圆唇。素面。口径22.6厘米，残高10厘米（图8A-6）。

G型　7件。双耳罐。F1∶27，泥质灰陶。长直颈，双耳，圆鼓腹，颈部四道弦纹，耳正面二道竖槽。口径9.6厘米，残高12厘米（图8A-8）。T13②∶19，泥质黑陶。高领，圆腹，双桥形耳，素面。口径10.4厘米，残高11.4厘米（图9-15）。T12②∶29，

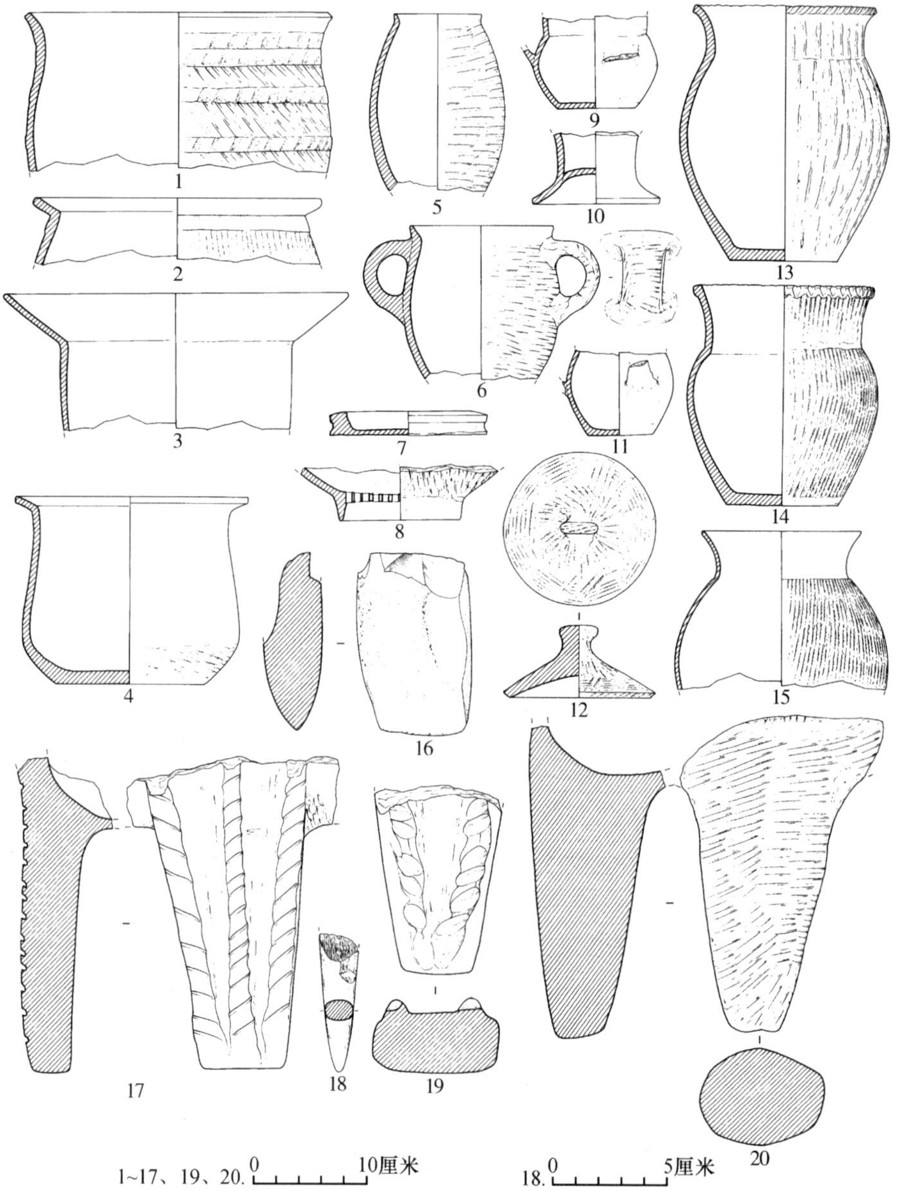

图5 H18出土遗物

1、2. A型罐（H18:15、H18:20） 3、4. 深腹盆（H18:22、H18:10） 5. C型罐（H18:18） 6. E型罐（H18:19） 7. 盘（H18:11） 8. 甑（H18:26） 9、11. H型罐（H18:12、H18:7） 10. 豆柄（H18:27） 12. 器盖（H18:13） 13、14. Db型罐（H18:9、H18:8） 15. Da型罐（H18:17） 16. 石斧（H18:1） 17、19. B型鼎足（H18:24、H18:25） 18. 骨锥（H18:2） 20. A型鼎足（H18:23）

夹砂红陶。敞口，圆唇，双桥形耳，溜肩。口沿外一周附加泥条。耳根部戳点纹，腹饰竖篮纹。口径18厘米，残高9厘米（图9-8）。

H型 4件。三耳罐。H18:7，泥质红陶。鼓腹，三耳在鼓腹处等分，平底，素

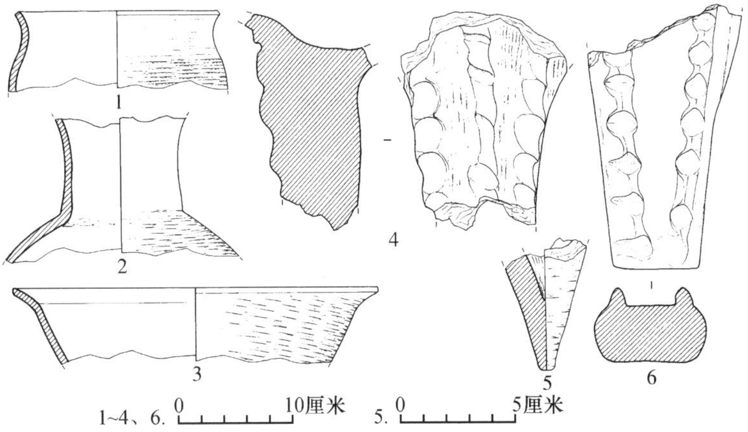

图6 H21出土陶器

1. A型罐（H21∶3） 2. BⅠ式罐（H21∶1） 3. 浅腹盆（H21∶5） 4、6. B型鼎足（H21∶7、H21∶6） 5. 斝足（H21∶8）

面。底径6厘米，残高6.8厘米（图5-11）。H18∶12，泥质红陶。折腹，三耳下部在折腹处，平底，素面。底径6.6厘米，残高7.6厘米（图5-9）。

I型 1件。敛口折肩罐 。H28∶17，夹细砂，褐陶。方唇，唇面一道凹槽，子母口，腹上部近直，肩部残存一钮。素面。口径12厘米，残高3厘米（图7-4）。

J型 1件。小圆鼓腹罐。器形较小。F1∶28，泥质褐陶。口微侈，腹饰竖绳纹。口径6.8厘米，残高8.2厘米（图8A-9）。

K型 1件。敛口卷沿鼓腹罐。T13②∶20，夹砂褐陶。圆唇。鼓腹，口沿外一周泥条，上下压印花边。腹饰竖绳纹。口径11.6厘米，残高9厘米（图9-5）。

L型 2件。单耳罐。H28∶10，夹砂褐陶。敛口，斜折沿，尖圆唇，鼓腹。桥形耳。耳面及通体饰篮纹。残高8.5厘米（图7-13）。T11②∶32，夹砂褐陶。敛口，斜折沿。溜肩。单桥形耳，肩饰绳纹。残高8.5厘米（图9-19）。

盆形鼎 1件。H28∶6，夹砂褐陶。斜折沿，方唇。直壁，腹下部内收。唇花边，通体饰斜绳纹。折沿下一周附加堆纹，腹上部一鸡冠状鋬。口径27.6厘米，残高11厘米（图7-8）。

鼎足 7件。根据形态不同可分为二型。

A型 2件。扁锥形，饰篮纹。H18∶23，夹砂褐陶。鼎腹为盆形，足为扁锥形。足饰篮纹。残高25.4厘米（图5-20）。

B型 5件。梯形，正面饰二道或三道竖附加泥条。H18∶24，夹砂红陶。正面饰三道竖附加泥条。残高25厘米（图5-17）。H18∶25，夹砂褐陶。残高14.4厘米（图5-19）。H21∶6，夹砂红陶。残高21.4厘米（图6-6）。H21∶7，夹砂灰陶。正面饰三道竖附加泥条。残高17.8厘米（图6-4）。H28∶15，夹砂褐陶。正面饰三道竖附加堆纹。残高17.7厘米（图7-14）。

深腹盆 5件。折沿，直口，深腹。H18∶10，泥质褐陶。斜折沿。方唇，腹近直，略外鼓，近底处斜折至底。素面。通高15.2厘米，口径19.8厘米，底径12.6厘米（图5-4；图版14-1）。H18∶22，夹砂褐陶。直口，宽折沿，圆唇。素面。口径29厘米

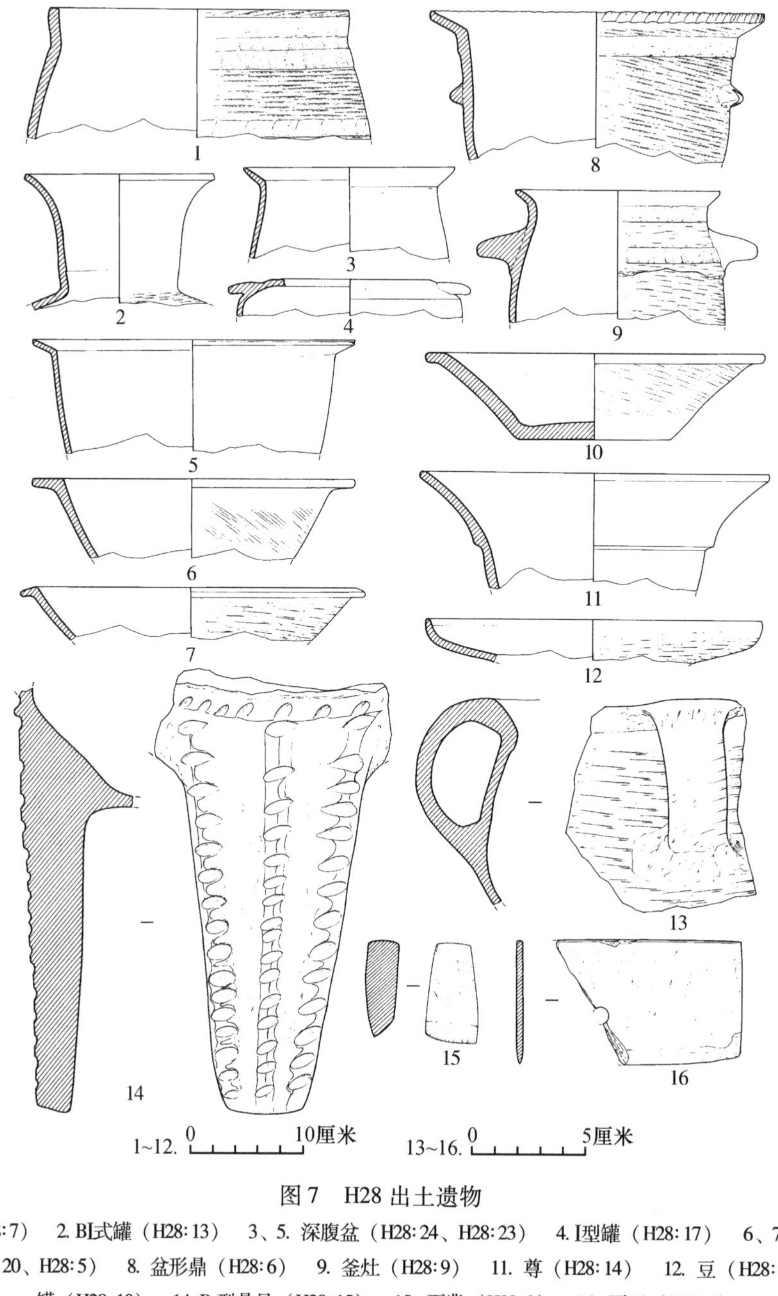

图7　H28出土遗物

1. A型罐（H28:7）　2. BⅠ式罐（H28:13）　3、5. 深腹盆（H28:24、H28:23）　4. Ⅰ型罐（H28:17）　6、7、10. 浅腹盆（H28:19、H28:20、H28:5）　8. 盆形鼎（H28:6）　9. 釜灶（H28:9）　11. 尊（H28:14）　12. 豆（H28:18）　13. Ⅰ型罐（H28:10）　14. B型鼎足（H28:15）　15. 石凿（H28:2）　16. 石刀（H28:4）

米，残高11厘米（图5-3）。H28:23，泥质灰陶。斜折沿，方唇。腹缓收近直。素面。口径26.8厘米，残高9厘米（图7-5）。H28:24，泥质灰陶。斜折沿，圆唇。腹微外鼓。素面。口径17.4厘米，残高6.8厘米（图7-3）。

浅腹盆　6件。折沿，浅腹。H21:5，夹砂灰陶。敞口，斜折沿，圆唇，腹斜直内收。饰篮纹。口径30厘米，残高6厘米（图6-3）。H28:5，泥质红陶。平折沿，腹斜，

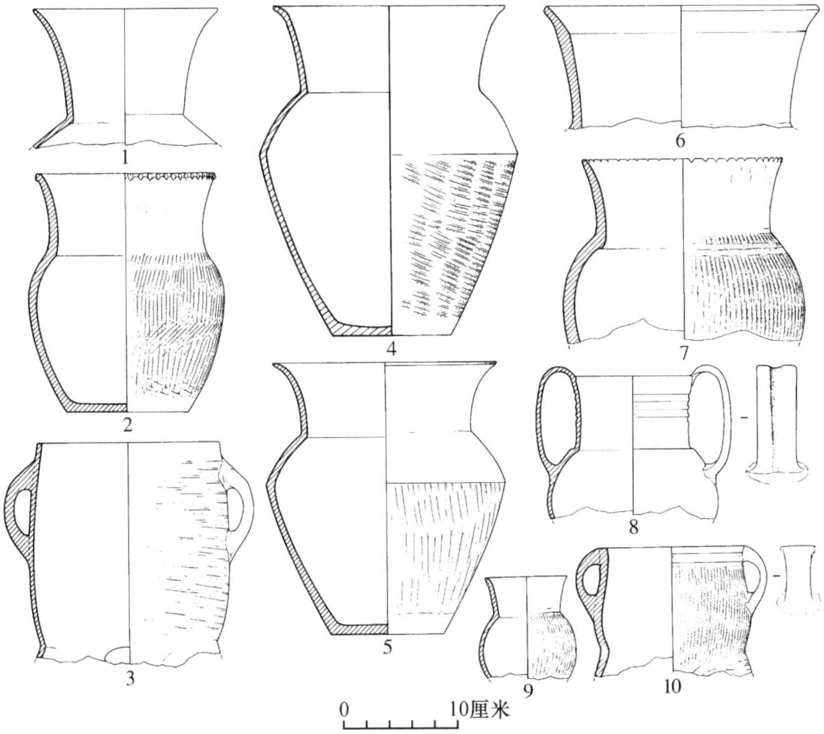

图 8A　F1 出土陶器

1. BⅡ式罐（F1∶23）　2、7. Db 型罐（F1∶14、F1∶33）　3、10. A 型斝（F1∶11、F1∶30）　4～6. F 型罐（F1∶13、F1∶15、F1∶24）　8. G 型罐（F1∶27）　9. J 型罐（F1∶28）

急收。腹饰绳纹。通高 7 厘米，口径 28 厘米，底径 12.6 厘米（图 7-10）。H28∶19，泥质褐陶。平折沿，圆唇。腹急收。腹饰斜线纹。口径 26.8 厘米，残高 6.4 厘米（图 7-6）。H28∶20，泥质灰陶。斜折沿向下，腹急收，饰篮纹。口径 27 厘米，残高 4 厘米（图 7-7）。

斝　4 件。根据口部形态的差别可分为二型。

A 型　2 件。直口。F1∶11，夹砂褐陶。双桥形耳，下接三足。口径 15.2 厘米，残高 19 厘米（图 8A-3；图版 14-2）。F1∶30，泥质褐陶。方唇。下腹微鼓。单耳（双耳），口沿下二道弦纹，腹饰竖绳纹。足饰篮纹。口径 12 厘米，残高 10.6 厘米（图 8A-10）。

B 型　2 件。敛口。F1∶31，夹砂褐陶。方圆唇，折肩，上腹略鼓，下腹缓收，单耳。腹饰竖绳纹，口沿外及下腹抹光。残高 11.8 厘米（图 8B-7）。T12②∶43，夹砂褐陶。折肩，腹斜收近直，单桥形耳。敛口残的一端有一凸起，上贴一圆饼。耳上端一泥饼。折肩处饰横篮纹。腹饰竖绳纹。口径 18 厘米，残高 14 厘米（图 9-10）。

斝足　4 件。H21∶8，夹砂褐陶。锥状足，外饰篮纹。残高 5.3 厘米（图 6-5）。

鬲　11 件。根据颈部形态和纹饰差别可分为二型。

A 型　6 件。束颈，饰横篮纹。根据裆和足部形态分为二式。

Ⅰ式：5 件。F1∶21，夹砂褐陶。三袋足模制。裆部下凸一圆角，饰篮纹。残高 16.4 厘米（图 8B-4）。F1∶32，夹砂褐陶。长颈，口略侈，花边方唇，袋足略外鼓，耳

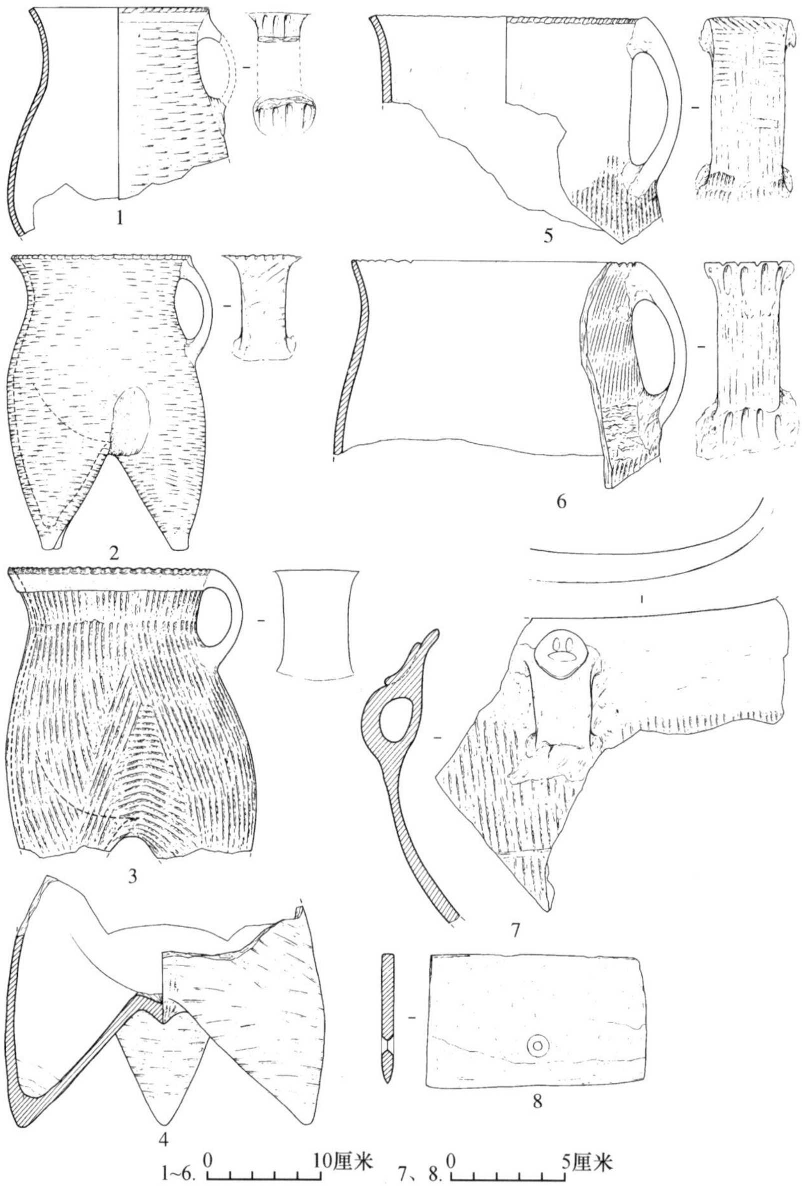

图8B F1出土遗物

1、4. AⅠ式鬲（F1:32、F1:21） 2. AⅡ式鬲（F1:16） 3、5、6. BⅠ式鬲（F1:17、F1:34、F1:35） 7. B型斝（F1:31） 8. 石刀（F1:3）

根有戳点纹，通体饰横篮纹。口径14.6厘米，残高18.4厘米（图8B-1）。T13②:18，泥质褐陶。侈口花边。单（双）耳，鼓腹。口沿外一周附加泥条。饰篮纹，耳根饰戳点纹。口径16厘米，残高16厘米（图9-9）。T13②:40，泥质黑陶。裆部有一周锥形凸起。素面。残高8厘米（图9-13）。

Ⅱ式：1件。F1:16，泥质红褐陶。微侈口，三袋足模制，桥形耳。通体饰横篮纹。

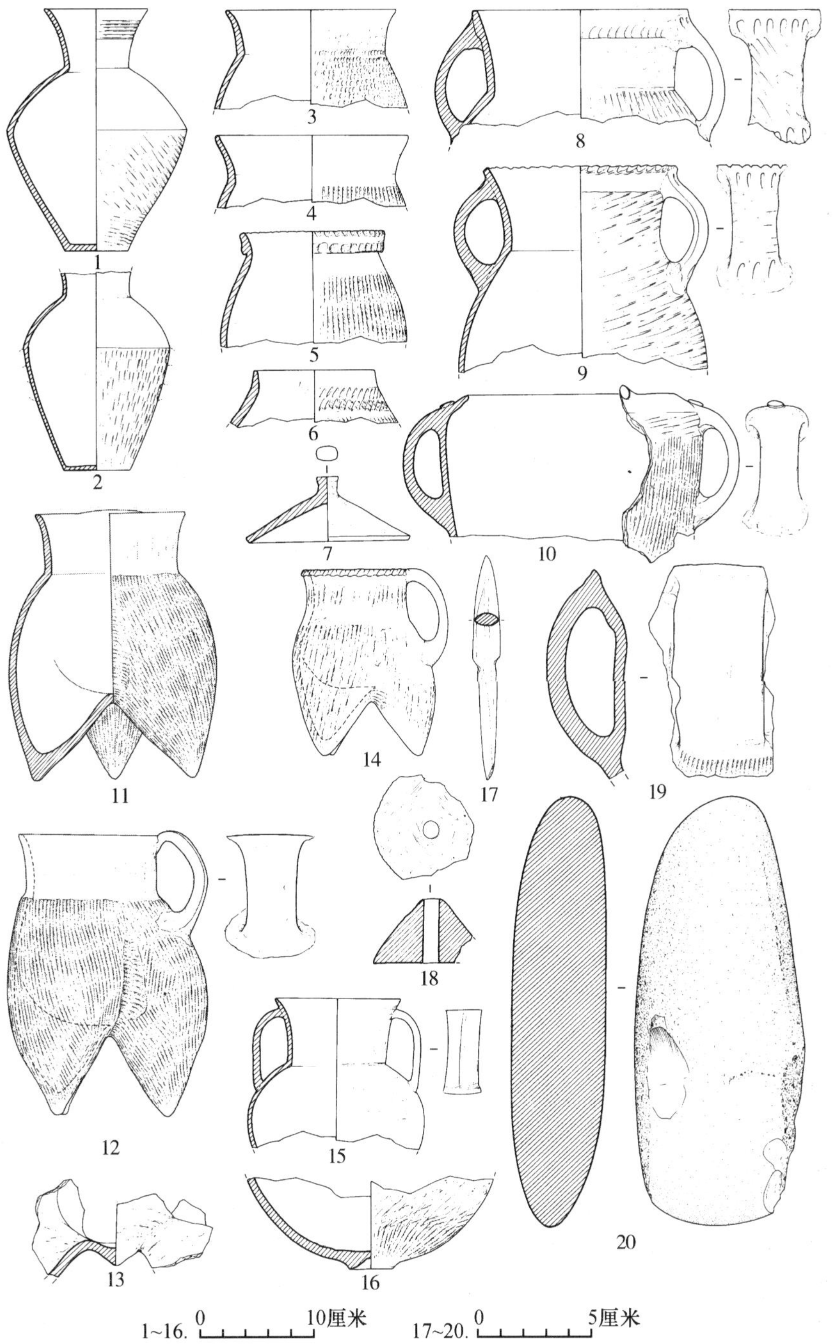

图 9　龙山时期 T11 ~ T16②出土遗物

1、2. BⅡ式罐（T15②：17、T15②：14）　3、4. Da 型罐（T16②：44、T11②：48）　5. K 型罐（T13②：20）　6. C 型罐（T11②：49）　7. 器盖（T15②：13）　8、15. G 型罐（T12②：29、T13②：19）　9、13. AⅠ式鬲（T13②：18、T13②：40）　10. B 型斝（T12②：43）　11、12、14. BⅡ式鬲（T15②：15、T15②：16）　16. 不明陶器（T16②：42）　17. 骨镞（T15②：7）　18. 纺轮（T15②：6）　19. L 型罐（T11②：32）　20. 石斧（T12②：3）

通高24厘米，口径15厘米（图8B-2；图版14-3）。

B型 5件。高直颈，饰绳纹。根据裆和足部形态分为二式。

Ⅰ式：3件。F1:17，夹砂褐陶。溜肩，三足磨制，略外鼓，桥形耳。花边口，口沿外附一周泥条，耳为素面，其余竖绳纹。口径17厘米，残高21厘米（图8B-3）。F1:34，夹砂褐陶。单桥形耳，花边，耳表面及腹饰竖绳纹。口径23.2厘米，残高18厘米（图8B-5）。F1:35，夹砂褐陶。侈口，束颈。腹略鼓，单桥形耳，花边口，耳根饰点纹，耳正面及器身饰竖绳纹。口径24厘米，残高17厘米（图8B-6）。

Ⅱ式：2件。T15②:15，夹砂灰陶。三袋足外鼓，模制。颈及耳素面，其余饰竖绳纹。通高26厘米，口径14厘米（图9-11、12；图版14-4）。T15②:16，夹砂灰褐陶。口沿饰花边，桥形耳，三足为模制。耳及器身饰绳纹，局部有抹光。通高15厘米，口径8.6厘米（图9-14；图版15-1）。

釜灶 1件。H28:9，泥质褐陶。敛口，斜折沿，圆唇。束颈，腹略外鼓。口沿外附加泥条，腹上部二道附加泥条，有双鋬。腹饰篮纹。口径17厘米，残高10.4厘米（图7-9）。

尊 1件。H28:14，泥质褐陶。敞口，圆唇。腹上部有一突折。口径28.8厘米，残高8.8厘米（图7-11）。

豆 3件。折腹。H28:18，泥质黑陶。直口，圆唇。饰篮纹。口径28厘米，残高3.2厘米（图7-12）。

豆柄 1件。H18:27，泥质褐陶。柄部细直，圈足外撇，方唇，素面。底径10.6厘米，残高6.2厘米（图5-10）。

盘 1件。H18:11，泥质红陶。浅盘，直壁，小斜平沿，方唇，平底外突。通高2厘米，口径10.2厘米，底径13厘米（图5-7）。

甑 1件。H18:26，夹砂褐陶。腹斜收，甑部若干穿孔。圈足。底径10.2厘米，残高4.4厘米（图5-8）。

器盖 2件。H18:13，泥质褐陶。锅盖形，通体饰绳纹。扁把手，上面饰绳纹。口径12厘米，高6厘米（图5-12）。T15②:13，泥质灰陶。锅盖状。圆唇。扁圆形握手。素面。口径13.4厘米，高3.2厘米（图9-7）。

不明陶器 1件。T16②:42，夹砂褐陶。上为钵形，下为小圈足，饰交错绳纹。底径3.6厘米，残高7.6厘米（图9-16）。

2. 其他

石刀 3件。H28:4，青色。长方形，一个长边为刃部，有一残对钻孔。残长7.8厘米，宽5.1厘米，厚0.3厘米（图7-16）。F1:3，青色。长方形薄片，一个长边磨出刀刃，中部对钻一孔。长9.1厘米，宽5.5厘米，厚0.5厘米（图8B-8）。

石斧 4件。H18:1，青色。扁长方体，上部残。长7.3厘米，宽4.8厘米，厚2.5厘米（图5-16）。T12②:3，青色，利用天然石块加工而成，扁条形，上端可见天然形状。下端略残。长17.2厘米，宽4厘米~7.2厘米，厚3.9厘米（图9-20）。

石凿 2件。H28:2，青色。扁梯形，单面刃。长4厘米，宽1.4厘米~2.2厘米，厚1.4厘米（图7-15）。

骨镞 2件。T15②:7，磨制精美，器体细长。长9厘米，宽0.3厘米~1.1厘米

（图9-17）。

骨锥　2 件。H18：2，扁锥体，上端残。长 5.6 厘米，宽 0.5 厘米～1.7 厘米（图 5-18）。

纺轮　1 件。T15②：6，夹砂褐陶，圆锥状。直径 4.8 厘米，高 2.6 厘米（图9-18）。

五　商时期遗存

（一）遗迹

此次发掘共发现 11 个商时期灰坑[1]。虽然多数灰坑出土物不甚丰富，但每个灰坑的打破关系明确，可辨器类较多，故本文均予以详细介绍。

H44　位于 T14 东南部，东侧大部在东隔梁下，南边小部分在 T11 北隔梁下。开口于第 1 层下，打破 H55。发掘部分呈半圆形，坑壁呈斜坡状内收，平底。南北长 435 厘米，东西宽 47 厘米，自深 65 厘米。坑内填土为灰褐色土，含红烧土颗粒及少许炭屑，土质疏松。出土了少量陶片和兽骨（图 10）。

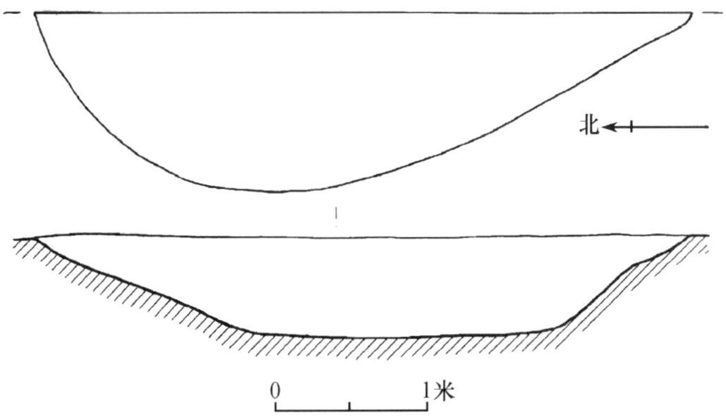

图 10　H44 平、剖面图

H50　位于 T11 东南角，大部分在东隔梁下及南壁外。开口于第 1 层下，打破 H55。发掘部分呈扇形，坑壁较直，斜坡底。东西长 270 厘米，南北宽 120 厘米，自深 83 厘米。坑内填土为黄灰色，含少量红烧土颗粒及炭屑，土质较疏松。出土了少量陶片（图 11）。

H52　位于 T16 东北部，部分伸入 T15 西北角，余部在其北隔梁下。开口于第 1 层下，打破 H55。发掘部分似呈椭圆形，坑壁不甚规整，一侧呈缓坡底状，一侧坑壁外鼓，平底。东西长 245 厘米，南北宽 237 厘米，自深 65 厘米～100 厘米。坑内填土为灰褐色，土质疏松。出土了少量陶片（图 12）。

SFLH1　位于 T1 东北部。开口于第 1 层下，被 H26 打破，打破 H3、H17、Y1、H46、

[1] 11 个商时期灰坑中，只有 SFLH1 和 SFZH1 重号，故在以下的的遗物描述中只在这两个灰坑前面加地点编号，其余均不加。

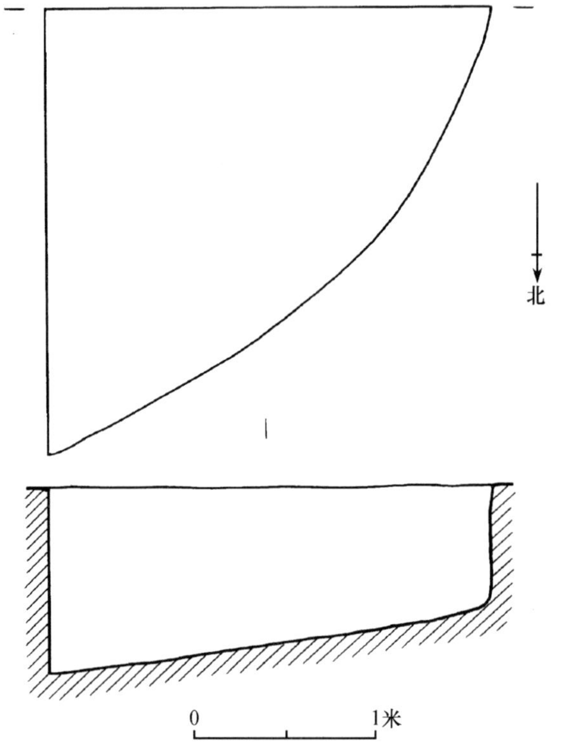

图11　H50平、剖面图

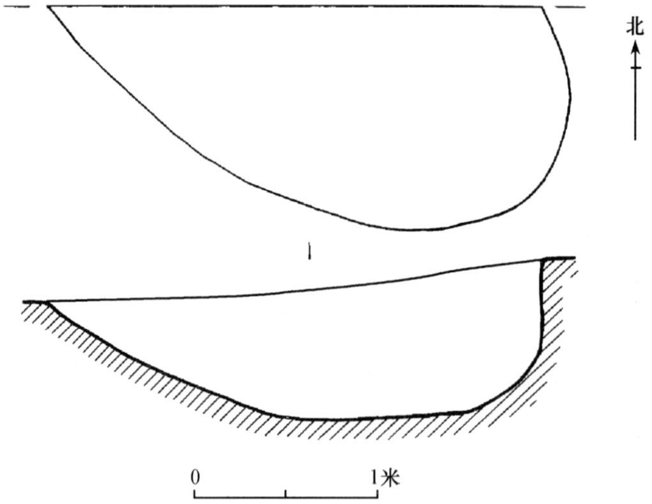

图12　H52平、剖面图

H47和H48。坑口近圆形，直径212厘米。袋状坑，坑壁经过修整，平底，底径266厘米，自深215厘米。坑内出土遗物较为丰富，可细分8小层。出土了大量陶片和兽骨等（图13）。

H6　位于T3的东北部，并伸入其北扩方的西南部。开口于第1层下，被H7打破，并打破F1。坑口呈椭圆形，长328厘米，宽230厘米，自深62厘米。斜坡壁，圜底。坑内出土遗物较为丰富。出土了大量陶片及兽骨和红烧土块等（图14）。

H7　位于T4的中西部，部分在T5的东隔梁下。开口于第1层下，并打破H6、F1、H8和H12。坑口近圆形，直径310厘米～335厘米，自深95厘米。坑壁不甚规整，呈斜坡状，锅状底，坑底有厚约5厘米的硬面。坑内出土遗物较为丰富。出土了大量陶片及石器、骨器和红烧土块等（图15）。

H32　位于T10西北部，往下伸入北壁。开口于第2层下，被H37打破，并打破H24、H30和H35。坑口呈椭圆形，东西残长139厘米，南北宽142厘米，自深124厘米～143厘米。袋状坑，坑壁近底部弧形内收，平底，坑底东侧有一小平台，东西长276厘米，宽224厘米。坑内出土遗物较为丰富。出土了大量陶片及石器、骨器和兽骨等（图16）。

H45　位于TG1西北部，部分伸入北壁下。开口于第3层下，打破H49和H53。由于其西边被取土破坏，从发掘情况推测，其应该是一个较大的不规则椭圆形灰坑。发掘部分呈长条状，南北长894厘米，东西宽20厘米～200厘米，自深45厘米～110厘米。坑壁不甚规整，呈斜坡状，坑底高低不平。坑内出土遗物较为丰富。出土了陶片及石器、骨器和兽骨等（图17）。

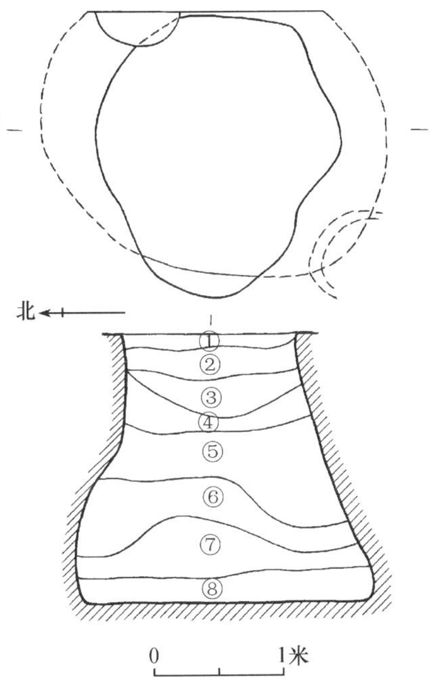

图13　SFLH1平、剖面图

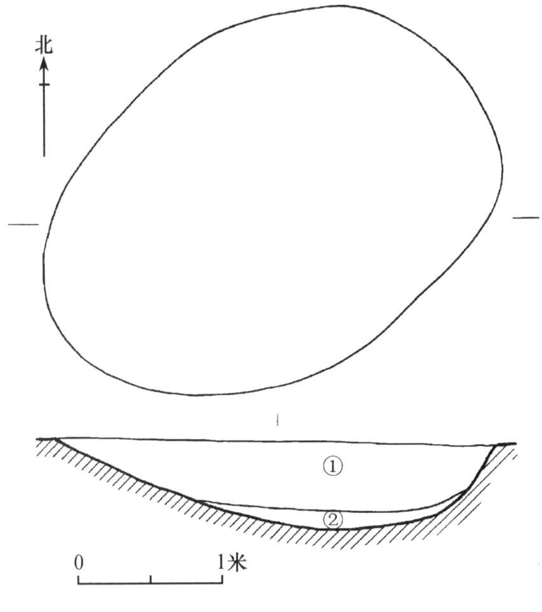

图14　H6平、剖面图

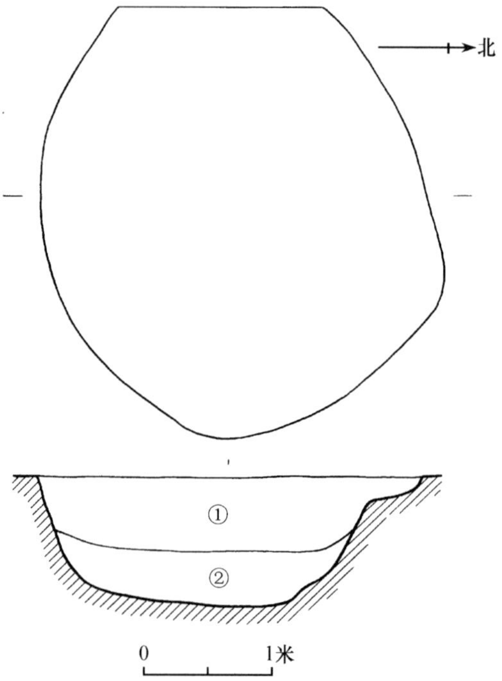

图15　H7平、剖面图

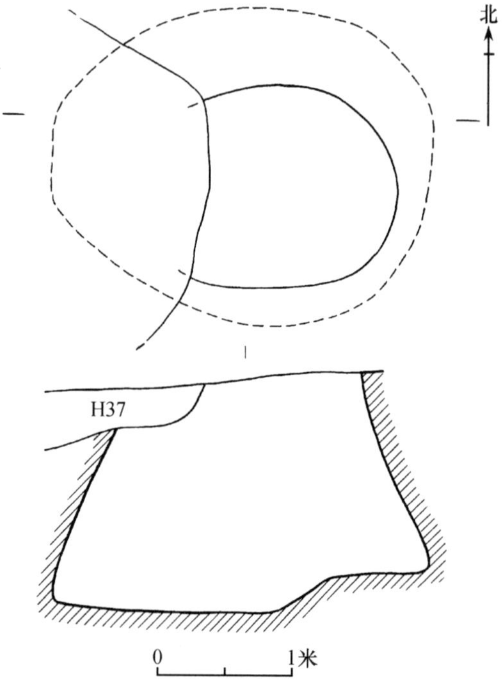

图16　H32平、剖面图

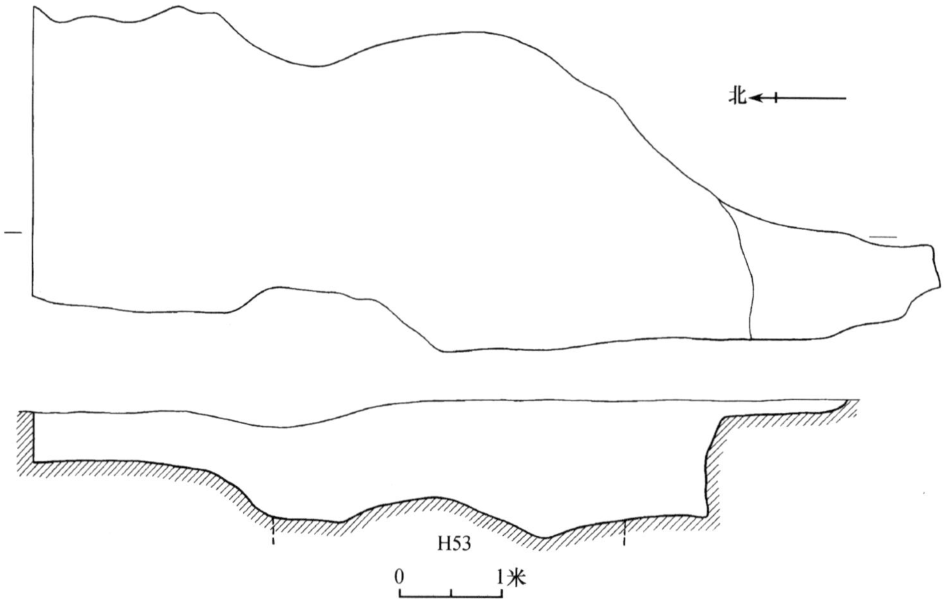

图17　H45平、剖面图

H53　位于 TG1 中部。叠压于 H45 下。坑口近椭圆形，南北残长 344 厘米，东西宽 250 厘米，自深 57 厘米。坑壁较直，略内收，平底。坑内出土遗物不甚丰富。出土了少量陶片（图 18）。

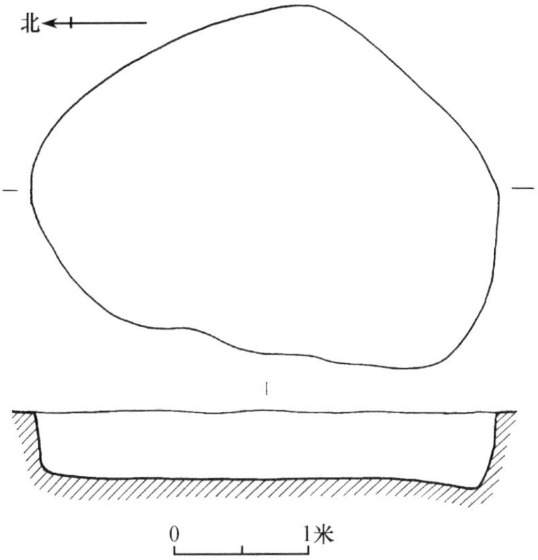

图 18　H53 平、剖面图

H55　横跨 T11～T16 等 6 个探方，开口于第 1 层下，打破第 2 层，并被 H44、H50 和 H52 打破。从发掘情况看，H55 应是早期涝池干涸后形成的堆积，由于灰坑较大，本次发掘了其大部分，另有小部分延伸到探方外，坑口东西现长 1495 厘米，南北现宽 1000 厘米，深 225 厘米。坑的中心点在 T15 的东南角，且中心点堆积最厚，坑的剖面略呈锅底状。坑内出土物较为丰富，可细分为 3 小层。出土了大量陶片、兽骨、骨器和石器等（图 19）。

SFZH1　位于窑白沟和七星河交汇处东侧一级阶地西缘断崖上。打破龙山时期灰坑 SFZH2。由于在断崖上，我们只是从外向里清理了 60 厘米左右，并把剖面刮清楚。从清理的情况看，H1 平面估计为圆形，剖面呈锅底状。坑口距地表 62 厘米～100 厘米，口径 320 厘米，自深约 70 厘米。填土为青灰土，土质疏松，夹杂有少量炭屑。坑内出土大量陶片及兽骨、牛角、陶纺轮和石器等（图 20）。

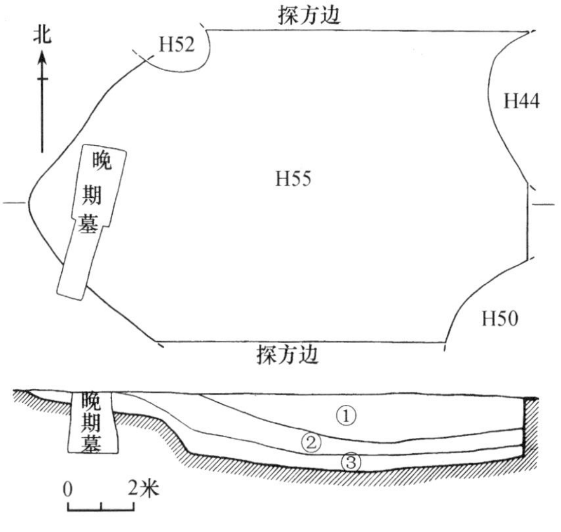

图 19　H55 平、剖面图

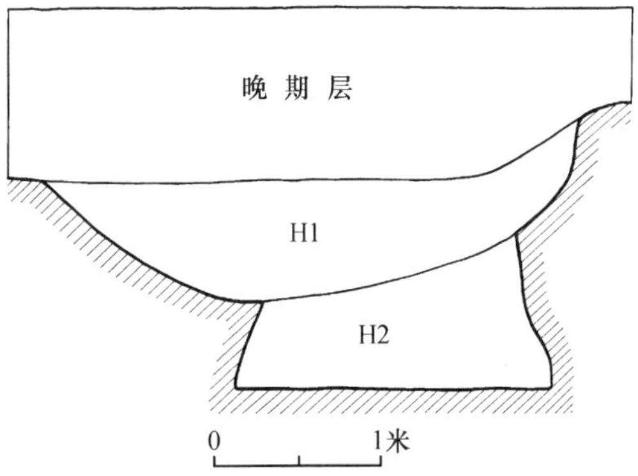

图 20　SFZH1、H2 平、剖面图

（二）陶片统计

考虑到本次发掘的遗存在断代研究中具有重要意义，为了全面客观地介绍资料，避免整理者在整理归类、分类的过程中的主观性、片面性，我们采用按单位全面发表考古资料的办法，每个单位的资料力求全面客观地予以发表，供学者研究。

商时期典型单位内出土陶片陶质主要有夹砂陶和泥质陶两类。夹砂陶主要是鬲、甗、花边罐等，泥质陶主要是盆、折肩罐、豆、簋等器类。陶色有灰陶、灰褐陶、红褐陶和少量黑皮陶。纹饰有麦粒状绳纹（图21-1）、绳纹（图21-2）、附加堆纹（图

图21　拓片

1. 麦粒状绳纹（SFLH1⑥） 2. 绳纹（SFLH1④） 3. 附加堆纹（H55②） 4. 弦纹（SFLH1⑥） 5. 方格纹（H55②） 6. 压印纹（H55①） 7. 乳钉纹（H5②） 8. 戳点纹（H55①） 9. 刻划纹（H55①） 10. 圆圈纹（H55①）（均约1/2）

21-3）、弦纹（图21-4）、方格纹（图21-5）、压印纹（图21-6）、乳钉纹（图21-7）、戳点纹（图21-8）、刻划纹（图21-9）和圆圈纹（图21-10）。素面陶占一定的比例。详细情况见表2、表3、表4。

（三）遗物

1. 陶器

分裆鬲　23件。均夹砂。侈口，多方唇折沿，分裆，另加尖锥状实足根，颈部以上和足根均抹光，腹部多饰较粗绳纹，部分颈下饰弦纹。依口部特征可分为二型。

A型　12件。折沿，束颈。H55①：22，灰陶。三足抹光，已残。颈下饰两道弦纹和绳纹，弦纹上亦见绳纹。口径13.4厘米，残高15.8厘米（图22A-1；图版15-2）。H55①：101，灰陶。颈以下饰一道弦纹和绳纹，弦纹上亦见绳纹。口径14厘米，残高3厘米（图22A-2）。H55②：85，灰陶。颈以下饰一道弦纹和绳纹，弦纹上亦见绳纹。口径15.2厘米，残高7.6厘米（图23A-1）。H32：10，灰陶。颈以下饰一道弦纹和绳纹，弦纹上亦见绳纹。口径13.4厘米，残高5.4厘米（图28-1）。

B型　11件。侈口，卷沿，有短颈。H55①：25，灰陶。颈部有一周上饰竖绳纹的附加堆纹，其下饰绳纹。口径16厘米，残高4.7厘米（图22A-4）。H55①：35，灰陶。颈以下饰两道弦纹和绳纹，弦纹上亦见绳纹。口径15.6厘米，残高5.6厘米（图22A-3）。H55①：40，灰陶。颈以下饰麦粒状绳纹，有被抹的痕迹。口径15.2厘米，残高6.9厘米（图22A-5）。H55②：65，灰陶。颈以下饰绳纹。口径18厘米，残高5.4厘米（图23A-2）。H55②：67，灰陶。唇外附加泥条，腹上部饰两道弦纹，其下饰绳纹。口径16厘米，残高7.1厘米（图23A-3）。SFLH1②：5，红褐陶。颈以下饰两道弦纹和绳纹，弦纹上亦见绳纹。口径15厘米，残高5.6厘米（图25-1）。H45:4，灰陶。颈以下饰绳纹。口径15.6厘米，残高4.7厘米（图30-20）。

分裆鬲裆　1件。SFZH1:20，夹砂灰陶。器饰绳纹。残高7厘米（图34A-12）。

分裆鬲足　45件。均夹砂。足根素面，其上饰绳纹。H55①：44，红褐陶。圆锥状。残高6.3厘米（图22C-4）。H55②：80，灰陶。圆锥状。残高5厘米（图23C-5）。H55③：22，红褐陶。圆锥状。残高5.4厘米（图24-19）。H55③：33，红褐陶。圆锥状。残高6.9厘米（图24-18）。H6:15，红褐陶。圆锥状。残高6.3厘米（图26-19）。H7:16，红褐陶。圆锥状。足尖稍残。残高8.9厘米（图27-22）。H7:18，灰陶。圆锥状。残高5厘米（图27-24）。H32：12，灰陶。圆锥状。残高8.6厘米（图28-14）。H45:15，灰陶。圆锥状。残高4厘米（图30-27）。H52：2，红褐陶。圆锥状。残高5.5厘米（图32-12）。

连裆鬲　106件。均夹砂，多饰麦粒状绳纹，锥状实足根，足根上饰绳纹。依整体形态特征可分为三型。

A型　2件。器形均较小。直筒状。H55①：38，红褐陶。侈口，方唇，颈以下饰绳纹。口径11.4厘米，残高6.2厘米（图22A-7）。H55①：42，灰褐陶。侈口，尖唇，颈以下饰绳纹。口径11.6厘米，残高4.3厘米（图22A-8）。

表 2　老堡子商时期遗存典型单位陶片陶质、陶色和纹饰统计表

单位	数量（片）	陶质%		陶色%					纹饰%											
		黑皮	夹砂	泥质	灰	灰褐	红	红褐	麦粒状绳纹			绳纹			附加堆纹	弦纹	方格纹	压印纹	素面	其他
									粗	中	细	粗	中	细						
H55 第 1 层	2845	30. 1	69. 9	53. 5	22. 6		23. 9	v	9. 1	28. 1	6. 7	4	9. 6	2. 3	2. 2	16. 4	0. 6	0. 3	20. 3	0. 4
H55 第 2 层	3491	28. 5	71. 5	62. 5	21. 9		15. 6	v	7. 2	30. 4	6. 4	6. 9	12. 4	2. 4	2	14. 8	0. 1	0. 3	18. 1	v
H55 第 3 层	373	45. 3	54. 7	57. 1	24. 7		18. 2		8. 6	20. 4	3. 2	8. 3	14. 2	3	1. 9	8	0. 3	0. 5	31. 6	
SFLH1	609	39. 1	60. 9	67. 8	19. 9		12. 3		8. 1	26. 9	4. 9	6. 9	17. 2	3. 6	1. 5	8. 4	1	0. 3	20. 4	0. 8
H6	496	20	80	69. 6	17. 7		12. 7		10. 7	26. 4	6. 5	4	. 8. 5	2. 6	4. 4	7. 9	0. 8	0. 2	28	
H7	676	22. 9	77. 1	65. 4	25. 9		8. 6	0. 1	7. 4	33. 1	7. 8	3. 6	12. 3	2. 4	2. 5	10. 1	0. 4		20. 3	v
H32	430	32. 1	67. 9	51. 6	31. 2		17. 2		13	27. 4	2. 1	2. 6	9. 8	4	5. 8	8. 1	0. 9	0. 2	26. 1	
H44	139	28. 8	71. 2	65. 5	21. 6		12. 9		15. 8	32. 3	10. 8	2. 2	5. 8	0. 7	2. 9	14. 4	0. 7		14. 4	
H45	819	29. 8	70. 2	67	18		15		10. 4	33. 5	3. 1	4. 2	16. 9	2. 3	0. 9	12. 1	0. 4		16. 2	
H50	134	35. 8	64. 2	59	30. 6		10. 4		7. 5	32. 1	3. 7	11. 9	8. 2		3. 7	9			23. 9	
H52	118	22	78	78			22		4. 2	39. 8	2. 5	5. 1	14. 4			12. 7	0. 9		20. 4	
H53	73	30. 1	69. 9	47. 9	28. 8		23. 3		5. 5	30. 1		6. 9	11	4. 1	6. 8	2. 7	1. 4		31. 5	
SFZH1	253	56. 5	43. 5	47. 8	11. 5	2. 8	37. 9		2	13	10. 7	4. 3	6. 7	32. 4	13. 8	4	0. 4		12. 3	0. 4

注：v 表示少量，未计算百分比。

表 3　老堡子商时期遗存典型单位器类统计表

器类 单位	分裆鬲		分裆鬲足	连裆鬲				连裆鬲足	花边鬲	花边鬲足	蛇纹鬲	袋足鬲	分裆甗	联裆甗					甗腰		盆				折肩罐					假腹豆		簋		
	A	B		A	B	Ca	Cb							A	B	C	Da	Db	A	B	Aa	Bb	B	C	Aa	Ab	Ba	Bb	C	A	B	A	B	C
H55 第 1 层	5	3	11	2	7	19	9	25	13	1	1	2	7	1	3	1	13	1	21	11	2	16	4	3	9	6	15	11	2	1		2		
H55 第 2 层	4	7	17		2	27	13	37	6	3	1		6	2	3	1	33		8	9		6	7	2	20	9	38	17		1	1	1	3	3
H55 第 3 层			2		2	1	2	3					1				3		1			1	1	1		1	1	1		1		1	1	
SFLH1		1				2	1		1				1			1	4					1		1	1	1			1		1	1		
H6			2			2		4	4								1		1	2	3		2	1			3	1			1			
H7			4		1	3		4	5					1				3	1	1		2		1	2	2	3	1	1	1				
H32	2		2		1			2	4										1	2		1	1	2			1							
H44						1	2											1							1	2							1	
H451		6		3	2	1	10	8	1	1							1		2		1	2	1			1	1	1	1	1				
H50						2	1									2					1		1	1				1	2					
H52				1				1	3	1						1		1								1		2	2					
H53									1	2																	1		1					
SFZH1									4	24	4	2								8	1			1		1	2							

表4　　**老堡子商时期遗存典型单位器类统计表**

单位＼器类	真腹豆					瓮					花边罐	其他
	Aa	Ab	B	C	D	Aa	Ab	Ba	Bb	Bc		
H55第1层	9	1	1	1		2	1	2	1	1		1
H55第2层	2	2	1	2	1	4	3			1		6
H55第3层				1							1	
SFLH1	1	2				1						2
H6				2								2
H7			1					1		3		
H32	2		1		1				1			1
H44						1						
H45	2					2	1	1				
H50	1											1
H52	1											
H53	1											
SFZH1									1		4	1

B型　17件。器形较大。尖唇，短束颈，沿外多饰花边或附加泥条。H55①:39，灰褐陶。卷沿，唇上有坑窝状花边，颈以下饰绳纹。口径11.4厘米，残高5.4厘米（图22A-9）。H55①:41，灰陶。卷沿，唇外附加泥条，颈以下饰麦粒状绳纹。口径15.4厘米，残高3.8厘米（图22A-6）。H55②:69，灰陶。卷沿。唇上饰麦粒状绳纹，颈以下饰麦粒状绳纹。口径16厘米，残高5.6厘米（图23A-4）。H55②:86，灰陶。微折沿。沿外附加泥条，颈以下饰两道弦纹和绳纹，弦纹上亦见绳纹。口径16厘米，残高4.9厘米（图23A-5）。H55③:15，灰褐陶。卷沿。沿外附加泥条，颈部有一周附加堆纹，沿以下饰绳纹。口径20厘米，残高4.7厘米（图24-1）。H7:10，灰陶。侈口，卷沿。沿外附加泥条，颈部以下饰麦粒状绳纹。口径17.4厘米，残高5.8厘米（图27-1）。H44:2，灰陶。侈口，卷沿，圆唇。颈部以下饰绳纹。口径16厘米，残高6.3厘米（图29-1）。H45:12，灰陶。侈口，卷沿，尖唇。沿外附加泥条，沿以下饰绳纹。口径15厘米，残高6.2厘米（图30-13）。H45:14，灰陶。侈口，卷沿，尖唇。沿外附加泥条，沿以下饰绳纹。口径16.4厘米，残高2.8厘米（图30-18）。

C型　87件。器形较大。方唇或方圆唇。卷沿，束颈，器饰麦粒状绳纹，锥状足，足根饰绳纹，裆部以上特征近同于分裆鬲，但绳纹较细，多卷沿，从裆内看微分裆，从裆外看瘪裆较明显，为连裆。依颈部特征又可分为二亚型。

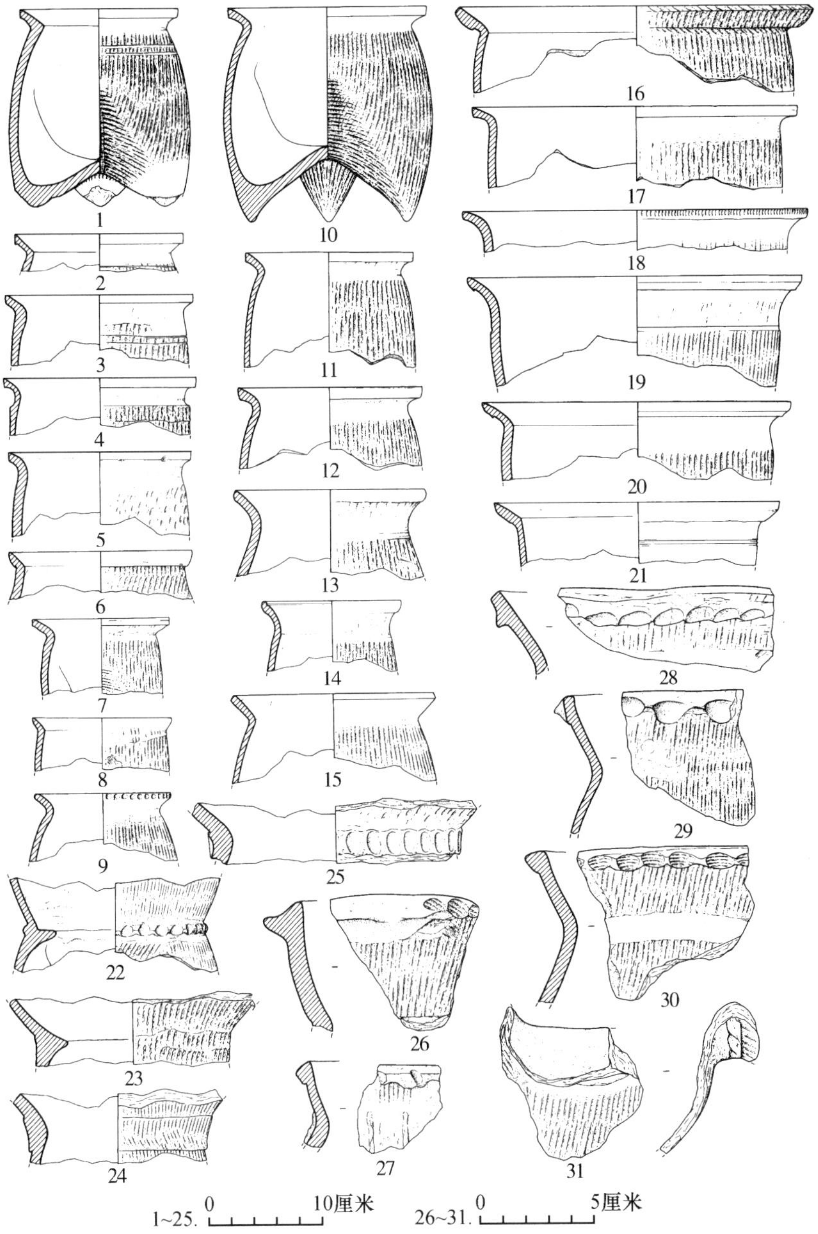

图 22A　H55①出土陶器

1、2. A 型分裆鬲（H55①：22、H55①：101）　3～5. B 型分裆鬲（H55①：35、H55①：25、H55①：40）　6、9. B 型连裆鬲（H55①：41、H55①：39）　7、8. A 型连裆鬲（H55①：38、H55①：42）　10～12. Ca 型连裆鬲（H55①：23、H55①：32、H55①：36）　13～15. Cb 型连裆鬲（H55①：34、H55①：37、H55①：43）　16. B 型连裆甗（H55①：53）　17. 分裆甗（H55①：51）　18. C 型连裆甗（H55①：69）　19、20. Da 型连裆甗（H55①：50、H55①：52）　21. Aa 型盆（H55①：68）　22、23. A 型甗腰（H55①：58、H55①：59）　24、25. B 型甗腰（H55①：60、H55①：57）　26. 袋足鬲（H55①：26）　27. 蛇纹鬲（H55①：99）　28～30. 花边鬲（H55①：31、H55①：29、H55①：27）　31. 花边鬲裆（H55①：49）

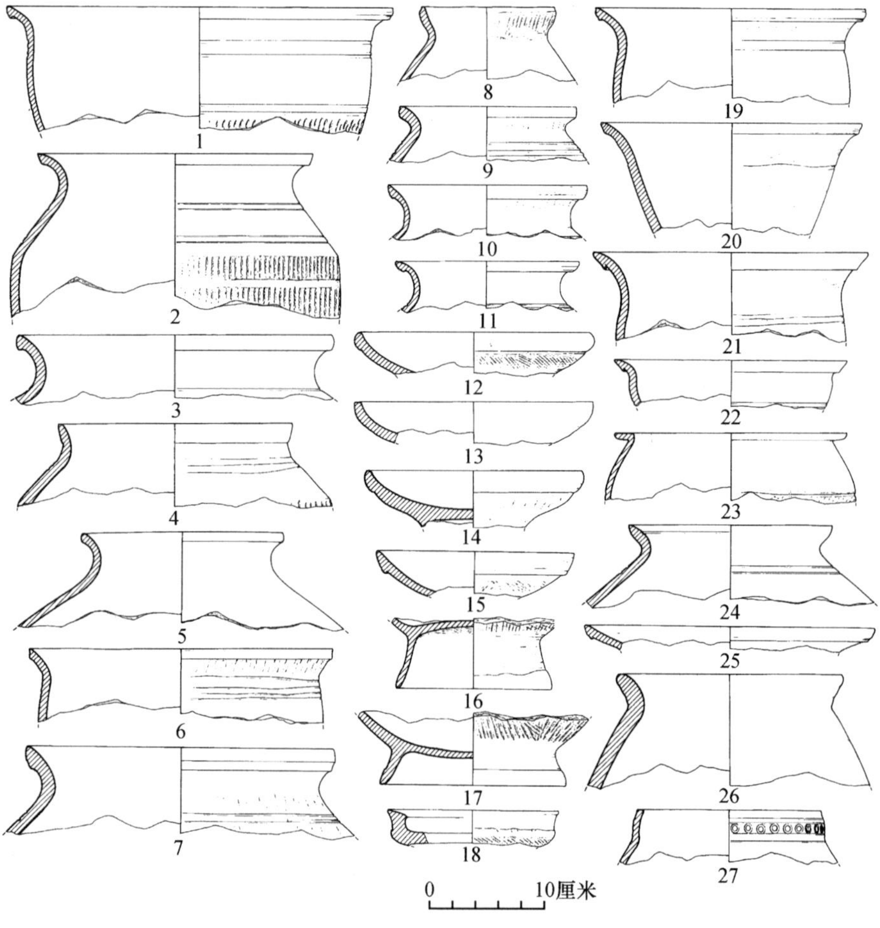

图22B　H55①出土陶器

1、6、19. Ab型盆（H55①：63、H55①：67、H55①：65）　2. Ab型折肩罐（H55①：98）　3、21. Aa型折肩罐（H55①：97、H55①：96）　4、10、11. Ba型折肩罐（H55①：79、H55①：77、H55①：78）　5、9、24. Bb型折肩罐（H55①：74、H55①：80、H55①：75）　7. Bb型瓮（H55①：95）　8. C型折肩罐（H55①：82）　12. Ab型真腹豆（H55①：84）　13. B型真腹豆（H55①：88）　14、15. Aa型真腹豆（H55①：85、H55①：87）　16、17. 圈足（H55①：91、H55①：90）　18. A型假腹豆（H55①：86）　20. B型盆（H55①：61）　22. B型簋（H55①：89）　23. A型簋（H55①：70）　25. C型真腹豆（H55①：83）　26. BC型瓮（H55①：94）　27. 小口罐（H55①：71）

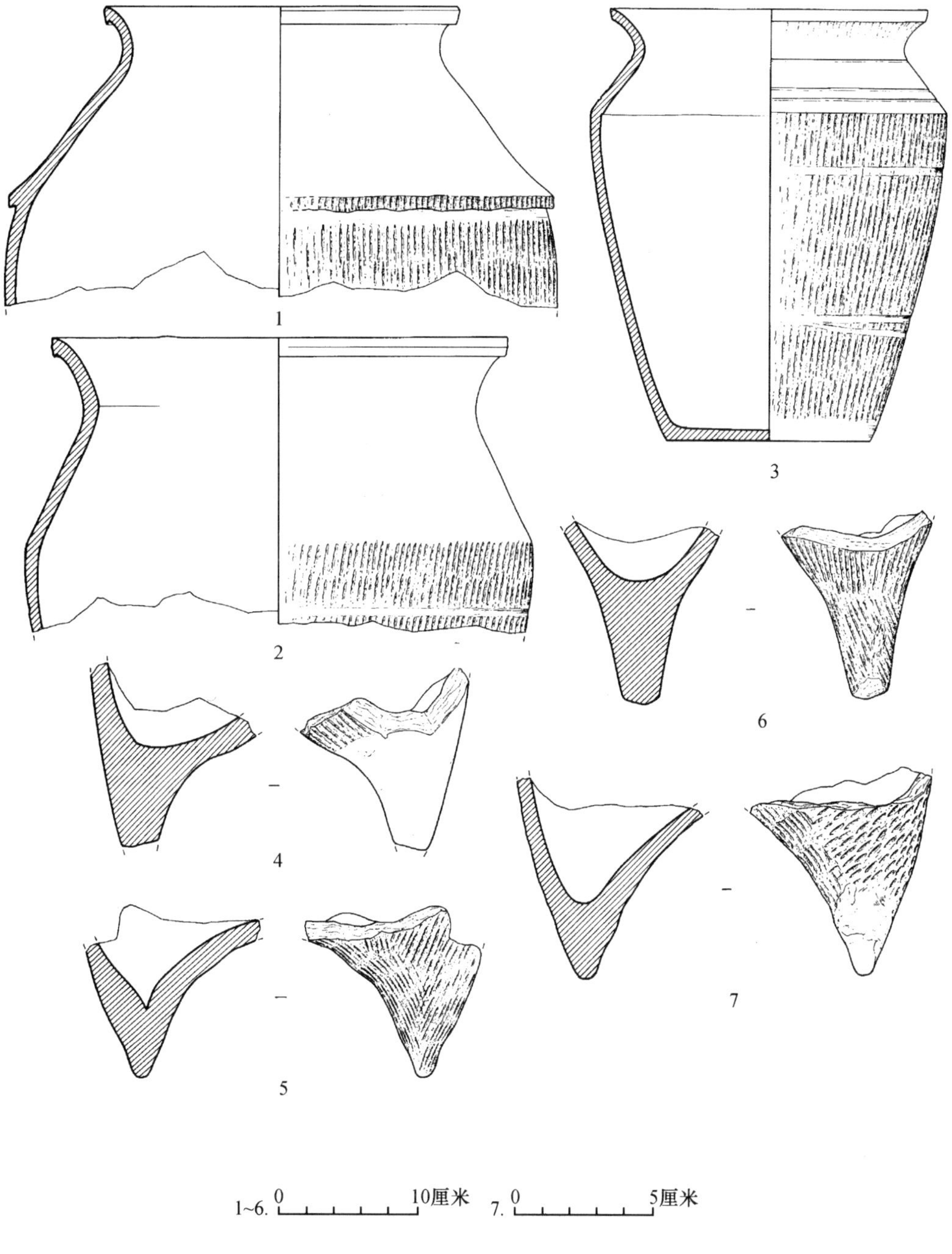

图 22C H55①出土陶器

1. Ba 型瓮（H55①：93） 2. Aa 型瓮（H55①：92） 3. Ab 型折肩罐（H55①：24） 4. 分裆鬲足（H55①：44） 5～7. 连裆鬲足（H55①：47、H55①：45、H55①：46）

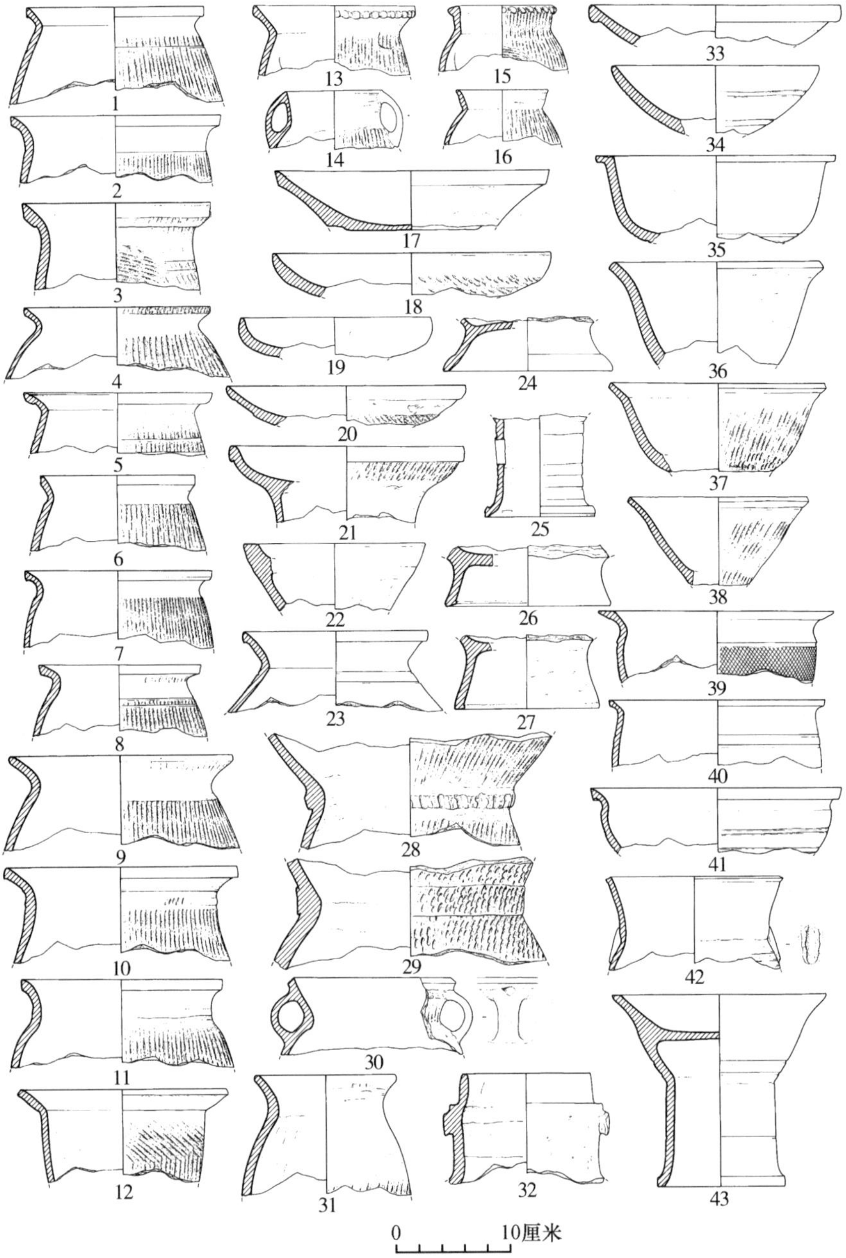

图23A　H55②出土陶器

1. A型分裆鬲（H55②：85）　2、3. B型分裆鬲（H55②：65、H55②：67）　4、5. B型连裆鬲（H55②：69、H55②：86）　6～8. Ca型连裆鬲（H55②：64、H55②：72、H55②：78）　9～11. Cb型连裆鬲（H55②：71、H55②：73、H55②：87）　12. B型连裆甗（H55②：92）　13、15. 花边鬲（H55②：68、H55②：66）　14、16、42. 小口罐（H55②：113、H55②：114、H55②：111）　17、33. C型真腹豆（H55②：119、H55②：122）　18. Ab型真腹豆（H55②：125）　19. B型真腹豆（H55②：123）　20、21. Aa型真腹豆（H55②：124、H55②：120）　22. A型假腹豆（H55②：126）　23. Ba型折肩罐（H55②：104）　24、26、27. 圈足（H55②：138、H55②：136、H55②：137）　25. 豆柄（H55②：127）　28、29. B型甗腰（H55②：94、H55②：95）　30. 蛇纹鬲（H55②：60）　31. 小口尊（H55②：109）　32. 壶（？）（H55②：128）　34. D型真腹豆（H55②：121）　35. A型簋（H55②：129）　36～38. C型簋（H55②：130、H55②：134、H55②：133）　39～41. B型簋（H55②：135、H55②：132、H55②：131）　43. B型假腹豆（H55②：59）

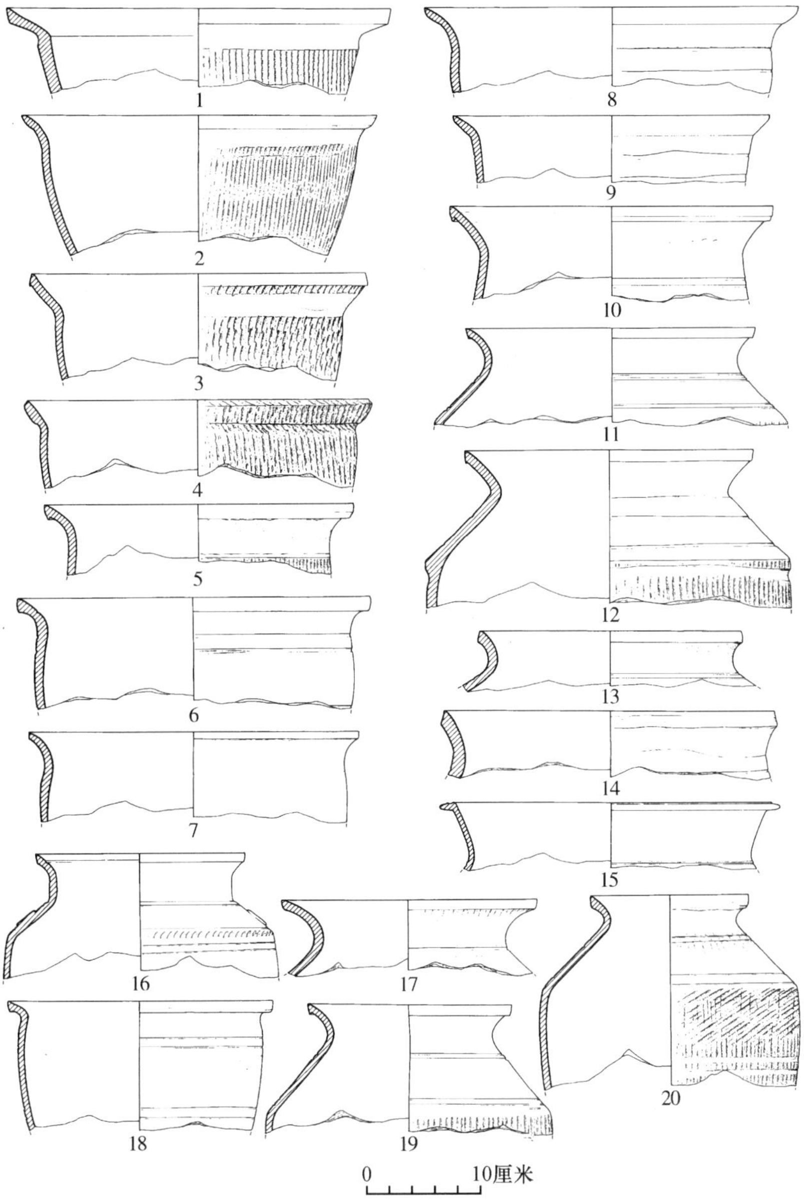

图23B　H55②出土陶器

1. 分裆甗（H55②：90）　2. A型连裆甗（H55②：88）　3、5. Da型连裆甗（H55②：89、H55②：91）　4. B型连裆甗（H55②：93）　6. Ab型盆（H55②：97）　7. B型盆（H55②：100）　8、9. C型盆（H55②：98、H55②：102）　10～12. Aa型折肩罐（H55②：99、H55②：107、H55②：112）　13. Ab型折肩罐（H55②：141）　14. Ab型瓮（H55②：117）　15. 大口尊（H55②：110）　16、17. Bb型折肩罐（H55②：103、H55②：108）　18. B型盆（H55②：96）　19、20. Ba型折肩罐（H55②：106、H55②：140）

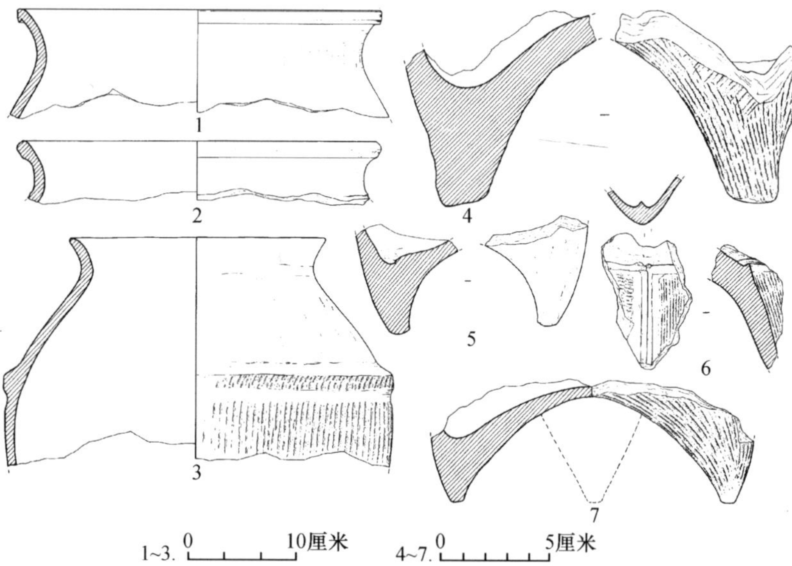

图23C　H55②出土陶器

1. Aa型瓮（H55②：115）　2. Ab型瓮（H55②：118）　3. BC型瓮（H55②：116）　4、7. 连裆鬲足（H55②：81、H55②：84）　5. 分裆鬲足（H55②：80）　6. 蛇纹鬲（H55②：63）

Ca型　58件。短束颈。H55①：23，红褐陶。方唇，颈以下饰绳纹。口径16.5厘米，高17.3厘米（图22A-10；图版15-3）。H55①：32，灰褐陶。方唇，颈以下饰麦粒状绳纹。口径14厘米，残高9.2厘米（图22A-11）。H55①：36，灰陶。圆方唇，颈以下饰绳纹。口径15.4厘米，残高6.4厘米（图22A-12）。H55②：64，灰陶。方唇，颈以下饰绳纹。口径13.4厘米，残高6.1厘米（图23A-6）。H55②：72，红褐陶。圆方唇，颈以下饰绳纹。口径16厘米，残高6.1厘米（图23A-7）。H55②：78，灰陶。方唇，颈以下饰两道弦纹和绳纹，弦纹上亦见绳纹。口径14厘米，残高5.8厘米（图23A-8）。H55③：13，灰褐陶。方唇。颈以下饰绳纹。口径13.2厘米，残高5厘米（图24-2）。SFLH1⑦：2，灰陶。侈口，斜方唇。颈以下饰绳纹。口径13.4厘米，高8.6厘米（图25-15）。SFLH1⑧：2，灰陶。方唇。颈以下饰一道弦纹和麦粒状绳纹。口径17.8厘米，高11.8厘米（图25-16）。H6:7，灰陶。方唇。上腹部饰一周附加堆纹，颈以下饰麦粒状绳纹。口径10.6厘米，残高4.9厘米（图26-21）。H6:27，灰陶。方唇。颈以下饰麦粒状绳纹。口径15.6厘米，残高4.8厘米（图26-1）。H7:12，红褐陶。侈口，卷沿。颈部以下饰绳纹。口径15.6厘米，残高3.2厘米（图27-2）。H44:3，红褐陶。侈口，卷沿，圆方唇。颈以下饰一道弦纹和绳纹，弦纹上亦见绳纹。口径17.2厘米，残高6.6厘米（图29-2）。H45:5，红褐陶。侈口，卷沿，方唇。颈以下饰绳纹。口径13厘米，残高7厘米（图30-14）。

Cb型　29件。束颈，颈部较长。H55①：34，灰陶。圆方唇，颈以下饰绳纹。口径16厘米，残高7厘米（图22A-13）。H55①：37，灰陶。圆方唇，颈以下饰绳纹。口径11.6厘米，残高5.6厘米（图22A-14）。H55①：43，灰陶。斜方唇，沿内侧有一道凹槽，颈以下饰绳纹。口径 17.4 厘米，残高 7.1 厘米（图 22A-15）。H55②：71，灰陶。圆唇，颈以下饰绳纹。口径 19 厘米，残 7.6 厘米（图 23A-9）。H55②：73，灰陶。圆方唇，颈部饰两道弦纹，颈以下饰绳纹。口径 20 厘米，残 7.6 厘米（图 23A-10）。H55②：87，灰陶。方唇，颈以下饰绳纹。口径 17.2 厘米，残 7 厘米（图 23A-11）。H55③：14，灰陶。侈口，卷沿。颈以下饰一道弦纹和麦粒状绳纹。口径 13 厘米，残高 5.8 厘米（图 24-3）。H55 ③：16，灰陶。侈口，卷沿。颈部绳纹有被抹的痕迹。口径 18 厘米，残高 3.5 厘米（图24-4）。SFLH1⑦：9，灰陶。侈口，方唇。颈以下饰绳纹。口径 16.6 厘米，高 19.6 厘米（图 25-17；图版 15-4）。H45：13，灰陶。侈口，卷沿，方唇。颈以下饰绳纹。口径 16.8 厘米，残高 3.3 厘米（图 30-11）。H50：5，灰陶。侈口，卷沿，圆方唇。颈以下饰一道弦纹和绳纹。口径 10.4 厘米，残高 5.4 厘米（图 31-1）。H50：6，灰陶。侈口，卷沿。颈以下饰绳纹。口径 11.4 厘米，残高 3.5 厘米（图 31-2）。H52：5，灰陶。侈口，卷沿，方唇。颈以下饰绳纹。口径 20 厘米，残高 6.5 厘米（图 32-2）。

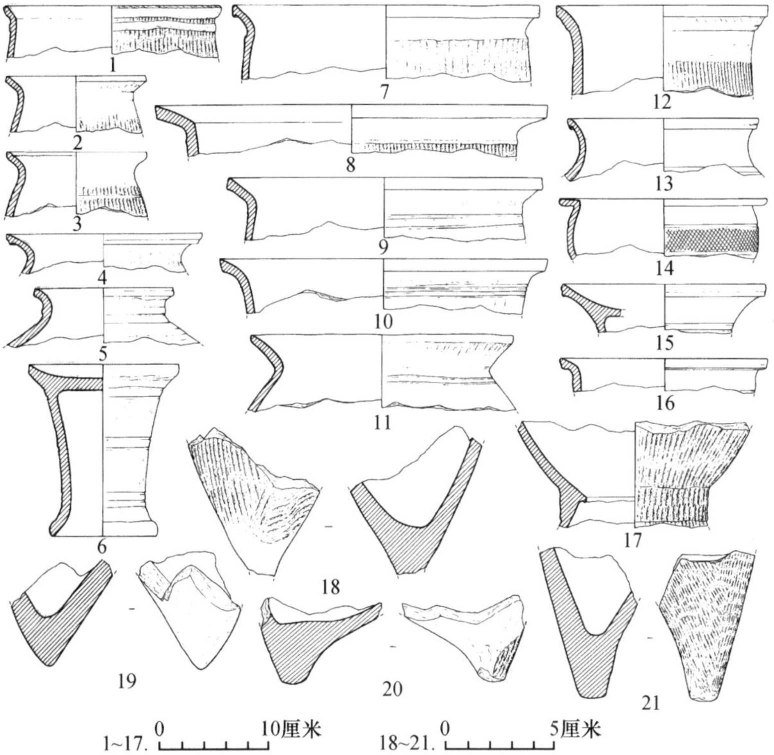

图 24 H55③出土陶器

1. B 型连裆鬲（H55③：15） 2. Ca 型连裆鬲（H55③：13） 3、4. Cb 型连裆鬲（H55③：14、H55③：16） 5. Bb 型折肩罐（H55③：26） 6. A 型假腹豆（H55③：12） 7、12. Da 型连裆甗（H55③：17、H55③：19） 8. 分裆甗（H55③：18） 9. Ab 型盆（H55③：24） 10. B 型盆（H55③：23） 11. Ab 型折肩罐（H55③：27） 13. Ba 型折肩罐（H55③：25） 14. A 型簋（H55③：29） 15. C 型真腹豆（H55③：28） 16. B 型簋（H55③：30） 17. A 型甗腰（H55③：20） 18、19. 分裆鬲足（H55③：33、H55③：22） 20、21. 连裆鬲足（H55③：32、H55③：21）

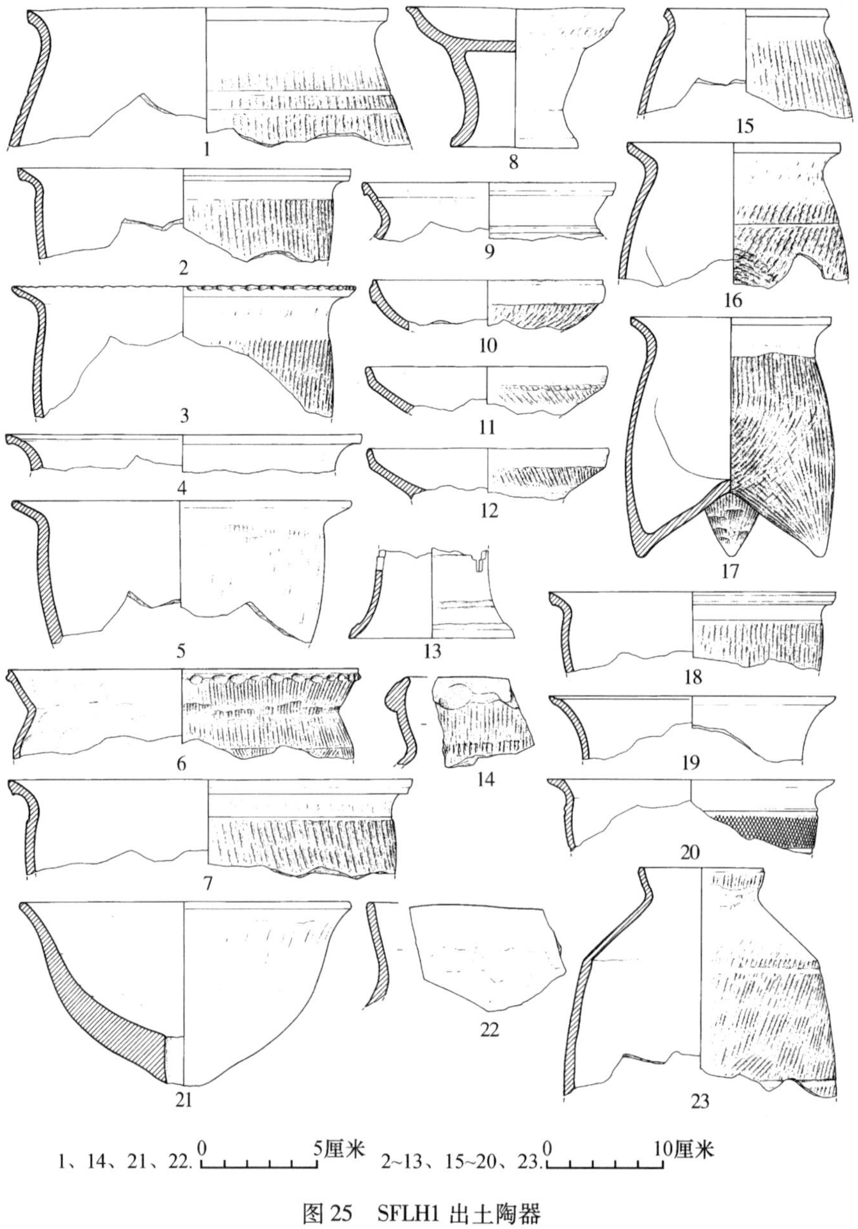

图25　SFLH1出土陶器

1. B型分裆鬲（SFLH1②:5）　2. 分裆甗（SFLH1②:2）　3. C型连裆甗（SFLH1⑤:4）　4. Ab型盆（SFLH1②:4）　5. C型盆（SFLH1⑤:3）　6. 花边罐（SFLH1④:1）　7、18. Da型连裆甗（SFLH1⑤:5、SFLH1⑦:12）　8. A型假腹豆（SFLH1⑦:10）　9. Aa型折肩罐（SFLH1⑦:1）　10. Aa型真腹豆（SFLH1⑦:11）　11、12. Ab型真腹豆（SFLH1②:3、SFLH1③:1）　13. 豆柄（SFLH1④:2）　14. 花边鬲（SFLH1⑦:13）　15、16. Ca型连裆鬲（SFLH1⑦:2、SFLH1⑧:2）　17. Cb型连裆鬲（SFLH1⑦:9）　19. Ab型折肩罐（SFLH1⑦:14）　20. B型簋（SFLH1⑦:8）　21. 不明器（SFLH1⑤:6）　22. 小口罐（SFLH1④:3）　23. C型折肩罐（SFLH1②:1）

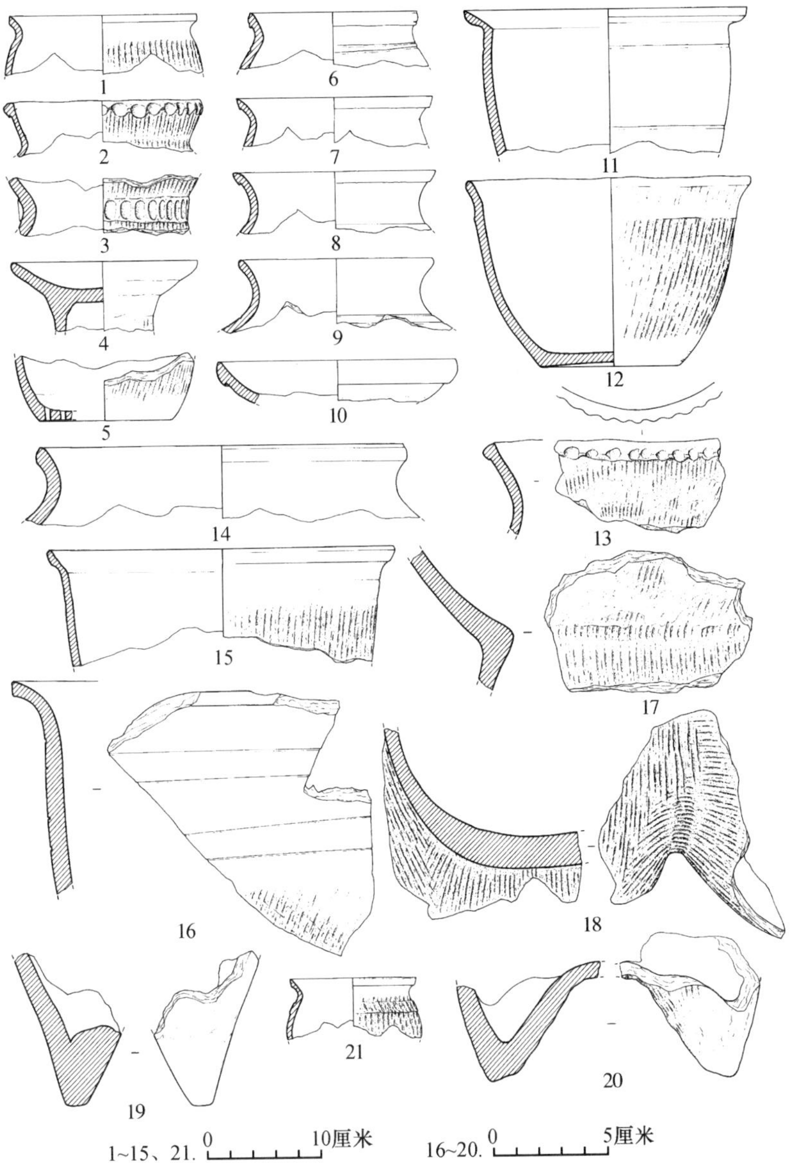

图 26　H6 出土陶器

1. Ca 型连裆鬲（H6:27）　2、13. 花边鬲（H6:8、H6:9）　3. B 型甗腰（H6:10）　4、10. C 型真腹豆（H6:13、H6:12）　5. 甑底（H6:25）　6～8. Ba 型折肩罐（H6:20、H6:21、H6:23）　9. Bb 型折肩罐（H6:19）　11. Ab 型盆（H6:18）　12. C 型盆（H6:6）　14. Bc 型瓮（H6:22）　15. Db 型连裆甗（H6:17）　16. B 型盆（H6:16）　17. B 型甗腰（H6:11）18. 花边鬲裆（H6:24）　19. 分裆鬲足（H6:15）　20. 连裆鬲足（H6:14）　21. Ca 型连裆鬲（H6:7）

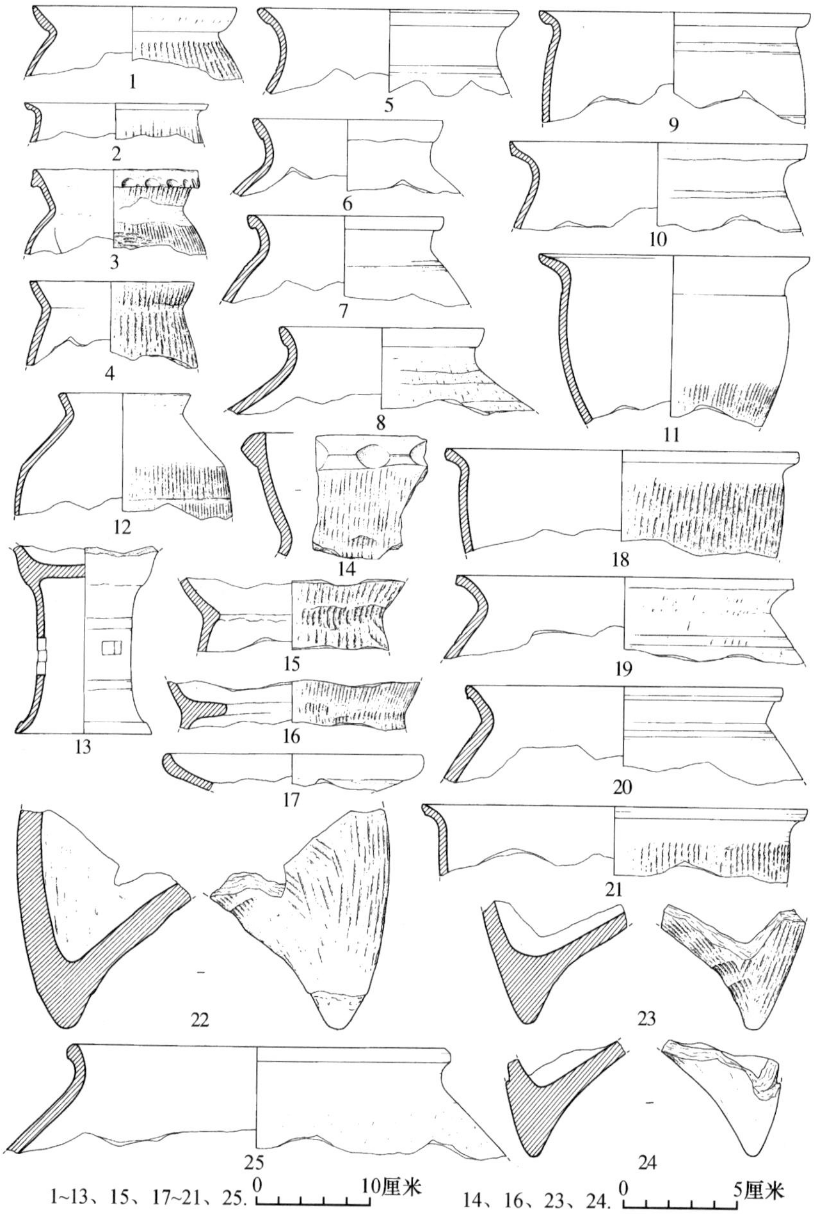

图27 H7出土陶器

1. B型连裆鬲（H7:10） 2. Ca型连裆鬲（H7:12） 3、14. 花边鬲（H7:7、H7:9） 4. A型连裆甗（H7:11） 5、10. Aa型折肩罐（H7:25、H7:24） 6、8. Ba型折肩罐（H7:28、H7:26） 7. Bb型折肩罐（H7:27） 9. Ab型盆（H7:19） 11. C型盆（H7:21） 12. C型折肩罐（H7:29） 13. 假腹豆柄（H7:6） 15. B型甗腰（H7:14） 16. A型甗腰（H7:15） 17. B型假腹豆（H7:30） 18、21. Db型连裆甗（H7:22、H7:13） 19. Ab型折肩罐（H7:20） 20. Ba型瓮（H7:33） 22、24. 分裆鬲足（H7:16、H7:18） 23. 连裆鬲足（H7:17） 25. BC型瓮（H7:32）

连裆鬲足　94 件。均夹砂。实足根上饰绳纹。H55①：45，红褐陶。圆锥状，较高。足根饰绳纹。残高 6.4 厘米（图 22C-6）。H55①：46，灰褐陶。圆锥状，较高。足根饰麦粒状绳纹。残高 7.2 厘米（图 22C-7）。H55①：47，红褐陶。圆锥状，较高。足根饰绳纹。残高 5.8 厘米（图 22C-5）。H55②：81，红褐陶。圆柱状，较高。足根饰绳纹。残高 8.7 厘米（图 23C-4）。H55②：84，灰陶。圆锥状，较高。足根饰绳纹。残高 5.7 厘米（图 23C-7）。H55③：21，灰陶。圆柱状，较高。足根饰绳纹。残高 7 厘米（图 24-21）。H55③：32，红褐陶。圆锥状。足根外侧饰绳纹，内侧素面。残高 4 厘米（图 24-20）。H6：14，红褐陶。圆锥状。足根饰绳纹。残高 6 厘米（图 26-20）。H7：17，灰陶。圆锥状。足根饰绳纹。残高 5 厘米（图 27-23）。H32：13，灰陶。圆锥状。足根饰绳纹。残高 4.6 厘米（图 28-15）。H45：16，灰陶。圆锥状。足尖稍残。残高 9.2 厘米（图 30-30）。H45：17，红褐陶。圆锥状。足根饰绳纹。残高 5.2 厘米（图 30-29）。H50：7，灰褐陶。圆柱状。足根饰麦粒状绳纹。残高 6.4 厘米（图 31-11）。H52：3，灰褐陶。圆锥状。足根饰麦粒状绳纹。残高 5.5 厘米（图 32-11）。H53：2，红褐陶。圆锥状。足根饰麦粒状绳纹。残高 3.9 厘米（图 33-6）。SFZH1：18，灰褐陶。圆锥状。足根饰细绳纹。残高 5.3 厘米（图 34A-10）。SFZH1：19，红褐陶。圆锥状。足根饰细绳纹。残高 3.9 厘米（图34A-9）。

花边鬲　68 件。均夹砂，多褐陶。器形一般较小，矮领，微敛口，沿外均附加波浪状花边堆纹，微分裆，袋足，无实足根，除唇面外均饰绳纹，且绳纹较细。多残破，暂无法分型式。H55①：27，红陶。颈部有一周绳纹被抹。残高 6.3 厘米（图 22A-30）。H55①：29，灰褐陶。残高 5.6 厘米（图 22A-29）。H55①：31，灰褐陶。残高 3.5 厘米（图 22A-28）。H55②：66，灰陶。直口。口径 7.8 厘米，残高 5.7 厘米（图 23A-15）。H55②：68，灰陶。侈口，微折沿。颈以下饰绳纹。口径 7.8 厘米，残高 5.7 厘米（图 23A-13）。SFLH1⑦：13，灰褐陶。残高 3.7 厘米（图 25-14）。H6：8，红褐陶。残高 3.7 厘米（图 26-2）。H6：9，红褐陶。残高 3.7 厘米（图26-13）。H7：7，灰陶。口径 14 厘米，残高 6.8 厘米（图 27-3）。H7：9，红褐陶。残高 5 厘米（图 27-14）。H32：11，灰褐陶。残高 5.2 厘米（图 28-13）。H45：6，灰褐陶。口径 24 厘米，残高 5.1 厘米（图 30-5）。H45：7，灰褐陶。口腹间置双耳。口径 14 厘米，残高 6.2 厘米（图 30-15）。H45：8，灰褐陶。领下部饰“S”形附加堆纹。残高 3.5 厘米（图 30-23）。H45：9，灰陶。残高 4.2 厘米（图 30-25）。H52：1，灰褐陶。残高 3.6 厘米（图 32-10）。H53：1，灰褐陶。残高 3.7 厘米（图 33-1）。SFZH1：7，红褐陶。颈部绳纹被抹。残高 5.4 厘米（图 34A-4）。SFZH1：10，灰陶。颈部饰附加堆纹。残高 4.4 厘米（图 34A-2）。SFZH1：11，红褐陶。残高 6.9 厘米（图 34A-1）。SFZH1：12，红褐陶。颈部饰附加堆纹。残高 5.1 厘米（图 34A-7；图版 16-1）。

花边鬲裆　2 件。H55①：49，红褐陶。器饰细绳纹。残高 6.1 厘米（图 22A-31）。H6：24，灰褐陶。残高 9.1 厘米（图 26-18）。SFZH1：21，红褐陶。微分裆，袋足，近无实足根。器饰细绳纹。残高 11.3 厘米（图 34A-13）。

花边鬲足　9 件。H45：18，灰陶。圆锥状，较矮。残高 3.2 厘米（图 30-28）。SFZH1：17，红褐陶。圆锥状，较矮。残高 5.9 厘米（图 34A-11）。

蛇纹鬲　5件。均夹砂，红褐陶或灰褐陶。胎多较薄，侈口，矮领，三袋足模制，分裆，无实足根。分裆位置偏低，沿外多饰波浪状附加堆纹，裆间及足上饰波折状或条状三棱形附加堆纹（蛇纹）。因数量较少，且均残破，暂不能分型式。H55①：99，

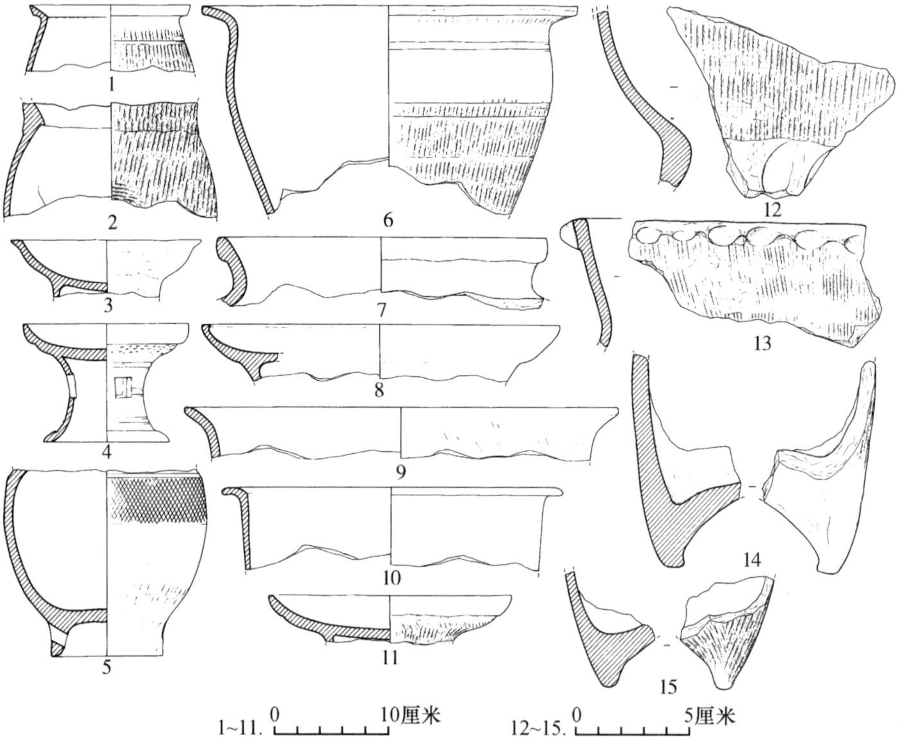

图28　H32出土陶器

1. A型分裆鬲（H32:10）　2. A型甗腰（H32:14）　3. D型真腹豆（H32:9）　4、11. Aa型真腹豆（H32:8、H32:20）　5. 不明器（H32:7）　6. B型盆（H32:16）　7. Bb型瓮（H32:21）　8. B型真腹豆（H32:19）　9、10. C型盆（H32:17、H32:18）　12. B型甗腰（H32:15）　13. 花边鬲（H32:11）　14. 分裆鬲足（H32:12）　15. 连裆鬲足（H32:13）

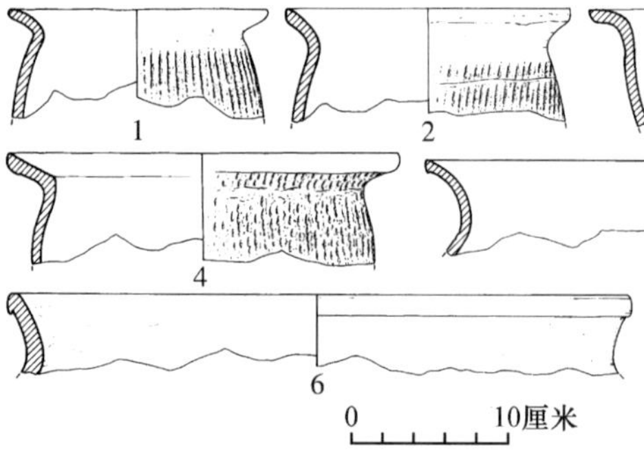

图29　H44出土陶器

1. B型连裆鬲（H44:2）　2. Ca型连裆鬲（H44:3）　3. B型簋（H44:4）　4. Da型连裆甗（H44:1）　5. Aa型折肩罐（H44:5）　6. Aa型瓮（H44:6）

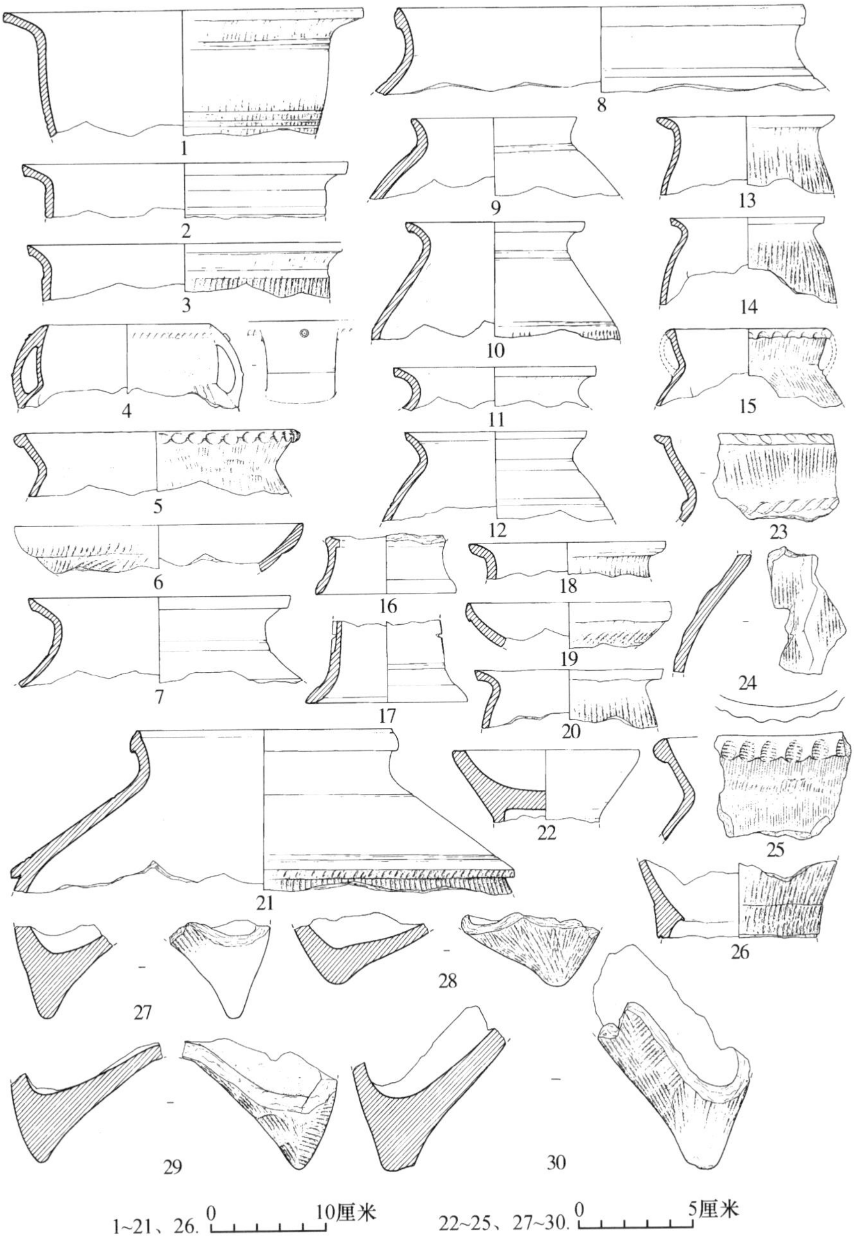

图30 H45出土陶器

1. B型盆（H45∶22） 2. Ab型盆（H45∶21） 3. Da型连裆甗（H45∶19） 4. 蛇纹鬲（H45∶26） 5、15、23、25. 花边鬲（H45∶6、H45∶7、H45∶8、H45∶9） 6、19. Aa型真腹豆（H45∶29、H45∶30） 7. Ab型折肩罐（H45∶23） 8. Aa型瓮（H45∶33） 9. C型折肩罐（H45∶27） 10. Ba型折肩罐（H45∶24） 11. Cb型连裆鬲（H45∶13） 12. Bb型折肩罐（H45∶25） 13、18. B型连裆鬲（H45∶12、H45∶14） 14. Ca型连裆鬲（H45∶5） 16. 圈足（H45∶32） 17. 豆柄（H45∶31） 20. B型分裆鬲（H45∶4） 21. Ba型瓮（H45∶34） 22. A型假腹豆（H45∶28） 24. 蛇纹鬲（H45∶35） 26. A型甗腰（H45∶20） 27. 分裆鬲足（H45∶15） 28. 花边鬲足（H45∶18） 29、30. 连裆鬲足（H45∶17、H45∶16）

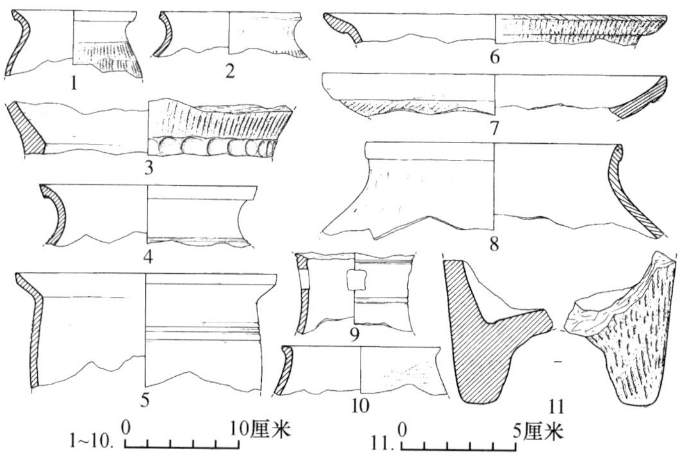

图31　H50出土陶器

1、2. Cb型连裆鬲（H50:5、H50:6）　3. B型甗腰（H50:8）　4. Ba型折肩罐（H50:10）　5. B型盆（H50:9）　6. B型连裆甗（H50:15）　7. Aa型真腹豆（H50:13）　8. Bb型折肩罐（H50:11）　9. 豆柄（H50:14）　10. 敛口罐（H50:12）　11. 连裆鬲足（H50:7）

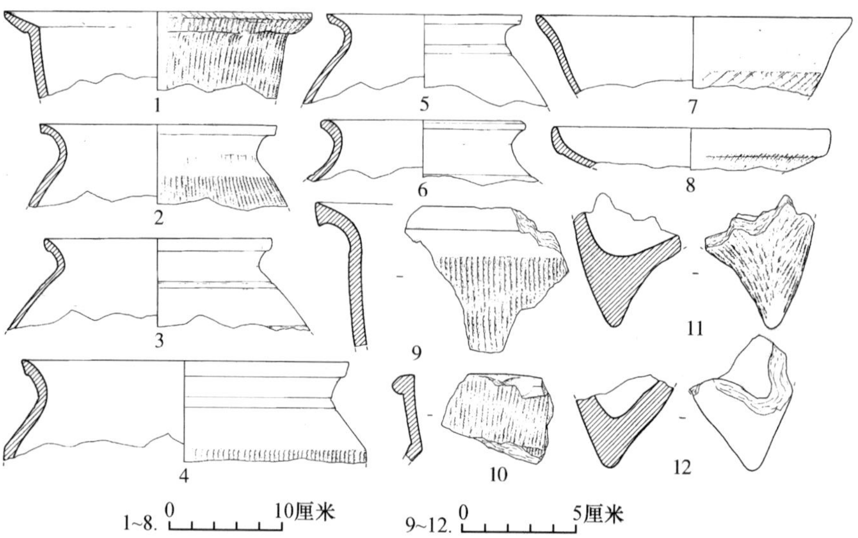

图32　H52出土陶器

1. B型连裆甗（H52:4）　2. Cb型连裆鬲（H52:5）　3. Ba型折肩罐（H52:8）　4. Aa型折肩罐（H52:9）　5、6. Bb型折肩罐（H52:7、H52:10）　7. C型簋（H52:11）　8. Aa型真腹豆（H52:12）　9. Da型连裆甗（H52:6）　10. 花边鬲（H52:1）　11. 连裆鬲足（H52:3）　12. 分裆鬲足（H52:2）

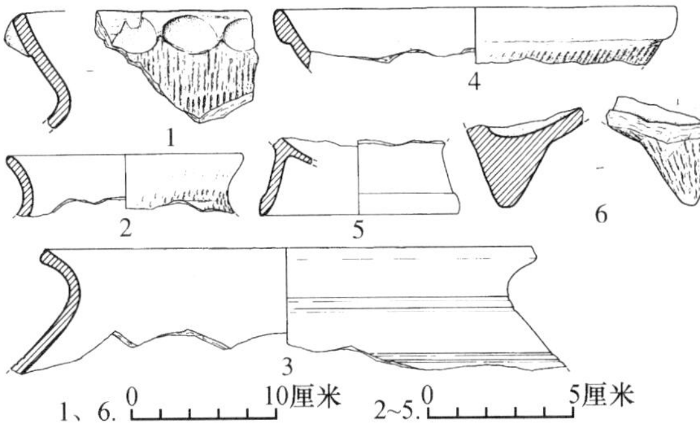

图 33　H53 出土陶器

1. 花边鬲（H53∶1）　2. Bb 型折肩罐（H53∶4）　3. Ab 型折肩罐（H53∶3）　4. Aa 型真腹豆（H53∶5）　5. 圈足（H53∶6）　6. 连裆鬲足（H53∶2）

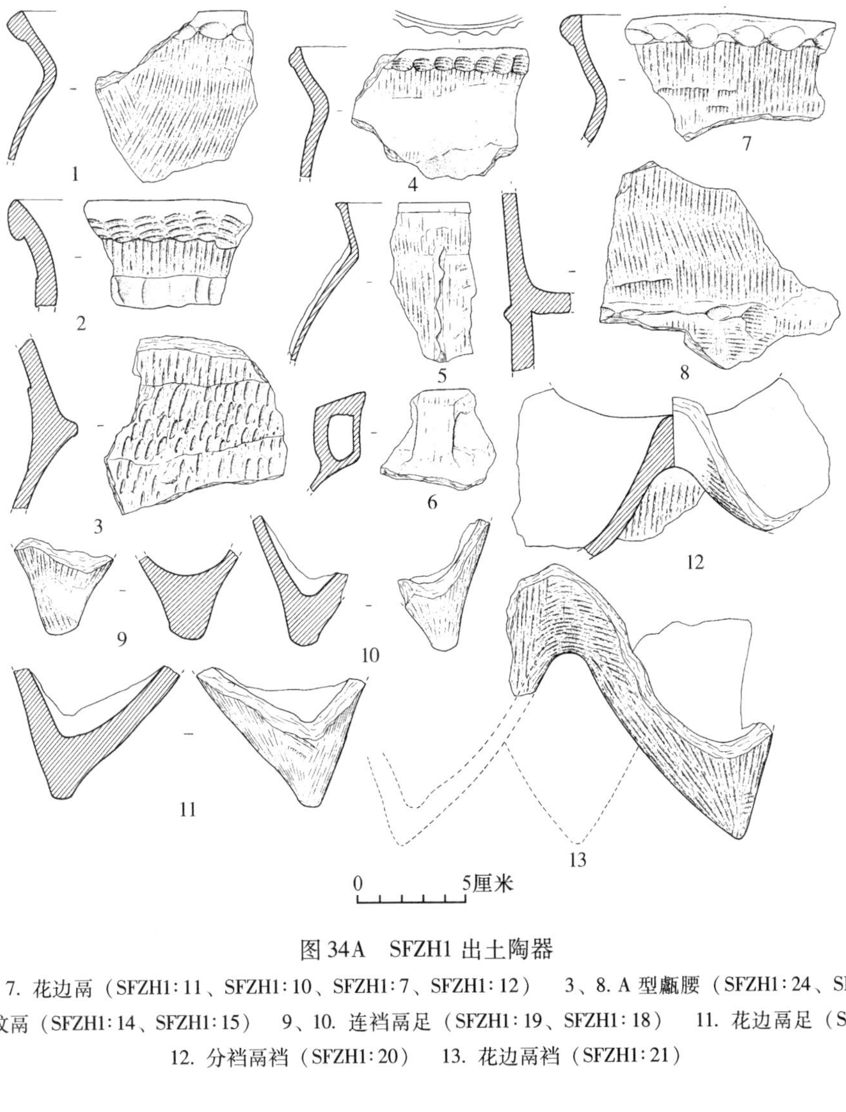

图 34A　SFZH1 出土陶器

1、2、4、7. 花边鬲（SFZH1∶11、SFZH1∶10、SFZH1∶7、SFZH1∶12）　3、8. A 型甗腰（SFZH1∶24、SFZH1∶25）　5、6. 蛇纹鬲（SFZH1∶14、SFZH1∶15）　9、10. 连裆鬲足（SFZH1∶19、SFZH1∶18）　11. 花边鬲足（SFZH1∶17）　12. 分裆鬲裆（SFZH1∶20）　13. 花边鬲裆（SFZH1∶21）

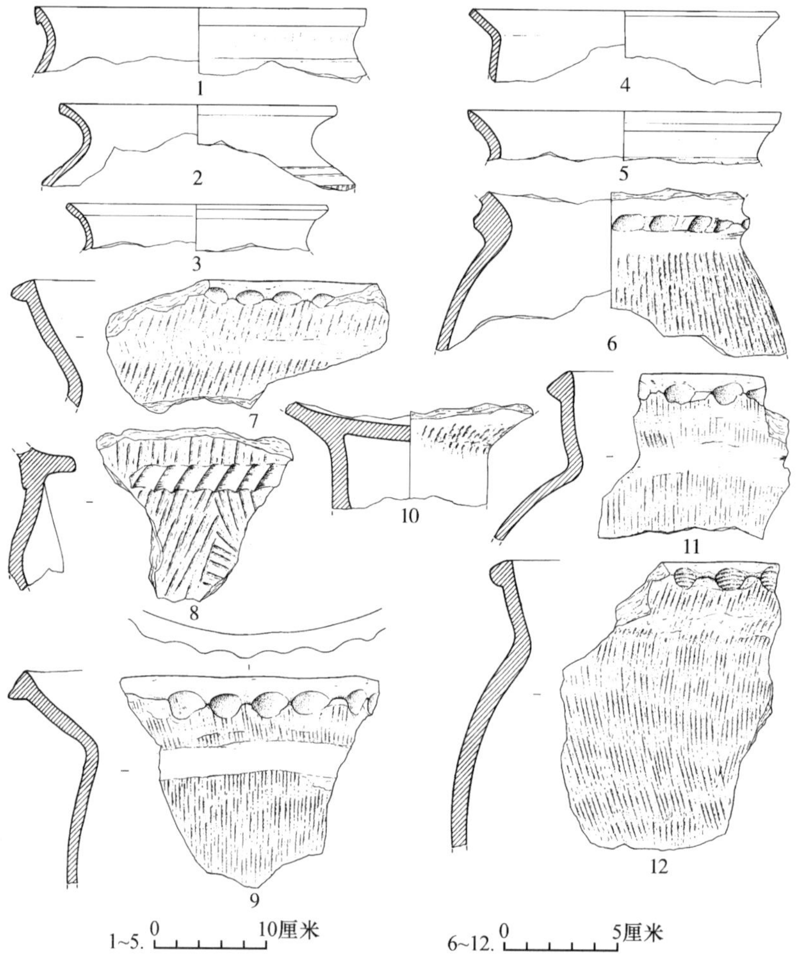

图34B SFZH1出土陶器

1. Aa型折肩罐（SFZH1:29） 2、3. Ab型折肩罐（SFZH1:28、SFZH1:33） 4. B型盆（SFZH1:32） 5. Bb型瓮（SFZH1:30） 6. B型甗腰（SFZH1:23） 7、9、11、12. 花边罐（SFZH1:6、SFZH1:4、SFZH1:5、SFZH1:16） 8. A型甗（SFZH1:26） 10. 真腹豆柄（SFZH1:31）

红褐陶。残高3.6厘米（图22A-27）。H55②:60，红褐陶。带双桥形耳，沿外偏下饰一周附加堆纹。口径14厘米，残高6.1厘米（图23A-30）。H55②:63，蛇纹鬲裆。红褐陶。裆间饰条状三棱形附加堆纹，器饰细绳纹。残高5.9厘米（图23C-6）。H45:26，红褐陶。口腹间置双耳，沿外上部饰一周刻划纹花边，耳上部饰一小乳钉纹和横凸弦纹，器饰三棱形附加堆纹。口径13.8厘米，残高7.7厘米（图30-4）。H45:35，蛇纹鬲片。红褐陶。上饰波折三棱形附加堆纹和细绳纹。残高5.1厘米（图30-24）。SFZH1:14，红褐陶。器饰细绳纹，腹饰三棱形附加堆纹。残高6.5厘米（图34A-5）。SFZH1:15，灰褐陶。口腹间置双耳。残高4.1厘米（图34A-6）。

袋足鬲 仅2件。均夹砂。H55①:26，红褐陶。带鸡冠状双鋬，沿外还饰有波浪状花边，领部饰直绳纹。残高 5.4 厘米（图 22A-26）。

分裆甗　15 件。均夹砂。侈口，方唇。多残破，无完整器。H55①：51，红褐陶。颈以下饰绳纹。口径 27.4 厘米，残高 6.5 厘米（图 22 A-17）。H55②：90，灰陶。宽折沿。颈以下饰粗绳纹。口径 32 厘米，残高 6.8 厘米（图 23B-1）。H55③：18，灰陶。斜折沿。颈以下饰绳纹。口径 36 厘米，残高 4.8 厘米（图 24-8）。SFLH1②：2，灰陶。颈以下饰绳纹。口径 28 厘米，残高 7.4 厘米（图25-2）。

连裆甗　77 件。均夹砂。多残破。依唇部特征可分为四型。

A 型　4 件。尖唇。H55②：88，灰陶。侈口，卷沿。颈以下饰绳纹。口径 29.6 厘米，残高 11.5 厘米（图 23B-2）。H7：11，灰陶。侈口，折沿。通体饰绳纹。口径 14 厘米，残高 6.9 厘米（图 27-4）。

B 型　9 件。方唇，沿外附加宽厚泥条。H55①：53，灰陶。侈口，斜方唇。通体饰绳纹。口径 30 厘米，残高 6.9 厘米（图 22A-16）。H55②：92，灰陶。侈口，斜方唇，颈以下饰绳纹。口径 26 厘米，残高 7.5 厘米（图 23A-12）。H55②：93，灰陶。侈口，斜方唇。通体饰绳纹。口径 29 厘米，残高 7 厘米（图 23B-4）。H50：15，灰陶。侈口，斜方唇。通体饰绳纹。口径 28 厘米，残高 2.5 厘米（图 31-6）。H52：4，灰陶。侈口，折沿，斜方唇。通体饰绳纹。口径 26 厘米，残高 7 厘米（图 32-1）。

C 型　3 件。唇部饰戳印纹。H55①：69，灰陶。侈口，卷沿，方唇，唇面上饰戳印纹，颈以下饰绳纹。口径 29 厘米，残高 3.2 厘米（图 22A-18）。SFLH1⑤：4，灰陶。侈口，卷沿，尖圆唇，唇面上饰戳印波浪形花边，颈以下饰绳纹。口径 28.8 厘米，残高 10.6 厘米（图 25-3）。

D 型　61 件。圆方唇，沿外附加薄泥条。根据唇下出棱情况，可分为二亚型。

Da 型　57 件。唇下多出棱，鼓边明显。H55①：50，灰褐陶。颈部饰一道弦纹，其下饰绳纹。口径 28 厘米，残高 8.8 厘米（图 22A-19）。H55①：52，灰陶。颈以下饰绳纹。口径 26 厘米，残高 6.2 厘米（图 22A-20）。H55②：89，灰陶。颈部有一周抹光，其上下均饰麦粒状绳纹。口径 28 厘米，残高 8.6 厘米（图 23B-3）。H55②：91，灰陶。颈以下饰两道弦纹和绳纹。口径 26 厘米，残高 5.6 厘米（图 23B-5）。H55③：17，灰陶。颈以下饰绳纹。口径 28 厘米，残高 6.9 厘米（图 24-7）。H55③：19，灰陶。颈以下饰绳纹。口径 20 厘米，残高 8 厘米（图 24-12）。SFLH1⑤：5，灰陶。颈以下饰一道弦纹和绳纹。口径 34 厘米，残高 7.7 厘米（图 25-7）。SFLH1⑦：12，灰陶。颈以下饰一道弦纹和绳纹。口径 24 厘米，残高 6.4 厘米（图 25-18）。H44：1，灰陶。器饰麦粒状绳纹。口径 24 厘米，残高 6.5 厘米（图 29-4）。H45：19，灰褐陶。颈部饰一道弦纹，其下饰绳纹。口径 26.4 厘米，残高 4.5 厘米（图 30-3）。H52：6，灰陶。颈以下饰绳纹。残高 5.8 厘米（图 32-9）。

Db 型　4 件。出棱不明显，略鼓边。H6：17，灰陶。颈以下饰绳纹。口径 29.4 厘米，残高 9.5 厘米（图 26-15）。H7：13，灰陶。颈以下饰麦粒状绳纹。口径 32 厘米，残高 5.8 厘米（图 27-21）。H7：22，灰陶。颈以下饰绳纹。口径 29.6 厘米，残高 8.5 厘米（图 27-18）。

甗腰　80件。均夹砂。分裆甗和连裆甗两者的裆部尚不能区别，两者腰外均有附加堆纹，或厚或薄，有些饰绳纹，有些饰坑窝纹。根据有无腰托分为二型。

A型　43件。有腰托。H55①：58，灰陶。腰外饰坑窝纹，器饰绳纹。残高5.2厘米（图22A-22）。H55①：59，灰陶。腰托较窄，腰外饰薄附加堆纹，其上饰绳纹，器饰绳纹。残高5.2厘米（图22A-23）。H55③：20，灰褐陶。腰托较窄，腰外饰薄附加堆纹，其上饰绳纹，器饰绳纹。残高9.6厘米（图24-17）。H7：15，灰褐陶。腰托较宽，器饰绳纹。残高2.2厘米（图27-16）。H32：14，灰陶。腰托较窄，腰外饰薄附加堆纹，其上饰麦粒状绳纹，器饰麦粒状绳纹。残高9.2厘米（图28-2）。H45：20，红褐陶。腰托较窄，腰外饰宽薄附加堆纹，其上饰绳纹，器饰绳纹。残高3.1厘米（图30-26）。SFZH1：24，灰陶。腰托较窄，腰外饰薄附加堆纹，其上饰麦粒状绳纹，器饰麦粒状绳纹。残高5.2厘米（图34A-3）。SFZH1：25，灰陶。腰托较宽，腰外饰坑窝状附加堆纹，器饰细绳纹。残高8.4厘米（图34A-8）。SFZH1：26，灰褐陶。腰托较宽，腰外饰索状附加堆纹，器饰绳纹。残高7厘米（图34B-8）。

B型　37件。无腰托。H55①：57，灰陶。腰外饰坑窝状附加堆纹，器饰麦粒状绳纹。残高4.4厘米（图22A-25）。H55①：60，灰陶。腰外饰宽薄附加堆纹，其上饰细绳纹，器饰细绳纹。残高5.8厘米（图22A-24）。H55②：94，灰陶。腰外饰坑窝状附加堆纹，器饰绳纹。残高9.1厘米（图23A-28）。H55②：95，灰陶。腰外饰宽薄附加堆纹，其上饰麦粒状绳纹，器饰麦粒状绳纹。残高8厘米（图23A-29）。H6：10，灰陶。腰外饰坑窝状附加堆纹，器饰绳纹。残高4.8厘米（图26-3）。H6：11，红褐陶。器饰绳纹。残高5.8厘米（图26-17）。H7：14，灰陶。器饰绳纹。残高3厘米（图27-15）。H32：15，灰陶。腰外饰坑窝状附加堆纹，器饰绳纹。残高7.7厘米（图28-12）。H50：8，灰陶。腰外饰坑窝状附加堆纹，器饰绳纹。残高4厘米（图31-3）。SFZH1：23，灰褐陶。腰外饰坑窝状附加堆纹，器饰细绳纹。残高6.5厘米（图34B-6）。

盆　65件。均泥质，多为绳纹盆。由于标本多残破，本文所分的绳纹盆口沿也可能有少量弦纹盆。依口唇部特征可分为三型。

A型　36件。圆方唇或方唇，唇外附加泥条。依唇外附加泥条情况可分为二亚型。

Aa型　3件。唇外附加宽厚泥条。H55①：68，黑皮陶。侈口，微折沿，斜方唇。腹上部饰三道弦纹。口径24厘米，残高5.1厘米（图22A-21）。

Ab型　33件。唇外附加薄泥条，唇下多出棱，鼓边明显。H55①：63，灰陶。侈口，方唇，深微鼓腹。腹上部饰三道弦纹，下腹饰绳纹。口径33厘米，残高9.8厘米（图22B-1）。H55①：65，灰陶。侈口，圆方唇，深微鼓腹。腹上部饰三道弦纹。口径22.6厘米，残高7.6厘米（图22B-19）。H55①：67，红褐陶。侈口，圆方唇，深微鼓腹。腹上部饰四道弦纹。口径25.4厘米，残高6.1厘米（图22B-6）。H55②：97，灰陶。侈口，圆方唇，深微鼓腹。腹上部饰两道弦纹。口径29.4厘米，残高9.1厘米（图23B-6）。H55③：24，灰陶。侈口，方唇，深微鼓腹。腹上部饰两道弦纹。口径29厘米，残高5.5厘米（图24-9）。SFLH1②：4，灰陶。侈口，方唇。颈部以下残。口径30厘米，残高3厘米（图25-4）。H6：18，灰陶。侈口，圆方唇，深微鼓腹。腹部饰两道弦纹。口径 24 厘米，残高 11.7 厘米（图 26-11）。H7∶19，灰陶。侈口，圆方唇，深微鼓腹。腹部饰三道弦纹。口径 22.4 厘米，残高 9 厘米（图 27-9）。H45∶21，灰陶。侈口，方唇。腹部饰两道弦纹。口径 27 厘米，残高 4.2 厘米（图 30-2）。

B 型　18 件。方唇，唇外无附加泥条。H55①∶61，红褐陶。敞口，斜方唇，斜直腹。素面。口径 22 厘米，残高 8.4 厘米（图 22B-20）。H55②∶96，灰陶。侈口，深微鼓腹。腹上厘米，下部各饰两道弦纹。口径 22 厘米，残高 10.5 厘米（图 23B-18）。H55②∶100，灰陶。侈口。素面。口径 27.4 厘米，残高 7.4 厘米（图 23B-7）。H55③∶23，灰陶。侈口，斜方唇。腹上部饰四道弦纹。口径 30.2 厘米，残高 4.8 厘米（图 24-10）。H6∶16，灰陶。侈口，方唇，深腹。腹上部饰四道弦纹，腹下部饰绳纹。残高 10.5 厘米（图 26-16）。H32∶16，灰陶。侈口，方唇，深鼓腹。腹上部饰两道弦纹，腹下部饰间断绳纹。口径 31 厘米，残高 21.8 厘米（图 28-6）。H45∶22，灰陶。侈口，方唇，深微鼓腹。腹上部饰三道弦纹，腹下部饰间断绳纹。口径 30 厘米，残高 10 厘米（图 30-1）。H50∶9，灰陶。侈口，方唇，深微鼓腹。腹上部饰四道弦纹。口径 22 厘米，残高 9.4 厘米（图 31-5）。SFZH1∶32，黑皮陶。侈口，斜方唇，深微鼓腹。素面。口径 26 厘米，残高 5.8 厘米（图 34B-4）。

C 型　11 件。尖唇或圆唇，唇外无附加泥条。H55②∶98，灰陶。侈口，深微鼓腹。腹上部饰两道弦纹。口径 31.4 厘米，残高 6.9 厘米（图 23B-8）。H55②∶102，灰陶。侈口。腹上部饰两道弦纹。口径 26.4 厘米，残高 5.5 厘米（图 23B-9）。SFLH1⑤∶3，灰陶。侈口。素面。口径 29 厘米，残高 11.3 厘米（图 25-5）。H6∶6，灰陶。敞口，圆唇，深微鼓腹。腹部饰绳纹。口径 24.3 厘米，底径 11.6 厘米，高 15 厘米（图 26-12；图版 16-2）。H7∶21，灰陶。侈口，尖唇，深微鼓腹。下腹部饰绳纹。口径 22.4 厘米，残高 13.8 厘米（图 27-11）。H32∶17，灰褐陶。侈口，圆唇。素面。口径 36 厘米，残高 4.5 厘米（图 28-9）。H32∶18，灰陶。侈口，圆唇。素面。口径 28.4 厘米，残高 6.7 厘米（图 28-10）。

折肩罐　167 件。均泥质，折肩，平底，肩以上多磨光或饰弦纹，腹部多饰绳纹。依其口部特征可分为三型。

A 型　63 件。大侈口。均为圆方唇或方唇，束颈。依唇部特征又可分为二亚型。

Aa 型　37 件。唇外附加泥条，唇下多出棱，鼓边明显。H55①∶96，黑皮陶。肩上部饰两道弦纹。口径 23.2 厘米，残高 7 厘米（图 22B-21）。H55①∶97，灰陶。肩部饰一道弦纹。口径 27 厘米，残高 5.1 厘米（图 22B-3）。H55②∶99，灰陶。肩部饰两道弦纹。口径 27 厘米，残高 7.6 厘米（图 23B-10）。H55②∶107，黑皮陶。肩部饰四道弦纹，肩以下饰绳纹。口径 24 厘米，残高 7.9 厘米（图 23B-11）。H55②∶112，灰陶。肩部饰三道弦纹，肩以下饰间断绳纹。口径 24 厘米，残高 12.8 厘米（图 23B-12）。SFLH1⑦∶1，灰陶。肩部饰两道弦纹。口径 21 厘米，残高 4.8 厘米（图 25-9）。H7∶24，灰陶。肩部饰三道弦纹。口径 24.6 厘米，残高 7 厘米（图 27-10）。H7∶25，灰陶。肩部饰两道弦纹。口径 22.4 厘米，残高 6.7 厘米（图 27-5）。H44∶5，红褐陶。肩部饰两道弦纹。口径 28 厘米，残高 5.3 厘米（图29-5）。H52∶9，灰陶。肩部饰两道弦纹，肩以下饰绳纹。口径27.6厘米，残高8厘米（图32-4）。SFZH1∶29，灰陶。肩部饰一道弦纹。口径28厘米，残高5.4厘米（图34B-1）。

Ab型　26件。唇外附加薄泥条，鼓边不明显。H55①∶24，红褐陶。平底。肩上部饰三道弦纹，肩以下饰间断绳纹。口径22.4厘米，高29.5厘米（图22C-3；图版16-3）。H55①∶98，灰陶。肩上部饰四道弦纹，肩以下饰间断绳纹。口径23.4厘米，残高13.2厘米（图22B-2）。H55②∶141，灰陶。肩部饰两道弦纹。口径22厘米，残高4.4厘米（图23B-13）。H55③∶27，灰陶。肩部饰两道弦纹。口径24厘米，残高6.8厘米（图24-11）。SFLH1⑦∶14，红褐陶。颈部以下残。口径24厘米，残高5厘米（图25-19）。H7∶20，灰陶。肩部饰两道弦纹。口径16厘米，残高5.9厘米（图27-19）。H45∶23，红褐陶。颈部饰两道弦纹，肩部饰一道弦纹。口径22厘米，残高6.8厘米（图30-7）。H53∶3，灰陶。肩部饰四道弦纹。口径32厘米，残高7.5厘米（图33-3）。SFZH1∶28，灰陶。肩部饰两道弦纹，肩以下饰绳纹。口径23.4厘米，残高6.2厘米（图34B-2）。SFZH1∶33，灰陶。颈以下残。口径22厘米，残高3.8厘米（图34B-3）。

B型　99件。小侈口。均为圆方唇或方唇，束颈。依唇部特征也可分为二亚型。

Ba型　64件。唇外附加泥条，唇下多出棱，鼓边明显。H55①∶77，灰陶。颈以下残。口径16.6厘米，残高4.1厘米（图22B-10）。H55①∶78，黑皮陶。肩部饰两道弦纹。口径15.4厘米，残高3.8厘米（图22B-11）。H55①∶79，灰陶。肩部饰三道弦纹，肩以下饰绳纹。口径20厘米，残高8厘米（图22B-4）。H55②∶104，黑皮陶。肩部饰两道弦纹。口径15.6厘米，残高6.5厘米（图23A-23）。H55②∶106，灰褐陶。肩部饰四道弦纹，肩以下饰绳纹。口径17厘米，残高10.5厘米（图23B-19）。H55②∶140，灰陶。肩部饰四道弦纹，肩以下饰间断绳纹。口径13.2厘米，残高15.6厘米（图23B-20）。H55③∶25，灰陶。肩部饰两道弦纹。口径18厘米，残高5.5厘米（图24-13）。H6∶20，灰陶。肩部饰两道弦纹。口径14厘米，残高4.5厘米（图26-6）。H6∶21，灰陶。颈部以下残。口径16.4厘米，残高3.9厘米（图26-7）。H6∶23，灰陶。颈部以下残。口径17厘米，残高4.8厘米（图26-8）。H7∶26,灰陶。肩部饰四道弦纹。口径16.8厘米，残高6.6厘米（图27-8）。H7∶28，灰陶。肩部饰四道弦纹。口径16厘米，残高5.9厘米（图27-6）。H45∶24，灰陶。肩部饰四道弦纹，肩下饰麦粒状绳纹。口径15厘米，残高9.4厘米（图30-10）。H50∶10，灰陶。肩部饰两道弦纹。口径18厘米，残高4.8厘米（图31-4）。H52∶8，灰陶。肩部饰三道弦纹。口径19厘米，残高7.5厘米（图32-3）。

Bb型　35件。唇外附加薄泥条，鼓边不明显。H55①∶74，灰陶。素面。口径17厘米，残高7.7厘米（图22B-5）。H55①∶75，灰陶。肩部饰两道弦纹。口径16.8厘米，残高6.4厘米（图22B-24）。H55①∶80，灰陶。肩部饰三道弦纹。口径14.6厘米，残高4.3厘米（图22B-9）。H55②∶103，灰陶。肩部饰圆形乳钉纹和三道弦纹，肩以下饰两道弦纹和麦粒状绳纹。口径17.6厘米，残高10厘米（图23B-16）。H55②∶108，红褐陶。肩部一道弦纹。口径21.4厘米，残高6厘米（图23B-17）。H55③∶26，灰陶。

颈部饰一道弦纹，肩部饰四道弦纹。口径 13 厘米，残高 5 厘米（图 24-5）。H6：19，灰陶。肩部饰两道弦纹。口径 16.4 厘米，残高 5.6 厘米（图 26-9）。H7：27，灰陶。肩部饰三道弦纹。口径 16.4 厘米，残高 6.9 厘米（图 27-7）。H45：25，灰陶。肩部饰四道弦纹。口径 15 厘米，残高 7.2 厘米（图 30-12）。H50：11，灰陶。素面。口径 21 厘米，残高 7.1 厘米（图31-8）。H52：7，灰陶。肩部饰两道弦纹。口径 16 厘米，残高 7.4 厘米（图 32-5）。H52：10，灰陶。肩部饰一道弦纹。口径 16.8 厘米，残高 4.8 厘米（图 32-6）。H53：4，灰陶。颈以下饰麦粒状绳纹。口径 15.2 厘米，残高 3.8 厘米（图 33-2）。

C 型　5 件。小口，微侈口或直口。H55①：82，灰陶。微侈口，沿外侧有一道凹槽，领部饰绳纹，颈以下素面。口径 16.8 厘米，残高 6.4 厘米（图 22B-8）。SFLH1②：1，灰陶。直口，沿外侧有一道凹槽，领部饰绳纹，肩以下饰间断绳纹。口径 10.6 厘米，残高 18.5 厘米（图 25-23）。H7：29，红褐陶。肩下饰间断绳纹。口径 11.4 厘米，残高 9.8 厘米（图 27-12）。H45：27，红褐陶。微侈口，尖唇。肩部饰两道弦纹。口径 13.6 厘米，残高 6.4 厘米（图 30-9）。

花边罐　5 件。均夹砂。侈口，口沿外多饰波浪状花边，矮领，鼓腹，通体饰绳纹。SFLH1④：1，红褐陶。口径 30 厘米，高 7.2 厘米（图 25-6）。SFZH1：4，红褐陶。颈部绳纹被抹。残高 8.5 厘米（图 34B-9）。SFZH1：5，红褐陶。颈部绳纹被抹。残高 6.8 厘米（图 34B-11）。SFZH1：6，红褐陶。颈部有绳纹被抹痕迹。残高 5.5 厘米（图 34B-7）。SFZH1：16，红褐陶。残高 11.5 厘米（图 34B-12；图版 16-4）。

豆　均泥质，可分为假腹豆和真腹豆两类。

假腹豆　7 件。均泥质。依盘部特征分为二型。

A 型　5 件。浅盘。H55①：86，黑皮陶。直口。素面。口径 14 厘米，残高 2.9 厘米（图 22B-18）。H55②：126，灰陶。敞口。素面。口径 15.2 厘米，残高 5.4 厘米（图 23A-22）。H55③：12，灰陶。敞口，方唇。柄部等距饰三组两道弦纹，圈足上部饰一道弦纹。口径 24 厘米，底径 9.8 厘米，高 15.4 厘米（图 24-6；图版 17-1）。SFLH1⑦：10，红褐陶。敞口。盘外有麦粒状绳纹被抹痕迹。口径 17.8 厘米，底径 10.4 厘米，高 11.4 厘米（图 25-8；图版 17-2）。H45：28，灰陶。敞口。素面。口径 15.6 厘米，残高 5.8 厘米（图 30-22）。

B 型　2 件。盘较深。H55②：59，灰陶。敞口，方唇。盘下部饰两道弦纹，柄部饰一道弦纹。口径 17.8 厘米，底径 10.7 厘米，高 15.6 厘米（图 23A-43；图版 17-3）。H7：30，黑皮陶。敞口，圆唇。素面。口径 21.8 厘米，残高 3 厘米（图 27-17）。

假腹豆柄　1 件。H7：6，红褐陶。高直柄，柄中部有一个长方形和十字镂孔，其上下各饰两道弦纹，上部已残。底径 11.6 厘米，残高 15.2 厘米（图 27-13）。

真腹豆　35 件。均泥质。依盘外是否饰绳纹及口盘特征分为四型。

A 型　25 件。盘外饰绳纹。依唇部特征又可分为二亚型。

Aa 型　20 件。唇外附加厚泥条，多出棱，鼓边明显。H55①：85，灰陶。敞口。盘外绳纹被抹。口径 18 厘米，残高 4.6 厘米（图 22B-14）。H55①：87，灰陶。敞口。盘外饰麦粒状绳纹。口径18厘米，残高4.6厘米（图22B-15）。H55②:120，灰陶。敞口。盘外饰麦粒状绳纹。口径19.6厘米，残高6.1厘米（图23A-21）。H55②:124，灰陶。敞口。盘外饰麦粒状绳纹。口径20厘米，残高3厘米（图23A-20）。SFLH1⑦:11，灰陶。敞口。盘外饰绳纹。口径19厘米，残高4厘米（图25-10）。H32:8，灰陶。敞口。盘外饰麦粒状绳纹，柄中部有三个正方形镂孔，并等距分饰三组两道弦纹。口径13.9厘米，底径10.6厘米，高9.6厘米（图28-4；图版17-4）。H32:20，红褐陶。敞口。盘外饰麦粒状绳纹。口径20厘米，残高3.6厘米（图28-11）。H45:29，黑皮陶。敞口。盘外饰麦粒状绳纹。口径24厘米，残高3.8厘米（图30-6）。H45:30，灰陶。敞口。盘外饰绳纹。口径17.2厘米，残高3.6厘米（图30-19）。H50:13，黑皮陶。敞口。盘外饰绳纹。口径28厘米，残高3.6厘米（图31-7）。H52:12，红褐陶。敞口。盘外饰绳纹。口径12.6厘米，残高3.5厘米（图32-8）。H53:5，灰陶。敞口。盘外饰绳纹。口径26厘米，残高4.8厘米（图33-4）。

Ab型　5件。唇外附加薄泥条，略鼓边。H55①:84，灰陶。敞口。盘外饰绳纹。口径18厘米，残高4.6厘米（图22B-12）。H55②:125，灰陶。敞口。盘外饰麦粒状绳纹。口径23厘米，残高3.6厘米（图23A-18）。SFLH1②:3，灰陶。敞口。盘外饰绳纹。口径19.6厘米，残高3.8厘米（图25-11）。SFLH1③:1，灰陶。敞口。盘外饰绳纹。口径19.6厘米，残高4.1厘米（图25-12）。

B型　4件。盘外不饰绳纹。微敛口，浅盘。H55①:88，红褐陶。素面。口径20厘米，残高3.3厘米（图22B-13）。H55②:123，灰陶。素面。口径16厘米，残高3厘米（图23A-19）。H32:19，灰陶。素面。口径30厘米，残高4.6厘米（图28-8）。

C型　4件。盘外不饰绳纹。敞口，浅盘。H55①:83，灰陶。唇外附加泥条，出棱。素面。口径24厘米，残高2厘米（图22B-25）。H55②:119，灰陶。方唇，素面。口径22.8厘米，残高4.8厘米（图23A-17）。H55②:122，灰陶。圆方唇，素面。口径21厘米，残高3.2厘米（图23A-33）。H55③:28，灰陶。圆方唇，唇下部稍下凹，柄部饰两道弦纹。口径18.8厘米，残高4.4厘米（图24-15）。H6:12，灰陶。唇外附加泥条，出棱。素面。口径20厘米，残高3.4厘米（图26-10）。H6:13，灰陶。圆唇。素面。口径15.8厘米，残高5.5厘米（图26-4）。

D型　2件。盘外不饰绳纹。敞口，盘较深。H55②:121，灰陶。圆尖唇，盘外饰四道弦纹。口径17.2厘米，残高5.6厘米（图23A-34）。H32:9，灰陶。尖唇。素面。口径15.8厘米，残高4.6厘米（图28-3）。

真腹豆柄　1件。SFZH1:31，灰陶。盘外饰麦粒状绳纹。残高4.4厘米（图34B-10）。

簋　16件。均泥质。依口部特征可分为三型。

A型　5件。平折沿。H55①:70，灰陶。敛口，圆唇，鼓腹。腹上部饰一道弦纹，其下饰方格纹。口径19.4厘米，残高5.5厘米（图22B-23）。H55②:129，灰陶。圆方唇。腹下部饰两道弦纹。口径20厘米，残高7厘米（图23A-35）。H55③:29，灰褐陶。敛口，圆唇，鼓腹。腹部饰方格纹，其上下各饰一道弦纹。口径19.4厘米，残高5.2厘米（图24-14）。

B型　6件。侈口，卷沿。H55①:89，黑皮陶。斜方唇，微鼓腹。唇下出棱。腹上部饰有弦纹。口径19.4厘米，残高3.8厘米（图22B-22）。H55②:131，黑皮陶。方唇，鼓腹。腹部饰四道弦纹。口径21.4厘米，残高5.3厘米（图23A-41）。H55②:132，灰陶。方唇，微鼓腹。腹上部饰两道弦纹。口径18厘米，残高5.5厘米（图23A-40）。H55②:135，灰陶。尖唇，微鼓腹。腹上部饰一道弦纹，其下饰方格纹。口径19.6厘米，残高5.8厘米（图23A-39）。H55③:30，灰陶。圆方唇，微鼓腹。腹上部饰一道弦纹。口径19.4厘米，残高3厘米（图24-16）。SFLH1⑦:8，灰陶。尖唇，微鼓腹。腹部饰方格纹，其上下各饰一道弦纹。口径24厘米，残高5.8厘米（图25-20）。H44:4，红褐陶。圆唇，微鼓腹。素面。口径19厘米，残高6.9厘米（图29-3）。

C型　5件。大敞口。均斜直腹。H55②:130，红褐陶。圆方唇。素面。口径18厘米，残高8.3厘米（图23A-36）。H55②:133，黑皮陶。斜方唇，沿外下部有一道凹槽。腹部饰绳纹。口径15厘米，残高6.4厘米（图23A-38）。H55②:134，黑皮陶。斜方唇，沿外下部有一道凹槽。腹部饰麦粒状绳纹。口径18厘米，残高7.2厘米（图23A-37）。H52:11，红褐陶。尖唇。腹饰方格纹。口径26厘米，残高6.5厘米（图32-7）。

瓮　30件。均泥质。一般器形较大，器壁较厚。依口部特征分为二型。

A型　15件。大口。又依沿外附加泥条情况分为二亚型。

Aa型　10件。附加泥条较厚，唇下出棱，鼓边明显。H55①:92，灰陶。侈口，方唇，束颈，微折肩。肩以下饰间断绳纹。口径32厘米，残高20厘米（图22C-2）。H55②:115，灰陶。侈口，方唇，束颈。素面。口径34.4厘米，残高9.5厘米（图23C-1）。H44:6，红褐陶。侈口，圆方唇，束颈。素面。口径38厘米，残高4.6厘米（图29-6）。H45:33，灰陶。侈口，圆方唇，束颈。素面。口径38厘米，残高4.6厘米（图30-8）。

Ab型　5件。附加泥条较薄，唇下出棱不明显，略鼓边。H55②:117，灰陶。侈口，斜方唇，微束颈。颈下部饰一道弦纹。口径28厘米，残高5.4厘米（图23B-14）。H55②:118，灰褐陶。侈口，圆方唇，短束颈。肩部饰两道弦纹。口径34厘米，残高6.6厘米（图23C-2）。

B型　15件。小口。又依沿外附加泥条情况分为三亚型。

Ba型　4件。附加泥条较厚，唇下出棱，鼓边明显。H55①:93，灰陶。侈口，方唇，束颈，圆肩。肩部有一道上饰竖绳纹的附加堆纹，其下饰绳纹。口径25.4厘米，残高20.5厘米（图22C-1）。H7:33，灰陶。侈口，束颈，矮领。素面。口径26.4厘米，残高7.5厘米（图27-20）。H45:34，灰陶。侈口，短束颈。肩部饰三道弦纹，折肩处饰附加堆纹，其上饰麦粒状绳纹，肩以下饰绳纹。口径21.2厘米，残高13.2厘米（图30-21）。

Bb型　3件。附加泥条较薄，唇下出棱不明显，略鼓边。H55①:95，红褐陶。侈口，圆方唇，束颈。肩部饰两道弦纹。口径26厘米，残高7厘米（图22B-7）。H32:

21，红褐陶。侈口，圆方唇，束颈。素面。口径27.6厘米，残高4.9厘米（图28-7）。SFZH1：30，灰陶。侈口，圆方唇，束颈。颈下部饰一道弦纹。口径26厘米，残高4.1厘米（图34B-5）。

Bc型　8件。沿外不附加泥条。H55①：94，灰陶。侈口，圆唇，束颈，溜肩。素面。口径19厘米，残高9厘米（图22B-26）。H55②：116，灰陶。侈口，尖唇，束颈。肩以下饰间断绳纹。口径24厘米，残高20.4厘米（图23C-3）。H6：22，灰陶。侈口。素面。口径31厘米，残高5.8厘米（图26-14）。H7：32，灰陶。侈口，圆唇，束颈。素面。口径32厘米，残高8.8厘米（图27-25）。

小口罐　4件。H55①：71，泥质灰陶。直口微敛，方唇。口外饰一周圆圈纹，其上厘米，下各饰两道弦纹。口径15.4厘米，残高4.1厘米（图22B-27）。H55②：111，夹砂灰陶。微敞口，方唇。唇面上有一道凹槽，颈厘米，肩部有两个长条形窝状附加堆纹。口径14.6厘米，残高7.6厘米（图23A-42）。H55②：113，泥质灰陶。直口微敞，尖唇，口肩双耳，鼓腹。颈部以下饰细绳纹。口径8厘米，残高4.6厘米（图23A-14）。H55②：114，泥质灰陶。侈口，尖唇，束颈，鼓腹。颈部以下饰细绳纹。口径7.6厘米，残高4.4厘米（图23A-16）。SFLH1④：3，泥质灰陶。小直口，圆唇。素面。残高4.2厘米（图25-22）。

敛口罐　1件。H50：12，泥质红褐陶。微敛口，斜凹沿，沿面有一凹槽。素面。口径13厘米，残高3.9厘米（图31-10）。

大口尊　1件。H55②：110，泥质灰陶。敞口，平折沿，尖唇。沿面上有一道凹槽，肩部饰一道弦纹。口径28.4厘米，残高5.4厘米（图23B-15）。

小口尊　2件。H55②：109，泥质灰陶。小侈口，圆唇，束颈，鼓腹。素面。口径11.8厘米，残高9.8厘米（图23A-31）。

壶（?）　1件。H55②：128，泥质灰陶。子母口，直颈。颈上部有两个圆形附加堆纹。口径10.8厘米，残高8.9厘米（图23A-32）。

甑底　2件。H6：25，泥质灰陶。底部有孔。器饰绳纹。底径11.2厘米，残高5.4厘米（图26-5）。

不明陶器　2件。SFLH1⑤：6，泥质红褐陶。倒头盔状，下面中间有一孔。口径14厘米，高7.4（图25-21）。H32：7，泥质红褐陶。上部残。鼓腹，矮圈足，腹中部饰一方格纹带，圈足有一斜穿圆孔。底径9.4厘米，残高15厘米（图28-5）。

豆柄　5件。H55②：127，泥质黑皮陶。柄饰“十”字镂孔和五道弦纹。底径9.2厘米，残高8.1厘米（图23A-25）。SFLH1④：2，灰陶。喇叭状，较高。上有“十”字刻划纹。底径13.6厘米，残高6.7厘米（图25-13）。H45：31，灰陶。喇叭状，较高。柄饰“十”字镂孔。底径13.8厘米，残高7.4厘米（图30-17）。H50：14，泥质灰陶。柄中部有四个正方形镂孔，并饰有弦纹。残高9.5厘米（图31-9）。

圈足　6件。H55①：90，泥质灰陶。喇叭状，较矮。圈足上部饰麦粒状绳纹。底径15.6厘米，残高5.4厘米（图22B-17）。H55①：91，泥质灰陶。喇叭状，较矮。圈足上部饰绳纹。底径13厘米，残高5.3厘米（图22B-16）。H55②：136，泥质灰陶。喇叭状，较矮。素面。底径13.6厘米，残高4.8厘米（图23A-26）。H55②:137，泥质红褐陶。喇叭状，较矮。素面。底径12厘米，残高6厘米（图23A-27）。H55②:138，泥质灰陶。喇叭状，较矮。素面。底径14厘米，残高4厘米（图23A-24）。H45:32，泥质灰陶。喇叭状，较矮。底径11.6厘米，残高4.6厘米（图30-16）。H53:6，泥质灰陶。喇叭状，较矮。底径13厘米，残高4.5厘米（图33-5）。

2. 其他

石刀　28件。H55②:28，稍残。一对钻孔，一侧有刃。长8.4厘米，宽4.5厘米，厚0.6厘米（图35-1）。H55②:38，已残。一对钻孔，一侧有刃。残长9厘米，宽5.3厘米，厚0.8厘米（图35-2）。H55②:39，已残。无孔，一侧有刃。残长6.2厘米，宽3.3厘米，厚0.7厘米（图35-8）。H55③:3，已残。两个对钻孔，一侧有刃。残长7.6厘米，宽5.4厘米，厚0.9厘米（图36-1）。H55③:9·2，已残。无孔，一侧有刃。残长4.1厘米，宽4厘米，厚0.4厘米（图36-4）。SFLH1⑦:3，长方形。中间有一对钻孔，一侧有刃。长7.7厘米，宽4.1厘米，厚0.6厘米（图38-1）。H32:5，已残。有一对钻孔，一侧有刃。残长5.4厘米，宽4.8厘米，厚0.6厘米（图38-2）。

石斧　4件。H55①:14，已残。一端有刃。残长8.5厘米，宽6.6厘米，厚1.4厘米（图37-2）。H55①:19，已残。一端有刃。残长10.9厘米，宽5.9厘米，厚3.2厘米（图37-1）。H55②:52，已残。一端有刃。刃部有崩损痕迹。残长6.8厘米，宽2~5.2厘米，厚1.2厘米（图35-3）。

石锛　3件。H55②:37，两端稍残。一端有单面刃。长10.3厘米，宽2.8厘米，厚2.3厘米（图35-11）。H55③:7，长条形。一端有单面刃。残长7.6厘米，宽5.4厘米，厚0.9厘米（图36-2）。H6:4，长条形。一端有单面刃。残长4.1厘米，宽1.4~2厘米，厚0.5厘米（图38-4）。

石镞　1件。H55②:54，三角形，无铤。长4.3厘米，宽1.9厘米，厚0.2厘米（图35-14）。

石矛　1件。H55②:50，上部残。残长7.1厘米，最宽5.1厘米，厚0.6厘米（图35-5）。

石镰　2件。H55②:33，已残。内侧有双面刃。残长6.3厘米，宽3.8厘米，厚0.6厘米（图35-9）。H55②:43，已残。一侧有双面刃。残长7.3厘米，宽4.8厘米，厚0.6厘米（图35-7）。

石锤斧　1件。H7:2，已残。上部有一圆孔，一端有单面刃。残长9.4厘米，宽7.1厘米，厚4.5厘米（图38-17）。

其他石器　25件。H55③:1，已残。中间有一圆孔。残长7.3厘米，宽7厘米，厚4.2厘米（图36-6）。SFZH1:3，已残。中间有一圆孔。直径10.9厘米，厚4.7厘米（图38-13）。

卜骨　5件。H55①:7，为一动物肩胛骨，经修整，去臼角，施圆钻，灼痕明显。残长9厘米，宽6厘米，厚0.8厘米（图37-4）。H55①:10，稍残，为一动物肩胛骨，

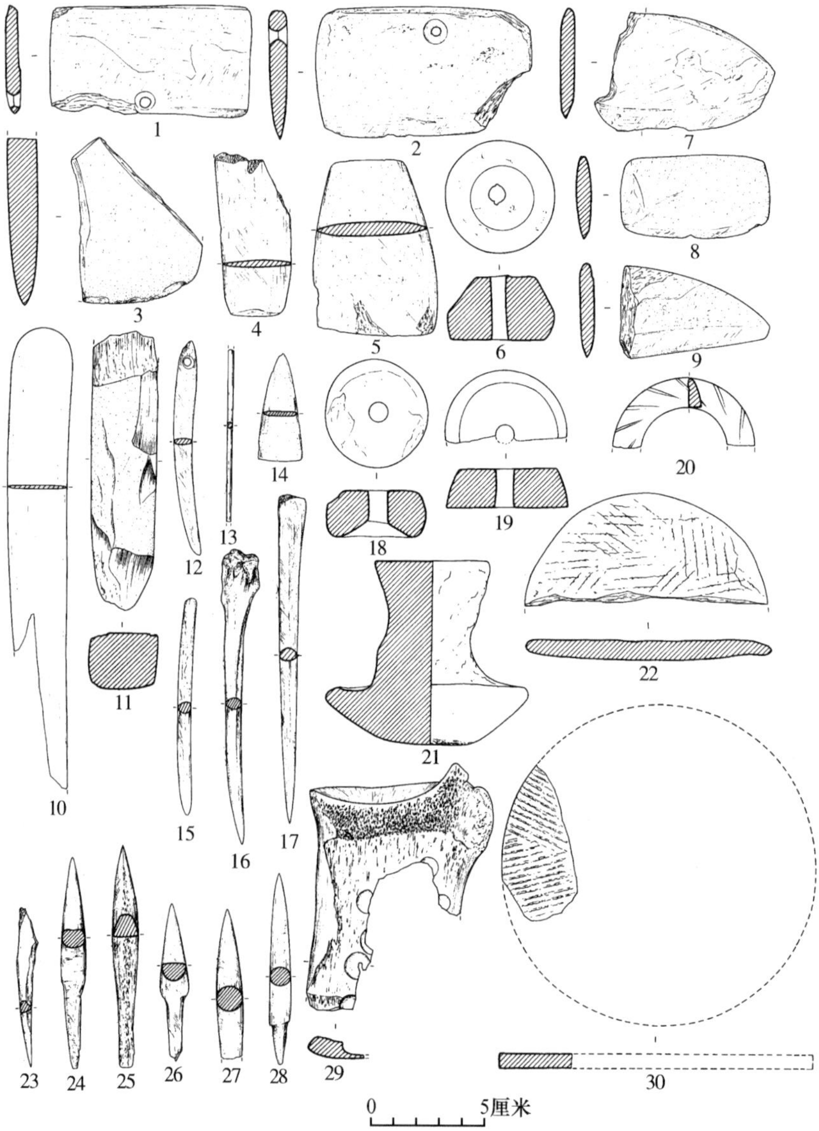

图35　H55②出土遗物

1、2、8. 石刀（H55②：28、H55②：38、H55②：39）　3. 石斧（H55②：52）　4、10、12. 骨匕（H55②：12、H55②：7、H55②：11）　5. 石矛（H55②：50）　6、18、19. 陶纺轮（H55②：27、H55②：32、H55②：34）　7、9. 石镰（H55②：43、H55②：33）　11. 石锛（H55②：37）　13. 骨针（H55②：18）　14. 石镞（H55②：54）　15. 骨笄（H55②：2）　16、17、23. 骨锥（H55②：21、H55②：10·1、H55②：1）　20. 陶环（H55②：35）　21. 陶拍子（H55②：30）　22、30. 陶圆饼（H55②：31、H55②：58）　24～28. 骨镞（H55②：4、H55②：16、H55②：9、H55②：20、H55②：23）　29. 卜骨（H55②：6）

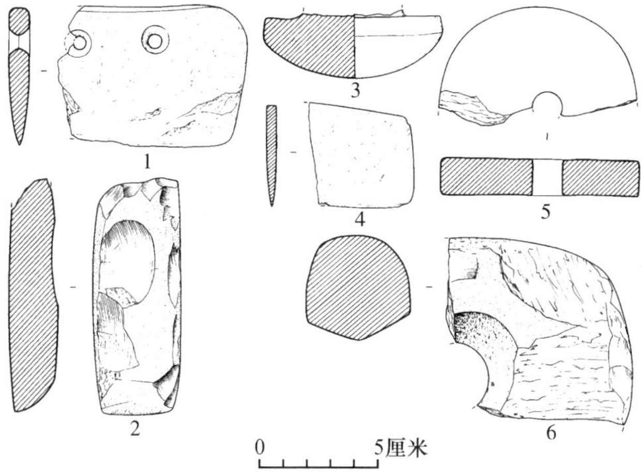

图36 H55③出土遗物

1、4. 石刀（H55③：3、H55③：9・2） 2. 石锛（H55③：7） 3. 陶拍子（H55③：2） 5. 陶纺轮（H55③：4） 6. 其他石器（H55③：1）

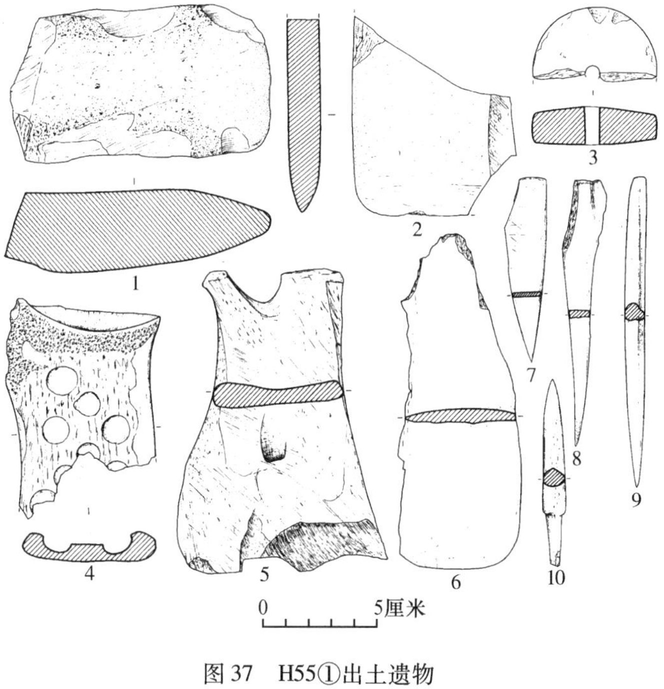

图37 H55①出土遗物

1、2. 石斧（H55①：19、H55①：14） 3. 陶纺轮（H55①：2） 4、5. 卜骨（H55①：7、H55①：10） 6. 骨铲（H55①：6） 7、8. 骨锥（H55①：8、H55①：13） 9. 骨笄（H55①：11） 10. 骨镞（H55①：4）

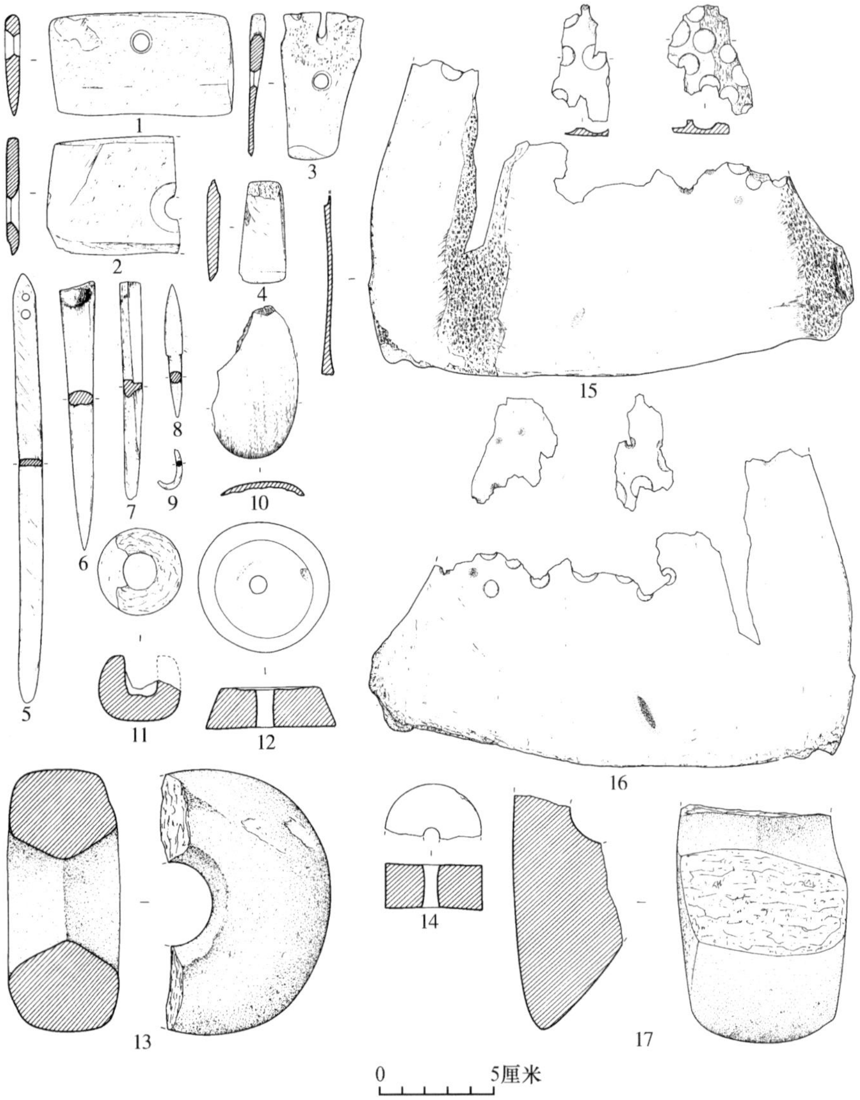

图38　老堡子遗址商代灰坑出土遗物

1、2. 石刀（SFLH1⑦:3、H32:5）　3、10. 骨铲（H32:1、H6:3）　4. 石锛（H6:4）　5. 骨匕（H50:4）　6、7. 骨锥（H50:1、SFLH1⑤:2）　8. 骨镞（H50:2）　9. 铜钩（SFZH1:1）　11. 陶球（SFLH1⑦:5）　12、14. 陶纺轮（H6:2、SFZH1:2）13. 其它石器（SFZH1:3）　15、16. 卜骨（SFLH1⑦:7）　17. 石锤斧（SFLH7:2）

经修整，去臼角，但未施钻，无使用痕迹。长12.3厘米，宽5.4厘米~8.6厘米，厚1厘米（图37-5）。H55②:6，为一动物肩胛骨，经修整，去臼角，施圆钻。残长10.6厘米，宽2厘米~7.7厘米，厚0.8厘米（图35-29）。SFLH1⑦:7，上部残，两面皆有施钻，坑底平，灼痕明显。残长12.6厘米，宽20.2厘米，厚0.2厘米~0.5厘米（图38-15、16）。

骨铲　3 件。H55①：6，上部残。长条形。宽端有刃。残长 13.7 厘米，宽 4.6 厘米，厚 0.6 厘米（图 37-6）。H6：3，稍残。略呈椭圆形，下部有刃。长 6.1 厘米，宽 3.6 厘米，厚 0.3 厘米（图 38-10）。H32：1，长条形。中有一孔，窄端有刃。长 6 厘米，宽 2.1 厘米～3.3 厘米，厚 0.6 厘米（图 38-3）。

骨镞　8 件。H55①：4，圆锥状。镞身与铤部分界明显。长 7.5 厘米（图 37-10）。H55②：4，圆锥状。尖端为圆锥状，铤部收细。长 8.6 厘米（图 35-24）。H55②：9，圆锥状。尖端为圆锥状，铤部稍残。长 6.4 厘米（图 35-26）。H55②：16，圆锥状。尖端为圆锥状，铤部收细。长 9 厘米（图 35-25）。H55②：20，圆锥状，铤部残。残长 6 厘米（图 35-27）。H55②：23，圆锥状。镞身与铤部分界明显。长 7.7 厘米（图 35-28）。H50：2，圆锥状。镞身与铤部分界明显。长 5.3 厘米（图 38-8）。

骨匕　5 件。形状扁平。H55②：7，上部残，长条形。残长 18.6 厘米，宽 2.6 厘米，厚 0.2 厘米（图 35-10）。H55②：11，长条形。上端中间钻孔。长 8.6 厘米，宽 0.5 厘米～0.8 厘米，厚 0.3 厘米（图 35-12）。H55②：12，一端已残。残长 6.6 厘米，宽 2.8 厘米，厚 0.3 厘米（图 35-4）。H50：4，长条形。上端中间有两个钻孔。长 17.4 厘米，宽 1 厘米，厚 0.3 厘米（图 38-5）。

骨笄　5 件。H55①：11，锥状。长 12.6 厘米（图 37-9）。H55②：2，锥状。长 8.7 厘米（图 35-15）。

骨针　1 件。H55②：18，两端残。残长 7 厘米，直径 0.2 厘米（图 35-13）。

骨锥　24 件。H55①：8，长 7.5 厘米（图 37-7）。H55①：13，长 10.8 厘米（图 37-8）。H55②：1，长 6.5 厘米（图 35-23）。H55②：10・1，长 13.3 厘米（图 35-17）。H55②：21，长 11.9 厘米（图 35-16）。SFLH1⑤：2，长 8.7 厘米（图 38-7）。H50：1，长 10.9 厘米（图 38-6）。

陶纺轮　10 件。H55①：2，泥质灰陶。直径 5.2 厘米，孔径 0.6 厘米，厚 1.1 厘米（图 37-3）。H55②：27，泥质红褐陶。直径 4.5 厘米，孔径 0.6 厘米，厚 2.6 厘米（图 35-6）。H55②：32，泥质红褐陶。直径 4.3 厘米，孔径 0.8 厘米，厚 1.9 厘米（图 35-18）。H55②：34，已残，泥质灰褐陶。直径 5.1 厘米，孔径 0.7 厘米，厚 1.6 厘米（图 35-19）。H55③：4，已残，泥质红褐陶。直径 8 厘米，孔径 1.2 厘米，厚 1.5 厘米（图36-5）。H6：2，泥质红褐陶。直径 5.5 厘米，孔径 0.6 厘米，厚 1.6 厘米（图 38-12）。SFZH1：2，泥质红褐陶。直径 4 厘米，孔径 0.6 厘米，厚 1.8 厘米（图 38-14）。

陶拍子　2 件。H55②：30，泥质灰陶，倒蘑菇状。宽 8.5 厘米，高 7.4 厘米（图 35-21）。H55③：2，泥质灰褐陶，上部残。宽 7 厘米，残高 2.5 厘米（图 36-3）。

陶圆饼　9 件。H55②：31，泥质灰陶，已残。圆形。直径 10.1 厘米，厚 0.7 厘米（图 35-22）。H55②：58，泥质红陶，已残。圆形。直径 26 厘米，厚 1 厘米（图 35-30）。

陶环　7 件。H55②：35，泥质灰褐陶，已残。环形。直径 16 厘米，宽 1.2 厘米，厚 0.5 厘米（图 35-20）。

陶球　1 件。SFLH1⑦：5，圆形，已残，中空。直径 3.5 厘米（图 38-11）。

铜钩　1 件。SFZH1：5，长 1.6 厘米，直径 0.2 厘米（图 38-9）。

六 结 语

2004年老堡子遗址的发掘发现了一批仰韶、龙山和商时期的遗存，为研究周原地区考古学文化提供了重要的实物资料。经过初步整理，我们对上述三个时期的文化遗存的年代和考古学文化属性有以下认识。

老堡子H18、H21、H28文化面貌与浒西庄庙底沟二期时期[1]和案板三期[2]基本相同，应属于同一时期。浒西庄庙底沟二期分为早晚两期[3]，案板三期也曾试图分为两期，但在正式报告中则未分期。本次发掘这一时期面貌单纯的遗迹较少，各类遗物数量也不足，我们暂不进行分期。

老堡子遗址与双庵遗址[4]同处七星河流域，二者相距不远。F1和T11～T16第2层与双庵遗址龙山时期遗存面貌相近，器类、陶质、陶色和纹饰都基本相同，我们认为二者应属于同一时期的同类型遗存。

本次商时期遗存的发掘，为建立周原地区商时期考古学遗存的年代分期序列和认识其文化特征、属性提供了重要的资料，同时为研究周原地区商时期相关遗存的分期和年代提供了较准确的标尺。根据层位关系和典型器物的形制分析及组合关系考察，老堡子遗址商时期遗存大体为同一期遗存。其典型器类A型分裆鬲H55①：22与殷墟第一期[5]商式鬲台西F6：49[6]较为接近，方唇不上翻，唇下无棱。而与花园庄早段商式鬲洹97G4：1[7]相比，后者实足根更细，微外撇，似更早。Aa型真腹豆H32：8与花园庄早段的真腹豆台西M105：4[8]形态近似。故老堡子商时期遗存的年代上限稍晚于

[1] 中国社会科学院考古研究所：《武功发掘报告》，文物出版社，1988年。

[2] 西北大学文博学院考古专业：《扶风案板遗址发掘报告》，科学出版社，2000年。

[3] 王世和、张宏彦、莫枯：《论案板三期文化遗存》，《考古》1987年第10期。

[4] 西安半坡博物馆：《陕西岐山双庵新石器时代遗址》，《考古学集刊》第3集，中国社会科学出版社，1983年。

[5] 长期以来，有关二里冈上层至殷墟二期之间的商文化资料比较缺乏，随着近年郑州小双桥和洹北花园庄等遗址的发掘，有学者根据已有材料重新确定了这一时期的商文化序列，并定为中商文化，将其分为三期。其中第一期以郑州小双桥遗址和白家庄遗址上层为代表，第二期以安阳洹北花园庄早期遗存和河北藁城台西早期墓葬为代表，第三期以安阳洹北花园庄晚期遗存和河北藁城台西晚期居址与晚期墓葬为代表。上述三期分别与邹衡先生提出的商文化分期体系中的早商文化第Ⅵ、Ⅶ、Ⅷ三组大体相同。尽管对于中商文化的定义，目前学术界还有争议，但本文基本赞同其分期序列。对比邹衡先生大的商文化分期，本文将二里冈上层至殷墟二期之间商文化的三段分别称为白家庄期、花园庄早段和殷墟一期。

[6] 中国社会科学院考古研究所编著：《中国考古学·夏商卷》第250页图5-1，13，中国社会科学出版社，2003年。

[7] 中国社会科学院考古研究所编著：《中国考古学·夏商卷》第250页图5-1，6，中国社会科学出版社，2003年。

[8] 中国社会科学院考古研究所编著：《中国考古学·夏商卷》第250页图5-1，11，中国社会科学出版社，2003年。

花园庄早段，约相当于殷墟第一期或稍早。在《陕西周原七星河流域 2002 年考古调查报告》[1] 中，我们曾根据采集的少量陶片，将此遗存的时代，暂定为夏至商早期。由于考古发掘资料多，可共存遗物可以较准确定年。因此老堡子遗存当以本报告为准。

在本次发掘的商时期遗存陶器中，分裆鬲、分裆甗、假腹豆、B 型盆和小口尊等器物特征与典型商文化近同。连裆鬲、连裆甗、折肩罐、A 型、C 型盆、A 型真腹豆等器类，以及麦粒状绳纹、沿外多附加泥条等特征均不见于中原商文化，具有鲜明的地方特征。其整体文化面貌与壹家堡第一期文化[2]相同，我们可以把这类遗存归入“商文化京当型”[3]。

目前在周原遗址内发现的商代遗存时代从商前期至商末周初，文化属性复杂，分属商文化、刘家文化和先周文化等不同考古学文化。故周原遗址在关中西部商时期文化谱系研究中也具有典型性，所以本次发掘对周原遗址内各相关遗存的分期研究和周原遗址商时期的文化特征、聚落形态研究等都具有重大意义。

执笔：付仲杨　宋江宁　唐锦琼　徐良高

附　记：领队：徐良高　参加发掘的工作人员有：　中国社会科学院考古研究所：付仲杨　宋江宁　唐锦琼　陕西省考古研究所：曹　伟　种建荣　北京大学文博学院：徐天进　雷兴山　技术工人：李志凯、韩庆林、于忠昌、李毛强、陈江峰等

在发掘和整理期间，始终得到国家文物局、宝鸡市文物局和周原博物馆等单位的大力支持。本文所用线图由毕道全和李振远绘制，拓片由罗芳贤等人拓制。王占奎、刘绪和张天恩等先生在发掘和整理期间给予指导和帮助。中国社会科学院考古研究所邺城队朱岩石先生、内蒙队董新林先生也给予了极大的支持。在此对他们一并致以诚挚的感谢。

〔1〕 周原考古队：《陕西周原七星河流域 2002 年考古调查报告》，《考古学报》2005 年第 4 期。

〔2〕 北京大学考古系商周组：《陕西扶风壹家堡遗址 1986 年度发掘报告》，《考古学研究（二）》，北京大学出版社，1994 年。

〔3〕 a. 邹衡：《试论夏文化》，《夏商周考古学论文集》，文物出版社，1980 年。
b. 张天恩：《关中西部商文化研究》，《关中商代文化研究》，文物出版社，2004 年。

汉长安城城门遗址的发掘与研究

王仲殊

内容提要：汉长安城共有12座城门，平均分布在城的四面，每面各3座城门。按史书记载，12座城门都是西汉初期惠帝在位时建造的。经1956年～1957年的勘察，确认宣平门、霸城门、西安门、直城门等4座城门的遗址保存较好，而其他城门的遗迹多已破坏殆尽，甚至毫无留存。1957年年初至年末，对上述4座城门的遗址进行全面的发掘。发掘工作证明，这4座城门各有3个门道，每个门道宽约8米，减去两侧置础立柱的处所，门道的实际宽度为6米。门道地面所遗车辙表明当时的车轨宽为1.5米，每个门道的宽度相当4个车轨，3个门道合计相当12个车轨的宽度。这就是张衡《西京赋》所说"参涂（三途）夷庭，方轨十二"，是当初设定的严格规制。霸城门、西安门门道与门道之间相隔约14米，宣平门、直城门门道与门道之间相隔约4米，这可视为汉长安城城门的两种不同的形制。宣平门、霸城门两边城墙有向前的突出部分，则为长安城东面城门特有的设施，其功效或许在于增加城门的宏伟、壮观。史书记载，新莽末年或稍后，长安城发生战争。发掘工作证明，上述4座城门皆在战火中焚毁（推测其他的城门亦如此）。东汉、魏晋、五胡十六国时期乃至北周和隋初，长安仍是重要的城市，各个朝代和政权多有以长安为都城的，所以在新莽末年或稍后的战火中焚毁之后，各座城门在不同程度上经重修、改建，继续作为出入交通的通道。宣平门的3个门道都在后世被长期使用，北门道和南门道一直使用至隋代。霸城门的南门道废弃不用，但不排除中门道、北门道被继续使用的可能性。西安门西门道的情况虽不明，但东门道和中门道是继续被使用的。直城门的中门道和南门道始终废绝不用，但北门道被沿用至隋代。城门遗址的发掘工作，究明了城门本身的形制和结构，并可帮助了解自汉代至隋初的长安城的历史概况。

关键词：汉长安城　宣平门　霸城门　西安门　直城门

1956年至1962年，笔者任中国科学院考古研究所（今为中国社会科学院考古研究所）汉长安城工作队队长，与队员们一同调查、勘察汉长安城遗址，究明了城墙、城壕和全城的平面形状，城门的位置，街道的分布，长乐宫、未央宫、桂宫等主要宫殿的范围以及武库的所在（图1）。

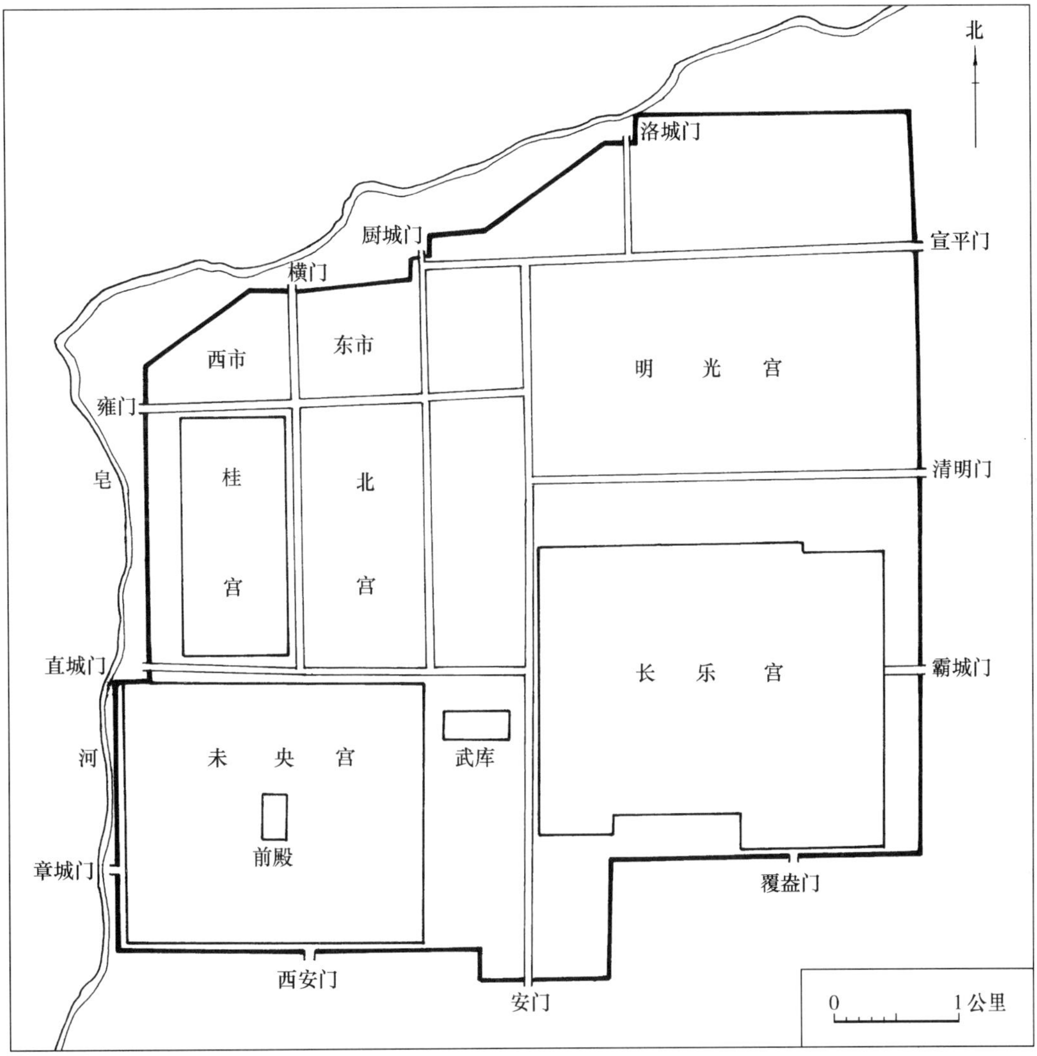

图1　汉长安城平面图

汉长安城共有12个城门，平均分布在城的四面。东面的3个城门自北而南为宣平门、清明门、霸城门，南面的3个城门自东而西为覆盎门、安门、西安门，西面的3个城门自南而北为章城门、直城门、雍门，北面的3个城门自西而东为横门、厨城门、洛城门。经勘察，可以确认宣平门、霸城门、西安门、直城门4个城门的遗迹保存较好，而其他城门的遗迹多已破坏殆尽，甚至毫无留存。于是，从1957年年初开始，对这4个遗迹保存较好的城门进行发掘，同年年末基本上结束。这里，就勘察、发掘工作的主要成果作叙述，并结合历史文献的记载作相关的考证。

一 宣 平 门

宣平门又称东都门，门外另有郭门，郭门亦称东都门。王莽时，改宣平门之名为春王门。关于宣平门的名称，《三辅黄图》和《水经注》有比较详细的记述。《三辅黄图》：

“长安城东出北头第一门曰宣平门，民间所谓东都门。汉书曰，元帝建昭元年，有白蛾群飞蔽日，从东都门至枳道。又疏广太傅、受少傅，上疏乞骸骨归，公卿大夫为设祖道，供张东都门外，即此门也。其郭门亦曰东郭，即逢萌挂冠处也。”

《水经注》：

“东出北头第一门本名宣平门，王莽更名春王门正月亭。亦曰东城门，其郭门亦曰东都门，即逢萌挂冠处也。”

宣平门遗址保存较好，3个门道如数存在。我们用大面积揭露的方法，全部加以发掘。从遗迹的堆积情况，并结合文献记载来看，宣平门建于西汉初期惠帝时，经西汉一代，至王莽末年或稍后在战火中被毁，而后代又迭经重修改筑，在东汉、魏晋、五胡十六国时代至北朝，以迄隋代，一直作为一个城门而继续存在，到唐代乃始废绝（图2；图版18）。

（一）西汉和王莽时的总体形制

由于宣平门在东汉、魏晋、五胡十六国时代、西魏和北周时一直作为一个城门而被继续使用，屡经重修改筑，西汉时的门道遗迹基本上已经不存在了。然而，我们可以根据西汉时所筑的夯土遗存，主要是城门两边的城墙和门道与门道之间的隔墙，究明西汉时的宣平门有3个门道，宽度各约8米（减去两侧置础立柱的处所，门道的实际宽度约为6米），门道与门道之间相隔约4米。由于城门两边的城墙宽度为16米，可以判定西汉时宣平门3个门道的纵长亦各为16米。

根据钻探，我们发现在宣平门南门道以南和北门道以北各约17米处，城墙向外（向东）突出。突出部分的宽度约为25米，其长度在南边约为35米，在北边仅存14米，但可推定其原来长度亦在35米左右。城门两边的城墙有突出部分，这种情形亦见于后述的霸城门遗址。突出部分的建置有利于城门的防守，使攻城者临近城门时三面受敌，其作用略如后世的“马面”。然而，由于这种突出部分仅存在于宣平门、霸城门等长安城东面城门，故可认为其设置主要是为了增加城门的壮观（图3）。

文献记述，谓宣平门有郭门。宣平门两边的城墙向外突出，使人怀疑这是否即构成了郭门。但是，根据有关记载看来，郭门的位置显然不在这里。《汉书·昌邑王传》：

“（刘）贺旦至广明东都门，龚遂曰，礼，奔丧望见国都哭，此长安东郭门也。贺曰，我嗌痛不能哭。至城门，遂复言。贺曰，城门与郭门等耳”。

《水经注·渭水》：

“其一渠东迳奉明县广成乡之广明苑南，史皇孙及王夫人葬于郭北，宣帝迁苑南，史皇孙及王夫人卜以为悼园，益园民千六百家，立奉明县以奉二园，园在东都门。昌邑王贺自霸御法驾，郎 中令龚遂参乘至广明东都门是也”。

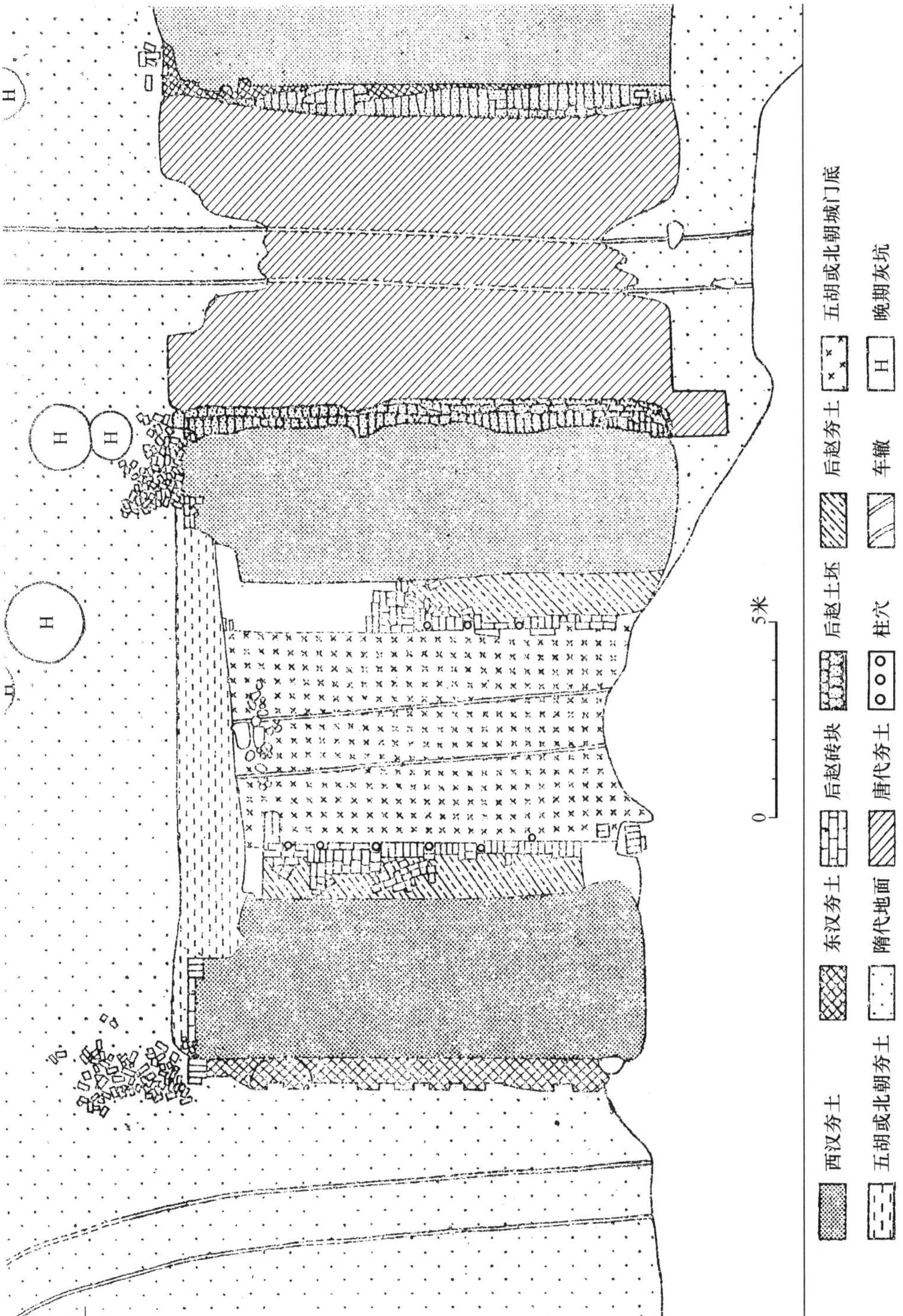

北
H
0
5米
西汉夯土
东汉夯土
后赵砖块
后赵土坯
后赵夯土
五胡或北朝城门底
五胡或北朝夯土
隋代地面
唐代夯土
柱穴
车辙
晚期灰坑

图2 宣平门遗迹平面图

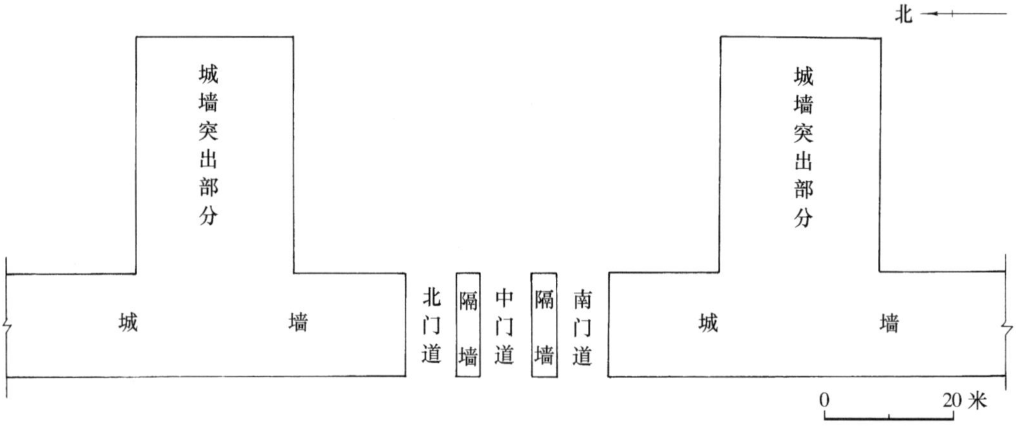

图 3　西汉宣平门总平面复原示意图

据此，宣平门的郭门应在奉明县广明苑，而就龚遂两番劝哭的情形看来，郭门与城门之间应有一段稍长的路，绝不是近在咫尺。因此，宣平门两边城墙的突出部分与郭门无关。

宋敏求《长安志》述汉长安城的 12 个城门，特别指出东面的 3 个城门有郭门，除谓宣平门外的郭门曰东都门之外，又谓清明门外的郭门曰东平门（又曰东城门），霸城门外的郭门曰青门，而后二者的“郭门”在自汉迄唐的各种书籍中都没有任何记述。我们推想，北宋宋敏求在实地调查时看到汉长安城遗址 12 个城门中唯东面的 3 个城门在门的两边有如上所述的城墙突出部分，就将它们视为郭门，除根据记载称宣平门的郭门为东都门外，又分别以清明门的别名东城门和霸城门的别名青门附会为该二城门的“郭门”之名。如今我们仅能察见宣平门和霸城门的两边城墙有突出部分，这是由于清明门两边城墙的突出部分乃至城门本身的遗迹全已破坏无存之故。

正是由于宣平门在后世迭经重修改筑，门址中的西汉和王莽时的遗物都散见于后代的土层中。其中，铜钱有五铢 3 枚、小泉直一 2 枚、货布 1 枚、货泉 7 枚（图版 19-1 ~ 5），又有铜镞 2 枚、铜铺首（木器上的附件）1 枚（图 4）。此外，还发现 40 余枚陶球（可能作为弹丸在城门防守上供使用），大小不等，一般直径在 2 厘米左右，有的带黄绿色釉，有的饰重圈纹，由于同样的陶球亦在西安门王莽末年或稍后的堆积层中被发现，可以认定它们是西汉和王莽时的产物（图 5）。在许多破碎的瓦片中有着 9 枚瓦当的残件，计“都司空瓦”瓦当 1 枚、“长生无极”瓦当 2 枚、云纹瓦当 6 枚。以上各种遗物，可以补充说明西汉和王莽时宣平门的有关情况。

最值得注意的是，在北门道的东汉堆积层下，发现了半截西汉的封泥，其形制属“半通印”。印文应有两个字，但只剩一个“发”字，另一字已因封泥断缺而不见。封泥宽 2.5 厘米，残长 1.9 厘米，印面宽 1.2 厘米，残长 1.3 厘米（图 6）。《封泥考略》和《封泥存真》著录“发弩”封泥，《簠斋陈氏藏印》著录“发弩”印，形制都与此大同小异，可帮助判定此半截封泥原印“发弩”二字。《汉书 · 地理志》：

“（南郡）有发弩官”。

图4　宣平门遗址出土的铜铺首

图5　宣平门遗址出土的陶质弹丸

颜师古注：

“主教放弩也”。

可以肯定，西汉及王莽时在宣平门屯兵，城门校尉与发弩官因任务上的关系而有文书往来，所以在城门上有这封泥的遗落。考虑到南郡与长安相距甚远，往来不便，而《封泥考略》所录南郡“发弩”封泥的印文形制又与这“发弩”封泥颇不相同，推测当时除南郡以外，京师亦有发弩官，而宣平门遗址发现的这枚封泥应属京师长安的发弩官。

图6　宣平门遗址出土“发（弩）”封泥的照片和拓片

（二）东汉时的重修

在王莽末年或稍后的战争时期中，与从其他曾经发掘的城门遗址中所见到的情况一样，宣平门也遭焚毁。焚烧后所余的灰烬、炭屑和崩塌的红烧土等虽已因后世重修城门时经过清理而不存在，但仍可看到3个门道的两壁都被烧得发赤，而且有所崩坏。上述在晚期土层中发现的西汉和王莽时的铜钱以王莽的小泉直一、货泉和货布为多，也在一定程度上说明了城门焚毁的具体年代是在王莽末年或稍后。

根据发掘出来的各种现象来看，宣平门在这以后是经过多次重修和改建的，而第一次的重修是在东汉。重修的遗迹是在北门道和南门道的王莽末年或稍后被烧得发赤并有所崩坏的老壁上用细密坚实的夯土补筑，形成了门道的新壁（图2；图版18、图版20）。从北门道保存较好的处所度量，这新补的夯土厚约80厘米。北门道北侧的城墙前壁，也包上了这种新的夯土。与西汉的老夯土相比，东汉新补的夯土颜色较浅，呈淡黄色，而西汉的夯土则作黄褐色。从层位关系上考察，这修补的新夯土的筑成年代应在王莽末年或赤眉进军长安之后，在五胡十六国时代之前，换言之，是在东汉或魏晋间。因为，无论在北门道或南门道，这新筑的夯土都包住了王莽末年或稍后被烧坏了的西汉时所筑的老壁，而在北门道南壁的东端和南门道南壁的东端又被十六国时代再次修补时所用的土坯和砖所包住，年代的上限和下限都是很明确的。至于具体的修筑年份，则在东汉的初年。关于这一点，我们是根据史书的记载。《后汉书·杜笃传》：

"（建武十九年）于长安修理东都城门"。

李贤注：

"长安外城门，东面北头第一门也"。

《后汉书》的记载指明所修理的是城门，不是郭门；李贤注既说是东面北头第一门，又说是外城门，似乎略有矛盾。但是，可以肯定，东汉光武帝建武十九年（公元43年）修理的东都门应该是长安城东面北头的城门，而不是设置在奉明县广明苑的郭门。经过修理的这座城门，一直被使用到东汉末年，甚至延续到魏晋（其间或许又经过小规模的修理，但不涉及门道夯土壁的改造）。正是因为宣平门在东汉末年继续被使用，所以在有关东汉末年长安城的文献记载中此城门被多次提到。《三国志·董卓传》注及《后汉书·董卓传》注引《汉献帝起居注》：

"初，天子出到宣平门，当度桥，（郭）汜兵数百人遮桥"。

《三国志·董卓传》注引张璠《汉纪》：

"司徒王允挟天子上宣平城门避兵"。

《后汉书·董卓传》：

"王允奉天子保宣平城门楼上"。

《后汉书·献帝纪》及《续汉书·五行志》：

"（初平二年）三月，长安宣平门外屋无故自坏"。

这些记载，都说明在东汉末年汉献帝迁长安时宣平门仍然存在，而且是一座建有门楼的完好城门。

东汉时补筑的夯土壁有着许多方形的凹槽。在北门道的南壁，保存情况最好，可以数计凹槽共有6个。在北门道的北壁，凹槽只剩下2个，其余已遭破坏，但推测原来的凹槽数目可能与南壁的相等（图2；图版20）。两壁的凹槽，大小都相仿佛，宽约40厘米，深入壁内约22厘米，而位置却并不严格对称。在南门道的南壁和北壁，东汉补筑的夯土壁虽都被十六国时代的土坯和砖包住，破坏甚多，但在个别的处所仍然可以看出有凹槽的形迹。显然，这些凹槽是为了安插建门楼用的木柱而设的。我们没有在凹槽底下发现柱础石，这可能是由于现存的门道地面已不是东汉的，而是北周至隋的。即使东汉时曾置柱础，它们也很可能已经在后世被移去了。

东汉重修后的宣平门，北门道的宽度可以精确测得为6.5米。这较之西汉时门道宽为8米要狭，但由于建楼用的木柱系安插在两壁的凹槽内，实际宽度所减不多，与西汉时实宽6米比较，相差不大。南门道由于破坏较甚，已不可能度量其宽度。应该指出的是，我们没有在宣平门中门道发现东汉修补的夯土。这可能是由于东汉时只使用北门道和南门道，而未使用中门道，也可能是使用了中门道，但中门道两壁仍西汉之旧而未加补筑，更可能是中门道两壁虽经补筑，但补筑的夯土已在十六国时代再度重修的过程中被破坏无遗了。

东汉末年，长安城战乱不绝。《三国志·董卓传》：

> “（李）傕质天子于营，烧城门、宫殿”。

但是，在宣平门北门道和南门道的东汉夯土壁上没有发现火烧的痕迹。事实上，《三国志·董卓传》所记李傕烧城门是在汉献帝尚居留于长安城之时，而此后献帝经宣平门出长安城时宣平门犹完好，可见此城门不在被烧之列。

与东汉的遗迹相应，在宣平门门道的晚期堆积层中发现了一些铜钱，其中有五铢钱2枚，从钱文的书体看来，应该是东汉时铸造的。此外，值得注意的是有10枚形小质轻、制作陋劣的小铜钱，有的没有文字，有的铸出不规整的“五朱”字样，根据以往的考古发掘工作，可以确认它们是东汉末年的产物（图版19-6～11）。《三国志·董卓传》：

> “初平二年，徙天子都长安，……悉椎破铜人、钟虡，及坏五铢钱，更铸小钱，大五分，无文章，肉好无轮廓，不磨鑢”。

《后汉书·董卓传》：

> “又坏五铢钱，更铸小钱，悉取洛阳及长安铜人、钟虡、铜马之属以充铸焉，……又钱无轮廓、文章，不便人用”。

《后汉书·献帝纪》：

> “董卓坏五铢钱，更铸小钱”。

由于上述的这种铜钱发现在长安城的城门遗址中，这城门在董卓据长安时又确实被使用着，钱的制作和形状等又与文献记载符合，说它们为董卓时所铸，是确有可能的。

此外，在五胡十六国时代至北朝的堆积层中还发现了2枚云纹瓦当，从形制、花纹看来，应属东汉的产物。

（三）后赵时的改建

宣平门第二次改建的遗迹，存在于它的中门道和南门道。在中门道的两壁，紧挨着西汉的夯土，各有一层厚约1.3米的新的夯土。这夯土中含有一些红烧土粒和炭屑，可以推测是采用了城门附近经过焚烧的土而加以夯筑的。夯土很结实，但夯层不显。在这夯土之外，包着一层砖，形成了用砖砌成的新壁。砖的砌法是重叠，一层横铺，一层纵铺，交替而上。在南门道的两壁，则在东汉补筑的夯土之外，用土坯（其中也夹杂少许的砖）镶砌，成为新壁，土坯的砌法则是直铺、平叠。中门道的砖壁保存甚好，而南门道的土坯壁则破坏较甚。此外，在中门道和南门道两侧的城墙外壁（即门道与门道之间的隔墙的前壁)，也用平叠的砖包砌，形成了砖壁，砖的形制与中门道两壁所用的砖相同（图2；图版21、图版22）。

为了究明宣平门第二次改建的年代，我们检验了上述的这些砖。砖的制作粗糙，大小甚不一致，表面往往带有不很规整的绳纹、席纹和菱格纹。重要的是有不少的砖在砖面上模印凸起的“石安田□”、“石安宋利”、“石安曹平”、“石安曹处”、“石安王苻”、“石安王承”、“石安宗成”等字样（图7、图8）。显然，“田□”、“宋利”、“曹平”、“曹处”、“王苻”、“王承”、“宗成”等为人的姓名，而“石安”则为地名，后者对判断第二次重修宣平门的年代提供了极为有利的条件。《魏书·地形志》：

“（咸阳郡）石安，石勒置”。

《长安志》（卷第十三）：

“后赵石勒于渭城置石安县”。

1. “石安宋利”文字砖

2. “石安曹处”文字砖

图7　宣平门遗址出土后赵的砖

后赵石勒时在咸阳设置石安县，这是中国历史上咸阳地区置有石安县的唯一记载。上述刻印有“石安”字样的砖在长安城遗址被发现，它们无疑是后赵时的产物。这种砖在长安城的遗址中散见甚夥，而在宣平门的遗址上则见到它们被用来修筑城门。从

图8　宣平门遗址出土的后赵砖上的文字

砖的形制、纹饰和所印文字的书体观察，其制作年代亦应在五胡十六国时代，而“石安”的文字则确定了它们是后赵时在咸阳地区制作的。《晋书·石季龙载记》：

“以石苞代镇长安，发雍、洛、秦、并州十六万人城长安未央宫”。

《十六国春秋·后赵录》：

“（建武）十一年，发雍、梁十六万人成长安未央宫”。

李好文《长安志图》根据这些记载，乃谓：

“汉城惠帝时筑，后赵石虎亦尝修之”。

由此可见，后赵石虎确曾大规模地修筑过长安城，虽然没有言及宣平门，但考古发掘的结果，结合历史文献的记载，可以充分证明后赵在修筑长安城的宫殿之时也修筑了长安城的主要城门宣平门。宣平门第二次重修、改建的年代问题，于此得到了具体的解决。

在宣平门中门道的许多后赵时所用的砖块中，另有一块记有年月的砖。此砖平素无花纹，在砖面上刻有“大兴四年四（月）”六个字，其中“月”字已因砖的残破而缺失（图9）。在中国历史上，使用“大兴”年号的君主，唯有东晋元帝与北燕冯弘。东晋元帝的“大兴”共四年，相当公元318年～321年；北燕冯弘的“大兴”共六年，相当公元431年～436年。北燕的政治、军事势力未及于关中，当时关中地区属北魏统制，不可能用北燕的年号。东晋的大兴四年（公元321年）与前赵刘曜的光初四年（公元321年）相当。刘曜于光初二年（公元319年）始徙长安，其时距西晋覆灭不

图9　宣平门遗址出土的纪年铭砖拓本

久，长安之人仍奉东晋年号，所以在砖面上刻“大兴四年”文字。东晋大兴四年下距石虎建武十一年（公元345年）修长安城宫殿不过25年，下距石勒太和二年（公元329年）占领长安城则仅8年。我们不能判断后赵修筑宣平门的准确年份，但可断定是在石勒太和二年（公元329年）至石虎建武（公元335年~348年）年间。这样，在后赵修筑宣平门时，偶然使用了大兴年间（公元318年~321年）所造的砖，这也是合乎情理的。要之，大兴四年纪年砖的存在不能否定宣平门第二次改建的年代主要是在后赵时的结论。

后赵改建的宣平门，南门道的形制已因后世破坏而难于究明，甚至门道的宽度亦不能求得。然而，中门道的遗迹却保存得很好，可以精确地测量其宽度为5.3米，与西汉和东汉时的门道相比，都有所减狭。门道的砖壁每隔1.15米处设一个方形的凹槽，宽各约25厘米，深入壁内各约20厘米。北壁现存凹槽6个，南壁现存凹槽4个，这是由于两壁都受到一些破坏，砖壁损毁，凹槽的数目亦因而不全。若就门道的纵长测计，两壁原来应各有凹槽7个，位置基本上对称（图2；图版21、图版22）。这些凹槽，与存在于北门道的东汉夯土壁的凹槽一样，是用以安插木柱的。在每个凹槽的底部，都垫有一块础石，础石上还往往遗有木柱炭化后的痕迹。由此可见，后赵时的宣平门仍建有门楼。

后赵宣平门门道的纵长应为13米，但中门道的西端略有损毁。在中门道北壁离门道前缘约2米处，尚遗存着一块门墩石，可见门扉即设置于此。南壁的门墩石，则已因破坏而不存。北壁的门墩石长40厘米，宽22厘米，圆形的臼窝直径12厘米（图版5）。由于臼窝中遗有铁锈的痕迹，可知门扉下部的转轴（门枢）使用了铁。在门道前缘的中央，有一块形状不甚规整的石头，它的下部深埋地下，上部露出门道地面约15厘米。这石头的设置是为了用以挡住两个门扉，使其不被过于推向外面。从门墩石的形制和这块挡门石的存在判断，城门门道的两扇门确是向内开启的。

我们推测，宣平门第二次改建虽在后赵，而改建后的城门则沿用到后赵以后。就中门道而言，两侧的砖壁是后赵时修筑的，但与砖壁相应的门道地面的最后形成则应在后赵之后。门道地面以下的“路土”厚达25厘米，应该是在后赵至后赵以后的一个相当长的时期内形成的。在中门道的地面上发现了一个车辙，车轨宽1.5米（图2）。这车辙的年代最早不超过后赵，却很可能是属于后赵之后的。中门道的砖壁有火烧的痕迹，嵌在砖壁凹槽内的木柱亦烧成了炭，而整个门道则被火烧后的灰烬、乱土和崩塌的砖块所填满。可以肯定，后赵时重修的宣平门最后被毁于火。被毁的年代，从遗迹堆积的层位关系上考察，仅能知其在后赵至北朝，而就历史事实作推测，或许是在后秦末年（公元417年）东晋大将刘裕攻长安之时。

在后赵改建过的中门道地面以下，埋有一段砖砌的水道，宽1.2米，深2.3米，砖的砌法亦为横直相间的重叠。水道底部遗有一层很薄的砂土，其上则全部填黄褐色的乱土。由于没有砖筑的券顶，推测当时可能用粗大的枋木横列铺盖。南门道亦有类似的水道，但所砌的砖已在后世被挖去。

在宣平门的北门道，没有发现后赵时改建的遗迹。但是，也没有发现后赵时将北门道填塞的情形。由于北门道在北周和隋代确被使用着，后赵时北门道被弃置不用的可能性是不大的。我们推测，由于东汉时补筑的夯土壁保存良好，后赵时可能仍加利用。若北门道亦有所改建，则主要限于城门的门楼。

（四）十六国时代至北周时的情况

我们在宣平门的南门道和北门道发现北周至隋代的地面，以及隋代地面上所遗的车辙，从而可以肯定，自后赵以后，经前秦、后秦、西魏、北周，宣平门仍然作为一个城门被使用着（图 2；图版 18、图版 20、图版 23）。这里，根据发掘工作的实况，结合文献记载作考证，可以认为宣平门在当时已改称“青门”。洪亮吉《十六国疆域志》引《十六国春秋・后秦录》：

“（姚）泓计无所出，谋从青门出降于（刘）裕”。

所谓青门，一般都认为是长安城东出南头的霸城门。所以，《长安县志》也就以为后秦姚泓时的青门即是汉时的霸城门。但是，应该指出，这样的认识是否正确，值得商榷。

为了将问题彻底究明，我们在这里对“青门”的名称详加考证。《汉书・王莽传》：

“（天凤三年）霸城门灾，民间所谓青门也”。

颜师古注引《三辅黄图》：

“长安城东出南头名霸城门，俗以其色青，名曰青门”。

《水经注・渭水》：

“第三门本名霸城门，王莽更名仁寿门无疆亭；民见门色青，又名青城门，或曰青绮门，亦曰青门”。

阮籍《咏怀》诗：

“昔闻东陵瓜，近在青门外”。

按秦时邵平种瓜，《史记・萧相国世家》和《汉书・萧何传》皆仅谓在长安城东，阮籍诗始谓在青门外，而《三辅黄图》和《水经注》则皆谓此青门即系霸城门，是亦无可非议。

但是，必须指出，在以后的十六国时代和北朝时，霸城门都没有又称青门的记载，而宣平门又称青门的记载却不止一处。《后汉书・袁绍传》注引《汉献帝春秋》：

“太傅袁隗、太仆袁基，（袁）术之母兄，（董）卓使司隶宣瑺尽口收之，母及姊妹婴孩五十余人下狱死；卓别传曰，悉埋青城门外，东都门内”。

按东都门为宣平门的郭门，而宣平门自身亦有东都门之称。《董卓别传》谓东都门内的城门为青城门，则此青城门自应系指宣平门而非指霸城门。根据《三国志》和《后汉书》的记载，东汉末年宣平门仍称宣平门不改。因此，可以认为，《董卓别传》称宣平门为青城门不是根据东汉末年的情况，而是在以后《董卓别传》著撰前宣平门才改称为青城门的。

从考古发掘的实际情况来看，霸城门在王莽末年或稍后的战火中焚毁，至少就其南侧的一个门道而言，此后是一直废弃不用的，火烧后崩塌的乱土、碎瓦、灰烬、炭屑等填塞了整个门道而未经清除，充分说明了这一点。当然，我们不能排除霸城门的中门道、北门道（遗迹全已破坏无存）在后世经重修、改建而被继续使用的可能性。但是，如前文所详述，宣平门在新莽末年或稍后被焚毁，此后不止一次地重修改建，在五胡十六国时代仍然作为一座完整的城门而存在，这已因考古发掘工作而得到证实。所以，后秦时的青门应该是宣平门，不可能是霸城门。这与《后汉书 · 袁绍传》注引《汉献帝春秋》及《董卓别传》谓东都门内的城门为青城门的记述是符合的。

关于宣平门在五胡十六国时代已改称青门之事，除上述《董卓别传》以外，还有其他更为明确的记载。《后汉书 · 逄萌传》：

“（逄萌）解冠挂东都城门”。

李贤注：

“汉宫殿名，东都门今名青门也；前书音义曰，长安东都城北头第一门”。

《太平御览》引《汉宫殿名》：

“长安有宣平门、覆盎门、万秋门、横门，郭门东都门今名青门”。

“东都门今名青门”，《太平御览》所引与李贤《后汉书》注所见完全相同，毫无差异。按《汉宫殿名》之书，《隋书 · 经籍志》中未见。《旧唐书 · 经籍志》和《新唐书 · 艺文志》皆录《汉宫阁簿》二卷，其与《汉宫殿名》是否为同一书，当然很成问题。但是，除李贤《后汉书》注以外，《艺文类聚》和《初学记》亦引《汉宫殿名》，两者各撰作于唐武德、开元间，《四库全书》总目提要谓其所采多为隋以前书，而姚振宗《隋书经籍志考证》则直说《汉宫殿名》等书皆为隋以前之地记。要之，《汉宫殿名》的作者及著作的确切年代虽不明，但系汉以后、隋以前的作品，则是可以肯定的。

李贤《后汉书》注引《汉宫殿名》仅谓东都门改称青门，未说明此东都门是郭门抑或是城门，但李贤注引《汉书音义》谓系北头第一门，当系指城门。前已述及，《后汉书 · 逄萌传》记逄萌挂冠的东都门系郭门，《太平御览》所引《汉宫殿名》谓改名为青门者亦系郭门，而《董卓别传》所说的青城门则又应系城门。在青门为郭门抑或为城门的问题上，诸书记述似有矛盾。这是由于宣平门的郭门与城门关系密切，郭门称东都门，而城门亦有东都门之称，易于混淆之故。然而，无论如何，《汉宫殿名》与前述《董卓别传》一样，其所说的青门应是宣平门（亦称东都门），绝非霸城门。现在，宣平门遗址东面近处的村落称“青门口”、“青门口东村”、“青门口西村”，自亦应与宣平门改称青门的历史事实有关。《董卓别传》和《汉宫殿名》皆为汉以后、隋以前的书籍，说明了宣平门改称青门大致是在公元 4 世纪初至 5 世纪前期的所谓五胡十六国时代。

必须指出，在关于宣平门改称青门的问题上，王先谦《后汉书集解》所说是有错误的。针对上述《后汉书 · 逄萌传》的李贤注文，《后汉书集解》引沈钦韩《汉书疏证》：

“黄图，长安城东出南头第一门本名霸城门，民见门色青，名曰青城门，或曰青门；东出北头第一门曰宣平门，民间所谓东都门，注误”。

王先谦和沈钦韩认为逄萌挂冠的东都门即系宣平门，这固然正确，但他们将《汉宫殿名》中所说的青门当作西汉和王莽时的霸城门，反而说李贤的注文有误，则是不符事实的。

究明了自五胡十六国时代以来宣平门已改称青门之后，我们就可以进而了解宣平门在北周时的情况了。在宣平门的南门道和北门道，由于北周至隋行人的出入和车辆的往来，自门道地面以下形成了一层厚达半米的“路土”。在北门道的路土层中发现了一枚“五行大布”铜钱（图版19-12），据《周书·武帝纪》记载，此钱为北周武帝建德三年（公元574年）所铸造，证实了北周时宣平门的北门道和南门道仍然在通行，这与文献记载是完全符合的。《周书·武帝纪》和《北史·周本纪》：

“（建德六年五月）青城门无故自崩”。

《隋书·五行志》：

“后周建德六年，青城门无故自崩；青者东方色，春宫之象也”。

《周书·宣帝纪》：

“（大象元年三月）帝亲擐甲胄，入自青门，皇帝衍备法驾从入，百官迎于青门外”。

这些记载，与考古发掘所见的现象结合起来，都能说明以上的事实。但是，这里也还存在着一个应予解决的问题。《资治通鉴》：

“（陈太建十一年，即周大象元年）三月庚申，天元还长安，大陈军伍，亲擐甲胄，入自青门”。

胡三省注：

“青门，汉长安城东出南头第三门也，门色青，故名青门”。

显然，与王先谦、沈钦韩误将《汉宫殿名》中的汉以后、隋以前的青门认作霸城门一样，胡三省也错误地将《周书》和《北史》中所载的、从而也见于《资治通鉴》的青门误作霸城门了。这不仅无视《董卓别传》和《汉宫殿名》中的记述，而且与现今宣平门遗址东面近处的村落各称“青门口”、“青门口东村”、“青门口西村”的显明事实不相符合。发掘工作证实，霸城门南门道于王莽末年或稍后焚毁之后，始终是废绝的。中门道、北门道纵使在后世经重修、改建而被继续利用，但作为一座城门，形制不整，规模甚小，北周的皇帝是不会“大陈军伍，亲擐甲胄”，由此门进入长安城的。要之，北周时的青门与后秦时的青门一样，不可能是长安城东面南头的霸城门，而应该是东面北头的宣平门，而当时宣平门已改称为青门。庾信《哀江南赋》有“践长乐之神皋，望宣平之贵里”之句，则只是表追怀古昔之情而已。事实上，根据考古发掘，可以知道宣平门一直被使用到隋代，而隋代亦称其为青门。《隋书·宇文化及传》：

“大业初，炀帝幸榆林，化及与弟智及违禁与突厥交市，帝大怒，囚之数月，还至青门外，欲斩之而后入城”。

所谓入城，自系指新都大兴城，而青门则应指长安宣平门的故址。

（五）废弃的年代

前面已经说过，宣平门中门道的焚毁可能是在后秦末年。我们发现，在焚毁了的中门道的前端，筑有一堵宽约1.7米的土墙（图2；图版22）。这土墙为版筑，夯层显明，墙的外壁甚为整齐、光洁。筑墙的目的，似乎在于杜绝中门道而一任焚毁后的乱土、灰烬等堆积在门道内。这土墙压住了后赵以至十六国时代后期的车辙，包住了后赵时所砌的砖壁，可证它是中门道焚毁以后才筑的。另一方面，土墙之外为隋代的地面，而土墙所压则为后赵以至十六国时代后期的门道地面，可见此墙筑于隋以前。可以认定，在十六国时代后期焚毁之后，中门道被筑墙堵塞。到了北周和隋代，改称为青门的宣平门实际上只有南门道和北门道，由于两个门道位置对称，修筑整齐，仍不失其为一座壮观的城门。

在南门道和北门道的隋代地面上，清楚地遗有两条车轨宽为1.3米的车辙，其年代亦应该是在隋代（图2；图版18、图版20、图版23）。在北门道的东部入口处，发现了一枚铸有“五铢”字样的铜钱，紧贴在地面上。这五铢钱直径稍小，周郭甚宽，“五”字的中间两笔斜直，近穿孔处有一直道，显然是隋代所铸（图10；图版19-13）。《隋书·食货志》：

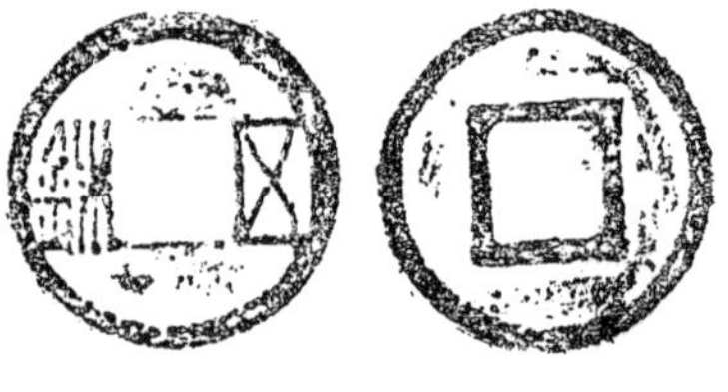

图10　宣平门遗址出土的隋五铢钱

“高祖既受周禅，以天下钱货轻重不等，乃更铸新钱，背面肉好，皆有周郭，文曰五铢，而重如其文”。

由此可知，隋文帝即位之初便新铸五铢钱，通用全国，而两《唐书》则记唐高祖武德四年（公元621年）废五铢钱而改用“开元通宝”钱。这枚隋代所铸五铢钱的存在，说明了发掘出来的门道地面和地面上所遗车辙的具体年代。

在北门道和南门道的隋代地面以上，填有唐代的夯土。这夯土夯打结实，层次显明，由于其中夹杂着不少红烧土粒，可见是采用了城门附近经过焚烧的土。夯土中还夹有自西汉以迄唐代的碎瓦片，其中有唐代的瓷片。夯土中除了有货布、货泉和东汉末年的小铜钱外，尚有一枚上述唐高祖武德四年始铸的“开元通宝”铜钱（图版19-14）。根据夯土的层位关系和其中的包含物，可以判断这夯土筑于唐代无疑。推测隋迁都城于大兴，唐代仍以大兴为都城并改其名为长安，而以汉代以来的长安城故址为禁苑的一部分，城门已失去作用，乃作有计划的填塞。填塞的夯土，无论在门道的前端或后端，都与原来的城墙取齐，很是整齐。不难理解，填塞的意义在于杜绝北周、隋代以后的城门门道，使其不复交通，同时亦在于修整两汉以来的城墙，继续利用而作为禁苑的围墙。在实行填塞的时候，南门道的隋代地面和地面上所遗车辙受到了一定程度的破坏，唐代夯土深入隋代地面以下约半米（图2；图版18-2）。

如前所述，与北门道和南门道的情况不同，宣平门的中门道可能早在后秦末年被焚毁，门道内填满了乱土和灰烬等，由于现存的门道只是门道的下部，所以没有发现唐代的夯土，但不能认定在门道的上部（在乱土和灰烬等之上）没有填唐代的夯土。今日的地表耕土层以下，在南门道为唐代的夯土，在北门道和中门道却都另有一层灰褐色土，其中发现“圣宋元宝”、“元丰通宝”等铜钱（图版19-15），可见此土层是宋代以后形成的。在北门道，可以明显地看出所填唐代的夯土受到了宋以后的破坏。因此，可以认为，在中门道上部亦填有唐代的夯土，只是在宋以后被破坏而已。

汉长安城的地理位置在关中，其与外地的交通以关东方面为主要。宣平门作为长安城东面北头的城门，位置重要，出入经由，十分频繁。汉以后的各代多仍有以长安城为都城的，宣平门的重要性不减当初，故屡经重修、改建。与其他的城门相比，此城门的使用延续最久，其在文献记载中之被述及亦最多。可以说，宣平门的存在与自汉迄隋的长安城相始终，这不是偶然的。

二 霸 城 门

霸城门又称青门，王莽更名仁寿门。关于霸城门的名称，《三辅黄图》和《水经注》各有较为详细的记述。《三辅黄图》：

> "长安城东出南头第一门曰霸城门，民见门色青，名曰青城门，或曰青门；门外旧出佳瓜，广陵人邵平为秦东陵侯，秦破后为布衣，种瓜青门外，瓜美，故时人谓之东陵瓜。庙记曰，霸城门亦曰青绮门"。

《水经注》：

> "（自北而南）第三门本名霸城门，王莽更名仁寿门无疆亭，民见门色青，又名青城门，或曰青绮门，亦曰青门；门外旧出好瓜，昔广陵人邵平为秦东陵侯，秦破为布衣，种瓜此门，瓜美，故世谓之东陵瓜，是以阮籍咏怀诗曰，昔闻东陵瓜，近在青门外"。

应该指出，霸城门又称青门的记述最初见于《汉书·王莽传》之谓"（天凤三年）霸城门灾，民间所谓青门也"，这当然是确实无疑的。但是，《三辅黄图》和《水经注》只是追记西汉和王莽时的旧称，不能据以认为南北朝时代长安城犹有别名为"青门"的霸城门的存在。阮籍的《咏怀》诗为《水经注》所引用，又为《昭明文选》所收录，诗中的"青门"虽为霸城门的别名，亦不能由此认定三国魏时长安城仍有别名为"青门"的霸城门继续作为一个完好的城门而供出入交通。如前章所述，《董卓别传》、《汉宫殿名》等书籍记五胡十六国时代后期及北朝时称为"青门"的城门不是指霸城门，而是指两汉以来被长期沿用的宣平门。这里，我们先将问题说清楚，以免引起误会。

（一）西汉和王莽时的总体形制

在前章叙述宣平门的形制时，曾述及宣平门南边和北边城墙各有向东的突出部分。应该着重指出，霸城门在形制上亦有相似的情状。只是，如以下所述，与宣平门两边城墙的突出部分相比，霸城门两边城墙的突出部分长度稍增，宽度大减，不无差异。

经过勘察、发掘，可以究明，霸城门南边城墙的突出部分保持着原来的宽度为10米，但长度已残缺不全；北边城墙的突出部分虽然亦有残缺之处，却保持着原来的宽度为10米，又保持着原来的长度为40米。霸城门的北门道和中门道的遗迹已完全破坏无存，但南门道遗迹保存较好，可测得其宽度为8米（减去两侧置础立柱的处所，实际宽度为6米），而南门道的南壁与其南边的城墙突出部分相距为20米。经发掘，霸城门附近的城墙宽度为16米，从而可以推定霸城门南门道的东部（前部）虽残缺，门道原来的纵长亦应该为16米。这样，按照对称的原则，我们可以复原西汉和王莽时霸城门的总体平面图（图11）。

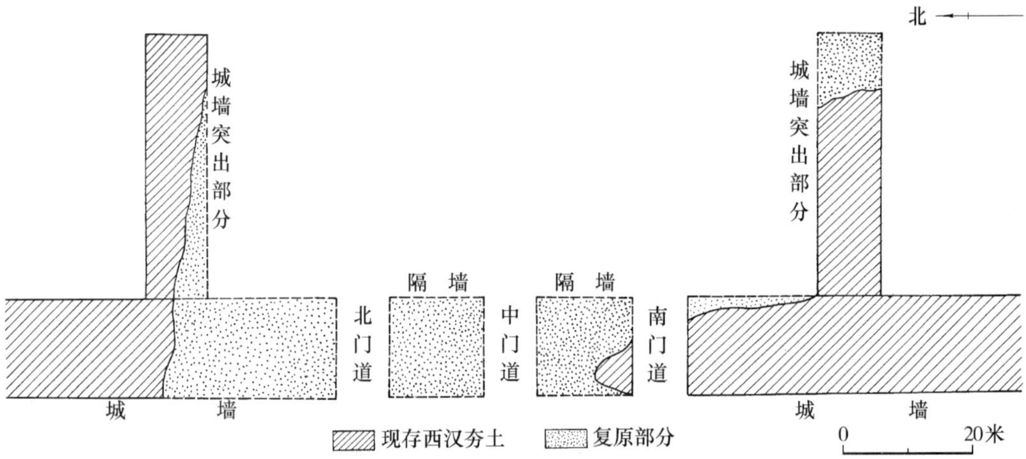

图11　西汉霸城门总平面复原图

如图所示，霸城门3个门道的纵长各为16米，横宽各为8米，这与宣平门是相同的。但是，与宣平门不同的是，霸城门的门道与门道之间相隔14.5米，而宣平门的门道与门道之间相隔为4米。门道与门道间隔增大，可显示整个城门的宏伟、壮观，这可能是因霸城门的位置正对准着长乐宫的东阙之故。

在霸城门两边城墙的突出部分与城墙本身之间稍有隙缝，可以察见城墙本身的表面有着许多排列紧密的圆形小夯窝，如后文所述，它们显然具有装饰意义（参见图13）。因此，可以判定，城门两边的城墙最初是没有这种突出部分的，而是经过一定的时日之后才加以增筑的。

《汉书》及《三辅黄图》、《水经注》等许多史书、文籍皆记宣平门外有郭门，但宣平门两边的城墙突出部分与郭门无关，已如前述。《汉书》及《三辅黄图》、《水经注》等皆不记霸城门外有郭门，可见霸城门外根本没有郭门的设置，霸城门两边的城墙突出部分当然与郭门毫不相干。撰作于北宋的《长安志》谓霸城门的外郭门曰青门或青城门，这只是出于宋敏求个人的理解，不足为信。关于这一点，我们在前章述及宣平门的郭门时已有过较详的说明。

我们发掘了霸城门南边城墙突出部分的北拐角和南拐角，也发掘了北边城墙突出部分的北拐角（南拐角已因破坏而不存在）。在各个拐角的接近汉代地面处，各有一块大型的板瓦，紧贴在夯土壁上，凹面向外（图版24）；在北边城墙突出部分的北拐角，板瓦之下的地面还积有许多碎瓦片（图12）。按照我们的理解，这是为了把沿着墙的拐角流淌下来的雨水导入地下。在板瓦之上，原来或许还有其他如水管之类的装置，但已无痕迹可寻。

据发掘所见，在南门道附近，城墙前壁有保持着原来的墙面的，墙面上都打印有许多排列紧密的圆形小夯窝。这些夯窝直径约4厘米，夯杵的头部应为半球状，其与夯筑城墙用的夯杵头部之为扁平的圆形、直径皆为7厘米者显然不同。十分明显，在城门近处的城墙表面用夯杵打印这许多排列紧密的圆形小夯窝，其作用不在于增强城墙墙体的坚固，而在于为城门外表作装饰。经观察判明，在杵打之前，曾经用水浇刷，以求墙面平整、光滑，从而使这许多小圆窝更能显示其装饰效果（图13）。《水经注》在述及汉长安城的城门时，有“隐以金椎，周以林木”之语（亦见《三辅黄图》所引《三辅决录》）。所谓“周以林木”，是指在城门附近多植树木；所谓“隐以金椎”，则应该是指在城门两边近处的城墙（包括门道与门道之间的隔墙）表面用铁杵打印圆窝，有如上述。

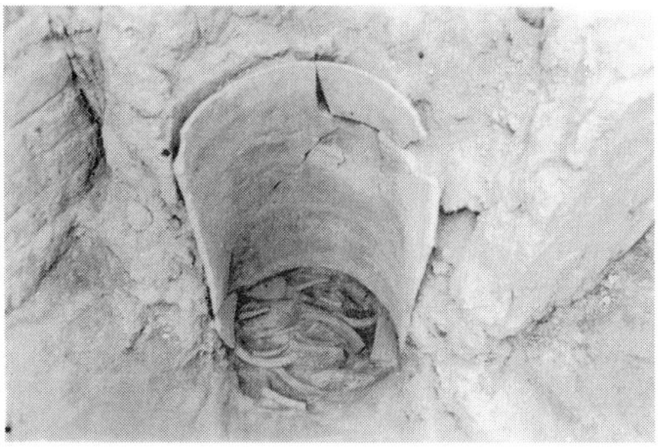

图12　霸城门北边城墙突出部分拐角处的瓦片设施

图13　霸城门附近城墙表面所饰小夯窝

（二）南门道的形制和结构

如前节所述及，霸城门北门道和中门道的遗迹已经完全破坏无存。因此，这里只能仅就南门道的形制和结构加以叙述。

霸城门南门道的东部（前部）因破坏而缺失，门道的纵长残存为10.5米。根据门道南侧附近发掘所见城墙宽度之为16米，又根据后述直城门保持完整的门道纵长皆为16米判定，霸城门3个门道的纵长亦各为16米。由于南门道的东部（前部）遗迹缺失在5米以上，我们对于这个门道的形制、结构的了解也是不够完全的。特别是门道前端（东端）的情形，如门扉的设置等，就无从得知了。

前面已经说过，南门道的宽度，按其两侧夯土壁的距离计算，约为8米，减去置础立柱的处所，门道的实际宽度为6米。门道两侧的石柱础都铺列在门道地面上，这与后述西安门和直城门门道中的石柱础都嵌入门道地面以下的夯土内相比，有着明显的不同。由于门道的东部（前部）已破坏，南侧的一排石柱础残留14块，北侧的一排石柱础残留12块，推测当初整个门道的石柱础应为两侧各20块左右。石柱础形状不整齐，大小多有差异。最大的一块长度、宽度各约80厘米，最小的一块长约80厘米，宽约20厘米。要之，石柱础大小的差异只表现在它们的宽度上，而它们的长度一般都在80厘米左右，所以排列时是按长度取齐的，而它们的厚度皆约为20厘米，无甚差异，有利于铺列的齐平。这些石柱础排列在门道两侧，有的排得很紧，有排得较疏，相互之间有空隙。由于石柱础系放置在门道的地面上，所以要在它们的外面涂上一层泥，以填塞各础之间的隙缝，

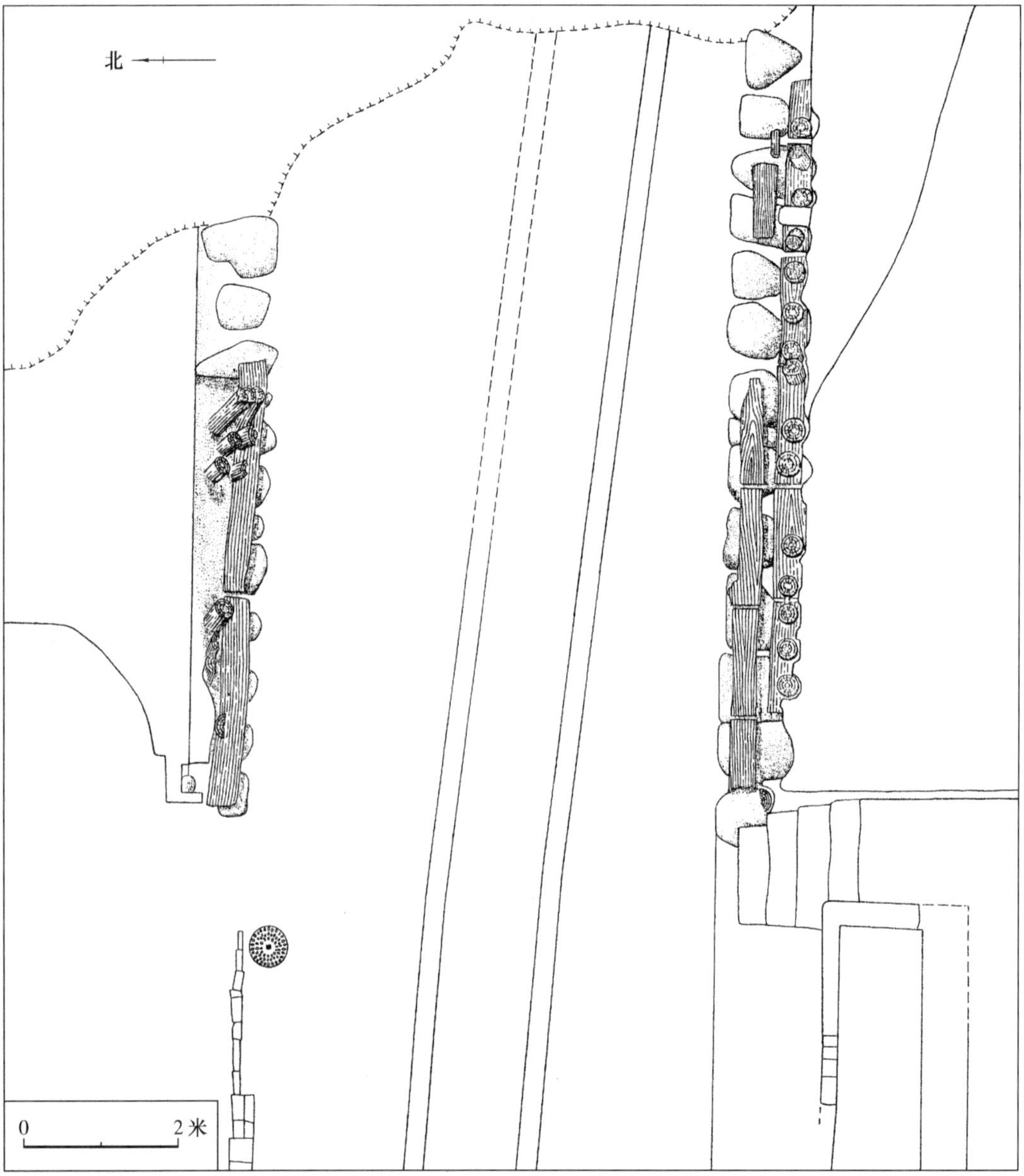

图 14　霸城门南门道遗迹平面图

并包住整排的础石，使其不显露于外（图 14；图版 25、图版 26）。

在门道南侧和北侧的整列础石之上，各置有二排木条，姑且称之为“枕木”（建筑考古学上或称“地栿”）。这些长条状的枕木虽然已被烧成炭，但基本上保持着原来的形体，断面作长方形。它们一般都长约 1.4 米，只北侧的二条各长达 2.7 米；宽度都相等，计 35 厘米；厚度亦相等，计 20 厘米。由于木材烧成炭，形体收缩，所以枕木的原来的长、宽、厚度要比上述的数字稍大。在内侧的一排枕木上，置立着木柱。由于木柱系置立在枕木上，每块具体的础石不是单独地对每个具体的木柱负重。所以，础石的数目不必与木柱的数目相等或相应，础石的大小不必都一致，础石的排列亦可不必十分紧密、整齐。木柱直接置立于枕木之上，没有任何榫头、卯眼之类的装设。

木柱断面为圆形，大小都相等，直径皆为30厘米。由于已被烧成炭，形体收缩，估计原来的木柱还要更粗些。木柱的数目，在门道的北侧因保存情况不好，已不能清数，其在门道的南侧则残存15个。估计整个门道原有的木柱应为两侧各20个以上，共计40余个。木柱与木柱的间距一般在20厘米左右，个别处所的木柱排得较紧或较疏。与这些木柱的位置相应，在门道南侧的夯土壁设有圆弧形的凹槽，以嵌入木柱，但凹槽甚浅，凹入于夯土壁内仅约5厘米，所以木柱的大部分露出在夯土壁之外。在门道北侧的夯土壁上，则没有这样的凹槽（图14）。由于后述西安门和直城门门道的西汉夯土壁上也都没有凹槽，我们推想霸城门南门道南侧夯土壁上的凹槽是新莽于火灾后重修霸城门时添设的。《汉书·王莽传》记“天凤三年（公元16年）霸城门灾”，已如前述。然而，必须说明，这只是一种猜测，未必准确。

说到这里，顺便插入几句话。我们不厌其烦地详细叙述霸城门南门道两侧设置础石、枕木和木柱的具体情状，是为了阐明西汉时是如何建造城门的门楼的。霸城门南门道遗迹保存较好，特别是遗迹年代久远，其在古建筑学的研究上颇具价值，这是不言而喻的。在考古学的用语上，这样的础石和木柱多称为“排叉柱”，它在后世被长期沿用，而础石和枕木等的具体形状、规制则有所改变，各有不同。

在整个现存的南门道内，满满地填着焚烧后垮塌的夯土，堆积高达2.5米，而原来的高度还应该更大。这些垮塌的夯土，全部被烧得红透。我们推想，这大量的夯土块纵然有一小部分是从两壁倾倒的，但大部分应该是从门道顶部直塌下来的。因为，相对而言，两壁的夯土在焚烧时受热不是太大，表面固然要被烧红，但不至于被烧得如此深入、红透，而被烧之后也不会大量倾倒。所以，可以认定，在门道顶部必然有一层很厚的夯土，焚烧后全部下塌。我们推测，当时是在门道顶部用许多长而且粗的大木杠横架在门道两壁所立的木柱上，其余端插入夯土壁内，在这许多紧密铺排的木杠上筑成一个厚实的夯土台基，在台基上建造城门的门楼。这样，毫无疑问，城门门道的顶部不是圆弧形，而是平形的。这与近世有些用砖筑成的城门门道之为圆弧形券顶比较，是大不相同的。

值得重视的是，在南门道的地面上，遗留着一条明显的车辙，车轨宽度为1.5米，与前述宣平门隋代门道地面上所遗车辙之轨宽为1.3米相比，是有着较大宽度的。从遗迹的层位关系可以判定，这车辙的年代与城门焚毁的年代一样，是在新莽末年或稍后（图14；图版25）。如前所述，汉长安城共有12个城门，平均分布在城的四面，每面各3个城门。我们在本章第一节《西汉和王莽时的总体形制》中早已叙明，霸城门与长安城其他的城门一样，有3个门道。每个门道宽度为8米，减去两侧置础立柱的处所，实际宽度为6米，正与4个车轨的宽度相当，这不是偶然的。张衡《西京赋》：

“观其城郭之制，则旁开三门，参涂（三途）夷庭，方轨十二”。

薛综注：

“一面三门，门三道，故云参涂（三途），涂（途）容四轨，故方十二轨”。

霸城门南门道地面所遗新莽末年或稍后的车辙，进一步证明了《西京赋》及其注文所述之确切、真实。

发掘工作发现，在南门道后端（西端）的南侧，紧靠着城墙的内壁，设有用夯土筑成的台阶，宽2.2米~2.8米，残存4级，每级高约20厘米（图14、图15）。可以肯定，城门守卫人员是经由这个台阶登上门楼的。

图15　霸城门内侧的夯土台阶

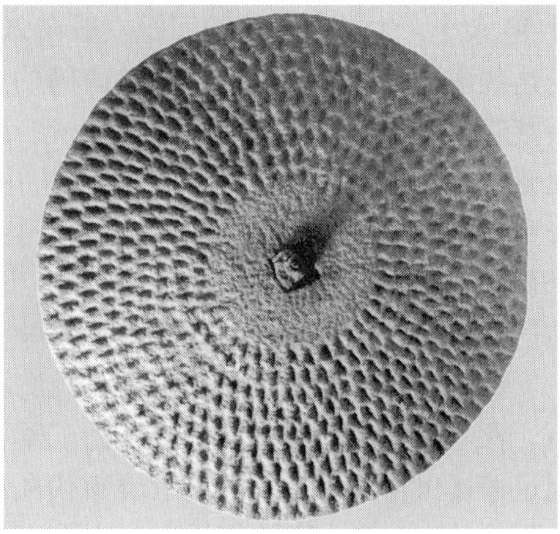

图16　霸城门遗址出土的石磨盘

此外，在南门道与中门道之间的隔墙的后方，还可能建有供城门守卫人员居住的房舍，只因遗迹破坏过甚，难以察知其详情。房舍近处遗有一个圆形的石磨盘，直径52厘米，形状规整，制作良好，当为城门守卫人员生活上所用之物（图14、图16）。

（三）城门毁弃的年代

霸城门南门道内的土层堆积情况，与宣平门相比，可谓极为简单。在现今的地表土下，除个别处所有一层厚约20厘米的黄褐色土（其形成年代应在宋代以迄近代）之外，大部分处所则是现今的地表土层（厚约15厘米）直接压住厚达2.5米的烧土堆积层（图17）。这烧土堆积层主要是从门道顶部塌下来的碎乱夯土，都被火烧得发红、发紫，其中夹杂灰烬、炭屑、碎瓦之类。在这烧土堆积层之下，便是城门门道的地面，这地面的年代下限与门道被焚毁的年代是一致的。在烧土堆积层中所含和门道地面上所遗的器物中，凡属可以判定年代的，例如铜钱，都是西汉的五铢和新莽的大泉五十、货泉、货布及布泉。瓦当大多数为云纹瓦当，也有个别“永奉无

图17　霸城门南门道被焚烧崩塌的夯土块填塞的情状

疆”、“都司空瓦”的文字瓦当（图 18）。特别是在一些板瓦的碎瓦上犹可察见残存的“都建平三年”、“居摄二年”、“始建国五年保城都司空”等纪年文字的戳印（图 19）。这些遗物都足以证明霸城门南门道的焚毁年代是在新莽时期。

使人很感兴趣的是，我们发现了一面铜镜。它已碎成9 片，其中5 片包含在门道的烧土堆积层内，4 片遗落在门道的地面上，当系城门守卫人员所用之物，城门焚烧时从门楼掉落下来而被崩塌的坚硬夯土块砸碎。9 个碎片互相拼合，可以测得镜的直径为15 厘米，厚约0.3 厘米，缘部厚0.5 厘米。镜钮呈半球状，钮座为四叶形，座外有方框。方框之外为主要花纹区，其间有鸟形（朱雀）和兽形（青龙、白虎）的纹样，并置乳状突起八个及L·T·V形符号各四个。在主要花纹区之外，绕有一周铭文，文字因锈蚀而不可识，再外则是一周栉齿状纹。缘部里边是一周锯齿状纹，外边是一周流云状纹（图 20）。凡是对中国古代铜镜有所研究的人，一眼便可认知此镜通常称“方格规矩镜”，或称“博局纹镜”，是新莽时期最为盛行的铜镜。我们判定霸城门南门道的毁弃年代在新莽末年或稍后，也可以从这面铜镜的出土得到证明。

图 18　霸城门遗址出土瓦当的拓片

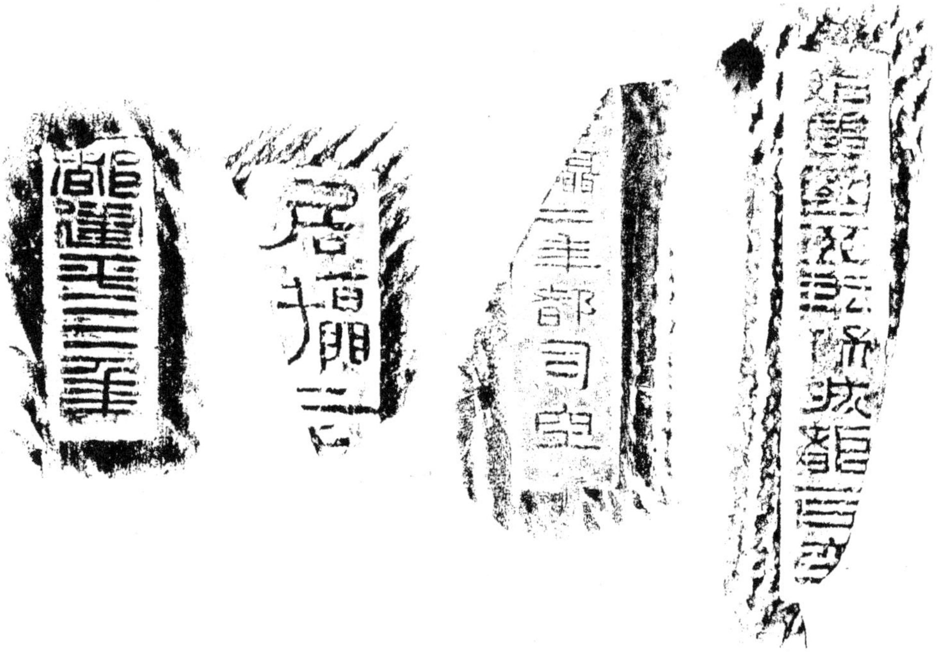

图19　霸城门遗址出土板瓦上的纪年文字

图20　霸城门遗址出土的铜镜

此外，要加说明的是，在南门道的烧土堆积层中发现了10余枚铜镞，大小和型式与后述西安门中门道、东门道地面及烧土堆积层出土的铜镞相同，亦有助于判定它们的制作年代主要在新莽时代而不可能是在此后的东汉。

王莽末年（地皇四年，公元23年），刘玄攻入长安城；此后一、二年，赤眉又进军长安，长安城发生战争。可以认定，汉长安城12个城门之被焚毁都是在王莽末年或稍后的时候。但是，《汉书·王莽传》：

“（天凤三年）七月辛酉，霸城门灾，民间所谓青门也”。

由于王莽天凤三年（公元16年）霸城门遭到一次火灾，要判断我们发掘出来的霸城门南门道内烧土堆积层的形成究竟是在天凤三年的火灾中抑或是在地皇四年以后刘玄、赤眉攻长安城时的战火中，这就成为一个不易解决的问题了。

在烧土堆积层内和门道地面上发现的许多西汉和新莽的铜钱，包含着新莽的货泉和货布。据《汉书·王莽传》记载，货泉、货布这两种铜钱皆为王莽地皇元年（公元20年）所始铸。但是，按照《汉书·食货志》记载，货泉与货布的始铸年代则在于王莽的天凤元年（公元14年）。如若《汉书·王莽传》的记载正确，《汉书·食货志》的记载错误，那就可以确切地判定，虽然在天凤三年遭受过一次火灾，但发掘出来的南门道烧土堆积层是在此后王莽末年或稍后的战火中形成的。然而，货泉和货布究竟是始铸于天凤元年，抑或是始铸于地皇元年，这是古钱学上久已存在的问题，虽然经过有关学者们的争议和讨论，却未能得到彻底的解决。所以，我们不能依据货泉、货布这两种铜钱的铸造年代来判定霸城门最后焚毁的年代。反过来说，如果我们能确实断定发掘出来的烧土堆积层是天凤三年的火灾中形成的，则货泉和货布就应该始铸于天凤元年，而不可能始铸于地皇元年。但是，对于霸城门南门道内烧土堆积层的形成，我们不能作这样的判断，所以关于货泉和货布的铸造年代问题也不能贸然信从《汉书·食货志》的记载而否定《汉书·王莽传》记载的正确性。

无待于言，《汉书·王莽传》“（天凤三年）霸城门灾”的记载是确切可信的。然而，霸城门有三个门道，门道与门道之间相隔达14.5米，天凤三年火灾的焚烧程度如何，以及是否烧及南门道，这些都是问题，从南门道的遗迹看来，此门道是否在这次火灾中被烧及，亦属疑问。天凤三年距王莽灭亡的地皇四年尚有7年之久，其时正属新莽政权的盛期，城门因火灾而焚烧，按理是要重修的。在当时，长安的城门象征国都，且不论其在防卫以及交通等方面的重要性如何，即使仅就观瞻而言，亦不可不加以修缮。特别是王莽为维护其统治地位，必须高度崇尚礼制、仪典，不能置都城城门之被焚烧毁坏于不顾。王莽于地皇元年（公元20年）距灭亡不远之时尚且大兴土木，营造九庙，天凤三年正当其统治之盛世，当然要妥善修理在火灾中被烧坏的霸城门。要之，不论天凤三年霸城门的火灾是否严重延烧及于南门道，我们发掘出来的南门道烧土堆积层不是天凤三年火灾所形成，而是与其他许多城门门道中的烧土堆积层一样，是在地皇四年（公元23年）刘玄攻长安或次年赤眉进军长安城时于战火中焚毁而形成的。这样，货泉和货布若系天凤元年所铸，固然可出现于烧土堆积层中，若系地皇元年所铸，也同样可于烧土堆积层中存在。对于这两种新莽铜钱的铸造年代问题，这里只能继续作为悬案而加以保留，尽管笔者个人倾向于认为它们是始铸于地皇元年的。

我们在前节曾经指出，霸城门南门道两侧的础石置于门道的地面上，与后述西安门、直城门的础石之被埋入门道地面以下的夯土内不同，从而推测这是由于霸城门南门道在天凤三年的火灾中遭焚毁，重建时改变了原来的设计。按此推测，南门道重建的年代应在天凤四年以后，最早亦不能早于天凤三年七月。但是，如前所述，在门道烧土堆积层出土的碎瓦中有打着“都建平三年”（公元前2年）、“居摄二年”（公元7年）、“始建国五年”（公元13年）的戳印的（图19）。这些早于天凤三年而制作的板瓦之被继续使用于南门道的门楼上，说明南门道的门楼不曾在天凤三年的火灾中被严重焚毁。

总之，我们的发掘工作证明，在王莽末年或稍后的战火中焚毁之后，霸城门的南门道始终是废弃、堵塞的。至于北门道和中门道，它们在后代是否经过修理而被继续使用，则因遗迹全遭破坏而无法究明。就文献方面而言，我们没有见到任何足以说明霸城门在后世经过重修、改建而被继续使用的记载。霸城门在西汉和新莽时俗称“青门”，这是事实。但是，魏晋以后、隋以前的许多书籍记述中的“青门”不是霸城门的俗称，而是宣平门的改名，则是毋庸置疑的。

三　西　安　门

西安门又称平门，王莽更名信平门。关于西安门的名称，《三辅黄图》记述甚详：

> “长安城南出第三门曰西安门，北对未央宫。一曰便门，即平门也，古者平、便皆同字。武帝建元二年初作便门桥，跨渡渭水上以趋陵，其道易直。三辅决录曰，长安城西门曰便门，桥北与门对，因号便桥。王莽更名曰信平门诚正亭”。

《水经注》记西安门北对未央宫，本名平门，王莽更名信平门诚正亭，而未谓西安门又称便门。《三辅黄图》引《三辅决录》谓长安城西门曰便门，已如上述。据查证，《黄图》引《三辅旧事》亦谓西面南头的章城门又曰便门，可见便门是长安城西面南头章城门的别名。西安门又称平门是实，但未必又称便门。

与汉长安城的其他各个城门相同，西安门建造于西汉惠帝时，经历二百余年，始终是一座重要的城门。王莽灭亡之后，赤眉军进攻长安，西安门焚毁于战火。发掘工作判明，在东汉以至北朝的长时期中，也可能是在其中的某一时期内，西安门作为一个城门，经过重修，其门道被继续使用于出入交通，到唐代才被全部填塞。

（一）西汉和王莽时的总体形制

参照前述宣平门、霸城门及后述直城门的情状，并根据历史文献的记载，可以确认西安门与汉长安城的各个城门一样，设有 3 个门道。我们在发掘工作中只发现 2 个门道的遗迹，另 1 个门道的遗迹则因遭受破坏而全然无存。经勘察究明，这一受到破坏的门道位置在现今的路沟中，它是西安门的西门道，而我们在发掘工作中发现的 2 个门道则为西安门的东门道和中门道（图 21）。

中门道的北端（后端）保存较好，而南端（前端）缺损甚多，门道纵长残存 12.6 米；东门道南端（前端）受破坏，北端（后端）亦有所损缺，门道纵长残存 12.1 米。参照前述宣平门、霸城门西汉时门道纵长应为 16 米，尤其是根据后述直城门保存完整的门道纵长之为 16 米判断，西安门门道原来的纵长亦应为 16 米。经精确度量，按门道两侧夯土壁之间的距离计算，东门道和中门道的宽度各约为 8 米，减去两侧置础立柱的处所，门道的实际宽度各约 6 米，这与前述霸城门的南门道及后述直城门的中门道、南门道是完全相同的。

尤其值得重视的是，西安门东门道的西壁与中门道的东壁相距为 14.5 米，证明了我们在前章复原西汉霸城门的总体形制时所作霸城门门道与门道的间距为 14.5 米的结论是正确无误的。西安门西门道的遗迹虽因破坏而无存，但可判定其与中门道之间的距离亦为 14.5 米无疑（图 21）。与宣平门门道与门道之间相隔 4 米相比，霸城门、西

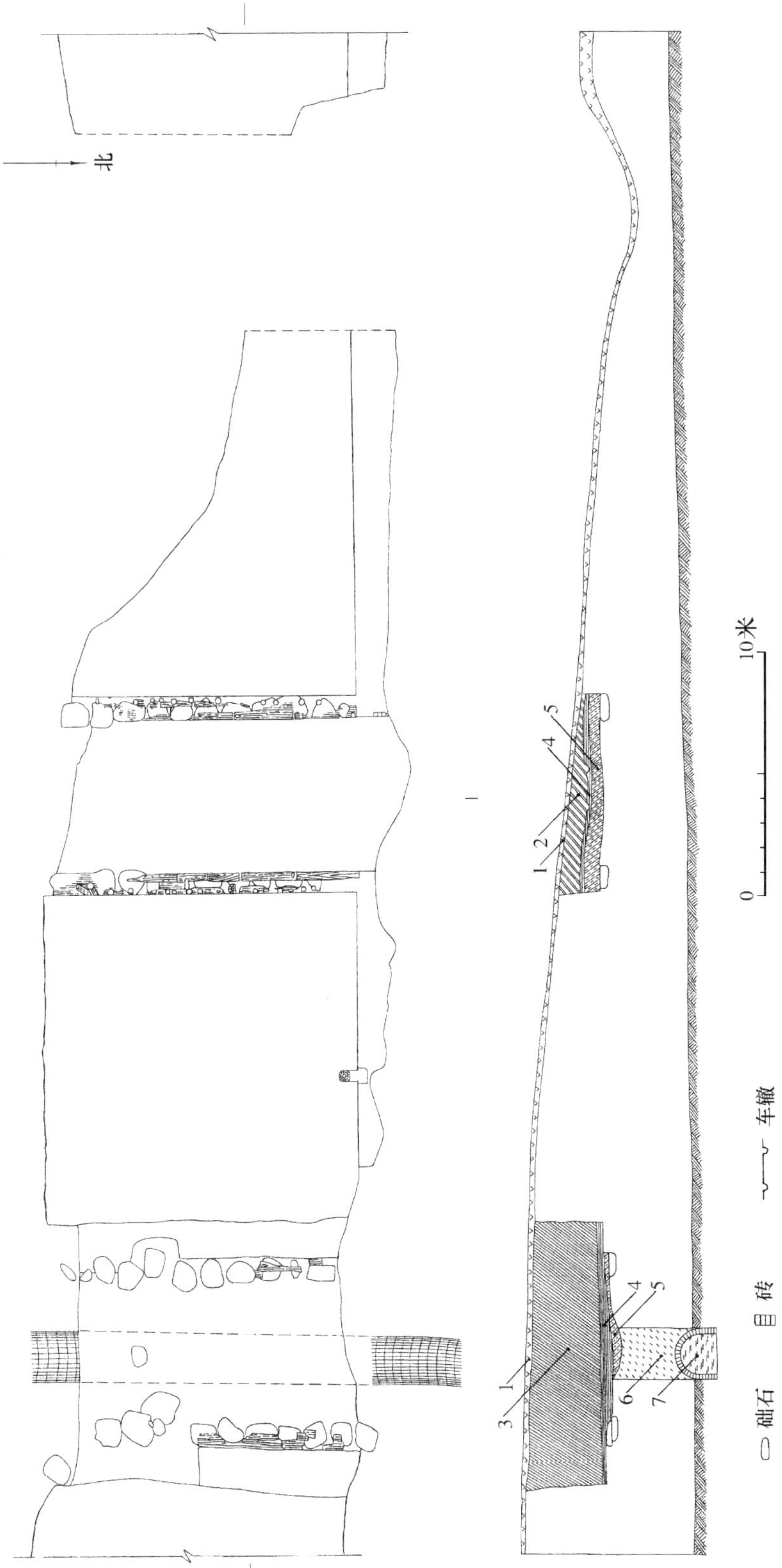

图21 西安门门道遗迹的平面和剖面图
1. 表地土 2. 唐以后土层 3. 唐代夯土 4. 路土 5. 烧土 6. 夯土 7. 淤土

图22　西安门中门道遗迹平面图

安门门道与门道的间隔增大，可显示整个城门的宏伟、壮观，这或许是由于霸城门西对长乐宫，西安门北对未央宫之故。

我们曾在前章详述宣平门和霸城门两边城墙各有向前（向东）的突出部分，并推断清明门两边城墙本来也有这样的突出部分，只因遭到破坏以致遗迹无存而已。我们又指出，根据历史文献记载，宣平门外确有郭门，但城门两边城墙的突出部分与郭门无关。历史文献不记清明门外和霸城门外有郭门，可见霸城门两边城墙的突出部分与所谓郭门毫不相干。撰作于北宋时代的《长安志》称宣平门、清明门、霸城门三个城门在门外设郭门，这是由于作者宋敏求在考察汉长安城遗址时误认城门两边的城墙突出部分为郭门之故（北宋时，清明门遗迹可能保存尚好）。宋敏求《长安志》仅谓上述长安城东面的三个城门于门外设郭门，不谓包括西安门在内的其余九个城门在门外设有郭门，与此相应，我们在勘察发掘工作中没有发现西安门两边的城墙有类同于宣平门、霸城门那样的突出部分。应该说，在城门的总体形制上，这是西安门等长安城的许多城门与宣平门、霸城门等城的东面三个城门的重大差异之所在。

汉长安城的地理位置在关中，其与全国各地的交通要以函谷关以东的中原以及其他各地区为主要，这或许是长安城东面三个城门之所以在门的两边城墙设上述那样的突出部分以增强其在形制上的宏伟、壮观之故。

（二）东门道、中门道的形制和结构

我们在前节已经说明，西安门东门道和中门道的宽度各为 8 米，减去两侧置础立柱的处所，门道的实际宽度各为 6 米。东门道、中门道的纵长分别残存为 12. 1 米、12. 6 米，而原来的纵长应各为 16 米。

在门道内的两侧，紧密地排列着许多巨大的石块，作为门道内所立木柱的础石。中门道的东侧残存础石 10 块，西侧残存础石 11 块；东门道的东侧残存础石 11 块，西侧残存础石 9 块。应该说明，东门道南部两侧的础石经过后世的扰动，不在原来的位置上。按门道原来的纵长为 16 米估计，东门道两侧和中门道两侧原有的础石应各为 15 块～16 块，与霸城门南门道两侧的础石相比，数目稍小。础石的形状不规整，大小亦不一致。最大的一块长 140 厘米，宽 100 厘米，最小的一块长 60 厘米，宽 50 厘米，一般多为长约 100 厘米，宽约 80 厘米，显然要比霸城门南门道的础石为大。础石的厚度一般为 30 厘米～35 厘米，亦超过霸城门南门道础石的厚度。必须指出，中门道的全部础石和东门道未经后世扰动的一部分础石都埋入在门道地面以下的夯土内，础石的表面与门道的地面取齐。这与后述直城门中门道和南门道的情状相同，而与前述霸城门南门道的情状有异。正是由于础石埋入门道地面以下的夯土内，所以它们的形状可以不规整，大小亦可以不一致。这样的础石虽然不能完全排除其对所立木柱有一定的防潮之类的作用，但最主要的功效则在于为其所置立的木柱奠基，以免木柱因负很大重量而逐渐陷入门道地面以下的夯土内，从而影响城门门楼的牢固（图 21、图 22）。

与霸城门南门道一样，在门道两侧的础石上，各铺列着二排枕木，而在里边的一排枕木上置立木柱。通过枕木，几块础石集体地负担着几根木柱共同承托的重量，而不是

每一块具体的础石单独地对每一根具体的木柱负重。如下文所述，木柱的数目远较础石的数目为多，也说明了这一问题。就遗迹保存情况最好的中门道而言，门道两侧残存木柱各为15个~16个，估计门道两侧原有木柱应各为23个~24个，合计将近50个，与霸城门南门道相比，差别不是很大。木柱直接置立于枕木上，没有任何榫头、卯眼之类的装置，与霸城门南门道的情状完全相同。枕木的长度各有差异，最长的为2.6米，最短的为1.3米，宽度基本上一致，一般都在35厘米左右；枕木的断面成长方形，厚度都为20厘米。木柱断面为圆形，保存较好的直径为30厘米~35厘米。由于枕木和木柱都被焚烧成炭，可以认为它们原有的长、宽、厚度和直径等都要比上述的数字为大（图22）。

以上所述西安门门道的情状，都与西汉和新莽时的霸城门、直城门门道所见的情状相似、相同。我们在前章述及霸城门南门道的结构时，曾就门道内因焚烧而崩塌的夯土堆积作推论，认为在门道两侧所立许多木柱的顶端横架木梁，在紧密排列的木梁上筑夯土台基，而城门的门楼即建造在这夯土台基之上。西安门门道内所填因焚烧而崩塌的大量夯土块虽在后世重修时被移除，但我们仍然判断其门楼的结构应与霸城门相同。

在城门内侧（北侧）中门道与东门道、中门道与西门道之间的长约14.5米的隔墙的后面（北面），紧靠着城墙的内壁，筑有房舍，应为城门守卫人员的居住处。在中门道与东门道之间的隔墙后面，尚可见到一块础石和其上所立的一根木柱的残余，它们便是房舍的构件（图21）。由于绝大部分遗迹已经破坏无存，所以不能究明房舍的形制。

在门道地面及烧土堆积层中发现了许多铁钉，当系用于钉合城门建筑上的木结构。但是，应该说明，有些铁钉则是用以钉入若干筒瓦脊部的圆孔内，以固定其在城门楼顶所铺的位置，以免移动、滑落。

与其他城门遗址一样，西安门遗址出土许多瓦当，主要可分为云纹瓦当、文字瓦当两大类。云纹瓦当的纹样虽大致相似，但仔细区分，多有差异。文字瓦当则有“长乐未央”、“长生无极”、“都司空瓦”等类别（图版27）。与宣平门、霸城门遗址的瓦当一样，这许多附在筒瓦前端的瓦当应该是在城门焚毁之前皆被使用于城门的楼顶等处的。这说明，在西汉末年至新莽时期，同一座城门所使用的瓦当是多种多样的。我们推想，西汉初期惠帝始建城门时，所用瓦当的种类是比较一致的。然而，在以后的长时期中，城门的门楼、房舍几经翻修，瓦当亦不免除旧添新，以致各种不同类型的瓦当混杂在一起。“长乐未央”瓦当的存在，表明了这种瓦当的使用不限于长乐宫和未央宫。“长乐未央”四字属一般的吉祥语，不是专指汉初所建的长乐、未央两宫。此乃常识，无须多言。

在东门道底下深处，埋有一段用砖筑成的水道，北自城内，南至城门之外，延伸甚长（图21；图版28）。我们在门道南端切取了水道的断面，量得水道下部宽1.65米，顶端高1.32米。水道的砌筑是在两侧用长方砖重叠，砖长28厘米，宽13.5厘米，厚6厘米，一层横铺，一层直铺，交替铺叠高至58厘米时，由两侧往上券筑顶部。券顶的砖长26厘米，宽19厘米，一边厚3厘米，另一边厚5厘米，断面成楔形，而砖的前端和后端又各设半圆形的榫头和卯眼，可互相接合（图23）。水道的底是自然的黄土（生土），经过平整，但没有铺砖。据探测，水道的底面在北部稍高，在南部略低，有着微小而明显的倾斜度，从而可证水道的功效在于将城内的雨水或生活用水等水流导向城外，淌入城壕。长期以来，由于水流中沙土的沉积，加上雨水带着泥沙从砖缝中浸透，水道已全部被淤积的泥土所填满，无层次可分。

勘察发掘工作究明，水道埋入城门门道底下的过程是先自门道地面向下掘一条沟，宽2.3米，深4.6米，由沟底向上砌筑水道，筑成之后用土将沟填平，所填之土经夯打，很结实，但不显层次，与版筑的城墙夯土有明显的区别。

图23 西安门东门道底下水道所用的楔形砖

应该指出，我们在后述直城门北门道的发掘工作中也发现了这种砖筑的水道，而根据钻探、勘察，在清明门和雍门的门道底下亦有类似的水道。除清明门门道下的水道或许是供明渠出城之用以外，《水经注》记长安城附近水流未曾谓有通过西安门等城门的。因此，可以进一步推定，这些砖筑的水道是专供由城内向城外排水之用的。对于一座四周筑有高大城墙的大城市来说，如何排除城内的积水是一个十分重要的问题。在西汉初期建筑城墙时，已经考虑到这个问题而作了诸如在城墙下部埋置断面成圆形或五角形的陶质水管之类等措施，但仍然不够充分、完善，所以又不得不建造更多、更大的水道以排水。这些砖筑的水道必须穿城而出，而城墙既厚且高，穿凿不易，从而选择了在城门门道底下掘沟以埋置水道的这一办法。

（三）西汉和新莽时的遗物

王莽末年或稍后，与长安城其他各城门一样，西安门亦在战火中焚毁。在门道的烧土堆积层中，以及被烧土堆积层压住的门道地面上，遗留着各种器物，其种类包括兵器、工具、文具、生活用具、车辆构件及货币。从器物的形制看来，它们的制作年代早则在于西汉中后期，晚则在于新莽时期。应该说明，制作于西汉中后期的器物寥寥无几，制作于新莽时期的器物则占绝大多数。不论制作年代或早或晚，在城门焚毁之前，所有这些器物都是被使用着的。兹按器物的类别分别叙述于下。

铜镞 25枚，大小、形状多有差别。值得注意的是，这许多铜镞与霸城门遗址出土的各种铜镞相比，几乎完全一致（图版29-1）。

铁镞 3枚，与霸城门遗址出土的铁镞相比，形状、大小亦无差异。须加说明的是，其中一枚铁镞粗大，且附有很长的铁杆，估计须用强弩才能发射（图版29-2）。

以上许多铜镞及少数铁镞，虽不完全排除其为攻城者所射入的可能性，但主要应为守城方面积存于门楼上备用，城门焚毁，箭杆烧失，铜镞、铁镞坠落于门道地面或夹入烧土堆积层。

图24 西安门遗址出土的铁戟

铁戟 1件，出中门道地面。筒部圆柱形，有銎以纳木柄。叶部扁，中间厚而不显脊，两侧渐薄而成刃，两刃向前聚成尖锋。叶部下方一侧突出勾刺，弯曲而尖锐。全长48.5厘米，筒部长21.2厘米，叶部长27.4厘米（图24）。

铁刀 1件，出中门道地面。已残缺，仅存柄部，柄端附环。柄的断面与刀身断面一样，呈三角形。残长11.3厘米，估计原来的长度为20厘米~30厘米。此刀形体不大，但亦可作为武器被使用。

铁铠甲 1件，出中门道地面，由许多小铁片缀合而成，已残缺。每个铁片长各4.8厘米，宽3.5厘米，厚0.2厘米，平面作长方形，而其中一个短边及其两角弧曲。铁片上有两个小孔，用以穿细绳，将许多铁片缀合成铠甲（图版29-3）。

石研 研盘和研具各1件，出中门道地面。研盘圆而扁平，直径13.7厘米，厚2.4厘米。研具圆柱状，长4.1厘米，上端直径4.4厘米，下端直径5.3厘米。上端圆面刻一“张”字，当为使用者的姓氏（图25）。

陶球和石球 共35件，其中石球仅1件，出中门道地面和烧土堆积层中。浑圆形，无纹饰，陶球直径1.7厘米~2.4厘米不等；石球较大，直径2.6厘米。与前述宣平门遗址发现的40余件陶球一样，这些陶球和石球可能被作为弹丸而在城门防卫战中使用。

铜镜 1件，出中门道地面，只剩3个碎片，犹可察知镜的缘部饰流云纹，其内侧又饰锯齿纹；钮座为圆形，其外有方框，方框外有“T”形图案，主要花纹区设乳状突起。可以判定，此镜与霸城门遗址出土镜同属新莽时期最为流行的“方格规矩镜”（图26）。

铜盖弓帽 2件，出东门道烧土堆积层。圆筒形，中空成銎，上部突出一钩。一件顶端平素，另一件顶端饰作半球状，长度各为4.5厘米、6.2厘米。二者大小、形状虽有差异，但不排除其为同一车盖上所使用的可能性（图27）。

铜钱 共85枚，计有半两、五铢、大泉五十、小泉直一、货泉、货布、布泉等7种（图版30）。兹分别叙述如下。

（1）半两 1枚，出中门道地面，直径2.5厘米，重1.7克。查史书记载并结合考古发掘出土实物例，这种“半两”钱以铸于西汉文帝时期的可能性为大。鉴于此钱制作粗劣，甚为轻薄，亦不排除其为“榆荚钱”之类的私铸品的可能性。

（2）五铢 8枚，4枚出中门道地面，2枚出东门道唐代夯土，2枚出东门道地表土。其中5枚“五”字中间二笔斜直，“铢”字的朱字头方折，直径2.5厘米，铸造年代应在西汉中期；另3枚“铢”字的朱字头方折，而“五”字的中间二笔弧曲，直径2.6厘米，铸造年代以在西汉中后期的可能性为大。

（3）大泉五十 32枚，12枚出中门道地面及烧土堆积层，18枚出东门道地面及

图 25　西安门遗址出土的石研

图 26　西安门遗址出土的铜镜

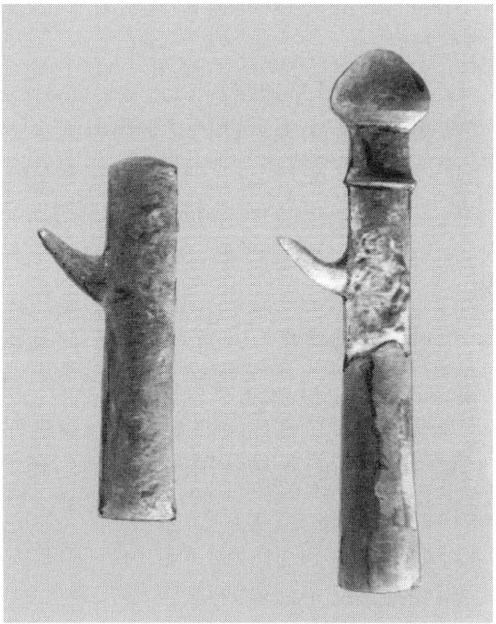

图 27　西安门遗址出土的铜盖弓帽

烧土堆积层，1 枚出东门道唐代夯土，1 枚出东门道地表土。直径 2.6 厘米～2.9 厘米，重3.9 克～8.8 克不等。据《汉书·食货志》记载，应始铸于王莽摄政时的居摄二年（公元 7 年）。

（4）小泉直一　2 枚，出中门道地面和烧土层中。直径 1.5 厘米，重 1.4 克～1.5 克。据《汉书·食货志》记载，应始铸于王莽始建国元年（公元 9 年）。

（5）货泉　35 枚，出东门道、中门道的地面和烧土堆积层及东门道的唐代夯土中，可分四种不同的型式。Ⅰ式 9 枚，直径 2.3 厘米～2.4 厘米，重 2.6 克～3.4 克；Ⅱ式 7 枚，直径 2.4 厘米～2.5 厘米，重 4.4 克～6.4 克；Ⅲ式 9 枚，直径 2.6 厘米～2.7 厘米，重 10.5 克～11.6 克；Ⅳ式 10 枚，直径 2.8 厘米～3.0 厘米，重 15.5 克～18.8 克。Ⅰ式 9 枚的大小、重量基本上与《汉书·食货志》记载符合，其他Ⅱ式、Ⅲ式、Ⅳ式共 26 枚的大小、重量都在不同程度上超过《汉书·食货志》所记。

（6）货布　4 枚，1 枚出中门道地面，2 枚出东门道地面，1 枚出东门道东汉至隋的路土层中。通长 5.8 厘米～5.95 厘米，重 17 克～18 克。据《汉书·食货志》记载，货泉和货布始铸于王莽天凤元年（公元14年），但《汉书·王莽传》则记货泉和货布始铸于王莽地皇元年（公元20年），我们的发掘工作不能判断两种不同的记载孰是孰非。

（7）布泉　3枚，2枚出东门道地面和烧土堆积层，1枚出东门道唐代夯土。直径2.6厘米，重3.0克~3.2克。《汉书·食货志》、《汉书·王莽传》皆未记新莽时期新铸铜钱有称为“布泉”的，而《周书·武帝纪》则记周武帝保定元年（公元561年）更铸铜钱，文曰“布泉”。《周书·武帝纪》的记载虽无可非议，但如学术界所普遍认同，新莽所铸各种铜钱中应包含布泉在内，我们的发掘工作也为这一定论增添新证。

在上述西安门遗址发掘出土的多达85枚的铜钱之中，除半两1枚、五铢8枚之外，其余大泉五十、小泉直一、货泉、货布、布泉等新莽时期所铸铜钱达76枚之多。由此可见，王莽罢西汉五铢钱而改用各种新钱，虽然种类繁多，规制复杂，使用极为不便，却凭借其统治权势，强力推行，其在首都长安城尤其如此。

（四）城门焚毁的年代及后世继续利用的情况

根据上述的遗物，特别是各种铜钱，可以确断西安门的焚毁当在新莽末年或稍后。《后汉书·隗嚣传》：

“（隗）嚣与数十骑夜斩平城门关，亡归天水”。

李贤注：

“三辅黄图曰，长安城南面西头门”。

按隗嚣与刘玄决裂，自长安城出走天水，事在汉光武帝刘秀的建武元年（公元25年），此时西安门尚完好，可见西安门之焚毁不能早于建武元年。但是，在城门门道地面和烧土堆积层出土的85枚铜钱中，铸造年代最晚的为各种新莽钱，其数量计76枚之多，则又可证城门之被焚毁决不会距建武元年过久。从历史事实出发作考证，我们认为西安门之被焚毁是在建武二年赤眉军进驻长安城之际，或其后与邓禹的军队交战之时。

城门焚毁之后，灰烬、炭屑、碎瓦以及大量崩塌的烧土块等应该满满地堆积在门道内，霸城门南门道堆积厚达2.5米，直城门中门道和南门道堆积厚达2.9米~3.9米，便是实证。然而，西安门中门道堆积厚仅70厘米，东门道堆积厚仅30厘米，这显然是由于后世在继续利用西安门的门道时将灰烬、炭屑、碎瓦及大量崩塌的烧土块等加以清除之故。

后世继续利用西安门的门道，可以从门道中残存的烧土堆积层上有一层“路土”而得到证实。中门道的路土厚约25厘米，东门道的路土厚约60厘米，它们的形成当系由于在一个较长的时期内，城门门道曾经行人和车马出入的结果（图21）。特别有意思的是，在中门道的路土层上还可以隐约地看出有一个车辙的痕迹，车轨宽为1.7米，我们在绘制的中门道堆积的剖面图中有如实的表示，读者们细察此图，必能知悉。这路土层压住了城门焚烧后形成的烧土堆积，而东门道的路土层又被唐代的夯土所压住。因此，我们可以确认这路土层的形成年代的上限在东汉，下限在隋代，可能是在东汉至隋的长时期中形成的，更可能是在东汉至隋的某一时期中形成的，但具体的年代则因文献记载不足，又因路土层中的遗物缺乏而不能考定。在东门道的路土层中，出土西汉至新莽的铜镞和铜钱，它们显然是从路土层下面的烧土堆积中翻混上来的，不足以成为判断路土层形成年代的依据。

发掘工作证明，西安门东门道在后世曾被从新开劈，以致门道两侧夯土壁之间的距离增至11.8米，大大超过了西汉和新莽时两侧夯土壁之间的宽度为8米。上述门道内东汉至隋的路土层伸延到门道的新开劈部分，即可判断重新开劈的东门道的年代亦应在东汉至隋代（图21；图版28）。当然，这只是从遗迹的层位关系上判定的年代上限和下限，至于开劈的具体年代如何，则因相关的遗迹、遗物欠缺而无从得知。

在东汉至隋代的长时期中，长安城虽已不如西汉和新莽时那样的昌盛、繁荣，但仍不失为一个重要的都市，而且有不少朝代在此建都。因此，西安门门道之继续被利用意味着这里仍然是一座城门之所在。我们在发掘工作中仅发现门道内东汉至隋代的路土层乃至路土层表面所遗的车辙，而没有发现与此相应的城门及其门道的建筑遗迹，这可能是由于后世的西安门在建筑规格上比较简陋，而更重要的原因则或许在于相关的遗迹受到了破坏，所以不能充分发现。

与前章所述宣平门的情况一样，到了唐代，西安门的门道亦被有计划地填塞，在东门道还存在着唐代填塞门道时所筑的坚实夯土，至今厚达3米（图21）。这夯土的层次分明，每层厚度约10厘米，其中夹杂一些红烧土粒，与宣平门的完全相同。夯土内包含着西汉和新莽时的铜钱和铜镞等，它们无疑是从新莽末年或稍后的门道地面和地面上的烧土堆积层翻腾上来的。东门道南部（前部）西汉和新莽时的地面受到破坏，门道两侧的石柱础亦被翻动，可能都是唐代填塞门道时之所致（图版18）。唐代夯土中还夹有一枚开元通宝铜钱（图版30-15），与宣平门的情况相比，既为偶然的巧合，亦属当然的事实。我们估计，中门道在唐代亦经用夯土填塞，只因门道遗迹自现今地面以下保存甚浅，唐代所填夯土受到破坏，所以未有遗留。至于西门道，则如本章开头时所叙明，全部遗迹已遭破坏，毫无留存，所以不再作相关的推论。

四　直　城　门

直城门本名直门，王莽更名直道门。关于直城门的名称，《三辅黄图》、《水经注》先后作叙述。《三辅黄图》：

> “长安城西出第二门曰直城门，汉宫殿疏曰西出南头第二门也，亦曰故龙楼门，门上有铜龙，本名直门，王莽更曰直道门端路亭”。

《水经注》：

> “（西出）第二门本名直门，王莽更名直道门端路亭，故龙楼门也，张晏曰门楼有铜龙；三辅黄图曰，长安西出第二门，即此门也”。

直城门本称直门，王莽更名为直道门端路亭，这是确实无疑的。但是，《三辅黄图》引《汉宫殿疏》谓此门为故龙楼门，门上有铜龙，《水经注》亦称直城门为故龙楼门，并引张晏之言而谓门楼有铜龙云云，则是以讹传讹，必须纠正的。《汉书·成帝纪》：

“帝为太子，初居桂宫，上尝急召，太子出龙楼门，不敢绝驰道，西至直城门，得绝，乃度”。

《汉书·成帝纪》的这项记载表明，龙楼门为桂宫的南门，门外有一条东西向的大街，通往直城门。与长安城内的各条大街一样，此街分成三股，中间的一股为“驰道”，专供皇帝通行，虽贵为皇太子亦不得穿越，故太子出龙楼门之后，沿北侧的一股道路向西行至直城门，由此转入南侧的一股道路向东行至未央宫北阙，乃得入宫。然而，《三辅黄图》、《水经注》等书籍作者误解《汉书·成帝纪》的记述，将桂宫南门龙楼门与长安城西面城门直城门相混淆，宋敏求《长安志》亦从其说，这显然是错误的。应该说明，《陕西通志》、《长安县志》以及王森文所作之图皆已就此问题作了正确的叙述。我们为郑重起见，在这里再作说明，以纠正《三辅黄图》、《水经注》等的虚假、不实之词。

直城门遗址保存情况甚好，3个门道的遗迹各有不同程度的存在。发掘工作证明，与长安城其他城门一样，直城门建于西汉惠帝时，王莽末年或稍后焚毁于战火。此后，直城门的中门道和南门道完全废绝不用，一任火焚后崩塌的大量烧土和灰烬、炭屑等堆塞在门道内而不加清除。与此相反，北门道经过清理、改修，在五胡十六国时代至隋代仍被作为出入交通的通道而继续利用，与西汉和新莽时期相比，虽然形制简陋，规模大减，犹不失其为长安城的一个城门之所在（图28；图版31）。

（一）西汉和新莽时的总体形制

如上文所述，与汉长安城其他各个城门一样，直城门共有3个门道。每个门道的宽度，以两侧夯土壁之间的距离计算，各为8米左右，减去置础立柱的处所，实际宽度各约6米。值得重视的是，直城门中门道前端（西端）遗迹保存非常完善，而后端（东端）遗迹有所损缺，南门道的前端（西端）遗迹有所缺失，而后端（东端）遗迹保存极为良好。这样，以中门道前端和南门道后端为准，我们得以精确度量直城门门道的原有纵长为16米，与近处城墙的宽度一致。北门道经后世修改，遗迹多有破坏，但仍可推定其在西汉和新莽时的原有纵长亦为16米（图28）。我们在前章曾详细述及，宣平门门道与门道之间的隔墙长约4米，霸城门、西安门门道与门道之间的隔墙长皆为14.5米。发掘工作表明，直城门门道与门道之间的隔墙长约4米，与宣平门相同，而与霸城门、西安门有异。按照我们的推想，这是由于霸城门西对长乐宫，西安门北对未央宫，而宣平门、直城门则不与城内重要宫殿相对之故。

我们在前章叙述西汉和新莽时期西安门的总体形制时曾强调指出，根据我们的勘察、发掘，作为汉长安城东面的城门，宣平门和霸城门在门的两边城墙各有向外（向东）的突出部分，清明门可能原来亦有类似的突出部分，因遗迹全遭破坏而无存。宋敏求《长安志》谓汉长安城东面的三个城门皆设郭门，就是指上述3个城门在门的两边城墙有这种突出部分而言的。但是，我们仔细查考史书、文籍，确认在汉长安城的12个城门之中，唯独宣平门在门外设郭门，而郭门与城门相距较远，可证宣平门两边城墙的突出部分与郭门无关。史书、文籍皆不记清明门和霸城门在门外建有所谓郭门，更可确认这2座城门两边的城墙突出部分与所谓郭门毫不相干。宋敏求《长安

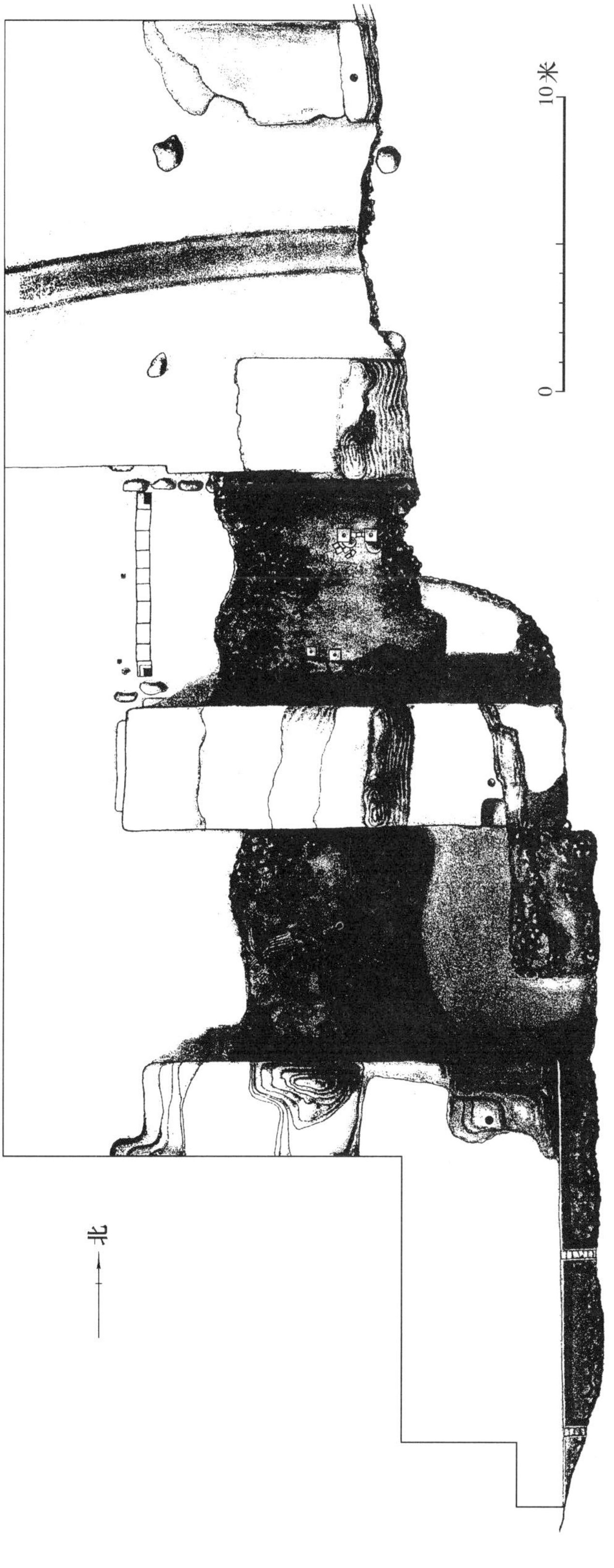

图28 直城门平面图

志》不记西安门、直城门等长安城南面、西面乃至北面的九个城门设郭门，而我们在勘察、发掘工作中亦全然没有发现西安门、直城门的两边城墙有类同于宣平门、霸城门那样的突出部分，从而可证勘察、发掘工作与文献记载相对应，明确、切实地究明了相关的问题。

附带说明，直城门南侧附近的城墙折而向西，接着又折而向南（图1），这与前述宣平门、霸城门两边城墙的突出部分是完全不同的。

（二）城门门道的形制和结构

直城门中门道和南门道纵长皆为16米，横宽各约8米，减去两侧置础立柱的处所，实际宽度为6米，这与宣平门、霸城门、西安门等已经发掘的城门门道完全一致，已如前述。

根据我们的勘察，直城门中门道和南门道两侧所置础石埋入门道地面以下的夯土内，其表面与门道地面取齐，这也是与西安门的情况相同的。应该说明，中门道和南门道所用础石一般长为75厘米～85厘米，宽40厘米～50厘米，较西安门的础石为小，故采用门道两侧各铺二列础石以置枕木，在枕木上立木柱的办法。直城门北门道所用础石长90厘米～110厘米，宽80厘米～100厘米，形体较大，故与霸城门、西安门一样，在门道两侧各铺一列础石以置枕木，立木柱。

直城门中门道内和南门道内满满地堆积着王莽末年或稍后因焚烧而崩塌的大量被烧得发赤、发紫的夯土块，其中夹杂灰烬、炭屑、碎瓦之类（图28；图版31-1）。我们考虑到西汉和新莽时期长安城城门门道本身的建筑结构已可由霸城门南门道、西安门中门道和东门道的发掘得到了解，为了节省劳力和经费，尤其是为了保留一座遗迹相当完整的城门遗址以供将来的考古学者们再度发掘，重新检验，决定将这大量厚实的烧土堆积层保持原状，不予移动、去除。我们的考虑出于顾全大局，应该是值得肯定的。当然，由于烧土堆积层不曾清除、移去，我们不能得见西汉和新莽时的门道地面的全貌，亦无从进一步细察门道两侧所铺础石以及础石上所置枕木和枕木上所立木柱的详情。然而，我们深信，除了上述中门道、南门道两侧所铺础石形体较小，从而采取各铺二列础石以置枕木、立木柱以外，直城门门道的建筑结构是不会与霸城门南门道、西安门中门道和东门道等有较大的差异的。

如前所述，宣平门、霸城门、西安门的门道遗迹保存情状有的较好，有的甚坏。保存甚坏者自不待言，保存较好者亦缺西汉和新莽时门道前端与装置门扉有关的设施遗存，这是令人遗憾的。然而，值得庆幸的是，在直城门中门道的前端（西端），有关遗迹的保存情状特别完好，可凭以了解城门门道前端特有的设施，尤其是有关如何安置门扉的状况。兹详述其具体的情形如下，以明究竟。

在直城门中门道的前端（西端）有着10个经过修磨、形状规整的石块，由北而南（亦可说是由南而北）作齐正的排列。它们埋入门道地面以下的夯土内，其表面与门道的地面取齐（图29；图版31-1）。其中8个石块作长方形，长度各有差异，最长为76厘米，最短为54厘米，宽度基本上相同，为46厘米～50厘米，厚度亦大体上一致，为49厘米～52厘米。这8块长方石横铺在门道的前端，犹如一条门槛，却没有任何高

图 29　直城门中门道前端的石“门槛”

出地面之处，以免妨碍出入交通，尤其是无阻于车辆的行驶。在这条“门槛”的北端和南端，各置一块曲尺形石。北端的一块长 60 厘米，宽 50 厘米，厚 51 厘米，南端的一块长 53 厘米，宽 45 厘米，厚 49 厘米。可以判断，这两块曲尺形石被置于“门槛”的左右两侧，显然与安装门道前端的两扇门扉有关，从而可称之为门墩石（图 29；图版 32-4、5）。从门墩石凹曲的部位看来，城门的门扉应是向内开启的。

在直城门的北门道，我们发现门道地面以下亦埋有水道，其构筑可谓是砖石并用。埋入的方法与西安门东门道一样，自门道地面向下掘一条沟，在沟内筑造水道，筑造完毕，用土将沟填平。所掘之沟宽 1. 1 米，深 1. 9 米，在沟底平铺一层石板，宽约 1. 1 米，厚约 18 厘米。在这层铺底的石板两侧，各竖立着石板，高 45 厘米，厚 16 厘米，构成水道的下半部，而水道的上半部则是在石板上用长方砖平叠，叠至自沟底高约 90 厘米处，乃由两侧向上券筑顶部（图 30；图版 32-6）。水道宽 1 米，比西安门的为狭，顶部已坍塌，但可估计自底部高约 1. 4 米，与西安门的相仿。水道的构筑是砖石并用，而券顶之砖不是带有榫头、卯眼的楔形砖，这是其与西安门东门道底下水道的不同处。经观察，水道的下部积有一些淤土，由于顶部坍塌，沟内所填之土显得松乱，不能判明当时是否经过严密的夯打。从层位关系上考察，直城门北门道在王莽末年或稍后被烧毁之后，经后世修理而继续被使用，但门道底下深处的水道实为西汉至新莽时期所筑造。可以认定，水道的效用亦在于自城内向城外排水，与西安门东门道底下所埋水道相同。

在直城门南门道后端（东端）的南侧，紧靠着城墙的内壁，自北而南残存着三间房屋，相互之间用土坯叠成隔墙；房屋的大部分遗迹已受到破坏，仅存其西部宽约 1

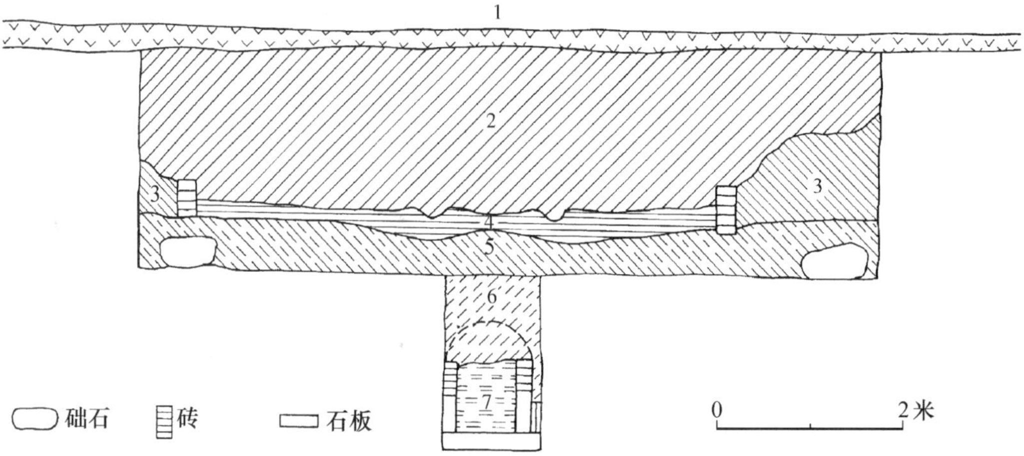

图30　直城门北门道遗迹剖面图

1. 地表土　2. 唐代夯土　3. 后赵夯土　4. 路土　5. 烧土　6. 填土　7. 淤土

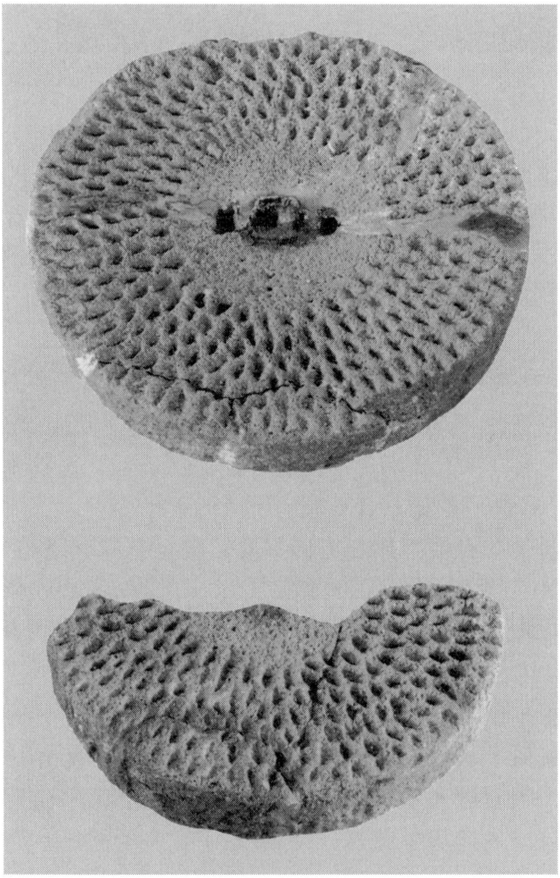

图31　直城门遗址出土的石磨盘

米的处所。第一间房屋长4.5米，第二间房屋长5.6米，第三间房屋破坏之余，残存长度不足2米。三间房屋的西壁，都是利用城墙的内壁，在壁面上涂草泥，并刷白灰，以资修饰（图28；图版32-1）。屋内的居住面高出城门门道地面约60厘米，故由南门道后端向南进入第一间房屋须经由一条长约2.6米的斜坡式甬道，逐渐升登。在斜坡式甬道的起点，亦即南门道后端南侧拐角处，遗有一个圆形的双扇石磨盘，直径51厘米，一扇完整，一扇残缺，分别斜靠在城墙内壁的壁面上，这与前章所述霸城门的情状十分相似（图31；图版32-1）。如同前章对霸城门南门道、西安门中门道和东门道内侧房屋遗迹之所述，直城门南门道内侧近处的房屋亦应为城门守卫人员的居住之处。

在直城门南门道南侧的第二间房屋内，有着1件铁戟，平贴在屋内居住面上（图版32-2），全长41

厘米。戟的上部用以刺杀，相当于矛的叶，长 22.5 厘米，宽 2.1 厘米，中间较厚而不显脊，两侧渐薄而成刃，两刃向前聚成尖锋；中部一边有垂直的突出部分，长 16 厘米，宽 2.7 厘米，用以钩劈，有如戈的援，其锋、刃等的作成与上部的叶相似；下部略如戈的胡，长 18.5 厘米，宽 2.6 厘米，一边较厚，一边较薄，断面成三角形，以便插入木柄，而木柄则枯朽无存（图 32）。

在第二间房屋，还遗留铁刀 1 件，平贴在屋内居住面上，与上述的铁戟靠近，两者相距不过 30 厘米。刀背平直，无弯曲；刀刃亦平直，只是在最前端处弧曲而与刀背聚成尖锋，长 42 厘米，宽 2.8 厘米（图 32）。刀身末端齐平，不附环，估计是嵌入木柄中，用绳缚紧，既便于执握，又可增加刀的长度，只因木柄枯朽，不留痕迹，不能察知其长短。无待于言，与铁戟一样，这铁刀亦属城门守卫人员所用的武器。

图 32　直城门遗址出土的铁戟与铁刀

（三）城门焚毁的年代及后世继续利用的情形

直城门中门道和南门道内堆积着因焚烧而崩塌的大量夯土块，它们被烧得发红、发紫，其中夹杂灰烬、炭屑、碎瓦之类，我们称为“烧土堆积层”，已如前述。这样的烧土堆积层，在南门道厚 3.9 米，在中门道厚 2.9 米，足证门道焚毁之后，始终是废弃不用的。参照霸城门、西安门等的情况，焚毁的年代应在新莽末年或稍后，焚毁的原因则在于战火。

如前文所述，我们有意保留中门道和南门道内的大部分烧土堆积层而不予移除。然而，我们在中门道和南门道的前部地面及地面上的堆积层乃至其他各处土层中犹得发现半两、五铢、大泉五十、货泉、货布等西汉和新莽的铜钱 10 余枚，而以新莽铜钱的枚数为多。在瓦件方面，主要是各式云纹瓦当和“长乐未央”、“长生无极”、“都司空瓦”等文字瓦当（图 33），而最重要的则是我们在许多板瓦碎片中发现有 3 片分别打着“始建国四年保城都（司空）”、“始建国天凤四年”、“保城都司空”字样的戳印（图 34）。十分明显，这些都充分说明直城门作为汉长安城的一座城门，其南门道和中门道的使用年代下限在新莽时期。

直城门北门道在新莽末年或稍后亦被焚毁，门道的两壁被烧得发赤，门道的地面还遗留着一些红烧土，足可为证。但是，与中门道、南门道不同的是，北门道所遗烧

图33　直城门遗址出土瓦当

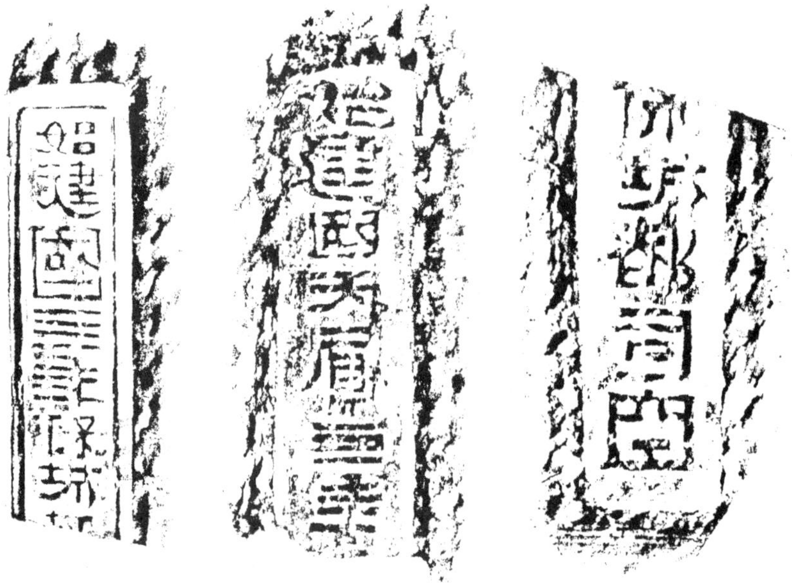

图34　直城门遗址出土瓦片上的文字

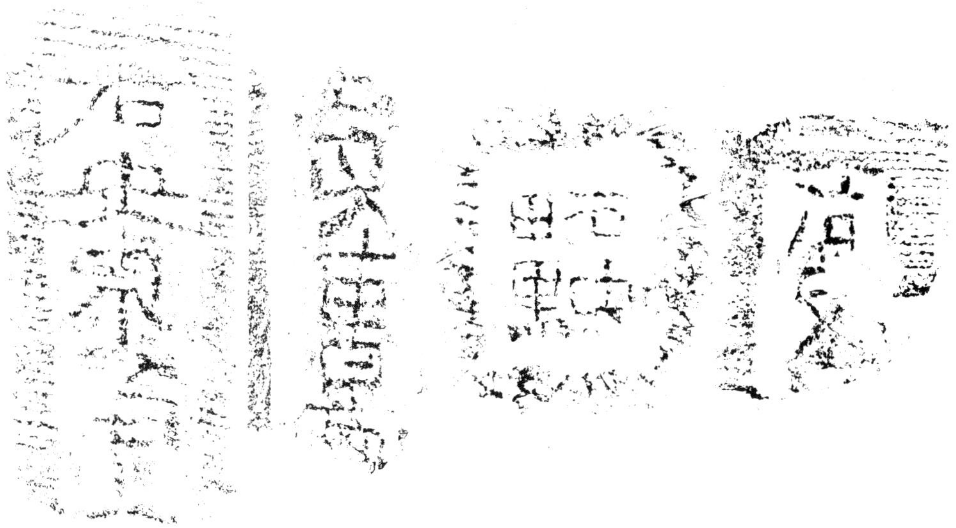

图 35　直城门遗址出土后赵砖上的文字

土层厚仅 50 厘米左右，这显然是由于火烧后崩塌的大量烧土块等已在后世被清除，而清除的目的则在于继续利用这一门道。

经考察，我们确认直城门北门道在后世曾经改建。改建的遗迹主要表现在门道的两侧各有后世所筑砖壁的残余（图 28、图 30）。砖壁由长方砖平叠而成，现存高度仅剩20 厘米～50 厘米，在其与西汉的夯土壁之间用土填实，并经夯打加固。砖的形制与前章所述后赵时宣平门中门道所用之砖相似，有些砖还印有“石安田黑”、“石安宗□”、“石安曹□”等文字，足证它们是五胡十六国时代后赵的产品（图 35）。因此，我们认为，直城门北门道的改建遗迹是属于后赵的，而门道的使用期限则可下延至更晚。按两侧砖壁之间的距离衡量，经过后赵时改建的直城门北门道的宽度为 5.6 米（图 28、图 30）。门道前端砖壁的部位视西汉和新莽时中门道和南门道前端的夯土壁要后缩约 2.5 米，倘若门道的后端（遗迹已破坏）仍保持在西汉和新莽时的原来部位，则后赵改建的北门道的纵长应为 13.5 米。这与前章所述后赵时宣平门中门道的宽度和纵长基本上相同，或许不是偶然的。

与后赵改建的砖壁相应，在北门道王莽末年或稍后堆积起来的、经过以后清理而残留的红烧土层之上有着一层厚约 35 厘米的路土，应该是因后赵以来经常有行人、车马在门道出入交通而形成的。最引人注目的是，在这路土层的表面遗有一条车轨宽为 1.3 米的车辙。由于路土层的表面和表面上所遗车辙都直接被唐代的夯土所压住，推测其年代属于隋代。车轨的宽度与前述宣平门南门道、北门道地面所遗隋代车辙的车轨宽度同为 1.3 米，亦可作为佐证（图 28；图版 31-2）。

到了唐代，北门道被填塞了。填塞所用的土经过夯打，情形与宣平门、西安门的完全相同。此外，应该指出，南门道和中门道在王莽末年或稍后因焚毁而废弃，一任大量崩塌的夯土块等堆积在门道内，但在门道的前端亦稍作清除，另用新的夯土填补，并筑成整齐的墙面。由于新夯土内存在着唐代的瓦片，可见是唐代所筑的。十分明显，与北门道之被用夯土填塞一样，唐代用夯土填塞中门道和南门道不仅是为了杜绝通路，而且亦借以修整城墙，把它当作禁苑内相关处所的墙垣。

堆积在中门道内的新莽末年或稍后因火焚而崩塌的红烧土层，其顶部在唐代经过平整而建有小型的房舍，附近地表土层中出土的1枚开元通宝铜钱亦可帮助表明其年代。由于离现今的地表过浅，房舍遗迹大部分已被破坏，却仍遗有两对门墩石。门墩石各约40厘米见方，厚约12厘米，中央有圆形臼窝，直径约8厘米（图28；图版32-3）。这房舍建筑在禁苑的墙垣上，只因遗迹破坏过甚，文献上又无记载，不能考明其性质。

附　记：本文原稿撰作于1963年，由于种种原因，长期搁置，未能完成、发表。最近将原稿稍作修整，投送在《考古学集刊》上刊登，以补《考古通讯》所载《汉长安城考古工作的初步收获》（1957年第5期）、《汉长安城考古工作收获续记》（1958年第4期）内容之不足。

2007年6月15日

二里头文化“常旜”及相关诸问题

冯　时

内容提要：三代旌旗，因实物无存，形制不明。《周礼·春官·司常》以为古有九旗之制，清儒则以唯有五旗，但有旜、物之分，所说极是。本文通过对二里头文化绿松石镶嵌龙形遗物的研究，认为其性质即为大常之旗旜，其出土时覆于墓主人身上，即以旌旗移用为明旌，目的则在于引魂升天。作者就与此相关的一系列问题进行了研考。

二里头文化绿松石龙通长70.2厘米，原应镶嵌于一长条形的有机物上，有机物髹以朱漆，现仍残留朱漆痕迹。龙配一铜铃，铃上残有织品和朱漆印痕，与龙当为一体之物。《尔雅·释天》：“有铃曰旂。”旌旗配铃为古代旌旗制度，故此龙形遗物当为旗物。

绿松石龙为镶嵌之物，必不能设于帛质之縿旒，当置于旗旜。《司常》谓“通帛为旜，杂帛为物”，《释天》谓“因章曰旜”。故知“旜”本指旗中受设徽识画章的部分。西周金文称为“旜锦”或“淑锦”，皆别于縿旒而独存。设章的方法，在纺织绣绘技术并不发达的上古社会皆以镶嵌为之，文献释为“错刻”。故早期旗旜以木为之，殷周则以织锦为之，至晚期方施绘画之法。而“旜”别于“物”，与縿帛通为朱色。本文结合古文字与古文献研究，印证了这一分析。故二里头文化绿松石镶嵌龙形遗物即为古代旗旜。

古代旌旗皆有徽识，目的则在于辨殊名号，分别身份。而徽识之取象，皆法天官，二里头文化绿松石镶嵌之龙呈头上向蟠阿之形，实即文献所称之“升龙”或“登龙”，其本质即在描写二十八宿东宫星宿升天的景象。本文通过商周遗物及古代文字中出现的龙，结合古文献和天文学的研究，说明了这一事实。升龙为天子的舆服图像，于旌旗则为大常之画章，故二里头绿松石镶嵌龙形物即为大常之旜。

常旜覆尸，性质当属明旌，目的则在引魂升天。早期之明旌直袭生时之旗，但简沽而小。后世明旌渐别制之，与生时之旗区分。二里头之常旜遗物非为死后特制的明旌，而为天子所用之大常之旜，但形制已甚简省。

墓主人虽用大常之旜，但身份却并非天子。墓主颈项饰贝，实即古文字“倗”之象形。《穆天子传》以倗氏为河宗，故知墓主身份即属河巫，其以祷河安流为职。本文结合古文字与古文献的研究，对此进行了深入分析。而河巫独享大常之旜，则为天子特赐，不为僭礼。

关键词：二里头文化　太常　旗旜

河南偃师二里头遗址中心区的考古发掘工作于2002年春又有重要收获，在属于二里头文化第二期的3号基址院内发现6座墓葬，墓葬均呈南北向，东西排列，间距基本一致，墓内多铺有硃砂，或残留棺痕，随葬品丰富，其中编号02VM3的墓葬几位于3号基址的中轴线上，颇显重要[1]。

该墓系长方形竖穴土坑墓，方向356°，墓口长2.24米，北宽1.1米，墓底长2.2米，北宽1.06米，中部最宽达1.28米，残深0.5米~0.6米。墓主为壮年男性，侧身直肢葬，头北面东。墓底散见零星硃砂。随葬品包括铜器、玉器、绿松石器、白陶器、漆器、陶器和海贝等。尤为珍异的是，墓主人身上自右上斜至左下摆放了1件主体由绿松石镶嵌的遗物（彩版1），遗物的主要部分为镶嵌的绿松石龙，龙呈头上尾下，做升腾状，龙首正姿微隆，身体猗动阿曲，尾部上卷，身饰十二枚菱形图案。龙尾之下3.6厘米处尚有绿松石镶嵌的条形物，与龙体垂直而置。遗物通高至少70.2厘米。龙身中部缀一铜铃，铃表黏附一层红色漆皮，并残留纺织品印痕。龙体及其附近也遗有多处红色漆痕，绿松石龙与其下方的条形物也以红色漆痕相连，故知二者原应共同镶嵌于髹有红漆的条状有机物上，说明绿松石龙与其下方的条形物本当为一完整之物（彩版2）。此物性质关乎上古旗章及丧葬制度，兹略为考证，以供研讨。

一　升龙考

这件前所未见的绿松石镶嵌遗物极具特色，然而在二里头文化及同时期的其他文化中，具有标志性意义的所谓绿松石镶嵌“铜牌饰”却与此相似，尽管如此，二者所具之兽面造型却并不完全相同，因而不宜强为比较。

绿松石龙的造型特点，发掘简报已有具体描述。此龙面生梭目，圆鼻，无角，身饰菱形纹。学者或将这些主要特征与新砦遗址出土陶器盖所绘之龙形图像比观（图1-1）[2]，至确。不啻如此，新砦龙图所表现的圆鼻且两腮垂须下卷的特征在商代龙图的形貌中也体现得十分清楚（图1-2、3），而二里头遗址出土的一种所谓绿松石“铜牌饰”事实上也具有同样的特点（图2-1）。因此，虽然就目前所见之

[1] a. 许宏、陈国梁、赵海涛：《二里头遗址聚落形态的初步考察》，《考古》2004年第11期。
b. 中国社会科学院考古研究所二里头工作队：《河南偃师市二里头遗址中心区的考古新发现》，《考古》2005年第7期。

[2] 中国社会科学院考古研究所二里头工作队：《河南偃师市二里头遗址中心区的考古新发现》，《考古》2005年第7期。

图1　龙纹图案

1. 新砦遗址出土龙纹陶器盖　2. 妇好盘（殷墟小屯 M5∶777）　3. 斝（黄陂盘龙城）

资料分析，“铜牌饰”之兽面明显呈现出三种不同的形象（图2）[1]，但其中之一种兽面应为龙属似可认定。很明显，龙以圆鼻为特征，曲须或内卷，或外翻，自新砦以降以至于殷周，一脉相承（图1、图2-1、图3）。学者或以“铜牌饰”中之梭目兽面定为龙属（图2-6），但这类兽面却绝无作圆鼻的形象，从而与早期龙图形成了鲜明的区别。显然，绿松石龙与“铜牌饰”所嵌之梭目兽面形象应分别属于不同的灵兽。

绿松石龙体饰菱纹，这体现了商周时代龙身背纹装饰的共同特征。时人习以菱纹饰于龙背，以鳞纹饰于龙腹，以背、腹之分象征天地之别，并暗喻阴阳，如此则菱纹主阳为天，鳞纹属阴为地，其观念自成系统。而独体的龙则或取背纹而饰以菱纹，或取腹纹而饰以鳞纹，逐渐演化为雄雌二体的形象，并分别具有天龙与社龙的象征意义。殷墟侯家庄第1400号墓出土铜盂附耳所饰之龙即以菱纹饰背而鳞纹饰腹（图4）[2]，

[1] “铜牌饰”的部分资料参考王青：《镶嵌铜牌饰的初步研究》，《文物》2004年第5期。

[2] 梁思永、高去寻：《侯家庄》第九本，1129、1400、1443号大墓，历史语言研究所，1996年。

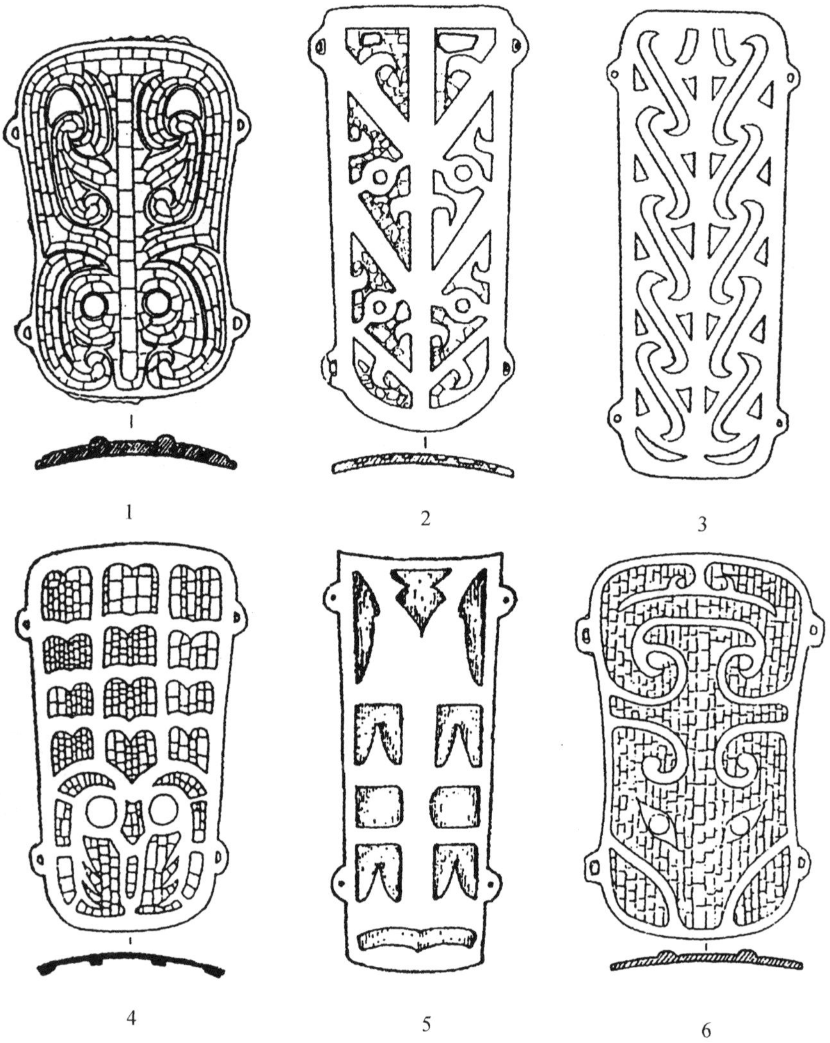

图2　绿松石镶嵌旗章

1～3. 龙章（二里头M4∶5、广汉三星堆真武87GSZJ∶36、16）　4、5. 鸟章（二里头M57∶4、广汉三星堆高骈出土）6. 熊章（二里头M11∶7）

可为明证。这种做法显然体现了殷人具有的传统天地观与阴阳观，有关问题已另文讨论〔1〕。

龙以菱纹饰身以象天龙，这个事实至少可以获得同时期物证的有力支持。河南郑

〔1〕 a. 冯时：《天文考古学与上古宇宙观》，《中国史新论》，历史语言研究所，2009年。

b. 冯时：《〈周易〉乾坤卦爻辞研究》，未刊稿。

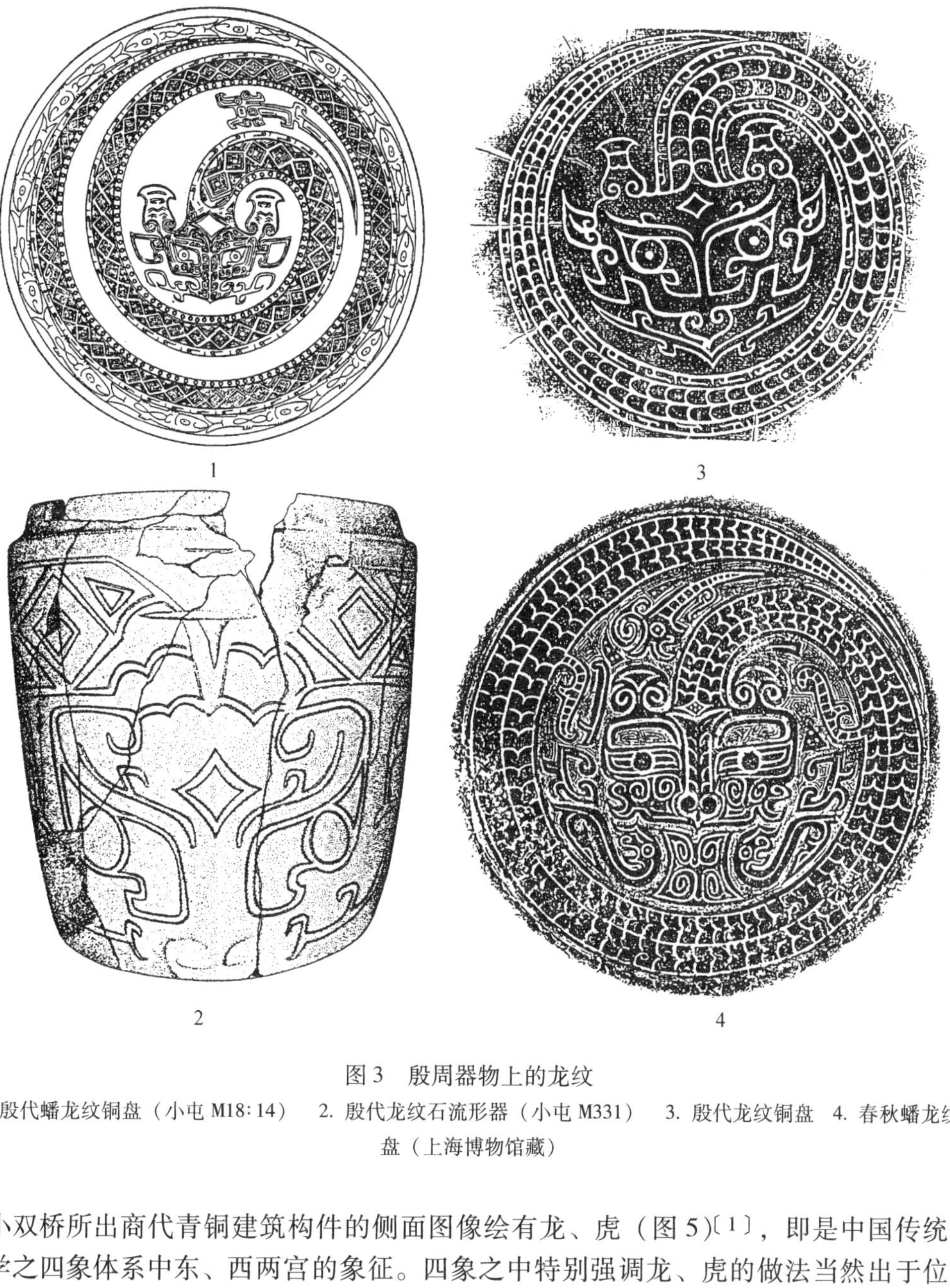

图 3 殷周器物上的龙纹

1. 殷代蟠龙纹铜盘（小屯 M18∶14） 2. 殷代龙纹石流形器（小屯 M331） 3. 殷代龙纹铜盘 4. 春秋蟠龙纹盘（上海博物馆藏）

州小双桥所出商代青铜建筑构件的侧面图像绘有龙、虎（图 5）[1]，即是中国传统天文学之四象体系中东、西两宫的象征。四象之中特别强调龙、虎的做法当然出于位于黄道带与赤道带东、西两宫星官对于远古先民观象授时的重要作用，这个传统甚至可以自战国时期直到公元前第四千纪中叶的新石器时代系统地追溯出来，因为无论晚期的曾侯乙墓二十八宿漆箱盖面星图，抑或早期的河南濮阳西水坡蚌塑星象图，都忠实

〔1〕 河南省文物研究所：《郑州小双桥遗址的调查与试掘》，《郑州商城考古新发现与研究》，中州古籍出版社，1993 年。

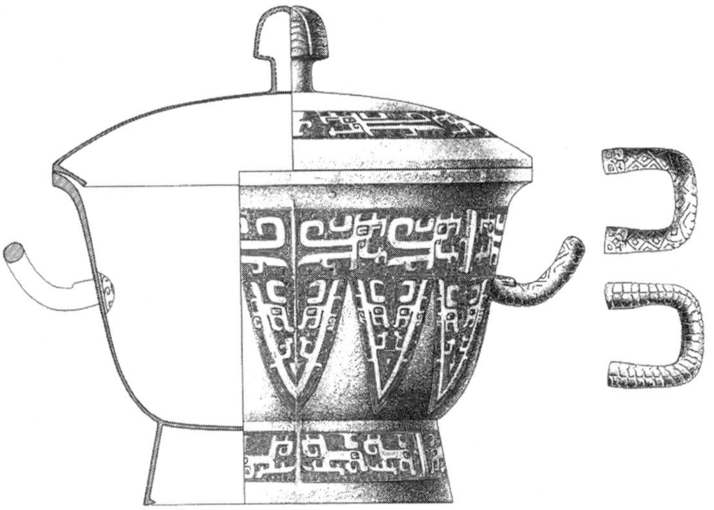

图 4　铜盂（殷墟侯家庄 1400 号墓出土）

地体现了这种思想[1]。尽管属于两周之际的上村岭虢国墓出土的四象铜镜已经完整地设计了四象的形象[2]，但四象中作为东宫象征的龙和西宫象征的虎还是不同于南、北两宫得到了特别的夸张。诚然，虢国四象铜镜的出现虽然可以证明较之更晚的曾侯乙星图乃是四象体系形成之后的产物，但这并不意味着古人不可以在相关的星象作品中，通过对四象中具有传统授时意义的东、西两象的特别强调传达一种更古老的天文思想。很明显，小双桥青铜建筑构件图像中的龙、虎两象正应体现着这样的含义。事实上，这些证据不仅毫无争议地印证了小双桥青铜构件图像中与虎为配的灵兽只能是龙，而且这尊作为四象的龙面生圆鼻，正姿无角，身饰菱纹，龙体猗旎而卷尾，竟与二里头文化绿松石龙的形象别无二致！显然，同样造型的龙具有天龙的文化内涵是相当清楚的。

图 5　郑州小双桥出土建筑构件（侧面）

具有相同造型特点的龙在殷墟侯家庄第 1001 号墓出土的骨柶上也有明确的表现。这些骨柶的正背两面皆雕饰龙纹，但一龙饰以菱纹，一龙则饰以鳞纹（图 6-1、2、4），显然意在以雌雄二体的龙

〔1〕 a. 冯时：《河南濮阳西水坡 45 号墓的天文学研究》，《文物》1990 年第 3 期。
b. 冯时：《中国天文考古学》第六章第四节，社会科学文献出版社，2001 年。

〔2〕 a. 冯时：《中国早期星象图研究》，《自然科学史研究》第九卷第二期，1990 年。
b. 冯时：《中国天文考古学》第 314 页，社会科学文献出版社，2001 年。

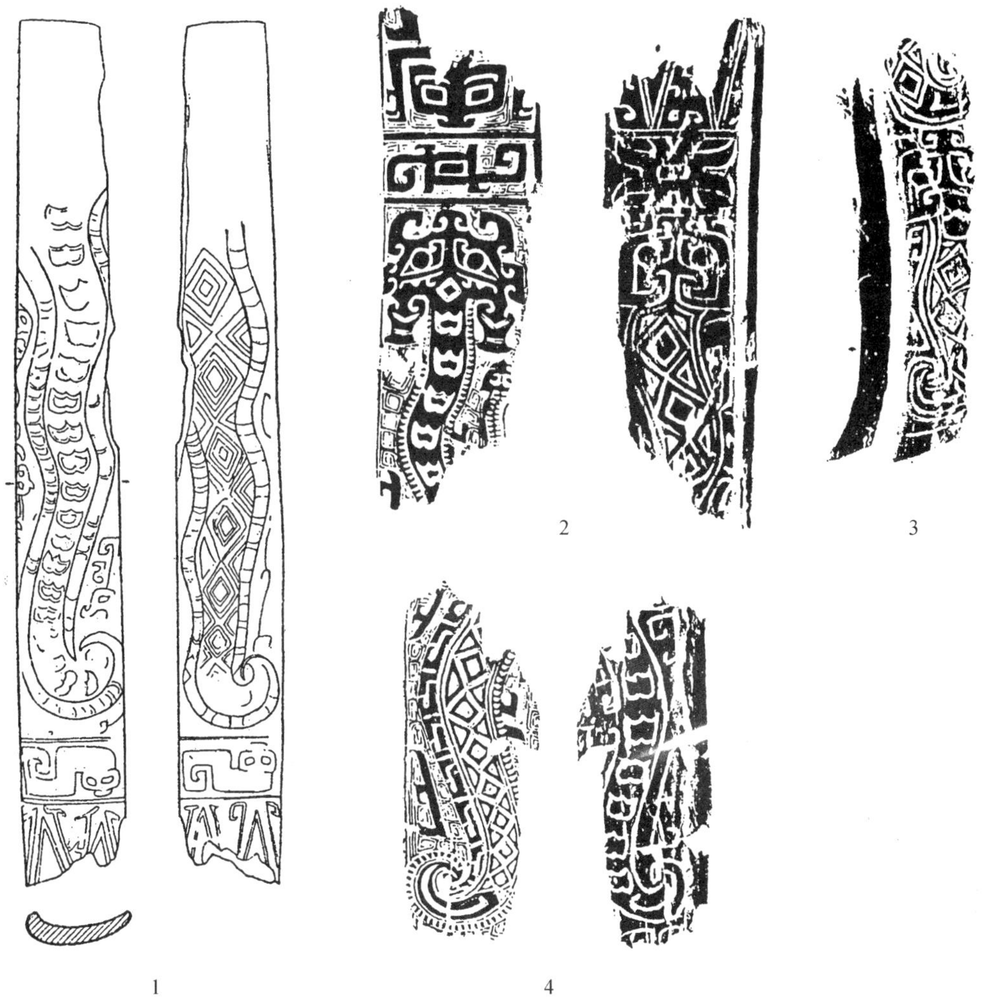

图 6　殷墟侯家庄 1001 号墓出土龙纹骨栖

表现阴阳的不同观念。二龙中以饰鳞纹者首生双角，而饰菱纹者则方首无角（图 6-2 右、3），其形象不仅与二里头文化绿松石龙如出一手，而且与小双桥青铜构件图像中作为四象的龙的形象也完全相同。很明显，通过龙的造型的对比分析已不难看出，殷代这些龙的形象其实正是二里头文化绿松石龙直接发展的结果。

二里头文化绿松石龙似未生角，这种造型在三代龙的形象中时有所见。殷墟侯家庄第 1004 号墓所出铜盔耳部图像之中心绘有盘龙，造型或正或侧，龙角或生或无（图 7）〔1〕，唯龙身或饰菱纹，或饰鳞纹，有所不同。二里头文化陶器图像中也曾见以菱

〔1〕 梁思永、高去寻：《侯家庄》第五本，1004 号大墓，历史语言研究所，1970 年。

纹饰身的龙[1]，有的则作一首二身之状，龙呈圆鼻无角之形，而这种双身造型的龙其实在商周时代的青铜器上也经常出现（图8），文身或菱或鳞，龙角或有或无，显示了自二里头至殷商时代一脉相承的发展脉络。这些证据表明，在时人的设计理念中，对于判认龙的性质而言，龙姿之正侧、龙角之存无在某种意义上或许并不具有本质的区别。事实上，头生双角的形象并不为身饰鳞纹的雌龙所独有，在殷周各类遗物的图像中，雄龙身饰菱纹而头生双角的形象几乎与身饰菱纹而头上无角的情况一样常见（图9、图

图7　殷墟侯家庄1004号墓出土铜盔圆葵中心的龙纹

1

2

3

4

图8　商周青铜器上的双身龙纹

1. 商代方鼎（陕西高家堡M4:4）　2. 西周圉方鼎（北京房山琉璃河M253出土）　3. 商代司䍃母方壶（殷墟小屯M5:807）　4. 商代天黾簋（《武英殿》71）

---

〔1〕 中国社会科学院考古研究所：《二里头陶器集粹》图一七〇，图一七一，中国大百科全书出版社，1995年。

图9　殷代遗物上的有角菱纹龙图

1. 铜戈（殷墟小屯 M5∶740）　2. 铜卣提梁（陕西高家堡 M1∶8）　3. 白陶罍盖面（殷墟小屯 M331）　4. 玉龙（殷墟小屯 M5∶422）　5. 石磬（殷墟小屯采集）　6. 石龙（殷墟侯家庄 M1001）　7. 玉刀（殷墟小屯 M5∶501）　8. 骨柶（殷墟侯家庄）

10）。殷墟妇好墓出土铜觥盖上以身饰菱纹的雄龙与体饰鳞纹的雌龙并存，雄龙有角而雌龙反无（图 11-2），可见龙角的生具于雌雄二体可相互转变。甚至有些龙的面部形象虽已做了拟人处理（图 11-1），但龙角和菱纹龙身的造型仍然保留着龙的基本特征。如

图10　殷代遗物上的无角菱纹龙图

1. 铜饰件（广汉三星堆2号祭祀坑出土）　2. 石钮盖（殷墟小屯M5:49）　3. 提梁卣（殷墟小屯M238）　4. 铜铲（殷墟小屯M5:1153）　5. 铜勺（新干大洋洲出土）　6. 三联甗架（殷墟小屯M5:790，俯视）

1　　2

图 11　殷代铜器

1. 盉（佛利尔美术馆藏）　2. 觥（殷墟小屯 M5∶327）

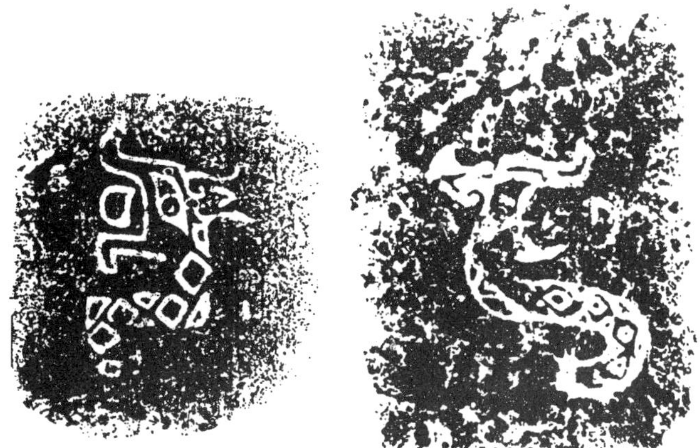

1　　2

图 12　金文“龙”字

1. 龙鼎（《集成》1119）　2. 龙器（《集成》10486）

果说殷代遗物中这些形象的龙尚不足以证明其为龙的属性的话，那么商代铭文资料所提供的证据则应更为明确。《集成》1119 与 10486 二器铭文之“龙”字即具头生双角、体饰菱纹的形象（图12），与二里头文化绿松石龙身饰菱纹的风格一致。很明显，由于角的有无并不会使龙的属性发生改变，因此可以认为，二里头文化绿松石龙与殷商金文“龙”字所反映的形象当属同一种灵兽，这为将绿松石龙的形象认定为龙提供了确凿的证据。

图13　商代龙形铜觥
（山西石楼桃花庄出土）

二里头文化绿松石龙并非独立存在的孤立遗存，而是与其下方的条形物组成了一个完整的形象，这一点应该没有疑义。对于解释这样一个特殊图像的确切含义，可供讨论和比较的资料当首推山西石楼桃花庄出土的商代龙形铜觥的盖面图像（图13）[1]。此觥之盖面图像自觥首延伸，绘交龙二条，其中主龙以龙首为觥首，面生圆鼻，正姿双角，并具主辅二体，主体饰菱纹，辅体饰鳞纹，全身布列火形星纹八枚，而于龙心部位横列的三星突显，象征苍龙星宿的授时主星——心宿三星，且中间一星最大，制成鋬钮，象征大火星（心宿二）。盖面图像所具有的天文学意义是明显的，有关问题我们曾有专门的讨论[2]。而另一龙与此形态相同，唯方向相反，盘交侧姿。两龙一侧绘凤鸟图像。值得注意的是，此图于交龙下部绘横列的三虫（蛇）纹，其画面的整体构图与二里头文化绿松石镶嵌遗物十分相似。

龙在中国传统文化中虽然具有广泛的象征意义，但其本质来源于星象则是最基本的事实。作为古老的四象之一，龙的形象不仅直接取材于二十八宿东宫星宿所呈现的形象[3]，而且由于古代帝王对于观象授时工作的垄断，龙也具有王权的象征意义和沟通天人的独特的神性[4]。这些事实在上古社会其实只是人们的常识而已，因为几乎所有关于龙的遗存或原始文献，都对这一点有着充分的说明，不过后人似乎逐渐淡忘了这个传统。其实从西水坡、小双桥直至曾侯乙时代，龙作为传统天文学体系的四象而出现，其星象学本义已相当清楚。铜觥之主龙体饰星纹，更形象地印证了这个事实。然而从古人以阴阳观念描述自然的悠久传统考虑，作为东宫象征的龙，由于其回天运行特点的不同，古人便赋予了它不同的含义。当龙自东方跃地而出在天空中运行升腾的时候自呈现为星神，而至西方入地潜伏则又呈现为社神，这种独特的神祇观不仅通过特别装饰于龙体的菱纹和鳞纹两种不同的花纹图案加以体现，而且由于古人一贯恪守的东阳西阴的方位阴阳思想的影响，龙所具有的星神与社神的特征也就恰恰反映着阴阳的特征[5]。陶寺文化龙盘所绘之句龙社神

〔1〕谢青山、杨绍舜：《山西吕梁石楼镇又发现铜器》，《文物》1960年第7期。
〔2〕a. 冯时：《中国早期星象图研究》，《自然科学史研究》第九卷第二期，1990年。
b. 冯时：《中国天文考古学》第六章第五节，社会科学文献出版社，2001年。
〔3〕冯时：《中国天文考古学》第六章第五节，社会科学文献出版社，2001年。
〔4〕a. 冯时：《中国早期星象图研究》，《自然科学史研究》第九卷第二期，1990年。
b. 冯时：《中国天文考古学》第六章第五节，社会科学文献出版社，2001年。
〔5〕冯时：《〈周易〉乾坤卦爻辞研究》，未刊稿。

图以鳞纹为体，与以菱纹为体的天龙形成了鲜明的区别，即是星神转变的结果[1]。龙星回天运动则有升有降，升龙在东，降龙在西，而石楼铜觥面纹图像之交龙方向正好相反，一象升龙，一象降龙，正是这一思想的准确表现。

龙之升降运行，古人皆以为由鸟所负载，如日之运行由鸟之负载一样，故石楼觥面图像于龙侧又绘飞鸟。相同的内容于殷墟妇好墓出土之玉饰也有反映。此饰雕鸟踏祥云，背负一龙，龙首生角，身以菱纹遍饰，正作负龙升腾之形（图14-1）[2]。事实上，商周遗物并不少见这类鸟负龙虎的主题（图14-2）[3]，有时甚至直接将龙雕饰于鸟翅（图14-3），其装饰手法不仅于殷周青铜器上运用得十分娴熟[4]，而且显然都是以鸟负龙升天思想的形象表现[5]。这意味着石楼觥面图像交龙之下的虫纹其实正是大地的象征。

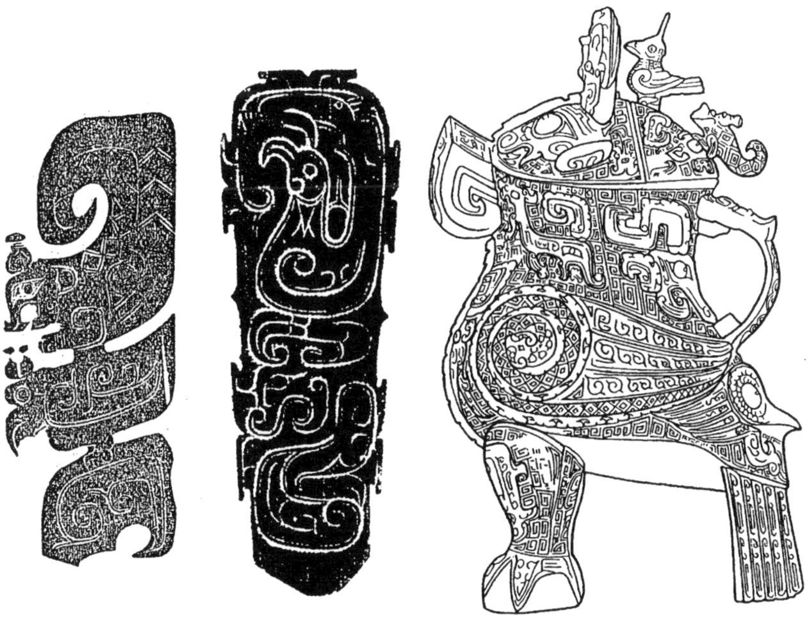

1　　2　　3

图14　殷周遗物上的鸟负龙图像

1、2. 玉饰（殷墟小屯 M5:354、长安张家坡 M121:30）　3. 妇好铜鸮尊（殷墟小屯 M5:785）

古人以虫象地，观念甚古。《诗·小雅·斯干》：“乃寝乃兴，乃占我梦。吉梦维何，维熊维罴，维虺维蛇。大人占之，维熊维罴，男子之祥。维虺维蛇，女子之祥。”

[1] 冯时：《夏社考》，《21世界中国考古学与世界考古学》，中国社会科学出版社，2002年。

[2] 中国社会科学院考古研究所：《殷墟妇好墓》第159页，科学出版社，1980年。

[3] 李学勤、艾兰：《欧洲所藏中国青铜器遗珠》图99，文物出版社，1995年。

[4] 另可参见商代鸮尊的装饰纹样，见《美帝》A669.1，《精华》39，《泉屋》30。

[5] 冯时：《〈周易〉乾坤卦爻辞研究》，未刊稿。

郑玄《笺》："熊罴之兽，虺蛇之虫，此四者，梦之吉祥也。……熊罴在山，阳之祥也，故为生男。虺蛇穴处，阴之祥也，故为生女。"古以天属阳，地属阴，时人以虺蛇属阴而象地，观念正合。由是观之，则石楼觥面图像表现的当为龙星于地平之上或升或降的景象，这些思想于《周易·乾卦》中尚有完整的存留。文云：

初九，潜龙。勿用。

九二，见龙在田。利见大人。

九三，君子终日乾乾，夕惕若厉，无咎。

九四，或跃在渊。无咎。

九五，飞龙在天。利见大人。

上九，亢龙。有悔。

用九，见群龙无首。吉。

爻辞中的龙即为天上之龙星〔1〕，其中"或跃在渊"不同于"见龙在田"但言角宿的昏见，而是对苍龙七宿跃地而出天象的描述〔2〕，相对而言，"见群龙无首"则呈现了苍龙七宿西斜将入的天象〔3〕。显然，这两个特殊天象正是觥面图像所反映的内容。《说文·龙部》："龙，鳞虫之长，能幽能明，能细能巨，能短能长，春分而登天，秋分而潜渊。"这个天象所表现的龙星回天运行的特点已足够清楚。很明显，商代龙形铜觥所绘之交龙图像乃作一龙升腾，一龙下复，其以星象为本质，以交龙为表现形式，寓意明确。

如果说石楼铜觥图像以交龙的形式表现苍龙星宿回天运行的不同天象的话，那么二里头绿松石龙唯写升龙，显然旨在强调苍龙星象跃地而升的特点，这一点应该没有问题。事实上，与二里头绿松石镶嵌遗物相同的图像在殷墟侯家庄第1001号墓所出的骨柶上也有发现（图6-1）。图像中的龙于骨柶的正、背两面呈现菱纹与鳞纹二体，分别雌雄，强调龙之本身具备阴阳二体的双重性质，而龙下的大地则以虫纹象征，表现形式与二里头绿松石镶嵌遗物及石楼觥面图像如出一辙。显然，升龙之形象来源于东宫星宿跃地而出的天象，其实即指《说文》所谓尽现于地平之上的登天之龙，传统文献则习称为"升龙"或"登龙"，它既是古代帝王观象授时的标准天象，也是天子舆服的特有图像。因此，二里头绿松石镶嵌遗物于升龙之下特别设计了条形物以表现地平，不仅描写了苍龙星象跃地而出的独特天象，更重要的是体现了三代礼制的固有内涵。

二 大 常 考

古人为描写龙星的升降而产生的升龙、交龙的图像其实正是三代旗章的基本内容。

〔1〕闻一多：《璞堂杂识·龙》，《闻一多全集》第二册，生活·读书·新知三联书店，1982年。

〔2〕陈久金：《〈周易·乾卦〉六龙与季节的关系》，《自然科学史研究》第六卷第三期，1987年。

〔3〕a. 闻一多：《璞堂杂识·龙》，《闻一多全集》第二册，生活·读书·新知三联书店，1982年。

b. 冯时：《中国早期星象图研究》，《自然科学史研究》第九卷第二期，1990年。

《周礼·春官·司常》：“王建大常，诸侯建旂。”郑玄《注》：“自王以下治民者，旗画成物之象。王画日月，象天明也。诸侯画交龙，一象其升朝，一象其下复也。”交龙的形象为二龙蟠结，一升一下，足见其特点为一龙上向，一龙下复，与石楼铜觥图像完全吻合。《左传·桓公二年》：“三辰旂旗，昭其明也。”服虔《注》：“三辰，日月星也。谓之辰者，辰，时也。日以照昼，月以照夜，星则运行于天。民得取其时节，故谓之辰也。”杜预《集解》：“三辰，日月星也。画于旂旗，象天之明。”所言古旗绘星象甚晰。而《司常》又云：“交龙为旂。”显然交龙之本义亦为星象，此正可解石楼铜觥面纹交龙之含义。《周礼·春官·巾车》：“建大旂，以宾，同姓以封。”郑玄《注》：“大旂，九旗之画交龙者。以宾，以会宾客。同姓以封，谓王子母弟率以功德出封。”石楼铜觥绘交龙之象以应旂制，盖出此缘。

古九旗之制，诸侯所建之旂绘以交龙，天子所建之大常则绘三辰星象，章物灿然。《司常》：“司常掌九旗之物名，各有属，以待国事。日月为常，交龙为旂。通帛为旜，杂帛为物。熊虎为旗，鸟隼为旟，龟蛇为旐，全羽为旞，析羽为旌。”郑玄《注》：“物名者，所画异物则异名也。属，谓徽识也。”又《巾车》：“巾车掌公车之政令，辨其用与其旗物，而等叙之，以治其出入。王之五路，玉路建大常，十有二斿，以祀。金路建大旂，以宾，同姓以封。象路建大赤，以朝，异姓以封。革路建大白，以即戎，以封四卫。木路建大麾，以田，以封蕃国。”郑玄《注》：“大常，九旗之画日月者。正幅为縿，斿则属焉。大旂，九旗之画交龙者。大赤，九旗之通帛。大白，殷之旗，犹周大赤，盖象正色也。大麾不在九旗中，以正色言之则黑，夏后氏所建。”金榜《礼笺》：“大旂为交龙，大赤为鸟隼，大白为熊虎，大麾为龟蛇，周赤，殷白，夏黑，然则有虞氏之旂以青欤？大常纁帛，象中黄之色也。”则以黄常、青旂、赤旟、白旗、黑旐分属五方，各应方色。《礼祀·明堂位》：“有虞氏之旂，夏后氏之绥，殷之大白，周之大赤。”郑玄《注》：“四者，旌旗之属也。绥，当为緌。读如冠蕤之蕤。有虞氏当言緌，夏后氏当言旂，此盖错误也。緌，谓注旄牛尾于杠首，所谓大麾。”是以方色又与不同族群崇尚之色有关。然五旗画章皆取象天官，故后世旗制或以画章应方色。《周礼·考工记·辀人》：“龙旂九斿，以象大火也。鸟旟七斿，以象鹑火也。熊旗六斿，以象伐也。龟蛇四斿，以象营室也。”郑玄《注》：“交龙为旂，诸侯之所建也。大火，苍龙宿之心，其属有尾，尾九星。鸟隼为旟，州里之所建。鹑火，朱鸟宿之柳，其属有星，星七星。熊虎为旗，帅都之所建。伐属白虎宿，与参连体而六星。龟蛇为旐，县鄙之所建。营室，玄武宿，与东壁连体而四星。”知五旗之画章皆上法天官，下应方色，绘四象所应各宫星象。《礼记·曲礼上》：“行前朱雀而后玄武，左青龙而右白虎，招摇在上，急缮其怒。”郑玄《注》：“以此四兽为军陈，象天也。又画招摇星于旌旗上，以起居坚劲军之威怒，象天帝也。招摇星在北斗杓端，主指者。”《初学记·武部》引《河图》：“风后曰：予告汝帝之五旗：东方法青龙曰旂，南方法赤鸟曰旟，西方法白虎曰旗，北方法玄武曰旐，中央法黄龙曰常。”皆其证。金鹗《求古录礼说》卷五《招摇在上解》：“《司常》‘交龙为旂’即左青龙也，‘熊虎为旗’即右白虎也，‘鸟隼为旟’即前朱鸟也，‘龟蛇为旐’即后玄武也，然则‘日月为常’即此招摇在上矣。”

孔颖达《礼记正义》引崔灵恩则谓四旗皆绘北斗，恐未必。孙诒让《周礼正义》及《九旗古谊述》以为九旗之内，正旗实止有五，即常、旂、旗、旟、旐，分象五方之星及方色。这些说法体系严整，而石楼铜觥面饰交龙图像，乃以旂之章物移用于礼器，其表现内容与旗章取象于星象的传统做法正合。至于章物与方色的配合，则尚缺少考古实物的印证。

五旗之中以大常为王所建。伪《古文尚书·君牙》："厥有成绩，纪于太常。"其制盖古。《司常》以为"王建大常"。郑玄《注》："王画日月，象天明也。"贾公彦《疏》："此直言日月不言星者，此举日月，其实兼有星也。"《穆天子传》卷六谓葬盛姬云："日月之旗，七星之文。"郭璞《注》："言旗上画日月及北斗星也。《周礼》曰：'日月为常。'旗亦通名。"此记画北斗于大常，即《曲礼》绘招摇之事。《尚书·益稷》及《左传·桓公二年》孔颖达《正义》并引《穆天子传》证大常画日月北斗，江永《乡党图考》卷五《冕服考》又据郑玄《司服》注"至周而以日月星辰画于旌旗，所谓'三辰旂旗，昭其明也'"之文，明郑玄也以大常绘有星辰。《仪礼·觐礼》："天子乘龙，载大旆，象日月，升龙降龙。"郑玄《注》："大旆，大常也。王建大常，縿首画日月，其下及旒交画升龙降龙。"故孙诒让《周礼正义》以为大常所画，三辰之外又有交龙。然《礼记·郊特牲》云："祭之日，王被衮以象天。……旂十有二旒，龙章而设日月，以象天也。"孙希旦《集解》："犹大常有龙章、日、月，而或亦但谓之旂也。……旂十有二旒，龙章而设日月，《巾车》所谓'大常'也。"《司马法·天子之义》："章，周以龙，尚文也。"虽谓大常画龙章，但皆不以为交龙。《巾车》郑玄《注》以大常即九旗之画日月者。《仪礼·觐礼》："乘墨车，载龙旂。"郑玄《注》："交龙为旂，诸侯之所建。"则以诸侯所建乃交龙之旂，别于王之大常。郑玄以交龙一象升朝，一象下复，是大常不具交龙，唯画升龙可明。《尔雅·释天》："素锦绸杠，纁帛縿，素陞龙于縿，练旒九，饰以组，维以缕。"郭璞《注》："画白龙于縿，令上向。""陞"，《礼记·明堂位》郑玄《注》引作"升"。《仪礼·觐礼》："侯氏裨冕，释币于祢。"贾公彦《疏》："《白虎通》引《礼记》曰：'天子乘龙，载大旗，象日月升龙。'《传》曰：'天子升龙，诸侯降龙。'"而《司常》"交龙为旂"，郑意以为分象升朝下复，故郝懿行《尔雅义疏》以为升龙者画一龙，降龙者画二龙，甚确。明"升龙"实言头上向升天之龙，也即《乾卦》"或跃在渊"之谓。

《说文·衣部》："衮，天子享先王，卷龙绣于下常，幅一龙，蟠阿上鄉。"段玉裁《注》："鄉，今向字。蟠阿，曲皃也。上鄉，所谓升龙也。郑注《觐礼》云：上公衮无陞龙。然则惟天子衮有升龙也。龙曲体而卬首，故曰蟠阿上鄉。"故据天了衮服观之，也可明古旌旗之制于王之大常设画升龙之章，且其形蟠阿上向，与二里头文化绿松石龙的造型完全相同。

天子大常十有二斿，龙章而设日月，此龙显即升龙。《释天》不言日月，又云"练旒九"，乃合诸侯之制。金鹗以为，盖周秦之儒，往往以诸侯礼制上说天子，故《乐记》亦云"龙旂九斿，天子之旌"。是周秦间多以龙旂九斿为天子之制，则其本为大常而误减斿数。时礼崩乐坏，天子位卑比于诸侯。

据此可明，周代旗制以天子之大常画日月及升龙，诸侯之旂则画交龙而无日月。《释名·释兵》：“九旗之名，日月为常，画日月于其端。天子所建，言常明也。交龙为旂，旂，倚也，画作两龙相依倚。诸侯所建也。”以此衡量三代旗制，石楼龙形铜觥之盖面图像正为诸侯大旂之属，其表现交龙升降的基本内涵明确无误。事实上，如果在这样的图像中隐去降龙而唯存升龙，那么它不仅与二里头文化绿松石镶嵌遗物的图像一致，而且完全符合天子之旗特绘升龙的古制。很明显，这件二里头文化绿松石镶嵌遗物应该就是古代大常之遗迹，甚至三代遗物上留存的升龙之象也都可以考虑为取材于大常（图6）。绿松石拼嵌的升龙为东宫星宿的象征，其下之条形物则象征大地，内容表现了东宫苍龙出地而升的景象，这也正是古代帝王观象授时的基本天象。三代之大常图像似以升龙与太阳并绘。殷墟侯家庄第1001号墓出土骨柶即于身饰菱纹的龙首上方绘有太阳的形象（图6-2），可为明证。此正与郑玄以大常于縿首画日月的说法相合。以此例彼，则二里头文化大常图像似也应如此，唯太阳的图像或许为绣绘而非镶嵌，故因朽烂已不复存留。简报指出，位于绿松石龙身的铜铃尚留纺织品印痕，或为縿斿之迹。

三 旗 铃 考

二里头文化绿松石镶嵌遗物于龙身附铃，当为常旂之物。《说文·㫃部》：“旂，旗有众铃，以令众也。”知旗本系铃，旨在令众，故器名曰“铃”。“铃”本作“令”，即明其用而显令众之意。《颂斋吉金图录》图二五著录之王成周铃，器自名“令”，字不从“金”，颇存本义。器又为周王所用，显具令众之功。史载禹名“文命”[1]，“命”，卜辞及金文本皆作“令”，故“文命”即以文德命众之意。禹修文德，又可得西周䜌公盨铭文之印证[2]。故铃本非乐器，其作用则在于令众。《尔雅·释天》：“有铃曰旂。”《诗·周颂·载见》：“龙旂阳阳，和铃央央。”毛《传》：“铃在旂上。”《公羊传·宣公十二年》徐彦《疏》引孙炎曰：“铃在旂上，旂者画龙。”是图绘升龙及交龙之常旂皆附有铃。

有关二里头文化青铜铃的发现，目前见诸报道的共有7件[3]。7件铜铃表面均遗有纺织品痕迹，或粗似麻布，或精如丝帛，知其入葬时皆以织品包裹，其中某些织品或许正为旗物，因此不能排除这些铜铃确有一些属于旗铃的可能。

旗本招众，故配铃以令之，古制如此。《左传·桓公二年》：“鍚鸞和铃。”杜预

〔1〕 a. 陶寺文化陶背壶存有朱书“文邑”二字，疑与“文命”有关。冯时：《夏社考》，《21世纪中国考古学与世界考古学》，中国社会科学出版社，2002年。
b. 冯时：《文字起源与夷夏东西》，《中国社会科学院古代文明研究中心通讯》第3期，2002年。
c. 冯时：《“文邑”考》，《考古学报》2008年第3期。

〔2〕 冯时：《䜌公盨铭文考释》，《考古》2003年第5期。

〔3〕 中国社会科学院考古研究所：《中国考古学·夏商卷》第120页，中国社会科学出版社，2003年。

《集解》："铃在旂，动皆有鸣声。"孔颖达《正义》引李巡云："以铃置旐端。"郭璞《尔雅注》："悬铃于竿头，画交龙于旒。""竿"即旗杠，文献或作"干"。《诗·鄘风·干旄》首章言"孑孑干旄"，二章言"孑孑干旟"，卒章言"孑孑干旌"，今文"干"并作"竿"。知常旂之铃悬于旗上，唯或以为置于干首，或以为置诸旐端。西周毛公鼎铭云："朱旂、二铃。"番生簋铭云："朱旂、旜金、芜、二铃。"知龙旂本配二铃。洛阳北窑西周墓M453出土铜干首自书"南"字，或为鸟隼之旟旌，本悬二铃〔1〕。学者或以"二铃"乃计旗之数，谓"朱旂二铃"犹朱旂二柄〔2〕。然据实物所见，古以二铃配一旗，非以一铃与一旗为对，故以铃计旗似显无理。况以毛公鼎与番生簋铭文对读，"二铃"与"朱旂"、"旜金"、"芜"四事并举，自为赏赐之旗物，故连类而及。"朱旂"谓为縿斿，"旜金"则即画旜，"芜"之所指，学者间持异论。或连上文"金"字而释"金莽"，读为"锦枋"〔3〕，然字实作"芜"，且西周吴方彝铭言旗物而有"叔金"之称，故此"金"字当属上读而以"旜金"为句，读为"旜锦"，指为画章之所，说详下文。而"芜"字从"茻""冘"声，似指干首，即旗顶系铃载旄之处。

《说文·㫃部》："㫃，旌旗之游㫃蹇之皃。从屮，曲而垂下，㫃相出入也。"段玉裁《注》："从屮谓干首。"盖干首古似以"芜"名之。"冘"之古音又读与"由"同。《周易·谦卦》："由豫大有得。"汉帛书本"由"作"冘"。《后汉书·马援传》："计冘豫未决。"《广韵·尤韵》："冘，冘豫，不定。"凡此"冘豫"之辞，文献多作"由豫"、"淫豫"或"犹豫"，是"冘"、"由"同音。《战国策·西周策》："昔智伯欲代厹由。"高诱《注》："厹由，狄国，或作仇首也。"殷金文"顽首"，"首"或也作"酋"〔4〕。此皆"冘"、"首"相通之证。则"芜"既言首，实指干首，盖即"枕"之或体。古文字从"木"从"茻"无别，意近通用。《说文·木部》："枕，卧所荐首者。"实荐首之字本当作"冘"。"冘"，篆作"𠘧"，正象人卧而以枕荐首之形，故"冘"即安枕之本字。《说文·冂部》解以"冘冘，行皃"，大失本义。后"冘"字增木为意符作"枕"，正以木为荐首之物。《周易·坎卦》："险且枕。"郑玄《注》："木在首曰枕。"古枕以木为，刘向有《芳松枕赋》，崔瑗有《柏枕铭》，苏彦有《楠榴枕铭》，皆颂木枕之作。枕本荐首，俗呼"枕头"，故后世"干首"之称，与"枕"意正相因。古以干首或名"鸿脰"。《仪礼·乡射礼》："旃各以其物。无物，则以白羽与朱羽糅杠，长三仞，以鸿脰，韬上二寻。"郑玄《注》："鸿脰，鸿鸟之长脰者也。"孙诒让云："盖杠首曲而旁出以悬弧縿者。"〔5〕是干首名"鸿脰"，皆由"枕"名转注而

---

〔1〕 蔡运章：《铜干首考》，《考古》1987年第8期。

〔2〕 a. 郭沫若：《两周金文辞大系图录考释》第七册第134页，科学出版社，1957年。

b. 黄然伟：《殷周青铜器赏赐铭文研究》，《殷周史料论集》第174页，第197页，三联书店（香港）有限公司，1995年。

〔3〕 郭沫若：《两周金文辞大系图录考释》第七册第133页~第134页，科学出版社，1957年。

〔4〕 a. 冯时：《殷代史氏考》，《黄盛璋先生八秩华诞纪念文集》，中国教育文化出版社，2005年。

b. 冯时：《前掌大墓地出土铜器铭文汇释》，《滕州前掌大墓地》，文物出版社，2005年。

〔5〕 孙诒让：《九旗古谊述》，齐鲁书社，1988年。

图 15　金文从“㫃”之字

1、2. 旅父乙卣（《集成》5061.1、2）　3、4. 斿觚（《集成》6532、6533）　5、9. 妇嫙觯、簋（《遗珠》33、14）　6、7. 亚若癸觚、方觚（《集成》7308、7309）　8. 绊向觚（《集成》7306）

得。商代妇嫙簋铭之“嫙”字所从之“㫃”，其干首部分或作鸟首之形（图 15-9），疑即鸿脰，简化形式则唯存曲首（图 15-3）。其初为干首之别制，未必用于悬弧。故干首本名“枕”，于理甚合。考古出土之西周干首或以铜制，知其本与旗杠非属一体，故独赐之。彝铭言赐旗物或仅旗、铃两种，或多至旗、旜、枕、铃，丰简不定，此犹车马命服之赐，或整或零。是古旗配铃，不独龙旂，五旗皆然。而二里头文化大常之迹以铃配于升龙旁侧，恰合此制。

四　旗　旜　考

上古旗制甚繁，因时代旷远，实物无存，况文献简忽，难以钩沉。如五旗既别，又有旜、物之分，而旜、物之异，迄汉已无定说。《司常》：“通帛为旜，杂帛为物。”郑玄《注》：“通帛谓大赤，从周正色，无饰。杂帛者，以帛素饰其侧。白，殷之正色。凡九旗之帛皆用绛。”以九旗为通制，旜、物则其二也。然若旜、物无画，必不能起到辨殊徽号之作用，是郑意实有未尽。孙诒让《九旗古谊述》承金榜说谓：“周之旗物名九而正唯五，五旗之外更无它旗。所谓旜物者，犹今国徽之有正有镶，实为诸旗之通制。……凡五正旗，各有旜有物。通帛者，谓以同色之帛为縿斿，縿与斿上下通一色也。杂帛者，谓縿与斿异色，上下各相间杂。旜纯则尊，物杂则卑。叙爵则尊者建旜，卑者建物。表事则大者建旜，小者建物。故《乡射记》说国君射获旌于竟，则龙旜即大旂之为旜制者。自郑误以旜为不画者，则龙旜之文不可通矣。”以五旗各应方色，而旜、物乃纯驳之异，皆有画章，是。然谓郑玄以旜旗无饰，似失郑意。《仪礼·乡射礼》：“于竟，则虎中龙旜。”郑玄《注》：“画龙于旜，尚文章也。”知旜本设龙章。但以此比观郑前通帛无饰之说，似乎彼此矛盾。寻绎郑意，似但就旜物通帛杂帛为说，并未涉论画章。而上古旗制于画章之处理方法恐关乎旌旗形制，故与后世有所不同，如此，则旜、物本应限指备设画章之物，因其与縿斿之色或同或异，故有旜、物之名。其后旌旗更制，古礼寖失，致郑注《司常》仅据縿斿言之而已。求古溯源，旜、物与縿、斿实同属旗物，唯各有不同。后世渐以龙旜别为一旗〔1〕，误甚。

清儒或以五旗皆有旜、物，然常、旂之物，文献未闻。况据《司常》叙五旗之次，旜、物之前唯有日月之常及交龙之旂，而熊虎之旗、鸟隼之旟及龟蛇之旐，则厕于旜、物之后，已对五旗所涉旜、物有所分别。盖古之五旗以常、旂但有旜而无物，至旗、旟、旐三旗则旜、物并存。

旜、物虽有纯帛杂帛之分，但从上古旗制的发展角度分析，此旜、物本义当非关纯杂之别，而应与画章之绘设方法所决定的旌旗形制有关。《司常》以“通帛为旜”，郑玄仅言縿斿同色，解释并不全面。“旜”，字或作“旃”。《尔雅·释天》：“因章曰旃。”郭璞《注》：“以帛練为旒，因其文章，不复画之。”《左传·僖公二十八年》：“亡大旆之左旃。”孔颖达《正义》引孙炎云：“因其缯色，以为旗章，不画之。”《释名·释兵》：“旃，通以赤色为之，无文采。”皆宗郑意而曲解之，不合古制。《说文·口部》：“因，就也。”《逸周书·文酌解》：“因亲就年。”朱右曾《校释》：“因，依。”《诗·大雅·皇矣》：“因心则友。”毛《传》：“因，亲也。”《左传·闵公元年》：“亲有礼，因重固。”杜预《集解》：“能重能固则当就成之。”《礼记·礼器》：“为高必因丘陵，为下必因川泽。”故《释天》“因章”之“因”实乃依附受承之辞，“章”谓画章，“因章”意为依受画章，也即郑玄所谓“画龙于旜”。知旗中受承画章者本称“旜”，旜则为设章以明徽号之所，其别于縿斿通色之帛而独存。是早期旌旗似于縿斿之外别设承章之物，因“物”本画章之称，故承章之物亦可称“物”，遂专指旗中承受画章的旗物。而“旜”即“物”属，又为“物”之尊者，皆指旌旗中因章受画的部分。《司常》：“掌九旗之物名，各有属，以待国事。……及国之大阅，赞司马颁旗物。”郑玄《注》：“物名者，所画异物则异名也。属，谓徽识也。……仲冬教大阅，司马主其礼，自王以下治民者，旗画成物之象。”知“物”实即旗上所设之徽誌，用以名身份爵级。《仪礼·乡射礼》：“旌各以其物。无物，则以白羽与朱羽糅杠。”吴廷华《章句》：“物，所谓九旗之物，如孤卿建旜，大夫士建物之属。”胡培翚《正义》：“盖交龙熊虎九者及下龙旜之类。”所论甚确。《仪礼·士丧礼》：“为铭，各以其物。”意

〔1〕 聂崇义：《三礼图》卷九，清康熙丙辰（1676年）刻本。

亦同此[1]。《国语·吴语》：“审物则可以战乎。”韦昭《注》：“物，旌旗，物色徽帜之属。”旗之徽识以日月及四象以成物象，遂名之曰“物”，故“物”乃旌旗画章之通称。而古“旜”、“物”并举，明“旜”本也画章之谓。实上古旗制之画章于縿斿之外独设，因画章称“物”，故承受画章之旗物亦称“物”。物色与旗之縿斿或同或异，其通縿斿之色者位尊，物则名“旜”，此即《司常》所谓“通帛”者。旜制之外，物与縿斿之色各相殊异者位卑，也即《司常》所谓“杂帛”也，则仍守“物”名而已。据此可知，“旜”、“物”应为旗中专设画章之旗物。

据金文资料可知，至西周时代，旗制尚以画章独存而别于縿斿，縿斿无饰文章，画章则似以织绣之法设于锦质之旜物。番生簋铭云：

朱旂、旜金（锦）、芃、二铃。

毛公鼎铭云：

朱旂、二铃。

吴方彝铭云：

王呼史戊册命吴司旃罘（暨）叔（淑）金（锦）。

学者或连读毛公鼎铭为“朱旂二铃”[2]，然以番生簋铭证之，知“朱旂”与“二铃”当分属二物。学者又读番生簋铭云“朱旂旜”，谓即朱旂之縿斿同色者[3]，然以吴方彝铭证之，则知当读为“朱旂、旜锦”，“朱旂”与“旜锦”也分属二物。况依郑玄所说，“旜”既通赤之色，则复以“朱旂”为说，语意重复。吴方彝铭之“旃”与“淑锦”并举，其例与番生簋铭“朱旂”与“旜锦”并举相同。“旃”，阮元以为盖古“旃”字，乃从“㫃”从“帛”省[4]，说不可从。孙诒让则谓当即殷大白之旗。《巾车》：“建大白以即戎。”郑玄《注》：“大白，殷之旗，犹周大赤，盖象正色也。”金榜《礼笺》谓大白即《司常》九旗之“熊虎为旗”。《逸周书·克殷解》：“武王乃手太白以麾诸侯。”孔晁《注》：“太白，旗名。”其旗色白，故字作“旃”，以六书之义求之，当为从“㫃”“白”，“白”亦声[5]。所论甚是。故此“旃”为大白之旗，类当番生簋铭之“朱旂”。准此，则与“旃”并举之“叔金”也为旗物甚明。

“叔金”，阮元读为“淑金”，谓即善金[6]。然以番生簋铭例之，“金”当读为“锦”。郭沫若读“叔金”为“素锦”[7]，但锦为织文之物，其花五色绚烂，非为素白无文者。《诗·小雅·巷伯》：“成是贝锦。”郑玄《笺》：“犹女工之集采色以成锦文。”所言甚明，故郭说实也难通。盖“叔金”应读为“淑锦”，意即美善之锦，其与“旜锦”之称乃存广义狭义之别。

---

〔1〕马雍：《论长沙马王堆一号汉墓出土帛画的名称和作用》，《考古》1973年第2期。

〔2〕郭沫若：《两周金文辞大系图录考释》第七册第135页，科学出版社，1957年。

〔3〕郭沫若：《两周金文辞大系图录考释》第七册第133页，科学出版社，1957年。

〔4〕阮元：《积古斋钟鼎彝器款识》卷五，清嘉庆九年（1804年）自刻本。

〔5〕孙诒让：《古籀拾遗》卷中，中华书局，1989年。

〔6〕阮元：《积古斋钟鼎彝器款识》卷五，清嘉庆九年（1804年）自刻本。

〔7〕郭沫若：《两周金文辞大系图录考释》第七册第75页，科学出版社，1957年。

《释名·释采帛》："锦，金也。作之用功重，其价如金，故其制字从帛与金也。"王先谦《释名疏证补》："叶德炯曰：汉时锦名最多，有斜文锦、蒲桃锦，见《西京杂记》；有虎文锦，见《汉官仪》；有走龙锦、翻鸿锦、云凤锦，均甘泉宫招仙灵阁物，见郭子元《洞冥记》；有鸳鸯万金锦、蛟文万金锦，均成帝赐后宫物，见《博物要览》；有绿地五色锦，见吴淑《事类赋》引《西京杂记》；有云锦、紫锦，见《汉武内传》。至三国名目尤繁，如《御览》布帛部二载《魏志》绛地交龙锦、绀地句文锦、暴文杂锦，又载魏武诏如意虎头连璧锦、金薄蜀薄等，大都随织文命名。"锦以彩丝织组各种图案，是锦皆为彩锦。《说文·帛部》："锦，襄邑织文也。"桂馥《义证》："《急就篇》：'锦绣缦纯离云爵。'颜《注》：'锦，织綵为文也。'《诗·硕人》：'衣锦褧衣。'《传》云：'锦，文衣也。'《巷伯》：'萋兮斐兮，成是贝锦。'《传》云：'萋、斐，文章相错也。贝锦，锦文也。'"《尚书·禹贡》："厥篚织文。""厥篚织贝。"伪孔《传》："织文，锦绮之属。"孔颖达《正义》："绮是织绘之有文者，是绫锦之别名，故云锦绮之属，皆是织而有文者也。……郑玄云：贝，锦名。《诗》云：'萋兮斐兮，成是贝锦。'凡为织者，先染其丝，乃织之，则文成矣。"《诗·秦风·终南》："锦衣狐裘。"毛《传》："锦衣，采色也。"《文选·张衡四愁诗》："美人赠我锦绣段。"李善《注》："锦绣，有五采成文章。"锦以五彩织绣文章，意与"金"恰相应。《说文·金部》："金，五色金也。"段玉裁《注》："凡有五色，皆谓之金也。"金备五色，与织彩兼杂五色为锦意正暗合，故周人以"金"名锦。《释名》以"金"训"锦"虽出声训，又以"锦"为会意，俱存古义。

锦以织组而成物象，其用于旗物，则为旗之画章徽号所在。周代旗制以锦为设章之物，其中通帛者称"旜"，或连其质地而曰"旜锦"；杂色不纯者称"物"，或以旜兼物而泛言之曰"淑锦"。"旜"、"物"细言虽别，通言则同为章物，无有区分。《诗·小雅·六月》："织文鸟章，白旆央央。"此鸟旟之谓。毛《传》："鸟章，错革鸟为章也。白旆，继旐者也。央央，鲜明貌。"郑玄《笺》："织，徽织也。鸟章，鸟隼之文章。"《司常》贾公彦《疏》两引《诗》皆作"识文鸟章"，实"织"为本字，"识"为假借字。古旗以锦设徽识画章，其法为织绣而成，故诗云"织文鸟章"。鸟章织就，而所织者正为徽识，故有郑"织"为徽识之说。陈奂《诗毛氏传疏》："章，正幅。《诗》之'绥章'，《尔雅》之'因章'，《礼记》之'龙章'，皆正幅也。正幅为縿。《传》云'错革鸟为章'，则画革鸟于縿上，《传》有明文矣。"说虽可通，但以后世旗制比附上古制度，而不知古旗之縿与因章之旜锦实本有别。鸟旟以鸟为徽识，则"鸟章"犹"龙章"，本皆织绣于锦，遂成旜、物。《诗·大雅·韩奕》："王锡韩侯，淑旂绥章。"毛《传》："淑，善也。交龙为旂。绥，大绥也。"郑玄《笺》："善旂，旂之善色者也。绥，所引以登车，有采章也。"殊误。王肃云："章，所以为表章。"也未逮本义。此以"淑旂"与"绥章"对文，知为二旗物。王先谦《诗三家义集疏》："'淑旂'，旂也。'绥章'，旐也。《出车》、《采芑》并言'旂旐央央'，《传》：'央央，鲜明皃。'即《笺》所谓'善色'矣。《公羊·宣十二年传》注：'加文章曰旂。'《释文》：'绥，本又作緌。'《礼·明堂位》'夏后氏之绥'，郑注：'绥，当为緌，读如冠蕤之蕤。'是'緌'为正字矣。今字通作

‘绥’，‘绥章’连文，与《六月》‘帛茷’连文同义。‘茷’与‘旆’同，章、帛皆谓‘縿’也。以旆继帛曰‘帛旆’，以绥系于縿末，如为文章，是曰‘绥章’。”也以后世旗制曲为解说。古制设交龙于旜锦以为画章，故“绥章”实指旜锦或淑锦，乃旗之织绣徽识章物的部分。王引之《经义述闻》卷七：“绥者，文貌。《荀子·儒效篇》：‘绥绥兮有其文章也。’杨《注》曰：‘绥，或为葳蕤之蕤，字又作委。’《仲尼篇》：‘委然成文，以示之天下。’是也。所画于旂交龙日月之章，绥然有文，故曰‘绥章’。‘绥章’与‘淑旂’，文正相对也。”所说近是。故此“淑旂绥章”即言旂、旜二物，“淑旂”乃述旂之美丽鲜明，此指縿斿之属，而“绥章”则谓旜锦上织锈的徽识绥然夺目。此周王赐韩侯之“淑旂”与“绥章”例同番生簋铭言天子之赐番生“朱旂”与“旜锦”，又同吴方彝铭所言“旂”与“淑锦”，皆明“朱旂”与“旂”实为朱旗、白旗而无画者，也即縿斿，而与之相对的“旜锦”、“淑锦”则别于縿斿，为织绣文采物象之善锦，乃旌旗承因徽识画章的旗物，故为正幅。其或以质地言曰“锦”，或以物象言曰“章”，性质则皆属旜物。是上古之旗皆备旜、物，为画章之所，至周之旜、物虽以文锦为之，但仍别于縿斿而独设，此盖旗之古制。

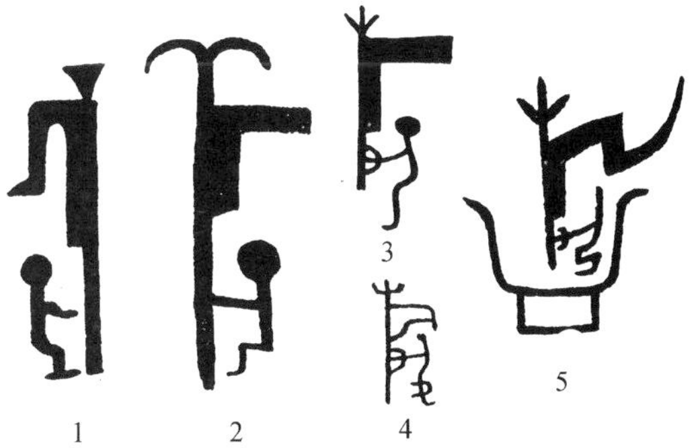

图16　金文从“㫃”之字

1. 竹斿卣（《集成》4852）　2. 斿觚（《集成》5448）　3. 斿父癸壶（《夏商周》150）　4. 长日戊鼎（《集成》2348）　5. 盘卣（《集成》5265）

上古旌旗形制虽难以详考，然据殷周甲骨文、金文“㫃”字字形分析，尚可略明一二。“㫃”取旗形，或写实逼真，或点画省简，形象完整者可见旗干、干首、旗旜和縿斿（图15、图16）。干首的形式多变，或简或繁，或曲或歧，曲首者又有单曲与双曲之别（图15），显然应该反映着不同的旗制。干首之下的旗縿与旗旜或饰崇牙。《礼记·檀弓上》：“设崇，殷也。”郑玄《注》：“崇，崇牙。旌旗饰也。”《礼记·明堂位》：“有虞氏之绥，夏后氏之绸练，殷之崇牙，周之璧翣。”郑玄《注》：“殷又刻缯为崇牙，以饰其侧，亦饰弥多也。汤以武受命，恒以牙为饰也。”孔颖达《正义》：“殷之崇牙者，谓刻缯为崇牙之形，饰旌旗之侧。”孙希旦《集解》则谓崇牙刻于旗杠之首以注旄，误甚。今据殷商祖乙卣铭文可知（图17），旗除干与干首以外的主体部分，于横置之縿与竖置之旜皆饰崇牙，而继縿之斿则无饰。又有某些“㫃”字似仅存横幅之縿与依干之旜，反不绘继縿之斿（图16-2～4）。据此可明，商周旗制凡依干之竖幅实即旗旜，而旜上横出者则为旗縿，继縿垂曳者则为旗斿。如果比较旅

图17　祖乙卣铭文拓本
（《集成》4890）

父乙卣两组相同的铭文，这一点也可以看得相当清楚。其中一“旅”字所从之“㫃”，旜与縿、斿连体而绘（图15-1），而另一“旅”字所从之“㫃”，旜则与縿、斿分绘（图15-2）。足明旗旜乃依干而设。这种独立存在的旗旜在两件斿觚铭文上也反映得很明确（图15-3、4）。其实，文字中象形的旗旜常由完整的形象而简省变化，如亚若癸觚铭及亚若癸方觚铭两种“㫃”字的形体，其一形象写实，旜与縿、斿连为一体（图15-6）；另一则已有所简化，独立而绘的旗旜与縿、斿相互分离，且旗縿的形象已被省略，唯以继縿之斿兼示縿斿，从而使旗旜突显（图15-7）。如果以绕向觚铭文中的相关之字与此对较，更可明其省略演变之迹。觚铭“㫃”字于旗斿之下依干斜饰二曲笔，上笔显然意在勾勒旗縿之轮廓，而下笔则在勾勒旗旜之轮廓（图15-8），而旜、縿的形象已不复存在。至于甲骨文、金文“㫃”字的一般写法皆作“[illegible]”形，简化尤甚。在这个字形中，旗旜的形象已全无踪影，只以一短画指示旗旜所在的位置而已。准此可明，“㫃”字凡省简之形多于縿斿之下的干侧斜饰一笔，位置与张縿之弧不同，喻义其实正在指示作为旌旗主体的旗旜之所在。

金文又有“倝”字，乃“㫃”字或体[1]，其字形特点对于了解旌旗的古老形制也很有帮助。“倝”本作“[illegible]”（图18-1，原误作“旅”），为旗之象形。西周金文“旂”作“[illegible]”，或作“[illegible]”（图18-2）[2]。“倝”、“㫃”互作，其取象相同，本为一字可知[3]。而“㫃”字的繁形俱写旗干、干首、旜及縿斿（图17），其中旗旜的形象呈矩形依干独设（图15），而“㫃”字于旗干中部的“[illegible]”符则显然是对“㫃”字字形中依干而设的旗旜的正面表现，据此也可明上古旌旗之形制。此外，古文字“史”本作“[illegible]”，省作“[illegible]”，金文或作“[illegible]”（图18-3），即写手执旌旗之形[4]，其中之“[illegible]”也即“倝”字，用意则在突显旗中承章之旜。盖古制以史奉王旗而行事[5]，故据其象以制“史”字，又用为“事”，而史所奉之旗作“[illegible]”，或即大常之象。

1　　2　　3

图18　金文“倝”及从“倝”之字

1. 倝鼎（《集成》2347）　2. 柞伯鼎（《新收》76）　3. 矢令方彝（《集成》9901）

〔1〕陈梦家先生谓“倝”乃“㫃”之繁体。见《中国文字学》第188页，中华书局，2006年。

〔2〕朱凤瀚：《柞伯鼎与周公南征》，《文物》2006年第5期。

〔3〕a. 冯时：《〈周易〉乾坤卦爻辞研究》，未刊稿；《说文》以“倝”训日出，乃承“旰”字之义。
b. 冯时：《殷代纪时制度研究》，《考古学集刊》第16集，科学出版社，2006年。
c. 冯时：《甲骨文所见商代天文历法研究》，线装书局（出版中）。

〔4〕a. 冯时：《殷代史氏考》，《黄盛璋先生八秩华诞纪念文集》，中国教育文化出版社，2005年。
b. 冯时：《前掌大墓地出土铜器铭文汇释》，《滕州前掌大墓地》，文物出版社，2005年。

〔5〕参见《史记·封禅书》。

《说文》训“㫃”字曲而垂下之物乃旌旗之斿，但“㫃”字既写旗形，却唯存旗干旗斿，反不见旗之正幅旜縿，令人费解。今据金文可知，“㫃”字曲而垂下之物实即连为一体的縿斿的简化形式，而在早期文字中，旗旜则别于縿斿而独绘，或以指事符号简而标示。故知古旗实旜、縿、斿三者兼备，旜乃依干而设，縿于旜上横置，斿与縿则连为一体，继縿而出。今见战国之旗有建旐于战车者（图19）〔1〕，旌旗形制于窄长之旐接续细长之旆，而旜已不存，已开后世旗制之先河。《尔雅·释天》：“缁广充幅，长寻曰旐，继旐曰旆。”此虽旐旆，乃杂帛为物之别制〔2〕，然其形制则有助于理解“㫃”字曲垂之笔的由来。郭璞《尔雅注》：“画交龙于旒。”意即画龙于縿章，也明古旗以縿斿一体。很明显，古旗以旗旜依干而设，作矩形竖向，旜上之干则系以织质縿斿，干首悬铃。此后随着旗制的变化，旗旜消失，縿幅渐广，以承画章。《释天》“因章曰旜”之说，其制合于金文。

《说文·㫃部》：“旃，旗曲柄也，所以旃表士众。从㫃，丹声。《周礼》曰：‘通帛为旃。’旜，或从亶。”此曲柄之旃，经典无见文。《汉书·田蚡传》：“列曲旃。”师古《注》引苏林云：“礼，大夫立曲旃。曲旃，柄上曲也。”是曲旃似为干首屈曲之旃，正合金文所见鸿脰之制（图15-3、9；图20-1～5）。孙诒让《九旗古谊述》：“窃疑曲旃即《乡射礼》之鸿脰。”甚是。然以之为诸旗通制，则恐非古法。殷周金文之“㫃”有直首曲首之分（图15-3、4、5、9；图20），两形虽于偏旁互用无别，但所体现之旗制确有不同，故许说实有所本。马宗霍《说文解字引经考》：“苏林所称礼，不必周礼，或秦汉以来有此制。”今知旜本画章之所，与干首无涉，后世制度渐变，盖以曲柄之旗独云旜也。

图19 战国铜壶画像（故宫博物院藏）

旜设画章，为旌旗之主体部分，后旗旜消失，旜物移画于縿，故旜则转指旗身。《左传·定公四年》：“分康叔以大路，少帛、綪茷旃旌。”贾逵云：“少帛，杂帛也。綪茷，大赤也。”郑众云：“茷，旆名也。”《说文·糸部》：“綪，赤缯也。”是“綪

〔1〕原田淑人、驹井和爱：《支那古器图考——舟车马具篇》图版七，东方文化学院东京研究所刊，1937年。

〔2〕孙诒让：《九旗古谊述》，齐鲁书社，1988年。

茷”、“少帛”当分言旜物。杜预《集解》承贾说以“少帛”为物，“綪茷”为旜，取染草名也。孔颖达《正义》：“大赤是通帛，知少帛是杂帛也。《释草》云：‘茹藘、茅蒐。’郭璞曰：‘今之蒨也，可以染绛。’则綪是染赤之草。茷即旆也。《尔雅》：‘继旐曰旆。’旐是旂身，旆是旂尾。尾犹用赤，则通身皆赤。知綪茷是大赤，大赤即今之大红。旗取染赤之草为名也，盖王以通帛、杂帛并赐卫也。然则大赤即是旃也，于綪茷之下更言旃者，茷言旂尾，旃言旂身。”即以“旜”指承依画章之旗身，犹存旜制古义。竹添光鸿《会笺》：“旃旌者，少帛、綪茷之旃旌也。少帛以物言，綪茷以色言，少帛之旌，綪茷之旃也。旃、旜同字，旗身也。”亦主此说。由此可明，旜指旗身，全因其本为画章之所。

殷金文有氏名作大常之形（图20），字从“㫃”从“虫”（图20-2～4），或也从“日”（图20-1、5～8），以象于旗旜绘升龙与日，字或从“工”，乃“珏”之省形，兼为声符，故字当为“珏”省声。此字旧或释“旇”，谓从“㫃”从“虹”〔1〕，然“工”

图20 金文“展”字

1. 𨓜尊（《集成》5926） 2、3. 剌卣（《集成》5338） 4. 父丁角（《集成》8893） 5. 亚妏涉觚（《集成》7288） 6. 亚展嬬尊（《集成》5684） 7. 亚展父己鼎（《集成》1871） 8. 亚展父丁鼎（《集成》1846） 9. 父乙觶（《三代》14.41.12） 10. 左钲（《集成》403）

〔1〕 唐兰：《古文字学导论》下编第39页，齐鲁书社，1981年。

非“工”字，实为矩尺之象形，故释“⿸㫃工”字无据。盖字当释“⿸㫃㠭”，或省“㫃”符(图20-9、10)，实即“㠭”之本字，今则作“展”。

《说文·㠭部》：“㠭，极巧视之也。从四工。”段玉裁《注》：“工为巧，故四工为极巧。极巧视之，谓如离娄之明，公输子之巧。既竭目力也。凡展布字当用此，展行而㠭废矣。”说甚迂曲。《玉篇·㠭部》：“㠭，今作展。”“展”本视义，而《说文·㫃部》释旃为曲柄之旗，所以旃表士众。段玉裁《注》：“旃当为展，以叠韵为训。《聘礼》曰：‘使者载旜。’《注》云：‘载之者，所以表识其事也。’‘及竟，张旜誓。’《注》云：‘张旜，明事在此国也。’此与仲秋治兵载旜皆表士众之义。”朱骏声《说文通训定声》：“从丹亦义，兼声。许云旃表士众者，盖以声训。此旃字当作展，谓展动之，为士庶之幖识也。”说皆精辟。据文献可知，王之大常绘日月及升龙，而“⿸㫃㠭”字从“㫃”从“虫”，或从“日”，正像旗上绘有日及升龙。字从“㠭”会意兼声，以明旗之张展则日与升龙诸章物皆可视见之意，设思巧妙。古制于旗绘日月四象之画章徽识，若旗縿敛覆，则徽识不可得见，唯以展旗方可使画章尽现，令人视之以明其标志。《仪礼·聘礼》：“及竟，张旜誓。”郑玄《注》：“张旜，使人维之。”贾公彦《疏》：“以其行道敛旜，及境张旜，明所聘之事在此国，故张旜以表其事也。云‘张旜，使人维之’者，案《礼纬稽命徵》云：大夫杠五刃，齐于较，较崇八尺，人又长八尺，人维得手及之者，盖以物接之乃得维持之。”《周礼·夏官·节服氏》：“节服氏掌祭祀朝觐，衮冕六人，维王之大常。诸侯则四人。”郑玄《注》：“维，维之以缕。王旌十二旒，两两以缕缀连，旁三人持之。《礼》：天子旌曳地。郑司农云：维持之。”贾公彦《疏》：“经云六人维之，明一畔有三人，三人维六旒，故知两两以缕缀连，旁三人持之。……若不遣维持之，则旒曳地故也。”《尔雅·释天》：“维以缕。”郭璞《注》：“用朱缕维连持之，不欲令曳地。”郝懿行《疏》以为维持以素缕。所述甚明。故“⿸㫃㠭”字之义正以旗上画章尽现而喻旗之张展。“㠭”本从“㫃”，知本义正为展旗。古展旗维之以缕，或以缕系于矩而人持之，故字从“工”。后积矩孳乳作“㠭”，乃众人展旗之象，正会展旗之意。是金文“展”字本为从“㫃”从“日”从“虫”从“㠭”省，“㠭”亦声，象以矩展旗而龙章尽现。《说文》以“㠭”训极巧视之，也正出此缘。旗展则可视之，遂得辨徽识。故以字考之，尽管早期常旗是否绘月尚不能定，但日与升龙同设的事实不仅相当清楚，而且画章也应同设于旜。

“旜”义本诸旜表士众，也即展示之展，明旗以展示画章而得辨殊徽识，自因“旜”乃设章之物。许慎以“旜”为曲柄之旜，其说与金文“⿸㫃㠭”字多作曲首之形颇合（图20-1～5），盖有所本。是“⿸㫃㠭”字所示也即大常之形。

1　　　　2

图21　金文“旜”字
1. 利簋（《集成》4131）
2. 番生簋（《集成》4326）

旜、物之分，除旗色通杂之外，尚于画章有所不同。“物”名源于徽识画章所成之各种物象，而旜为物之尊者，常旜又为尊者之至，故“旜”字取形之本或即常旜之龙章。西周金文有“旜”字，本作“旜”（图21），从“㫃”从

“蟺”〔1〕，“蟺”亦声。“蟺”乃从“虫”，“亶”省声。《说文·虫部》：“蟺，夗蟺也。”段玉裁《注》：“夗，转卧也。引申为凡宛曲之称。夗蟺叠韵，盖谓凡虫之冤曲之状。”故“旜”字所从之“虫”实即升龙之象，与“旜”字所从之“虫”表意相同，当同写常旜之龙章，故字从“蟺”会意兼声，以喻升龙倚动夗蟺之姿，此恰合二里头文化常旜及金文“旜”字所绘升龙所表现的形象。要之，“旜”字虽写升龙而取常旜之象，然其意则以尊摄卑，即以大常之章兼该旂、旗、旟、旐之旜物也。

郑玄以通帛大赤为旜，乃就縿斿言之，而金文“朱旂”与“旜锦”对称，是知朱旂无饰，旜锦则为画章之物，也明旜本画旜。金文“旜”字即取龙章之形，益为之证。旜为画章，故可展表士众，足资辨徽识，殊名号，则所附之縿斿自不必复为章物。盖古旗之制本大别为旜、物，皆备画章，其中旜与縿斿通色者尊，物与縿斿杂色者卑。《释名·释兵》：“通帛为旃，旃，战也，战战恭己而已。”也明旜者之尊。后世旗制趋简，画旜变制，遂礼家唯知通帛为旜、杂帛为物，渐失旜、物本义。

旜载画章，乃旗之徽识，作用在于辨尊卑，明身份，故旜与画章互文而行。《礼记·郊特牲》：“旂十有二旒，龙章而设日月，以象天也。”此常旜之谓。郑玄《注》：“设日月，画于旂上。”不训“龙章”而谓日月画于旂上，似以龙章为旜而日月绘于縿旗，犹有可通。孔颖达《正义》：“画龙为章而设日月，以象天也者。”即以龙为画章而与日月并设。《礼记·明堂位》：“是以鲁君孟春乘大路，载弧韣，旂十有二旒，日月之章，祀帝于郊。”此“日月之章”即《司常》之“日月为常”及《郊特牲》“龙章而设日月”，亦常旜也。《史记·鲁周公世家》：周公卒后，“成王乃命鲁得郊祭文王。鲁有天子礼乐者，以褒周公之德也。”裴骃《集解》引《礼记》曰：“鲁君祀帝于郊，配以后稷，天子之礼。”故知鲁君可享天子仪仗。《司马法·天子之义》：“旂章，周以龙，尚文也。”“龙章”为画章，本设于旜，常旜设升龙，而旂旜则绘交龙。

《司常》言九旗之物名“各有属”，郑玄《注》：“属，谓徽识也。”旗以所设之画章以辨名号，故“章”则有章明、徽识之意。《礼记·月令》：“以为旗章。”郑玄《注》：“旗章，旌旗及章识也。”《文选·曹植责躬赋》：“旗章有叙。”李善《注》引《礼记》郑玄《注》：“章，帜也。”是旗以画章为徽识。《诗·商颂·长发》：“为下国缀旒。”毛《传》：“缀，表。旒，章也。”已是晚起制度。甲骨文、金文“㫃”字明示旗旒继縿而出，后世旌旗以画章自旗旜移至旗縿，故“旒”亦训章，以明标识。又《国语·晋语一》：“变非声章。”韦昭《注》：“章，旌旗也。”即以章本旗之徽识，故推之曰旌旗。王引之《经义述闻》卷二十三：“谓旌旗之采章也。凡物之表皆谓之章，亦谓之旗。”旗绘成物为章，故成采章，用以定旗之徽识，故更广言为旗。凡此“章”意皆本诸画章，初设于旜，后旜失而移设于縿斿。故章为徽章，自于旜为画旜之义引申变化。

旗旜既明，则《司常》所谓“通帛为旜”当但述縿斿之色而无涉画旜，而《释天》之“因章”则独解画旜却不关縿斿，说虽各有侧重，皆颇存古义。是旗旜因画章而独设，实为专绘画章之物，别于縿斿。古旗年代深远，故旜制寖失本义，久不为人所知。实上古旗制，于縿斿之外独设画旜，以图画四象及升龙，明其徽识，此设章物

〔1〕 郭沫若：《两周金文辞大系图录考释》第七册第133页，科学出版社，1957年。

之所即为旜。二里头文化常旗遗迹唯存绿松石镶嵌之升龙图像，然此像绝无可能嵌于縿帛，审之必设于本质之旜，以成画章，故其本属大常之旜明矣。

五　旜　色　考

郑玄训旜为通帛大赤，甚是，然以大赤之色仅限周制，恐非。依孙诒让说，古旗有纯驳之分。《周礼正义》云：“其旜物二者，则为縿斿纯驳之异。凡旜，縿斿同色为纯；物，縿斿异色为驳。常旂为天子诸侯所建，疑唯有旜而无物。自旗以下，则贵贱通建，故旜物兼有。”而于《九旗古谊述》又云：“凡五正旗，各有旜有物。”然常、旂之物，史无明载。实依古制，旗旜独设，故旜与縿、斿同色者为旜，而常旜则当通为纁色。西周麦方尊铭云：“雩若翌日，在辟雍，王乘于舟，为大礼。……侯乘于赤旂舟从。”大礼行于辟雍，邢侯从王射而乘赤旂之舟，是赤旂似为鸟旟之属。五旗随章异物，各应方色。此云赤旂，当鸟旟之旜。《周礼·夏官·大司马》言中秋教治兵，“百官载旟”，郑玄《注》：“百官，卿大夫也。载旟者，以其属卫王也。”《司常》云“孤卿建旜”，明孤卿所建为旟之旜。麦方尊铭云麦“用赞邢侯出入”，“出入”意即出纳邢侯之命。麦方盉铭云麦“用从邢侯征事，用奔走朝夕赞御事”，此“征事”似言贡事，也即邢侯入典王事之职，知邢侯当在孤卿之列，其建旟旜，与制正合。

两周金文除赤旂之外，又见朱旂。朱赤之色异，以别尊卑。《说文·赤部》：“赤，南方色也。”又《糸部》：“絑，纯赤也。”“纁，浅绛也。”“绛，大赤也。”段玉裁《注》：“纯同醇，厚也。”是自浅绛之纁而大赤之绛，至纯赤之朱，其色由浅渐深。“絑”，本作“朱”。《周易·困卦》：“困于赤绂。”郑玄《注》：“朱深于赤。”《诗·豳风·七月》：“我朱孔阳。”毛《传》：“朱，深纁也。”《仪礼·士冠礼》：“服纁裳。”郑玄《注》：“纁裳，浅绛裳。凡染绛，一入谓之縓，再入谓之赪，三入谓之纁，朱则四入与。”是朱与绛为一色，赤与纁为一色。朱绛红最深且纯，赤纁则较浅而不甚纯。故色深为朱，色浅为赤，深尊而浅卑。

《说文·巿部》：“巿，韠也。上古衣蔽前而已，巿以象之。天子朱巿，诸侯赤巿，卿大夫葱衡。”《诗·小雅·斯干》：“朱芾斯皇。”郑玄《笺》：“芾者，天子纯朱，诸侯黄朱。”《鲁诗》“芾”作“绋”。《白虎通义·绋冕》：“天子朱绋，诸侯赤绋。”陈乔枞《三家诗遗说考》：“《易乾凿度》：‘天子、三公、九卿朱绂，诸侯赤绂。朱绂者，赐大夫之服也。’郑《注》：‘朱、赤虽同，而有深浅之别。’说与此合。然则诸侯惟得用赤绋，入为王臣，始加赐朱绋。天子、三公、九卿，皆服朱绋葱衡。方叔为宣王卿士，故《诗》言‘朱绋斯皇，有瑲葱衡’也。”其说甚是。王先谦《诗三家义集疏》：“诸侯入为天子三公九卿，亦得赐朱芾，惟是黄赤，与天子纯朱有别故也。”西周金文屡见天子降赐朱芾，正同此制。而诸侯卿士受赐朱旂，亦合于制度。

朱旂为赏赐之物，犹九锡之赐。郑玄《司常注》谓“九旗之帛皆用绛”，与朱旂正合，盖言其制。毛公鼎铭云“朱旂、二铃，”有旗而无旜。番生簋铭云“朱旂、旜锦”，“旂”、“旜”并述，“旂”为织质縿斿，“旜锦”为画旜，知有旗有旜。“朱旂”显即朱绛之旗，色深于赤。而“旜锦”与“朱旂”同举，似“朱”也兼涉旜色，可明画旜当为朱绛之色。二里头文化之大常遗迹留有朱漆残痕，益可证其为大常之旜。

六　旗旜变制考

西周旗制之旜以锦为之，但二里头文化常旜所设之升龙并非织绘于锦，而是以绿松石镶嵌而成，或为古制，其法于文献尚有迹可寻。

《尔雅・释天》："错革鸟曰旟。"郭璞《注》："此谓剥鸟皮毛置之竿头，即《礼记》云：'载鸿及鸣鸢。'"《公羊传・宣公十二年》徐彦《疏》引李巡云："以革为之，置于旐端。"乃郭意所本。《诗・小雅・六月》："织文鸟章。"毛《传》："鸟章，错革鸟为章也。"则承《释天》说。郑玄《笺》以"鸟章"即旗下鸟隼之画章，孔颖达《正义》引《郑志》答张逸云："画急疾之鸟隼是也。"又引孙炎曰："错，置也。革，急也。画急疾之鸟于縿也。"读"革"为"亟"，本之于郑，未逮本义。《说文・㫃部》："旟，错革画鸟其上。"段玉裁《注》："鸟上各本有'画'字，妄人所增。考《韵会》所据小徐本无此字，今删。"是。郑玄解九旗皆画章物，文献于旗也皆言"画"，然《释天》唯旟言"错"，遂后人妄增"画"字，又以"错革"为辞，皆误。《隋书・礼仪志五》释《释天》"错革鸟"而引旧注云："刻为革鸟。"《太平御览》卷三四〇引《尔雅》旧注也云："刻为革鸟，置竿首也。"以"错"训刻，最近本义。"革鸟"则为张翼之鸟。《诗・小雅・斯干》："如鸟斯革。"毛《传》："革，翼也。"郑玄《笺》："如鸟夏暑希革张其翼时。"马瑞辰《毛诗传笺通释》："革，《韩诗》作䩡，云'翅也'。《说文》：'䩡，翍也。'《广雅》：'䩡、翄，翼也。'翍、翄并与翅通。《毛诗》作革，即䩡字之省借，故《传》训为翼。"是为证[1]。故"错革鸟"意即以革鸟为画章而刻错之。

"错"为画章之制作方法，显非绘画，而犹嵌错。镶嵌即先于器表刻出图像之凹槽，再将嵌物措置其间后磨平，其工艺恰合"错"意。《说文・金部》："错，金涂也。"段玉裁《注》："谓以金措其上也。或借为措字，措者，置也。或借为磨厝字，厝者，厉石也。或借为这逪字，东西曰这，邪行曰逪。"诸意并与镶嵌合。《楚辞・大招》："琼毂错衡。"王逸《章句》："金银为错。"《国语・晋语八》："文错其服。"韦昭《注》："错，错镂。"《周易・系辞上》："苟错诸地而可矣。"李鼎祚《集解》引虞翻曰："错，置也。"《诗・小雅・鹤鸣》："可以为错。"毛《传》："错，石也，可以琢玉。"故"错"即错磨、嵌措之意，谓以金石之料填磨拼嵌。古旗如无木质旗旜而仅存帛质縿斿，则画章唯称"画缋"，断无言"错"之理。今既言"错"，必知画章当错诸旗旜也。故早期旗旜所设之章物，除日月之外的四象恐皆采用错嵌之形式。其后制度变化，错嵌画章之法也随着旗旜质地的变化而改变了工艺，由原本错于木质之旜而转

〔1〕 a. 日本出光美術馆藏西周时代铜器（《中国古代の美術》，封面，出光美術馆，1978年），首铸双鸟，学者或论当属铜翣，可从。

b. 林巳奈夫：《中国先秦时代の旗》，《史林》第49卷第2号，1966年。

c. 王龙正、倪爱武、张方涛：《周代丧葬礼器铜翣考》，《考古》2006年第9期。

为织绣于旜锦。待旗旜消失，画章则径织绘于縿。故《尔雅》于旐旗错革鸟之记载，正为上古旗制之孑遗。而二里头文化常旜遗迹的发现，恰与此制吻合无间。

古人建旗以招众，其制甚古。自新石器时代以迄殷商曾经发现大量纺轮与少量织物遗存，证明当时已有一定水平的纺织手工业，这当然足以为旌旗以丝麻为物织组縿斿提供技术的保证。然而旌旗的关键在于徽识的设置，如果画章不能以一种较一般织物更复杂的织法或绣法织绣于旗縿的话，那么仅于旗物画缋设色，受之风雨则必不能久存，而致漫漶泯灭。尽管殷墟墓葬曾经发现裹尸的彩绘布幔遗迹，布幔似绘一蝉，以红色为底，墨线勾勒图案轮廓，复以白色或黄色填充，惜腐朽不清[1]，但这些绘有复杂物象的织品却不适用于旌旗。显然，以文锦织组画章而为旗旜的做法只能是一种晚起的制度。因此在文明发展的早期阶段，纺织手工业尚不发达，而斲木为旜并以彩石错设画章由于更为简单易行，因而成为先民首先创制的古老制度。陆德明《经典释文》引《世本》：“黄帝作旃。”可见其起源之早。盖古旗之制，初本仅以木为旜而设徽誌招众，后增附无画之縿斿，与旜通色以为旗，故旗设承章之旜。其后随着织锦技术的发展，木旜渐由文锦取代，而后更以画旜与旗縿合流，旗縿成为承因画章的旗物，独立存在的画旜则最终消失。换句话说，其实正是由于古代工艺水平的局限，徽誌不便织缋于帛质旗縿，木质旗旜才得以出现。而一旦工艺进步，旗章可以通过织缋的手段完成，独立的木旜便没有了再存在的必要。事实上，目前的考古学与文献学证据虽然显示商代已经出现织组几何形花纹的文绮，但尚不能证明当时已有织绣复杂图案的文锦[2]，而西周以后，这两方面的证据都已非常明确[3]。这意味着西周时期的旜锦实际正反映了木质旗旜消亡之后的过渡形态，而二里头文化常旜遗迹并未发现金属框架的承托，说明龙章可能直接镶嵌于木质之旜，应该已近木质旗旜发展的尾声。很明显，古代工艺的发展事实上是决定旌旗形制变化的根本原因。

如果先民有能力织出足够厚实的织品，那么早期旗制的画旜在以画章直接织绣于旜锦之前，似乎还经历了将画章单独制作后固定于这种以挺扩的织物作为旗旜的阶段。当然这些画章的形制都应相对较小，以便使旗旜能够承受。或者由于常旜所设之龙章与其他诸旗所具之画章巨细不同，以木为旜和以织物为旜在旗物产生的早期阶段或许是并行发展的。

二里头文化常旜遗迹所存留的画章乃具升龙之象，全长 70.2 厘米，而木旜之长度显然应较此画章更长，故画旜形体硕大。而二里头文化墓葬中曾经出土的 3 件类似的绿松石镶嵌遗物则相对较小，制作的方法也与常旜略有不同，均以金属框架承托镶嵌

---

〔1〕 中国社会科学院考古研究所安阳工作队：《1969—1977 年殷墟西区墓葬发掘报告》，《考古学报》1979 年第 1 期第 41 页。

〔2〕 a. 夏鼐：《我国古代蚕、桑、丝、绸的历史》，《考古学与科技史》，科学出版社，1979 年。
b. 夏鼐：中国社会科学院考古研究所：《殷墟的发现与研究》第 414 页，科学出版社，1994 年。

〔3〕 中国社会科学院考古研究所：《中国考古学·两周卷》第十章第四节，中国社会科学出版社，2004 年。

物，故学者多称为“铜牌饰”。我们以为，这种“铜牌饰”可能亦属旗旜之画章。

龙章　编号M4∶5，长14.2厘米，宽9.8厘米。缘设四钮，背面附有麻布纹（图2-1）。置于死者胸部。旁出铜铃1件，高8.5厘米，附有麻布〔1〕。

熊章　编号M11∶7，长16.5厘米，宽8厘米~11厘米。缘设四钮（图2-6）。置于死者胸部。旁出铜铃1件，高7.7厘米，附纺织品残片〔2〕。

鸟章　编号M57∶4，长15.9厘米，宽7.5厘米~8.9厘米。缘设四钮（图2-4）。置于死者胸部。旁出铜铃1件，高8.45厘米，附至少两种纺织品〔3〕。

另有四川广汉三星堆出土及传世之绿松石镶嵌画章多枚，长度约在12.3厘米~17.2厘米之间，唯沙可乐博物馆所藏1件长26.6厘米，形制特别〔4〕。这些画章的形象实皆不出龙、熊、鸟三类，且均具四钮，学者或推测当系挂于死者胸前之用，但如此佩戴，唯需一至二钮即可，四钮的设计则颇显多余，所以我们认为，画章独立制作并配设四钮，应是出于将画章固定于旗旜的需要。

二里头遗址出土之画章皆配铜铃，应属旗物，同时诸种嵌错画章及铜铃或留有纺织品遗痕及残片，多者则至两种以上，表明此类旗物之旜物似已以织品为之。唯此时之纺织手工业尚未发展出先进的织锦工艺，故旗旜纵使以织品为之，也无力织文成章而设画，于是古人另以绿松石嵌错画章，并将其固定于旗旜，以作为旗帜徽誌。这种将画章系固于织品的旗物应即西周旗制所谓“旜锦”的前身。与此同时，王之龙旜则独以木为之，制度不同，爵秩也最尊。

此类画章以常旜之升龙形制最大，从而与其他相对小巧的画章形成了鲜明的区别，应当分别体现着礼制的高下差异与使用者身份的不同。同时就画章雕饰的形象而论，龙章以强调中脊而形成左右对称的构图，且圆鼻曲须（图2-1），表现出与早期龙形造型相同的特征。因为不仅新砦遗址所出陶器盖上之龙纹即呈圆鼻，两腮垂须下卷（图1-1），而且商代青铜器装饰纹样中具有同一特点的龙纹也十分普遍（图1-2、3），至于龙纹强调中脊，更是商周龙形图案流行的造型（图3-3、4；图8-2；图22），显然，这些特征与二里头文化之龙章甚为吻合。唯此龙章下复，方向不同于常旜之升龙，盖属旂旜之龙章。似二里头文化时代，旂章或为降龙，而不具交龙。《白虎通义·车旂》：“《礼记》曰：‘天子乘龙，载大旂，象日月升龙。’《传》曰：‘天子升龙，诸侯降龙。’”陈立《疏证》：“三公衮冕则止有降龙，无升龙，所以明下不得僭上也。”恰可互为印证。是其时诸侯唯用降龙。鸟章则呈长喙而身饰羽毛（图2-4），长喙及羽毛的造型与商周遗物中禽鸟的表现方式如出一辙（图23），显为旟旜之鸟章。而熊章的形象

〔1〕中国社会科学院考古研究所二里头工作队，《1981年河南偃师二里头墓葬发掘简报》，《考古》1984年第1期。

〔2〕中国社会科学院考古研究所二里头工作队：《1984年秋河南偃师二里头遗址发现的几座墓葬》，《考古》1986年第4期。

〔3〕中国社会科学院考古研究所二里头工作队：《1987年偃师二里头遗址墓葬发掘简报》，《考古》1992年第4期。

〔4〕王青：《镶嵌铜牌饰的初步研究》，《文物》2004年第5期。

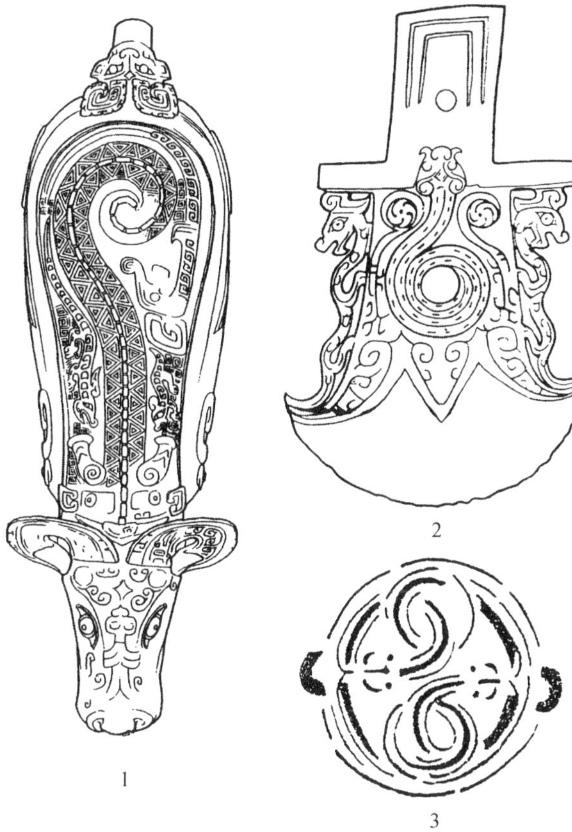

图 22 殷周铜器上龙身中脊凸显的龙纹

1. 殷代司母辛兽形觥盖（殷墟小屯 M5∶803） 2. 西周铜钺（长安张家坡 M199∶10） 3. 春秋铜罐盖（上村岭虢国墓地 M1705∶68）

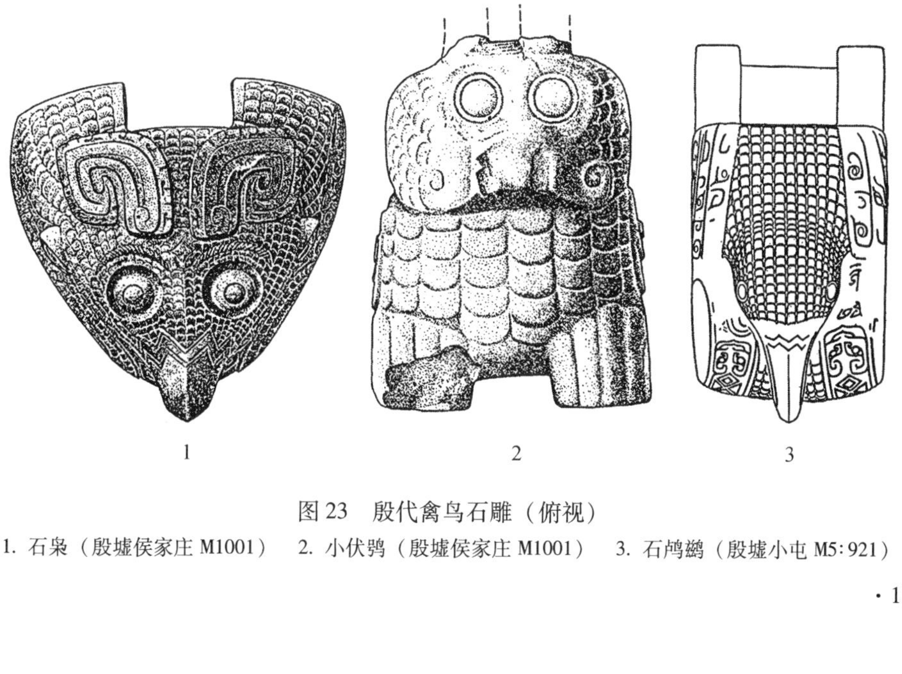

图 23 殷代禽鸟石雕（俯视）

1. 石枭（殷墟侯家庄 M1001） 2. 小伏鸮（殷墟侯家庄 M1001） 3. 石鸬鹚（殷墟小屯 M5∶921）

则以熊的凸吻为特征，神态逼真，故为旗旜之熊章。很明显，这些旗章除常旜之外皆形制玲珑，其固定于麻类或其他织物上是没有问题的。这说明在先民有能力织锦旗章以前，旌旗的徽誌画章都是单独制作的。

旗旜以木为之或属上古通制，后渐为王者大常之专制。二里头文化常旜之龙章周围及铜铃之上皆残留红色漆痕，可知旗旜或为木质而髹以朱漆，非为织物，故升龙之章本当镶嵌于木质旗旜。尽管我们尚不清楚木旜与旗干如何装配，但旗旜之幅面却可以大致明了。

郑玄以为九旗之帛皆用绛，然清儒归为五旗，各应方色。二里头文化之常旜以升龙为画章，其他各旗则以降龙、熊、鸟为画章，皆由绿松石镶嵌而成，其色青绿，并无颜色的分别。盖早期旗章似以青素之色为之。《释天》所言“纁帛縿，素陞龙于縿”，郭璞《注》：“纁帛，绛也。画白龙于縿，令上向。”纁色浅绛，而龙章素色，似合于上古旗制。《隋书·礼仪志五》：“凡旗，太常画三辰，日、月、五星。旂画青龙（皇帝升龙，诸侯交龙），旟画朱雀，旌画黄麟，旗画白兽，旐画玄武，皆加云。”[1]后世画章虽应方色，但旜旗之画章唯升龙、交龙之别，而颜色无差，也颇存古义。故以升龙为青龙正属常旜之章，此与二里头文化之常旜密合。

七　常旜移用铭旌考

古以旗旜辨殊徽号，故司常掌旗物之用，以待国事，及葬亦如之。是旗物之用统及生死，其行于葬仪，则发展出后世的铭旌制度。

《礼记·檀弓上》：“孔子之丧，公西赤志焉。饰棺墙，置翣，设披，周也；设崇，殷也；绸练设旐，夏也。”郑玄《注》：“墙之障柩，犹垣墙障家。墙，柳衣。翣，以布衣木，如襶与？披，柩行夹引棺者。崇，崇牙，旌旗饰也。绸练，以练绸旌之杠。此旌，葬乘车所建也。旌之旐，缁布广充幅，长寻，曰旐。《尔雅》说旌旗曰：‘素锦绸杠。’”郑以此“旐”乃乘车之旌，如此则与经文所言饰棺之事无涉。孔颖达《正义》云：“凡送葬之旌，经文不具。”故学者以为实铭旌之属[2]。“旐”于此则为铭旌之称，据文献所述，其制之起或源于夏俗。

据《檀弓》可明，古之铭旌或名“旐”，知与旌旗关系密切。《续汉书·礼仪志下》：“书旐曰‘天子之柩’。”《通典》卷七九引南朝宋崔元凯《丧仪》：“铭旌，今之旐也。”“旐”又名“丹旐”。北周王褒《送观宁侯葬诗》：“丹旐书空位，素帐设虚樽。”《仪礼·士丧礼》即以铭旌之末为赤色，与考古所见之铭旌颜色颇合，而后世习俗又皆以绛缯为铭旌。显然，铭旌名“旐”或“丹旐”皆因袭旗制，其色赤绛[3]，

---

〔1〕《通典》卷六十六《礼》二十六：“汉制，龙旂九斿，七仞，以象大火。后周太常画三辰，旂画青龙，天子升龙，诸侯交龙。”

〔2〕马雍：《论长沙马王堆一号汉墓出土帛画的名称和作用》，《考古》1973年第2期。

〔3〕马雍：《论长沙马王堆一号汉墓出土帛画的名称和作用》，《考古》1973年第2期。

不仅保留了铭旌源于旌旗的特点，更可见常旜通赤之传统，这意味着古代铭旌制度当直接导源于旗章。

《司常》：“大丧，共铭旌。”郑玄《注》：“铭旌，王则大常也。《士丧礼》曰：‘为铭，各以其物。’”此铭旌为司常所掌，知其实乃旗属。《仪礼·士丧礼》：“为铭，各以其物。亡，则以缁，长半幅；赪末，长终幅，广三寸。书铭于末，曰：‘某氏某之柩。’竹杠，长三尺。置于宇西，阶上。”郑玄《注》：“铭，明旌也。杂帛为物，大夫之所建也。以死者为不可别，故以其旗识识之，爱之斯录之矣。亡，无也。无旌，不命之士也。半幅，一尺。终幅，二尺。在棺为柩。今文‘铭’皆为‘名’。‘末’为旆也。”古以铭旌覆棺，故又称“柩”。其上内容，仍袭用死者生前所用旌旗之徽识，以昭明身份。而不命之士无旗物，遂书铭于末，故铭旌亦称“铭”或“名”。《檀弓下》：“铭，明旌也。以死者为不可别已，故以其旗识之。爱之斯录之矣，敬之斯尽其道焉耳。”郑玄《注》：“明旌，神明之旌。不可别，形貌不见。”朱彬《训纂》引卢《注》：“形掩藏不可别，故旌其别也。”知铭旌为旗，用以覆尸覆棺，旌明亡者身份，作用正本诸生时所建之旗。

后世铭旌之制虽袭旌旗，但生时之旗并不入葬，故铭旌乃仿生时之旗而别造之，唯形制简质而已。《檀弓下》孔颖达《正义》：“《司常》云：‘王建大常，诸侯建旂，孤卿建旜，大夫士建物。’则铭旌亦然，但以尺寸易之。”《周礼·春官·小祝》：“大丧赞渳，设熬置铭。”贾公彦《疏》：“谓为铭旌，用生时旌旗，但沽而小。案《士丧礼》注，王则大常，诸侯则建旂，孤卿建旜，大夫士建物。”又《士丧礼》贾公彦《疏》：“始死则作铭，讫，置于重，今殡讫，取置于肂上。铭所以表柩故也。”“此始造铭，讫且置于宇下西阶上，待为重讫，以此铭置于重。”知铭旌入圹覆棺，虽用生时旌旗，但非直受之，而是仿生时旌旗，于亡者死后别制之，但较生时之旗简沽，尺寸也异。《士丧礼》“为铭，各以其物”云云，亦造铭之谓。

然以后世之铭旌制度比较二里头文化常旜遗迹则显有不同。其一，二里头文化常旜遗迹配铃，知为常旗之实物，而后世别作之明旌虽袭旗物而仿之，但并不实系旗铃，故明此常旜遗迹乃旌旗实物，而非死后别作者。其二，后世铭旌较生时之旗粗沽而小，而此常旜遗迹精致绝伦。如为别作之铭旌，似过于盛美。事实上，常旜乃天子之旌，然3号墓的墓葬形制与随葬品规模都难以显示其为天子之墓，故此常旜绝非依墓主生前所用之旗而别造之铭旌，似为天子特赐之旗物（说详第九节），这也说明此常旜实据大常而简沽之，属旌旗实物。不仅如此，二里头文化其他绿松石镶嵌的旗物皆配有铃，也为旌旗原物，其用以覆尸覆棺，当同属以生时旌旗用为铭旌者，而非为死者特制之铭。盖铭旌之制早晚或有变化，上古之时，铭旌似皆袭用生时之旗，唯将旗制简省而已，无需特制。故郑玄以为王则大常，大夫则物，并以大常及物直用为铭旌，甚合古制。迄至后世，生时之旗渐不可移用为铭旌，故需仿生时之旗别造而简沽之。孔颖达以为铭旌同于生时旌旗，唯尺寸不同；贾公彦也以铭旌用生时之旗，但沽而小，都是对上古以生时旌旗简沽之而移用为铭旌之制的继承。是知上古之旗用兼涉生死，生时以其辨徽号，殊身份，死后则移为葬仪，但仍袭旗识之功。

铭旌的作用在于入圹覆棺覆尸。《士丧礼》："卒涂，祝取铭置于肂。"郑玄《注》："为铭设柎，树之肂东。"贾公彦《疏》："卒涂，始置于肂。云肂东者，以不使当肂，于东可知。"二里头文化之常旜仅存一铃，而无干杙，显较生时之大常简质，此制度密合。且其覆于墓主身上，首起西北而植于东南，犹后世以旌幡覆棺，此位置密合。很明显，此常旜遗迹实以生时之大常用为葬时之旌。

西周金文言册命事，常以先人旗物充为舆服转赐后人，以作为世官袭爵的凭据。大盂鼎铭："锡乃祖南公旂，用狩。"善鼎铭："锡汝乃祖旂，用事。"盖古时之旗，每人拥有不止一面，除用以殓葬者外，仍有可用为舆服者。

古制以送葬有乘车之旌、廞车之旌和铭旌，大夫以上备三旌，士无廞车之旌。《檀弓上》孔颖达《正义》云："凡送葬之旌，经文不具。案《既夕》、《士礼》而有二旌。一是铭旌，是初死书名于上，则《士丧礼》为铭各以其物，书名于末曰某氏某之柩。置于西阶上，葬则在柩车之前，至圹，与茵同入于圹也。二是乘车之旌，则《既夕礼》乘车载旜，亦在柩之前，至圹，柩既入圹，乃敛乘车所载之旌载于柩车而还。故郑注《既夕礼》云：'柩车至圹，祝脱载除饰，乃敛乘车、道车、稾车之服载之而还，不空以归。送形而往，迎精而反。'此是士之二旌也，其大夫、诸侯则无文。其天子亦有铭旌，与士礼同，故《司常》云：'大丧，共铭旌。'郑注云：'王则大常也。《士丧礼》曰：'为铭，各以其物。'初死亦置于西阶，将葬移置于茵，从遣车之后亦入于圹也。是其一旌也。《司常》又云：'建廞车之旌。'廞谓兴作之，则明器之车也，其旌则明器之旌，止则陈建于遣车之上，行则执之，以从遣车至圹，从明器而纳之圹中。此二旌也。案士礼既有乘车载旜，攝孤卿之旜，则天子亦当有乘车载大常，谓以金路载之至圹，载之而还，但礼文不具耳。此其三旌也。然则天子三旌也，士以礼无遣车，故无廞车之旌，但二旌耳。诸侯及大夫无文。熊氏以为大夫以上有遣车，即有廞旌，并有三旌也。"又《巾车》贾公彦《疏》云："将葬之旌，士有二旌，大夫已上皆有三旌。知者以《既夕礼》是士礼，而有乘车所建旃，是攝盛，故用孤卿所建通帛之旃也；又有铭旌，以其士无遣车，故无廞旌也。大夫以上有乘车，所建旌，卿已上尊矣，无攝盛，以寻常所建旌。王则大常，孤卿建旃，大夫亦应攝盛用旃，是一也。又有廞旌，又有铭旌也。"上古铭旌初本直袭生时之旌，并不别造，故此三旌之制当为晚起。

廞车为明器之车，唯见《周礼》，《仪礼》、《礼记》不载。《巾车》："大丧，饰遣车，遂廞之，行之。及葬，执盖从车，持铭。"郑玄《注》："廞，兴也。谓陈驾之。行之，使人以次举之以如墓也。"贾公彦《疏》："大丧，谓王丧。遣车，谓将葬遣送之车，入圹者也。言饰者，还以金象革饰之，如生存之车，但麤小为之耳。"知其车麤制而小，使人举之如墓。孙诒让《正义》："据《既夕礼》'旬人抗重出自道'，注云：'抗，举也。'又行明器不言车马，明皆人举行之可知。《檀弓》疏云：'遣车之形甚小。《巾车》"大丧饰遣车"，郑云："使人以次举之以如墓也。"又《杂记》"遣车视牢具，置于四隅"，郑云："四隅，椁中之四隅。"以此而推，故知小也。案据孔说，是遣车较常车特小，故一人可抗举之以行。故孔颖达以为廞车乃明器之车，则廞车之旌亦当明器之旌。廞车入圹，廞旌随廞车入葬并建于廞车，无关棺椁。《司常》："建廞车之旌，及葬亦如之。”郑玄《注》：“葬云建之，则行廞车解说之。”贾公彦《疏》：“此谓在庙陈时建之，谓以廞旌建于遣车之上。及葬亦如之，此谓入圹亦建之。”《周礼·春官·冢人》：“及葬，言鸾车象人。”郑玄《注》：“鸾车，巾车所饰遣车也。亦设鸾旗。”所论甚明。但此3号墓内并无廞车随葬，自然不会有廞车之旌，由此可知，二里头文化之常旜遗迹固非廞旌。而乘车之旌本不入圹，是墓中亦无乘车之旌。如此，则此常旜遗迹当属以大常实物移用为铭旌，非为死者特制之铭。

八　铭旌变制考

后世铭旌之制乃由早期之旌旗演变而成，旌幡所绘内容自也承袭旌旗。《司常》以日月为常，乃天子所建，其制至汉魏而未改，唯已不限于天子之旌。《续汉书·礼仪志下》：“大驾，太仆御。方相氏黄金四目，蒙熊皮，玄衣朱裳，执戈扬楯，立乘四马先驱。旂之制，长三仞，十有二游，曳地，画日、月、升龙，书旐曰‘天子之柩’。”以汉皇帝出殡，有画幡为先导，不仅所绘内容合于大常，且直名为“旂”，与上古旗制全同。又《通典》卷七九引挚虞论天子丧制而云：“按汉魏故事，……铭旌建大常，画日、月、星辰。”然考古所见西汉铭旌虽非天子之旌，却也具三辰[1]，足见大常对后世铭旌制度的影响。

大常及旌幡所绘之升龙于《史记·封禅书》又作“登龙”，其形象当然就是冒地而出的升天之龙。《士丧礼》：“祝取铭置于重。”贾公彦《疏》：“必且置于重者，重与主皆是录神之物故也。”重为神明寄托之木，铭是神明寄托之旌，两物皆与神明有关，足见铭旌的作用并非只在昭明身份，而也应具通神之意。上古旗帜涉用生死，生者以为仪仗，死者属为旌幡，故大常之龙章本有双重含义，其对生者之仪仗而言，升龙的象征意义便在于表现君王享有的观象授时的特权，而用于死者，除昭明身份的作用之外，恐怕还具有一定的宗教意义。

我们知道，龙的形象来源于二十八宿东宫星宿的形象，而东宫星宿正是古代帝王观象授时的重要星象，这个工作事实上体现着政教合一的帝王所独享的神秘权力。《论语·尧曰》言尧舜禅让而相语曰：“天之历数在尔躬。”所道益明，有关问题我们已有反复讨论[2]。同时对于死者之旌幡而言，升龙的意义又在于其作为引魂升天的灵蹻。龙的形象本诸星象，其回天运转的现象即表现为登天入地的过程，于是古人将龙视为驾御灵魂升入天界的灵物。这个观念起源甚早，且源远流长。河南濮阳西水坡发现的属于公元前第四千纪中叶的仰韶时代宗教祭祀遗迹，其第二组蚌塑图像即以龙、虎、鹿、鸟四象作为驾御墓主灵魂升天的神兽[3]，而四象的形象则皆本诸星象[4]。不仅

[1] 甘肃省博物馆、中国科学院考古研究所：《武威汉简》第148页～第149页，图版贰叁，科学出版社，1964年。

[2] 冯时：《中国古代的天文与人文》，中国社会科学出版社，2006年。

[3] 张光直：《濮阳三蹻与中国古代美术上的人兽母题》，《文物》1988年第11期。

[4] 冯时：《中国天文考古学》第六章第五节，社会科学文献出版社，2001年。

如此，安阳西北冈发现的商代大墓M1500具有四条墓道，在最长的南墓道内摆放有石龙、石牛和石虎，作用也是为引导墓主的灵魂升天[1]。很明显，这个以龙作为引导灵魂升天的灵蹻的传统对于先秦两汉旌幡的内容具有着重要影响，以至于在早期社会中，大常之龙章除具昭明死者身份的作用之外，对于严整的葬仪而言，充当灵蹻而导引墓主灵魂升天的宗教作用或许更具有实质性的意义。《檀弓下》谓“铭旌”或曰“明旌”，郑玄以为意即神明之旌，正显示了铭旌的作用不独昭示身份，而更应具有沟通神明的宗教意义。

我们曾经指出，中国古代天文学与王权政治的密切联系造就了一种根深蒂固的观念，这就是君权神授与君权天授的朴素认知，这种认知的形成源自于上古社会少数人对于天文占验垄断的基本事实。观象授时虽然从表面上看只是一种天文活动，其实不然，它从一开始便具有强烈的政治意义。很明显，在生产力水平相当低下的远古社会，如果有人能够通过自己的智慧与实践逐渐了解了在多数人看来神秘莫测的天象规律，并把星象的位移与时间建立起联系，从而准确地用以指导先民的生产与生活，这本身就是一项了不起的成就，当然，这种知识只能为极少数人所掌握，而人一旦掌握了这些知识，他便可以通过对观象授时的垄断实现其对整个氏族的统治，这便是王权的雏形。原因很简单，观象授时的正确与否直接影响着一年的收获，对远古先民而言，一年的歉收将会决定整个氏族的命运。因此，早期的天文学事实上只是古代政教合一的帝王所掌握的神秘知识，对于以农业经济为主的古代社会而言，作为历法准则的天文学知识具有首要的意义，谁能把历法授予人民，谁便有可能成为人民的领袖[2]。因此在远古社会，掌握天时的人便被认为是了解天意的人，也就是有能力与天沟通的人。谁掌握了天文学，谁就获得了统治的资格。这种天文与权力的联系，古人理解得相当深刻。显然，由于古代政治权力的基础来源于古人对于天象规律的掌握程度，来源于正确的观象授时的活动，因此，天文学作为最早的政治统治术于是便成为君王得以实现其政治权力的工具，并由此最终发展出君权天授的传统政治观。这意味着王权的获得如果需要通过对天象的掌握来实现的话，那么，授予王权的天也便理所当然地成为君王灵魂的归宿，这种朴素的政治观其实直接导致了古人以祖配天的古老宗教观的形成[3]。

这样的基本史实显示，在以祖配天的朴素宗教思想形成的初期，有资格配享天帝的人物应该只有少数君王。对于这些君王而言，大常涉用生死，无论其作用在于昭明身份抑或以龙引导亡灵升天，制度均密合无间。诚然，当时有资格配天的人物或许还

---

[1] a. 梁思永、高去寻：《侯家庄》第七本，1500号大墓，第40页~第42页，历史语言研究所，1974年。
b. 刘一曼：《略论甲骨文与殷墟文物中的龙》，《21世纪中国考古学与世界考古学》第275页~第276页，中国社会科学出版社，2002年。

[2] Joseph Needham, Science and Civilisation in China, Vol Ⅲ, The Sciences of The Heavens, Cambridge University Press, 1959.

[3] 冯时：《中国古代的天文与人文》第二章，中国社会科学出版社，2006年。

有名巫，而其他人物由于没有升天的资格，所以他们的旗物用于葬仪当然也就只有辨明身份的作用。

夏商时代如果不是还留有这种原始宗教思想的孑遗，至少也已发展到这种原始信仰的尾声。在殷商晚期，死后有资格享有配天特权的人物恐怕还只有君王和少数名巫，王即是群巫的领袖，也是天文占验的垄断者，其生前的职司使其死后伴于天帝成为无可争议的事实。因此，殷王以龙章设于大常，于生昭示其观象的特权，于死则作为引魂之灵蹻，发挥着兼涉生死的双重作用。春秋叔夷钟铭云：

虩虩成唐（汤），有严在帝所。

殷王成汤在天帝之所，显然死后已升入天国而伴于天帝。西周墙盘铭云：

青幽高祖，在微灵处。

史墙乃殷遗，其先出自殷王帝乙。“微灵”实即天上微国之分星，所以铭文称高祖帝乙死后升天，住在天上属于微国分星的地方。而西周晚期的痶钟铭云：“弋皇祖考高对尔烈，严在上。”则继续延续着这种荣宠。殷卜辞云：

贞：咸宾于帝？

贞：咸不宾于帝？

贞：大甲宾于咸？

贞：大甲不宾于咸？

贞：大［甲］宾于帝？

贞：大甲不宾于帝？

甲辰卜，㱿贞：下乙宾于［咸］？

贞：下乙不宾于咸？

贞：下乙宾于帝？

贞：下乙不宾于帝？　　《合集》1402 正

“帝”是天帝，“大甲”、“下乙”都是殷先王，“咸”是名巫巫咸。“宾于帝”即言伴于天帝。至于《庄子·大宗伯》所载殷臣傅说死后乘东维比于列星的内容，与卜辞所见之实际情况不符，应该反映着更晚近的思想。据此可明，殷代配天者仍然只有殷王及名巫。

灵魂升天的思想随着时代的发展而有所改变，这种改变从表面上看便体现在有权力升入天国配享上帝的祖先的资格的降低，这或许反映了人们对获得天命的方式或途径有了新的认识。周代的祖先配天观念显然与商代有所不同，尽管周王理所当然地成为配享天帝的主角，但是由于周人德行思想的推行，获取天命已经成为一种可以通过修养道德而实现的政治理想，因而死者亡灵的升天已不再是帝王享有的特权，这意味着从殷商以至西周，有资格升入天庭的祖先的范围扩大了，所有道德高尚且信顺天命的人，都可能于死后升入天国。西周金文云：

天亡簋：文王德在上。

𩁹钟：先王其严，在帝左右。

㝬簋：其格前文人，其濒在帝廷，陟降。

㝬钟：先王其严在上。

可明周王死后灵魂是要升入帝廷的。但至西周晚期，这种情况可能已经发生了改变。两周金文云：

井人妄钟：䫉淑文祖皇考，克慎厥德，……前文人其严在上。

叔向父簋：余小子嗣朕皇考肇帅型先文祖共明德，秉威仪，……作朕皇祖幽大叔䵼毁。其严在上，降余多福繁釐。

晋侯稣钟：前文人其严在上，翼在下。

秦公簋：丕显朕皇祖受天命，鼏宅禹迹，十又二公在帝之坏，严龏夤天命，保业厥秦。

“井人妄”乃伯和父之子，而伯和父其人，学者或以为即共伯和[1]，其于厉王奔彘后代王行政，地位显赫，故死后配天。“叔向父”名“禹”，又有禹鼎，彼铭言禹继其祖考政于邢邦，或为邢侯之旁支而食采于畿内之邢[2]。“晋侯稣”称侯，已甚明确。秦为诸侯，又追称其皇祖受天命，自比周王。其先人也都于死后宾升于天。

士父钟：用喜侃皇考，其严在上。

虢叔旅钟：丕显皇考惠叔穆穆，秉元明德，……皇考严在上，翼在下。

番生簋：丕显皇祖考穆穆，克慎厥德，严在上，广启厥孙子于下。

此皆周室臣僚之器，其先人并因慎修明德而终配天帝。很明显，由于德教的施行，至少到西周晚期，灵魂配天的特权已不再为君王所独享，凡厚德之人都可能实现终配天帝的愿望，这已成为当时人们具有的普遍观念。在这样的背景之下，龙这种驾御灵魂升天的神兽于是开始广泛地用于专为殓葬而制作的明旌，以便独显其作为驾御亡者灵魂升天的灵蹻的功能，而已不具有像早期大常那样兼而昭示墓主身份的作用。这意味着到这时为止，生者之旌旗与死者之明旌渐趋分离。

如果说后世之明旌独立地发展了升龙作为引导墓主灵魂升天的灵蹻的意义的话，那么很明显，旌旗原本具有的明辨身份的作用就只能通过其他的形式得到表现。换句话说，龙一旦只具有灵蹻的象征意义而广泛地用于明旌，其昭明君王身份的作用就必然丧失。理由很简单，晚期的明旌虽然主要以龙作为引导灵魂升天的神兽，但其适用的范围却已不限于君王，这意味着对于墓主人身份的显示只能通过其他的方式来实现。在这方面，明旌的内容应该经历了一个从以图画描绘到文字表述的演变过程。准确地说，早期专为葬仪制作的明旌在表现墓主的身份方面似乎普遍采用了再现墓主生前的衣冠服饰或生活场景的直观手法，或者通过明旌形制及其大小的变化以达到区别墓主身份的目的；而到晚期，绘画逐渐为文字所取代，从而形成了真正意义上的铭旌。

殷墟花园庄东地M54木棺之上雕刻图像并髹黑红色漆，图像主体为龙纹，且一饰鳞纹，头向相反（图24）[3]，与交龙之旂章吻合。墓中出土铜器自铭“亚长”，“亚”为小宗之称[4]，长为氏，故“亚长”实即长氏之小宗宗子。河南鹿邑太清宫所见商周长国

[1] 郭沫若：《两周金文辞大系图录考释》第七册第114页，第149页，科学出版社，1957年。

[2] 徐中舒：《禹鼎的年代及其相关问题》，《徐中舒历史论文选辑》，中华书局，1998年。

[3] 中国社会科学院考古研究所：《安阳殷墟花园庄东地商代墓葬》第73页～第75页，科学出版社，2007年。

[4] 冯时：《古文字与古史新论》第258页～第262页，台湾书房出版有限公司，2007年。

墓地〔1〕，则为其时外封长国嫡宗之迹。是“亚长”地在大邑商之内，为长氏留置内服之小宗，制度与周初分封相若。其袭宗氏爵官位比诸侯，正合交龙之制。此但以旂章移镌于葬具以昭明身份，犹相同之纹饰镌刻于石楼桃花庄龙形铜觥盖面，并无引魂之作用。

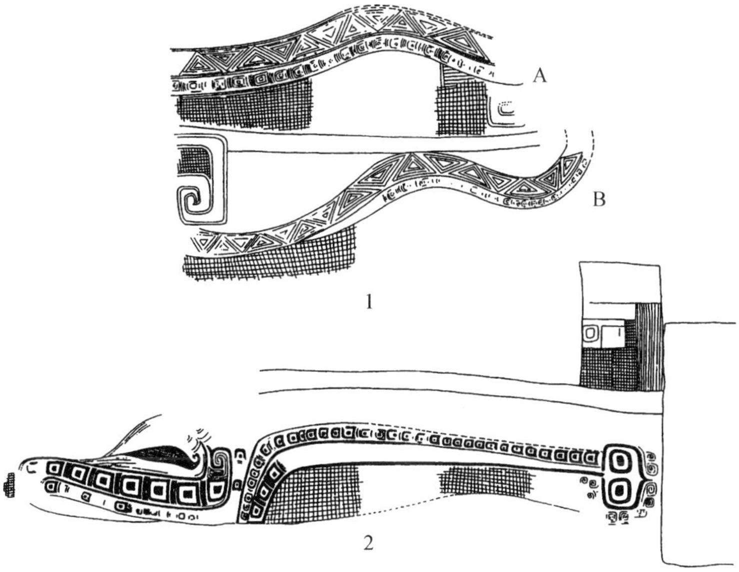

图24　殷墟花园庄东地M54棺上龙图

湖南长沙子弹库战国楚墓出土的帛画应该属于专为葬仪制作的早期明旌。帛画平置于椁盖板下的隔板之上，其上缘裹有一根纤细的竹条，竹条中部系有悬挂用的棕色丝绳〔2〕，具有旌幡的基本形制。旌幡高37.5厘米，宽28厘米。画面中心绘面右而立的成年男子侧像，束发高冠，长衣曳地，腰侧佩剑，头顶上有华盖。足踏龙蹻，其下以云朵承托，以显升腾之势，龙前下侧绘鲤鱼以寓指天河。男子双手执辔御龙，于天河中破浪前行。华盖下的流苏、人像颌下的系带向后飘动，表现出疾行的速度和升天过程的强烈动感。龙尾绘一苍鹭，昂首独立，有助龙升腾的意味。明旌内容形象地展现了墓主的身份及其御龙升天的场景〔3〕。

西汉时期的明旌目前已发现三幅，其中两幅分别出土于湖南长沙马王堆1号墓和3

〔1〕河南省文物考古研究所、周口市文化局：《鹿邑太清宫长子口墓》，中州古籍出版社，2000年。

〔2〕湖南省博物馆：《新发现的长沙战国楚墓帛画》，《文物》1973年第7期；《长沙子弹库战国木椁墓》，《文物》1974年第2期。

〔3〕湖南长沙陈家大山楚墓也出有一幅帛画，原置于竹笥（见郭沫若：《关于晚周帛画的考察及补充说明》，《考古论集》，科学出版社，1992年），内容也与升仙有关。学者或认为即古“疏头”之类，详见孙作云：《长沙战国时代楚墓出土帛画考》，《人文杂志》1960年第4期。此外，湖北江陵马山一号楚墓也曾出土过一件战国帛画，覆于棺盖（见《江陵马山一号楚墓》，文物出版社，1985年），当也属旌幡。惜残损过甚，图像不清，故不便讨论。

号墓[1]，另一件则出自山东临沂金雀山9号墓[2]。马王堆汉墓出土的两幅明旌，据同墓所见遣册的记载，知其本名“非衣”，或即旌幡的古称。上古音“非”在帮纽，“幡”在滂纽，同发重唇音，读音相近。三幅明旌皆由绢帛制成，但形制不一，其中马王堆汉墓出土的两幅呈“T”形，上宽下窄；而金雀山汉墓出土的一幅则呈长条形，上下等宽。三幅明旌于葬时均覆盖在棺上，其中见于马王堆1号汉墓的明旌全长205厘米，上宽92厘米，下宽47.7厘米，明旌四角设飘带，上缘横裹一竹条，其上系以丝带，可供悬挂（图25-1），与战国明旌制法相同。马王堆3号汉墓所见明旌长233厘米，上宽141厘米，下宽50厘米，形制与1号墓所出大体相同。金雀山9号汉墓所出明旌全长200厘米，宽42厘米（图25-2），略小于前者。三件明旌的时代皆属西汉前期。

三件西汉明旌所绘的内容基本相同。画面自上而下分为三层，分别表示天庭、人间和墓主的升天过程，其中天庭的场面描绘了神话中的神仙世界，人间的场景则再现了墓主人生前的生活起居，而对墓主升天过程的描写则皆以两条升龙为主体，表现墓主御龙成仙的宗教场景[3]，这个传统甚至可以完整地追溯至公元前第四千纪中叶的仰韶时代[4]。很明显，在这类明旌中，墓主人的身份已经通过对其冠服仪仗、起居生活的描绘得到了表现，而驾御墓主人升天的龙这时只是御魂灵蹻的象征，已不具有昭明身份的作用。

值得特别注意的是，马王堆汉墓出土的两幅明旌皆于象征天门内的天庭世界绘有一铃，铃由二方相氏引绳相牵，使之发声[5]。古代旗制佩铃，此于明旌绘铃，明显留有旌旗系铃的特征，显示出明旌源自旌旗的发展辙迹。

战国至西汉时期专为葬仪制作的明旌皆以画幡为主，这既是对早期旌旗制度的丰富，又启后世铭旌制度之先河，特点极其鲜明。

上古制度虽于死后袭用生时旌旗以为明旌，但唯以旗旜为徽识以明之，并不书记。郑玄《周礼注》：“铭，今书或作名。郑司农云：‘铭，书死者名于旌。’”皆为晚起之制。上古旗帜统及生死，其识仅在画章，故无需复缀名姓云云。郑玄径以王为大常，大夫为物，也知旗物但画而无关铭记，故宜属“明旌”。后旗制渐变，葬制更新，生死仪具分别，明旌别制而殊于生时所用之旗，遂专为帛质幡画，内容也开始绘入墓主之形象，其用别身份的作用则更多地通过对墓主衣冠仪仗及生活场景的描绘得到表现，

---

〔1〕 a. 湖南省博物馆等：《长沙马王堆一号汉墓》，文物出版社，1972年。

b. 湖南省博物馆、中国科学院考古研究所：《长沙马王堆二、三号汉墓发掘简报》，《文物》1974年第7期。

c. 中国科学院考古研究所、湖南省博物馆写作小组：《马王堆二、三号汉墓发掘的主要收获》，《考古》1975年第1期。

〔2〕 临沂金雀山汉墓发掘组：《山东临沂金雀山九号墓发掘简报》，《文物》1977年第11期。

〔3〕 孙作云：《长沙马王堆一号汉墓出土画幡考释》，《考古》1973年第1期。

〔4〕 冯时：《中国天文考古学》第299页～第301页，社会科学文献出版社，2001年。

〔5〕 孙作云：《长沙马王堆一号汉墓出土的画幡》，《光明日报》1973年8月6日。

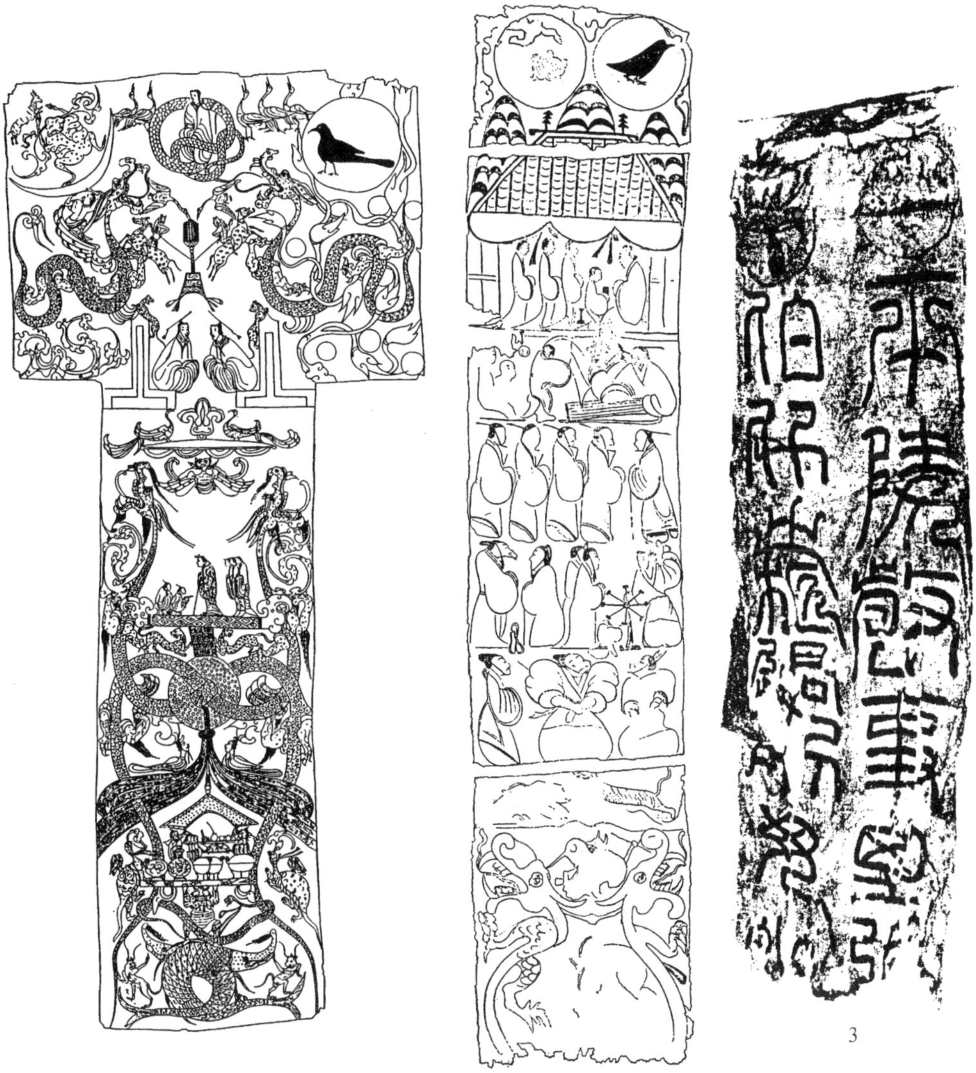

1 2 3

图25 汉代旌旛

1. 马王堆1号墓出土明旌 2. 金雀山9号墓出土明旌 3. 磨嘴子23号墓出土铭旌

仍不书文字。这是明旌别于旗旜的初期转变。战国晚期，旌幡开始书写死者的姓名以备招魂。《礼记·丧服小记》：“复与书铭，自天子达于士，其辞一也。男子称名，妇人书姓与伯仲。如不知姓，则书氏。”而至西汉晚期，旌幡逐渐以墓主人的姓名和籍贯等文字替代早期出现的有关灵魂升天的绘画内容，铭旌的形制才得以确定。

甘肃武威磨咀子西汉墓出土多幅铭旌，见于第 4、第 22、第 23 号和第 54 号墓[1]，可供讨论铭旌制度的最终定型。这批汉墓的时代约属西汉晚期，铭旌覆于棺盖，长自 150 厘米～220 厘米不等，宽在 37 厘米～45 厘米之间，皆墨书文字于丝麻织品之上。其中第 23 号墓所出铭旌篆书两行，墨书于淡黄色麻布上。麻布四周镶有稀疏赭色形似薄纱的织品，左右约 10 厘米宽，上宽倍之。铭旌上端用一树枝为轴。两行铭文的上方则各绘一图，左图内绘朱地黑乌，知为太阳，右图内则以墨绘蟠龙而身涂朱色（图 25-3），似以龙蹻与月亮合璧设计，唯求简明而已。1972 年发现的 54 号墓出土铭旌与此相似，绢质，上有单行墨书篆文，铭文上端绘日月图像，日中画三足乌和九尾狐，月中绘蟾蜍和玉兔[2]。这两幅铭旌以幡画与文字并见，尚存早期旌幡之制，显示了明旌向铭旌的过渡类型。而其他两幅柩铭则独存文字，全无幡画，已经发展出铭旌的真正形式。

至此可明，铭旌制度自上古的旗旜兼涉生死而至后世专为墓主升天的需要而制作明旌，再到取消幡画而独存文字以昭明身份的铭旌，其间经历了漫长的发展过程，终至西汉晚期基本定型。而夏商时期尚属以旌旗兼用生死的阶段，故二里头文化之常旜遗迹配铃而存，实属以生时之大常移用为明旌，作用即在于昭明死者身份并引魂升天，或者其引魂升天的意义比昭示身份更显重要。

九 墓主身份考

《司常》郑玄《注》："铭旌，王则大常也。"孙诒让《正义》："王之旗帜以大常为最尊，故用为铭旌。王当用大常。"是大常用为明旌，其拥有者之身份当为王属。然此 3 号墓的形制规模属二里头文化的乙类中型墓葬，不具天子气象，故墓主身份显非君王。

依北朝末年熊安生说，大夫至天子送葬皆备三旌，其中厥车之旌与铭旌入圹。此墓虽未见厥旌，但中型墓的规模尚不致不及大夫之尊，故三旌之制或为晚起。如果以为厥旌唯天子所建，则也可证明此墓主人固非君王。

3 号墓主之葬仪颇具特点，其颈项佩戴以海贝穿孔而制作的串饰，数逾 90 枚，依次相连，局部呈现花瓣状（彩版 1-1）[3]。事实上，墓主人的这个仪容特征恰可与殷代金文"倗"字所表现的形象相印证。金文"倗"本作一人颈佩贝串之形（图 26），人或正姿（图 26-1～4），或侧姿（图 26-5），并无差别[4]，学者或以字象子荷贝两贯之形[5]，不确。实字形乃作贝串系挂于颈项甚明，而非荷贝于肩。很明显，金文

---

〔1〕 a. 甘肃省博物馆、中国科学院考古研究所：《武威汉简》，科学出版社，1964 年。
b. 安志敏：《长沙新发现的西汉帛画试探》，《考古》1973 年第 1 期。

〔2〕 安志敏：《长沙新发现的西汉帛画试探》，《考古》1973 年第 1 期。

〔3〕 中国社会科学院考古研究所二里头工作队：《河南偃师市二里头遗址中心区的考古新发现》第 18 页，图版伍，3，《考古》2005 年第 7 期。

〔4〕 于省吾：《释从天从大从人的一些古文字》，《古文字学论集初集》，香港中文大学中国文化研究所，1983 年。

〔5〕 阮元：《积古斋钟鼎彝器款识》卷一第 8 页，清嘉庆九年（1804 年）自刻本。

“倗”字的字形与3号墓主所呈现的形象完全一致，其字形结构无异于对3号墓主侧姿而颈佩贝饰形象的真实写照。

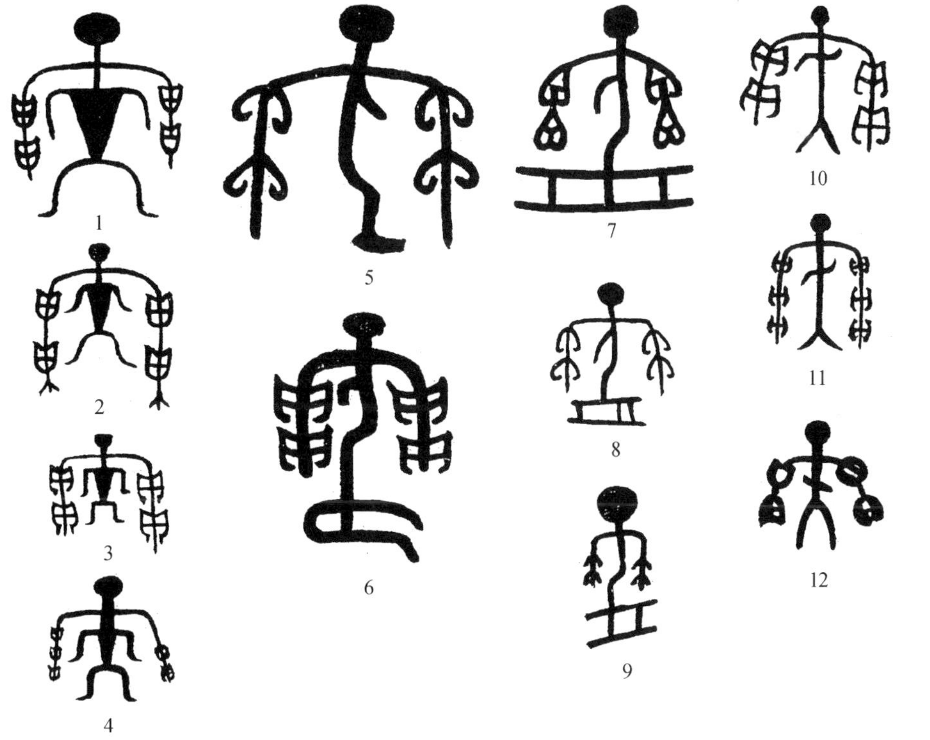

图26　金文“倗”字

1. 倗父丁盉（《集成》9350）　2. 倗父乙盘（《集成》10039）　3. 倗父辛爵（《集成》8633）　4、8. 倗鼎（《集成》1007、1459）　5. 亚倗壶（《集成》9768）　6. 倗觯（《集成》6189）　7. 倗觚（《集成》7039）　9. 倗爵（《集成》7385）　10. 倗父乙簋（《集成》3151）　11. 倗祖癸爵（《集成》8361）　12. 倗父己卣（《集成》4956）

“倗”，徐同柏释“婴”，谓“子字作连贝饰颈形，盖古婴儿之象”〔1〕。然古人造字，以大人能独立站立以区别于婴儿尚在襁褓，如甲骨文、金文“子”作“”，即象婴儿之形。而此字从“大”〔2〕，远非婴儿可拟，故释“婴”不妥。马叙伦释此为“倗”字〔3〕，可从。郭沫若更申论云：“殷彝文中有以玨朋为颈饰之图形文字，……按此即象人着颈饰之形，当为倗之初字。倗乃古国名，周金有倗伯虎毁、倗仲毁，当即其后。前人不悟朋为颈饰之意，迺臆造‘子荷贝二贯’，或‘孙荷贝一朋’之奇说。”〔4〕所言极是。字从连贝，正会串贝为饰之意，《说文·贝部》有“賏”字，云：

〔1〕　徐同柏：《从古堂款识学》卷一，清光绪三十二年（1906年）蒙学报馆影石校本。

〔2〕　方濬益：《缀遗斋彝器款识考释》卷五，商务印书馆，1935年。

〔3〕　马叙伦：《读金器刻词》第6页～第7页，中华书局，1962年。

〔4〕　郭沫若：《释朋》，《甲骨文字研究》，科学出版社，1961年。

“賏，颈饰也。从二贝。”段玉裁《注》：“骈贝为饰也。”即以连贝以象颈饰。徐锴曰：“蛮夷连贝为璎珞是也。婴字从此。”《说文·女部》：“婴，颈饰也。从女賏。賏，贝连也。”朱骏声《说文通训定声》：賏，“实即婴之古文”。甚确。盖古或有连贝饰女之俗，故“賏”孳乳从“女”而会意。《玉篇·女部》引《仓颉篇》云：“男曰儿，女曰婴。”故“婴”字似以女婴饰贝于颈为意。“賏”为颈饰，于后世已不限指贝饰。《荀子·富国》：“是犹使处女婴宝珠。”杨倞《注》：“婴，系于颈也。”是其证。据此则知，骈贝相连正为颈饰之象，故金文“倗”本作大人颈佩贝饰之形。

殷金文以“倗”为氏名，当即文献所载之鄘。《周礼·秋官·士师》：“掌士之八成，七曰为邦朋。”郑玄《注》：“故书朋作傰。”孙诒让《正义》：“傰，即倗之俗。”《管子·幼官》：“练之以散群傰署。”段玉裁《说文解字注》：“傰，即倗字也。”知“倗”、“傰”同字。《说文·人部》：“倗，读若陪位。”又《邑部》：“鄘，读若陪。”是“倗”、“鄘”通用无别。《姓觿·灰》：“倗，音同上（裴），一作鄘。《汉书》有南山盗倗宗。”更明“倗”、“鄘”实本同姓。

《穆天子传》卷一：“辛丑，天子西征，至于鄘人。河宗之子孙鄘柏絜且逆天子于智之□，先豹皮十，良马二六。天子使井利受之。癸酉，天子舍于漆泽，乃西钓于河，以观□智之□。甲辰，天子猎于渗泽，于是得白狐玄貉焉，以祭于河宗。丙午，天子饮于河水之阿，天子属六师之人于鄘邦之南，渗泽之上。戊寅，天子西征，骛行至于阳纡之山，河伯无夷之都都居，是惟河宗氏。河宗伯夭逆天子燕然之山，劳用束帛加璧，先白□，天子使祭父受之。癸丑，天子大朝于燕□之山，河水之阿。……天子授河宗璧，河宗伯夭受璧西向，沉璧于河。”郭璞《注》：“鄘，国名。柏絜，伯，爵；絜，名。古伯字多以木。无夷，冯夷也。《山海经》云‘冰夷’。河宗氏，河，四渎之宗，主河者因以为氏。”据文献推勘，可知古鄘国之地当在晋南。近年山西绛县横水发现西周倗国墓地[1]，实应当此鄘（倗）国[2]。《元和姓纂》卷三：“鄘，出伯絜，国在虞、芮间。”所去不远，可互为印证。横水墓地出土铜器多铭“倗伯”，与《穆天子传》所记“鄘伯”也甚吻合。

《穆天子传》以鄘国之君伯絜乃河宗之子孙，而河宗为氏，袭职祭河，这一记载极为重要。殷卜辞即见“河宗”[3]，“宗”字用于宗庙之称，故“河宗”本即河伯之宗或河伯之主。《尚书·顾命》：“延入翼室恤宅宗。”江声《尚书集注音疏》：“宗，犹主也。”《周礼·春官·肆师》：“用牲于社宗。”郑玄《注》：“宗，迁主也。”皆用其义。是“河宗”当也宗庙宗主之谓。然“宗”既指宗庙，也可申称宗庙主祭之官。《周礼·春官·序

---

〔1〕 a. 山西省考古研究所、运城市文物工作站、绛县文化局：《山西绛县横水西周墓地》，《考古》2006年第7期。

b. 吉琨璋、宋建忠、田建文：《山西横水西周墓地研究三题》，《文物》2006年第8期。

c. 宋建中等：《山西绛县横北墓地二期考古发现新收获》，《中国文物报》2007年9月14日第5版。

〔2〕 冯时：《倗国考》（简稿），《中国社会科学院古代文明研究中心通讯》第15期，2008年。

〔3〕 《合集》13532、《屯南》1276。

官》：“乃立春官宗伯。”郑玄《注》引郑司农云：“宗作主礼之官。”孙诒让《正义》：“宗即礼官之通称。”《国语·楚语下》：“虔其宗祝。”韦昭《注》：“宗，主祭祀。”《荀子·正论》：“出门而宗祀有事。”杨倞《注》：“宗者，主祭祀之官。”又《周礼·春官·序官》贾公彦《疏》：“宗是宗人，主鬼神也。”皆明“宗”可为主祀鬼神之事的官称，故《穆天子传》“河宗之子孙”与“是惟河宗氏”的“河宗”当具此意。这无疑意味着倗氏作为河宗之后，自为奉祀河神之巫主，实即河巫。而金文“倗”字或从“舟”，象人饰贝乘舟（图26-6～9），也反映了倗氏与祈祷水神的关系。且“倗”字又有作人系贝舞蹈之状（图26-10～12），正巫舞祷神之象。因此我们以为，3号墓的墓主身份应为倗氏宗子，其为河巫，专以祭祀河神为职，祈河伯以息水患，并世为河宗，遂以官为氏。而倗氏氏名作人颈饰贝之形，或足履舟，正是对其主宗河精的职司官守特点的明确暗示。

河巫以海贝饰颈为标志，显示了海贝具有助施巫术的基本道具的功用。夏商时代已普遍形成以海贝作为一般等价物的货币的观念，以致贝成为人们生活中的宝物而备受青睐。《说文·贝部》：“贝，海介虫也。居陆名猋，在水名蜬。象形。古者货贝而宝龟，周而有泉，至秦废贝行钱。”《盐铁论·错币》：“故教与俗改，币与世易，夏后以玄贝，周以紫石。后世或金钱刀布。”以为夏行贝币，与考古所见合。甲骨文、金文“宝”俱作室中贮贝玉之形，则贝为宝物甚明。《尚书·盘庚中》：“兹予有乱政同位，具乃贝玉。”伪孔《传》：“乱，治也。此我有治政之臣同位于父祖，不念尽忠，但念贝玉而已，言其贪。”即以逐贝乃求利之为。甲骨文、金文恒见锡贝赏贝之事，也知其为至宝。盖贝玉难得，故人以为宝〔1〕。然河巫祷息水患，古有为河伯娶妇之术。褚少孙补《史记·滑稽列传》：“魏文侯时，西门豹为邺令。豹往到邺，会长老，问之民所疾苦。长老曰：‘苦为河伯娶妇，以故贫。’豹问其故，对曰：‘邺三老、廷掾常岁赋敛百姓，收取其钱得数百万，用其二三十万为河伯娶妇。……民人俗语曰：‘即不为河伯娶妇，水来漂没，溺其人民’云。”王叔岷《斠证》：“‘用其二三十万’，旧本《治要》引此无其字，《春秋后语》同。”《太平御览》卷六八二、八八二引《风俗通》云：“江水有神，岁取童女二人以为妇，不然为水灾。主者自出钱百万以行娉。”皆记河巫为河伯娶妇必行重币以安其心，不使之为水作患。《楚辞·九歌·河伯》即写巫迎河伯之事〔2〕，文云：“鱼鳞屋兮龙堂，紫贝阙兮朱宫。”王逸《章句》：“言河伯所居，以鱼鳞盖屋，堂画蛟龙之文，紫贝作阙，朱丹其宫，形容异制，甚鲜好之。”《河伯》又云：“子交手兮东行，送美人兮南浦。波滔滔兮来迎，鱼隣隣兮媵予。”其娶妇之辞极明〔3〕。是祭河而行巨钱，乐河神以止息水患，其俗甚古。证之卜辞，知殷已有之〔4〕。而后

〔1〕《管子·国畜》：“玉起于禺氏，金起于汝、汉，珠起于赤野，距周七千八百里。先王为其途之远，玉之难，故託用于其重。”

〔2〕刘永济：《屈赋音注详解》第99页，上海古籍出版社，1983年。

〔3〕藤野岩友：《巫系文学论》第114页，韩基国编译，重庆出版社，2005年。

〔4〕饶宗颐：《说河宗》，《胡厚宣先生纪念文集》，科学出版社，1998年。

世以钱厌胜之俗或起于此[1]。

金文“倗”字除作系贝于颈之外，尚有以足踏舟之形，也当写倗氏祷河之象。《楚辞·九歌·湘君》：“美要眇兮宜修，沛吾乘兮桂舟。令沅湘兮无波，使江水兮安流！”王逸《章句》：“五臣云：我复乘桂舟以迎神。舟用桂者，取香洁之異。言己乘船，常恐危殆。愿湘君令沅、湘无波涌，使江水顺径徐流。则得安也。”洪兴祖《补注》：“桂舟，迎神之舟。”《九歌》之《湘君》、《湘夫人》并湘水之神，洪兴祖《补注》所言极详。故此辞实写河巫乘舟迎神，祈水之安流。

水灾溺人乃亘古固患。《尚书·尧典》言洪水“象恭滔天”、“浩浩滔天”，《淮南子·本经训》则谓“共工振滔洪水，以薄空桑”，乃以古洪水之灾即共工振滔而致。《越绝书·越绝计倪内经》：“波涛拔而起，船失不能救，未知命之所维。”足明大波汹涌对于以舟济涉的威胁。《左传·僖公四年》：“昭王南征而不复”，“昭王之不复，君其问诸水滨！”《史记·周本纪》作“卒于江上”。其覆没原因，旧以船人以胶船涉王，故遇水而解，王与祭公尽没于汉，恐不足据，盖也骇浪覆舟所致[2]。《论衡·书虚》：“传书言：吴王夫差杀伍子胥，煮之于镬，乃以鸱夷橐投之于江。子胥恚恨，驱水为涛，以溺杀人。今时会稽丹徒大江、钱塘浙江皆立子胥之庙。盖欲慰其恨心，止其猛涛也。”而《吴越春秋·夫差内传》则记子胥死后“随流扬波，依潮来往，荡激崩岸”。《初学记》卷六引《博物志》则以“其神为祷”，《文选·左思吴都赋》刘渊林《注》：“江海之间莫不尊畏子胥，将济者皆敬祠其灵，以为性命。舟楫之师，独能狎玩之也。”皆以止涛无波作为弭灾之祈的目的。河伯为神，乃以水害为患，故需止之。《山海经·海内北经》：“阳汙之山，河出其中。”此阳汙之山即《穆天子传》所记河伯之都。《淮南子·修务训》：“禹之治水，以身解于阳盱之河。”《三国志·蜀书·郤正传》：“阳盱请而洪灾息。”是水灾由河伯造成，河伯处阳盱，故欲平治洪水，必于阳盱救之。《九歌·河伯》：“与女遊兮九河，衝风起兮横波。”即言河伯所过，大波涌起。《文选·张平子思玄赋》：“号冯夷俾清津兮，櫂龙舟以济予。”即以河伯止波方可安济为祈。故金文反映之河巫乘船舟济以祷神，其寓意正在于安流避害。由此可见，河伯为患自是倗氏饰贝踏舟所厌胜的对象。

古河巫之至崇者当为夏禹。《尚书·益稷》：“禹曰：‘洪水滔天，浩浩怀山襄陵，下民昏垫。……予决九川，距四海，濬畎浍，距川。”即言天下之民昏瞀垫溺，皆因水灾，而禹以治水显功，勤劳天下。《庄子·天下》：“禹亲自操橐耜而九杂天下之川，腓无胈，胫无毛，沐甚雨，栉疾风，置万国。”《吕氏春秋·行论》谓禹：“以通水潦，颜色黎黑，步不相过。”《荀子·非相篇》则云：“禹跳汤偏。”杨倞《注》引《尸子》云：“禹之劳，十年不窥其家，手不爪，胫不生毛，偏枯之病，步不相过，名曰禹步。”

---

〔1〕 洪遵《泉志》卷十五载厌胜钱即有天下太平钱二品，大小不等，而文皆铭“天下太平”，而大者背面地作水波纹，兼饰四人持兵之象或一人持梃旁有跃龙之象。又卷十三也有水波纹钱，而文“太平百钱”，背作水波纹，似也厌胜之用。见清同治十三年（1874年）隶释斋校刊本。

〔2〕 唐兰：《西周青铜器铭文分代史征》第199页，中华书局，1986年。

是禹躬自辛苦以导川原，使民不溺死[1]，毁悴而致疾，即所谓“禹步”也，而后世巫师作法则多仿效之。《法言·重黎》：“昔者姒氏治水土，而巫步多禹。”李轨《注》：“姒氏，禹也。治水土，涉山川，病足，故行跛也，……而俗巫多效禹步。”知在早期社会中，水患溺人乃为痼疾，故祷河弭灾之巫地位甚高。而禹平水土以止水患，自具河巫身份，为后巫所仿。今知倗氏为河巫，身份或可比拟。

倗氏作为河宗巫主显然与河伯的关系十分密切。《庄子·大宗师》：“冯夷得之，以遊大川。”成玄英《疏》：“姓冯，名夷。”陆德明《释文》引司马彪云：“《清泠传》曰：‘冯夷，华阴潼乡堤首人也。服八石，得水仙，是为河伯。’一云以八月庚子浴于河而溺死，一云渡河溺死。”洪兴祖《楚辞补注》引《抱朴子·释鬼篇》曰：“冯夷以八月上庚日渡河溺死，天帝署为河伯。”《淮南子·原道训》或作“冯迟”。是河伯以“冯”为氏。刘师培云：“鄘、冯古通，鄘伯之鄘，即冯夷之冯。盖鄘柏以先祖之名为国名也。《汉书·侯表》‘鄘成制侯周緤’，《楚汉春秋》作‘封为凴城侯’，此鄘与冯通之确证，故知鄘国之鄘、冯夷之冯，古实一字。冯夷乃鄘国河宗国之祖，即以河宗为氏，致后世有水神之说。”[2]其说近是。顾实《穆天子传西征讲疏》云：“冯凴古今字，古冯夷亦作凴夷。”又音转为“冰夷”。《山海经·海内北经》：“从极之渊，深三百仞，惟冰夷恒都焉。”郭璞《注》：“冰夷，冯夷也。”今知“鄘”本作“倗”。《史记·田敬仲完世家》：“魏王谓韩冯、张仪曰。”汉帛书本“冯”作“倗”。也“倗”（鄘）、“冯”互通之证。故河伯之名冯夷，自当出自倗氏。

传统以冯夷溺死而为河伯，学者或疑其怪诞[3]。然溺死而为水神则是很多水神的共同特征[4]。如果说舜帝二妃死于江湘之间而为湘君尚属传说的话[5]，那么伍子胥溺死而为潮神，屈原投江而为江神[6]，却是事实。但冯夷本以倗为氏，字以祈河为特征，似以职司为解更显合理。事实上，水神河伯之祀当源于先民之自然崇拜，古人惧水患，故以河伯为水神，水神都居深渊，无形可识，固无姓氏。而倗氏以祀河为职，世为河巫，故后人渐以河巫之氏转赋河伯，遂有河伯冯姓之说。《穆天子传》以河宗氏源出河伯，实即倗氏，这一记载尽管揭示了河巫与河伯二者的关系，但其姓氏的发展则适好相反。顾实《穆天子传西证讲疏》：“无夷，盖为鄘柏綮及河宗柏夭之祖先也。”盖河伯乃河巫倗氏所祀之神，后被奉为宗族之祖。

《水经·洛水注》引古本《竹书记年》：“洛伯用与河伯冯夷斗。”郭璞《山海经注》解河伯冰夷而云“《竹书》作冯夷”，即以此“河伯冯夷”为河宗。朱右曾《汲冢

---

〔1〕《吕氏春秋·爱类》：“昔上古龙门未开，吕梁未发，河出孟门，大溢逆流，无有丘陵沃衍、平原高阜，尽皆灭之，名曰鸿水。禹于是疏河决江，为彭蠡之障，乾东土，所活者千八百国，此禹之功也。”高诱《注》：“乾，燥也。言使民得居燥土不弱死，故曰活之也。”

〔2〕刘师培：《穆天子传补释》，《国粹学报》第五十期，清宣统元年正月（1909年）。

〔3〕顾炎武：《日知录》卷二十五。

〔4〕李道和：《岁时民俗与古小说研究》第157页~第158页，天津古籍出版社，2004年。

〔5〕见刘向《列女传》。

〔6〕冯应京：《月令广记》卷一：“潮神即伍子胥，江神即楚大夫屈原。”

纪年存真》列此于夏后芬即位之后，知为夏事。雷学淇《竹书纪年义证》以“洛伯用”与“河伯冯夷”系二君名，不取《洛水注》以为河洛二神，殊误。《楚辞·天河》：“胡射夫河伯，而妻彼雒嫔?”王逸《章句》：“雒嫔，水神，谓宓妃也。传曰：河伯化为白龙，遊于水旁，羿见射之，眇其左目。……羿又梦与雒水神宓妃交接也。”洪兴祖《补注》：“此言射河伯、妻雒嫔者，何人乎?”疑河洛二伯事似与此神话有关，或即其演变矣。殷卜辞恒见祀河之事，其礼至隆，起源必古。而此3号墓主以祀河为职，时代吻合。

3号墓主为倗氏族长，以祀河为职，世为河巫，并以颈项饰贝作为河巫职官的标志，伴王为臣。《淮南子·原道训》：“昔者冯夷、大丙之御也。”高诱《注》：“皆古之得道能御阴阳者也。”故祀河之官必为巫史。此墓于墓主头顶部出土三件呈“品”字形摆放的白陶质螺旋状物，螺旋的顶部饰绿松石（彩版1-2、3）[1]，似为巫冠之饰，三个螺旋状物应为巫冠三出尖顶的装饰，故知此巫冠似呈“山”字三凸之形。

必须强调的是，3号墓主头部所见的螺旋体其实正是先民理解的天极璇玑的形象，有关问题我们已有系统的论述[2]。事实上，新石器时代几乎所有有关天盖的图像不仅无例外地表现有锥状璇玑的造型，而且这种对于天极认知的影响至少到秦汉时期仍然没有消除。商代先民时而以人首蟠髻象征璇玑装饰于铜钺（图27-1）[3]，从而通过一种罕有发型所表达的人与天帝的联系的方法，赋予作为王权仪仗的铜钺以及享用这种仪仗的人王以神圣的权力。这种文化理解当然来源于位于天盖中央的璇玑乃为天帝居所的古老观念，以至于使这种锥状璇玑的形象成为三代时期各种巫冠普遍存在的装饰素材（图27-2～4），甚至两汉时期颇为流行的指示方位的所谓“柿蒂纹”图案，也是天盖图像变形夸张的结果。很明显，上述材料当有助于判断墓主头部的三枚陶质螺旋状物或许当为象征天盖璇玑的“山”形巫冠的饰件。殷代甲骨文有奇字作“□”[4]，像人着傩面[5]，巫冠也作天极之形，可为比观。

此类巫冠于马王堆汉墓帛画中有所描写（图28）[6]。帛画主要绘有太一及五神，分上下两层，表现帝廷中的天帝和五臣，其中上层一人为太一神。而帝臣之一的社神与此重叠，以太一之下的黄龙象之；下层的四人为四方神。这样的帝廷组织及其所体现的宗教思想我们已有讨论[7]。值得注意的是，作为四巫的四方神，其中两位着

---

〔1〕许宏、陈国梁、赵海涛：《二里头遗址聚落形态的初步考察》，《考古》2004年第11期第28页，图版捌，1、2。

〔2〕冯时：《中国天文考古学》第三章第二节，社会科学文献出版社，2001年。

〔3〕李学勤、艾兰：《欧洲所藏中国青铜器遗珠》第331页～第332页，图版65，文物出版社，1995年。

〔4〕见《合集》6063正。

〔5〕饶宗颐：《四川纵目人传说与殷代西南地名——揭开卜辞奇字□之谜》，《传统文化与现代化》1994年第2期。

〔6〕周世荣：《马王堆汉墓的“神祇图”帛画》，《考古》1990年第10期。

〔7〕冯时：《中国古代的天文与人文》第二章第二节，中国社会科学出版社，2006年。

图27 商周青铜器象征璇玑的发式和冠饰
1. 有鋬钺上的人头像（《遗珠》65） 2. 人饰件（宝鸡茹家庄M2出土） 3、4. 兽面具（广汉三星堆2号祭祀坑出土）

“山”形巫冠。四方神乃天帝之臣，与社神共成五臣，于甲骨文称为“帝五臣”或“帝五介臣”。而3号墓主以祀河之巫充为王臣，似亦着“山”形冠，恰可助证其所具巫职之身份。

此墓之主既为河巫，那么常旜之龙章作为明旌究竟与墓主的关系如何，则是必须解决的问题。龙为水物，似乎从表面上看正与河巫祀河的事实相应，如此，则龙旜当然可以视为河巫的旗物。然而我们并不以为这种以龙旜与河巫的联系不是出于某种巧合，因为如果据此认为龙旜乃是河巫的生前旌旗或死后别制之明旌的话，则不仅于古代旗制无征，更重要的是与上古巫觋所反映的基本史实不相符合。

早期史料显示，巫史构成了上古社会特有的知识集团，因而拥有与神灵沟通的神秘能力。而王作为群巫之长，具有政教合一的领袖的特殊身份，这个事实至少在商代的甲骨文中依然反映得相当清楚。巫的作用主要在于传达神人的意旨，而王既为巫主，

图 28　西汉神祇图（马王堆汉墓出土）

又为人主，因而作为王臣的巫，其交通神人的祷祈活动其实也就体现为上达王意与降传神旨的过程，这意味着王巫的祷祈只能是代表人王意旨的行为。如殷人占卜，其最终审断皆决王意，而贞人命龟不过传达王意而已。显然，巫的这种为王祷祈的特点决定了其祭祷活动需要奉以君王的仪仗。《史记·封禅书》记汉武帝元鼎五年（公元前 112 年），“其秋，为伐南越，告祷太一。以牡荆画幡日月北斗登龙，以象太一三星，为太一锋，命曰‘灵旗’。为兵祷，则太史奉以指所伐国。”事又见《汉书·郊祀志上》，师古《注》：“以牡荆为幡竿，而画幡为日月龙及星。”可明此灵旗画日月北斗登龙，皆大常之象，而由太史奉之为兵祷，可为明证。以此例彼，则河巫“为水祷”而奉以大常，颇合古制。故古巫祷所建，或皆王旗之大常。

河巫以常旜覆尸，盖其生前以祷河为职，奉以王仪大常，故死后享王之特赐。二里头文化之常旜虽为天子之物，但仅具一铃，且不见干首，知非完整之常旗，而縿斿或许本应皆备，惜已烂朽，故唯见常旜而已。其以天子赏赐之物用为明旌，但沽简尤甚。这种将王特赐之物简易其制而用为明旌的做法当然与据自己之旌旗沽略而小以充明旌不同，应该具有礼杀一等的意义。

王特赐之事，史不乏见。荣仲方鼎铭乃言王赐诸侯宫室之事〔1〕，而西周金文或记天子所赐命服有“朱芾”者，自属以天子之物加赐诸侯。《诗·小雅·采芑》：“服以命服，朱芾斯皇。”毛《传》：“朱芾，黄朱芾也。”增字解经，说尤牵强。郑玄《笺》：“命服者，命为将，受王命之服也。天子之服，韦弁服，朱衣裳也。”陈乔枞《三家诗遗说考》：“诸侯惟得用赤绋，入为王臣，始加赐朱绋。”《易纬乾凿度》以“朱芾”即赐大夫之服，皆是。故“朱芾”本天子所用，其降赐卿士，命服之以行王事。

《诗·小雅·采菽》也王赐诸侯命服之诗，其云：“君子来朝，何锡予之？虽无予之，路车乘马。又何与之？玄衮及黼。”郑玄《笺》：“玄衮，玄衣而画以卷龙也。王之赐，维用有文章者。”此“玄衮”即西周金文习见之“玄衮”及“玄衮衣”，或也天子之用，受赐者则皆冢司徒、作册、宰及诸侯之流。

《左传·僖公二十八年》记周襄王策命晋文公之典礼云：“王命尹氏及王子虎、内史叔兴父策命晋侯为侯伯，赐之大辂之服。”贾逵云：“大辂，金辂。”杜预《集解》承其说。《尚书·顾命》：“大辂在宾阶面。”郑玄《注》：“大辂，玉辂。”本天子之车。刘文淇《春秋左传旧注疏证》：“大辂，本天子车之总名，玉辂亦在其例。故贾析言金路也，”是。知大辂当为天子舆乘。此“大辂之服”，孔颖达《正义》据《周礼·春官·司服》谓所赐为鷩冕。《司服》云：“公之服，自衮冕而下，如王之服。侯伯之服，自鷩冕而下，如公之服。子男之服，自毳冕而下，如侯伯之服。”故以常制言，晋侯宜赐鷩冕。然大辂既非诸侯之车，则冕服亦当从之而异。《仪礼·觐礼》：“天子赐侯氏以车服。”郑玄《注》：“赐车者，同姓以金路，异姓以象路，服则衮也、鷩也、毳也。”郑约《巾车》及《司服》言之，以侯氏中有同姓、异姓及公侯伯子男之异，故此“大辂之服”当金路衮冕〔2〕，乃加赐也。《礼记·杂记上》：“復，诸侯以褒衣、冕服、爵弁服。”郑玄《注》：“褒衣，亦始命为诸侯，及朝觐见加赐之衣也。褒，犹进也。”《礼记·王制》：“制，三公一命卷，若有加，则赐也，不过九命；次国之君不过七命，小国之君不过五命。”郑玄《注》：“卷，俗读也，其通则曰衮。三公八命矣，复加一命，则服龙衮，与王者之后同。多于此则赐，非命服也。”孔颖达《正义》：“若有加，谓九命，卷龙之外，依制不合有其服，若有加益者，则是君之特赐，非礼法之常。《杂记》谓之‘褒衣’也。”孙希旦《集解》：“若有加则赐者，谓衮冕之外，更加馀服，则出于王之特赐，而非常制也。《虞书》曰：‘予欲观古人之象，日、月、星辰、山、龙、华虫作绘，藻、火、粉米、宗彝、黼，黼絺绣，以五采彰施于五色，作服。’此王之服十二章也。公之服自衮冕以下，

---

〔1〕 冯时：《坂方鼎、荣仲方鼎及相关问题》，《考古》2006 年第 8 期。

〔2〕 沈钦韩：《左传补注》，皇清经解本。

今于衮冕之外更有加赐，则其为兼画星辰者与？加赐于命服之外，所谓褒衣者也。”皆特赐之明证。

《周礼·春官·小官伯》：“掌衣服、车旗、宫室之赏赐。”郑玄《注》：“王以赏赐有功者。”《礼记·乐记》：“所谓大辂者，天子之车也。龙旂九旒，天子之旌也。青黑缘者，天子之宝龟也。从之以牛羊之群，则所以赠诸侯也。”可明天子所赐所赠不唯车马服饰，旌旗亦在其列。西周金文言赐旗物而用事者如“䜌旂五日”（王臣簋、弭伯簋）、“旂五日”（辅师嫠簋）、“旂四日”（㲃簋），皆似天子仪仗。其或建于玉辂、戎辂，也属特赐。“五日”、“四日”自即《司常》所谓“日月为常”之画章，设于縿斿。河南汲县山彪镇出土战国水陆攻战图鉴，其中层水战设两船相对，左侧一船船头立大旗，上有五圆〔1〕(图29-1)；四川成都百花潭出土战国镶嵌宴乐水陆攻战图壶，构图略同于鉴，旗上则绘四圆〔2〕。学者认为此五圆、四圆当为五日、四日，实即铭文所言

1

2

图29　战国水陆攻战图

1. 山彪镇出土铜鉴（M1∶56）　2. 保利艺术博物馆藏铜壶

〔1〕 郭宝钧：《山彪镇与琉璃阁》，科学出版社，1959年。

〔2〕 四川省博物馆：《成都百花潭中学十号墓发掘记》，《文物》1976年第3期。

赐旗五日、四日也[1]。保利艺术博物馆藏战国嵌错铜壶一对也绘有相似的题材，其中立于船头之旗上绘八圆（图29-2）[2]，或为日月之形。这些旗帜作为天子仪仗，都可以通过特赐而为臣下所用。是诸侯享有天子特赐之大常，于史有征。故以制度观之，二里头文化之常旜应属天子加赐河巫之物，其用为明旌，显不为僭。此犹汉代梓宫、便房、黄赐题凑、珠襦玉匣者本皆天子之服[3]，而为臣者仍可通过皇帝的特赐而享有之[4]。盖河巫生前奉大常以祀河，故受王特赐之常旜。然河巫虽享王之特赐以为明旌，但显然并不以其昭示身份，其以龙旜覆身，理应具有以登龙引领墓主灵魂升天的宗教意义。

十　结　　论

综上所述，可将本文结论厘为四点。

（1）根据古器物图像、金文资料及古代文献的对比分析，确认二里头文化之绿松石镶嵌龙形遗物当属大常之龙旜。古代旌旗徽识皆法天官，而龙章源于星象，其本质即在描绘二十八宿东宫星宿跃地而出的升天景象，故此阿曲上向之龙设于大常，正表现了跃地升天的龙星，也即文献所称之“升龙”或“登龙”。龙旜通赤，佩铃，于制颇合。

（2）上古时代因纺织及绣绘技术的局限，故早期旗帜以旜为承设画章之物，于緣斿之外独存，致旌旗形制与后世大别。《司常》谓“通帛为旜”，《释天》以“因章曰旜”，皆明其制。然年深日久，其义寖失。故书虽敷阐旧诂，但无所匡益。而文献旜物错文互见，西周金文又称“旜锦”、“淑锦”，知其时或以文锦为旜。然早期旗旜以木为之，画章则施镶嵌之法，或称“错刻”，于文献尚有迹可寻。

（3）上古旌旗别身份，殊徽号，于生死皆然。死者或移用生时之旗以为明旌，兼为葬仪。后世明旌则于死后特制，渐有变化。而此常旜覆尸，正是早期旌旗制度的反映。

（4）大常之龙旜乃天子之物，然墓主身份则为倗氏族长，于王朝充为祀祷河神之巫，其用常旜为明旌，当享王之特赐，但沽而小，作用非在昭明身份，而在于明旌本身所具有的引领亡灵升天的宗教意义。

2005年10月17日草讫
2007年3月21日改毕

---

〔1〕张政烺：《王臣簋释文》，《古文字研究论文集》，四川大学学报丛刊第十辑，1982年。

〔2〕保利艺术博物馆：《保利藏金·续》，岭南美术出版社，2001年。

〔3〕《续汉书·礼仪志下》记大丧云：“金缕玉柙如故事。……治黄肠题凑便房如礼。”

〔4〕杨树达：《汉代婚丧礼俗考》，商务印书馆，1933年；卢兆荫：《试论两汉的玉衣》，《考古》1981年第1期。

附记：

本文引书简称

《泉屋》	濱田耕作：《泉屋清賞》，住友博古館，1919年。
《精華》	梅原末治：《歐米蒐儲支那古銅精華》，山中商會，1933年。
《武英殿》	容庚：《武英殿彝器图录》，1934年影印本。
《三代》	罗振玉：《三代吉金文存》，中华书局，1983年。
《美帝》	中国科学院考古研究所：《美帝国主义劫掠的我国殷周铜器集录》，科学出版社，1962年。
《合集》	郭沫若主编，胡厚宣总编辑：《甲骨文合集》，中华书局，1978～1983年。
《屯南》	中国社会科学院考古研究所：《小屯南地甲骨》，中华书局，1980～1983年。
《集成》	中国社会科学院考古研究所：《殷周金文集成》，中华书局，1984～1994年。
《遗珠》	李学勤、艾兰：《欧洲所藏中国青铜器遗珠》，文物出版社，1995年。
《夏商周》	陈佩芬：《夏商周青铜器研究》，上海古籍出版社，2004年。
《新收》	锺柏生、陈昭容、黄铭崇、袁国华：《新收殷周青铜器铭文暨器影汇编》，艺文印书馆，2006年。

老堡子遗址商代遗存的年代与性质研究

付仲杨

内容提要：2004年周原考古队在老堡子发掘了一批商代遗存。通过地层学和类型学的分析，本文认为该遗存为同一期遗存。通过与商文化的分期和壹家堡遗址第一期陶器的对比，推断其年代上限稍晚于花园庄早段，约相当于殷墟一期或稍早。从文化因素构成分析入手，确定该遗存的文化性质和文化特征，认为它属于“京当型商文化”。

关键词：老堡子　商代遗存　年代　文化因素

2004年秋季，周原考古队在陕西扶风老堡子进行了发掘，发现了10个商时期灰坑和3个商时期典型地层[1]。鉴于周原遗址在关中西部商时期文化谱系研究中的典型性，本文对该遗存的年代和文化性质进行初步的探讨。

一　遗存的层位关系与文化特征

（一）典型单位及层位关系

在老堡子商时期遗存中，有以下几组叠压和打破关系[2]：

1. 2004SFL

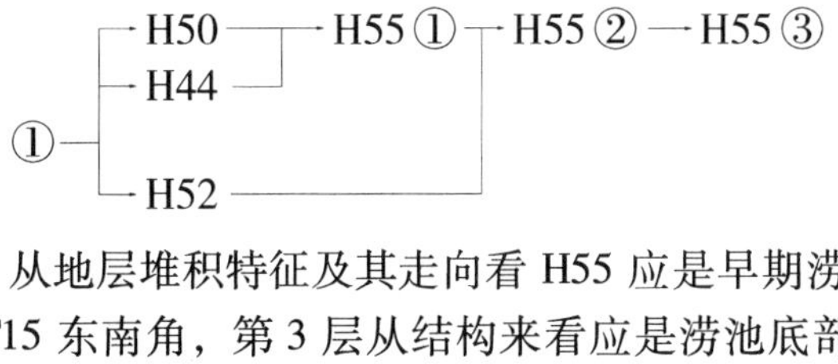

从地层堆积特征及其走向看H55应是早期涝池干涸后形成的灰坑堆积，其中心点在T15东南角，第3层从结构来看应是涝池底部的淤积层。H55出土物较为丰富，有

〔1〕 周原考古队：《2004年秋季周原老堡子遗址发掘报告》，见本集。
〔2〕 参见《2004年秋季周原老堡子遗址发掘报告》的商代遗存部分。

大量陶片及兽骨等，可辨器类有鬲、豆、罐、盆和甗等。并且H50和H44打破H55第1层，H52打破H55第2层。

2. 2004SFLTG1

H45 → H53

H45位于TG1西北部，部分伸入TG1北壁下。开口于第3层下，打破H53。由于其西边被取土破坏，从发掘情况看，其应该是一个较大的不规则椭圆形灰坑。发掘部分呈长条状，南北长894厘米，东西宽20厘米～200厘米，自深45厘米～110厘米。坑壁不甚规整，呈斜坡状，坑底高低不平。坑内出土遗物较为丰富。H53坑口近椭圆形，南北残长344厘米，东西宽250厘米，自深57厘米。坑壁较直，略内收，平底。坑内出土遗物不甚丰富。

3. 2004SFL T4

H7 → H6

H6位于T3的东北部，并伸入其北扩方的西南部。开口于第1层下，被H7打破。坑口呈椭圆形，长328厘米，宽230厘米，自深62厘米。斜坡壁，圜底。坑内出土遗物较为丰富。H7位于T4的中西部，部分在T5的东隔梁下。开口于第1层下，打破H6。坑口近圆形，直径310厘米～335厘米，自深95厘米。坑壁不甚规整，呈斜坡状，锅状底，坑底有厚约5厘米的硬面。坑内出土遗物较为丰富。

以上三组单位层位关系明确，出土物多较为丰富，故均作为典型单位进行分析研究。

（二）文化特征

根据上述各典型单位及地层关系，结合发掘报告中的器物形制分析，我们可以看出老堡子商代遗存应为同一期遗存。

从陶系和纹饰统计方面看〔1〕，除SFZH1外，泥质陶均占54.7%以上，夹砂陶占45.3%以下。灰陶占主体，其次是灰褐陶，再次是红褐陶，另有少量黑皮陶。纹饰方面，麦粒状绳纹占主体，其次是绳纹和弦纹，另有少量的附加堆纹、方格纹、压印纹等。有一定数量的素面陶。

从器类方面看〔2〕，除SFZH1外，器类的组合及数量比例没有发生大的变化。以H55第1层、第2层为例，两者常见的典型器物有：Ca、Cb型连裆鬲，花边鬲，分裆甗，Da型连裆甗，Ab、B型盆，A、B型折肩罐，A型真腹豆和A型瓮，都有少量的蛇纹鬲、假腹豆和簋等器类。只是有少量器类没有共存，如H55第1层没有第2层中的B型假腹豆，B、C型簋，H55第2层没有第1层的A型连裆鬲、袋足鬲、Db型连裆甗、Aa型盆、C型折肩罐和Ba、Bb型瓮。其他单位由于出土陶器较少，有些器类没有发现，但整体来看，器类的组合及数量比例没有发生大的变化。而且在这些单位

---

〔1〕 参见发掘报告的表2。

〔2〕 参见发掘报告的表3，本文老堡子遗址商代遗存陶器的型式划分均与发掘报告相同。

出土的连裆鬲、盆、折肩罐、真腹豆和瓮的口沿外均有附加泥条的现象。这说明它们应该属于同一期遗存。

对于SFZH1的分期情况，本文要着重交代一下。

从陶系和纹饰统计方面看，SFZH1泥质陶占43.5%，夹砂陶占56.5%。红褐陶的比例较大，占37.9%。纹饰方面，绳纹占43.4%，其中细绳纹占32.4%。器类方面，花边鬲和花边罐数量增加，而没有发现分裆鬲、连裆鬲、分裆甗、连裆甗和假腹豆等器类。但是陶色方面仍然是灰陶占主体，有一定数量的麦粒状绳纹。而且出土的花边鬲和花边罐与其他单位出土的花边鬲和花边罐的器物特征相同。A型真腹豆柄、A型折肩罐和B型盆也分别与其他单位出土的A型真腹豆、A型折肩罐和B型盆特征相同。蛇纹鬲和也与其他单位出土的蛇纹鬲特征近同。据此判断，SFZH1应与其他单位大体为同一期遗存，可能相对稍晚于其他单位。

（三）年代推断

老堡子商代遗存中包含有商文化因素，其年代首先可对比商文化的分期来加以推断[1]（图1）。但长期以来，有关二里冈上层至殷墟二期之间的商文化资料比较缺乏[2]。近年随着郑州小双桥[3]和洹北花园庄[4]等遗址的发掘，弥补了上述缺憾。有学者根据已有材料重新确定了这一时期的商文化序列，并定为中商文化，将其分为三期[5]。其中第一期以郑州小双桥遗址和白家庄遗址上层为代表，第二期以安阳洹北花园庄早期遗存和河北藁城台西早期墓葬为代表，第三期以安阳洹北花园庄晚期遗存和河北藁城台西晚期居址与晚期墓葬为代表。上述三期分别与邹衡先生提出的商文化分期体系中的早商文化第Ⅵ、Ⅶ、Ⅷ三组大体相同。尽管对于中商文化的定义，目前学术界还有争议，但本文基本赞同其分期序列[6]。对比邹衡先生大的商文化分期，本

---

〔1〕本文所用商文化分期体系基本采用邹衡先生观点（见邹衡著《夏商周考古学论文集》第二篇《试论殷墟文化分期》，文物出版社，1980年出版）。

〔2〕a. 邹衡：《试论夏文化》，《夏商周考古学论文集》，文物出版社，1980年。
b. 唐际根：《殷墟一期文化与其相关问题》，《考古》1993年第10期。

〔3〕a. 河南省文物研究所：《郑州小双桥遗址的调查和试掘》，《郑州商城考古新发现与研究》，中州古籍出版社，1993年。
b. 河南省文物研究所、郑州大学文博学院考古系、南开大学历史系博物馆专业：《1995年郑州小双桥遗址的发掘》，《华夏考古》1996年第3期。

〔4〕a. 中国社会科学院考古研究所安阳工作队：《河南安阳市洹北花园庄遗址1997年发掘简报》，《考古》1998年第10期。
b. 中国社会科学院考古研究所安阳工作队：《1998年～1999年安阳洹北商城花园庄东地发掘报告》，《考古学集刊》第15集，文物出版社，1999年。

〔5〕a. 唐际根：《中商文化研究》，《考古学报》1999年第4期。
b. 中国社会科学院考古研究所编著：《中国考古学·夏商卷》第249页，中国社会科学出版社，2003年12月。

〔6〕本文图1第1、2、3、4均引自上注两篇文章中中商文化分期图。

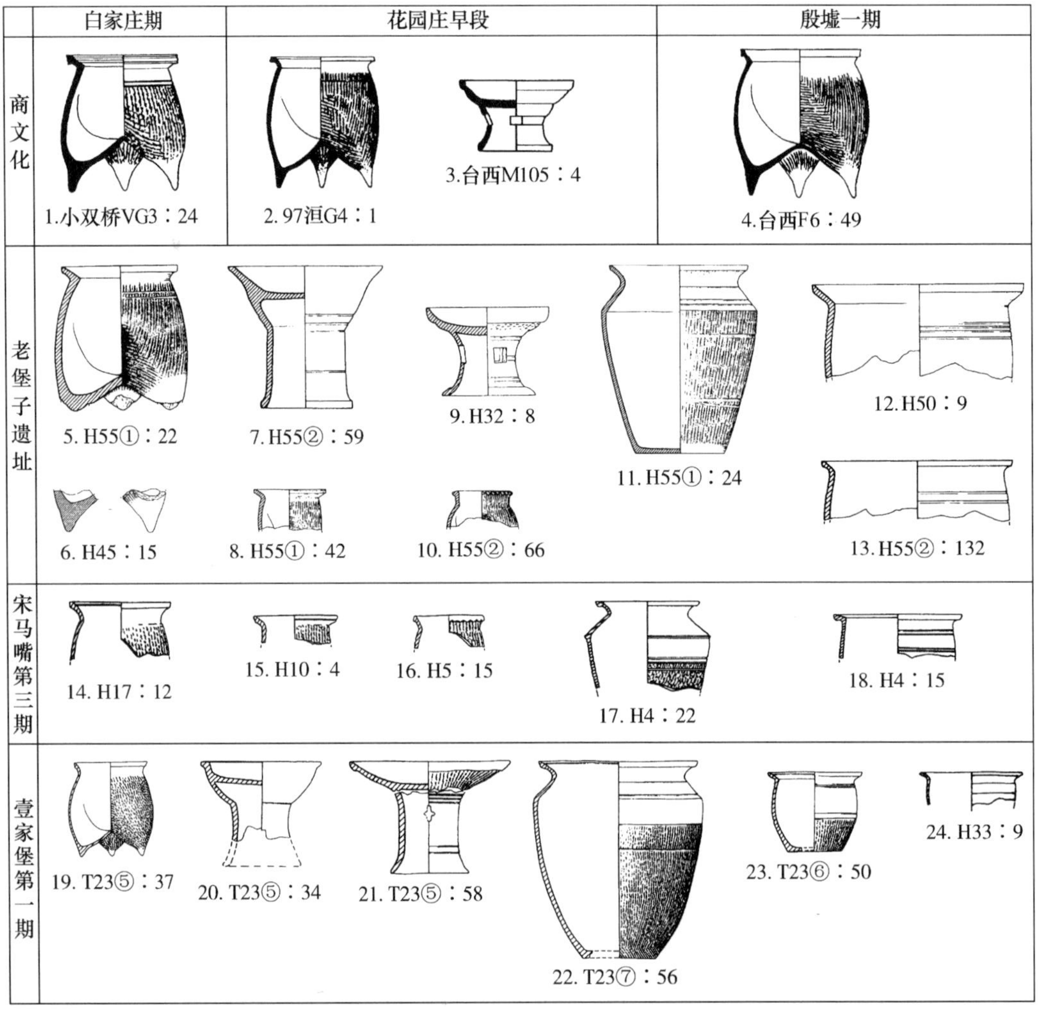

图1　老堡子遗存商代遗存年代比较图

文将二里冈上层至殷墟二期之间商文化的三段分别称为白家庄期、花园庄早段和殷墟一期。

老堡子遗址A型分裆鬲H55①∶22（图1-5）方唇上翻不明显或不上翻，唇下无棱，这与殷墟一期分裆鬲台西F6∶49（图1-4）较为接近。而从分裆鬲鬲足形态来看，老堡子遗址分裆鬲足（图1-6）足根较矮且内收。与花园庄早段分裆鬲97洹G4∶1（图1-2）相比，后者实足根更细，且外撇，似更早。但老堡子遗址出现的Aa型真腹豆H32∶8（图1-9）与花园庄早段的真腹豆台西M105∶4（图1-3）形态近似。而且老堡子遗址的分裆鬲颈下多饰有弦纹，这一特征在中原商文化中殷墟一期以后已不见。这可能是由于老堡子遗址偏离商文化中心区，存在着许多地方变异特征，目前还不能完全和商文化分期相对应。综合以上分析，老堡子遗址商代遗存的年代上限稍晚于花园庄早段，约为殷墟一期或稍早。

其次，通过与老堡子遗址比较接近的朱马嘴遗址、壹家堡遗址所出陶器作比较来推断其年代。

朱马嘴遗址分为三期四段，其中第一期包括两段，第二、第三期各一段〔1〕。通过比较，老堡子遗址的A型分裆鬲H55①：22（图1-5）与朱马嘴遗址第二期的分裆鬲H17：12（图1-14）等相似，形体较矮，足尖较短。老堡子遗址的A型连裆鬲H55①：42（图1-8）、花边鬲H55②：66（图1-10）分别与朱马嘴遗址第二期的直筒形连裆鬲H10：4（图1-15）、花边鬲H5：15（图1-16）形制特征相似。老堡子遗址的B型盆H50：9（图1-12）、Ab型折肩罐H55①：24（图1-11）也分别与朱马嘴遗址第二期的盆H4：15（图1-18）、折肩罐H4：22（图1-17）等相似。另外老堡子遗址的B型折肩罐、A型假腹豆和D型真腹豆也可在朱马嘴第二期找到相似的器物。朱马嘴遗址第二期被认为“约相当于殷墟一期或略晚”〔2〕。故可认为老堡子商代遗存的年代应与朱马嘴遗址第二期的年代略相当，约在殷墟第一期。

壹家堡遗址分为四期五段，其中第一、第二、第三期各一段，第四期包括两段〔3〕。通过比较，老堡子遗址的A型分裆鬲H55①：22和分裆鬲足H45：15（图1-5、6）与壹家堡第一期的折裆鬲T23⑤：37（图1-19）相似，但后者足尖内收较明显，更细矮。老堡子遗址的B型假腹豆H55②：59（图1-7）、Aa型真腹豆H32：8（图1-9）、Ab型折肩罐H55①：24（图1-11）、B型盆H50：9（图1-12）和B型簋H55②：132（图1-13）分别与壹家堡第一期的同类器（图1-19～24）相似。但前文也提到老堡子遗址的Aa型真腹豆H32：8似更具有较早形态。而壹家堡第一期的年代“时间界限应在殷墟第一期第一组偏晚阶段”〔4〕。故老堡子商代遗存的年代要稍早于壹家堡一期的年代，约在殷墟一期或稍早。

综合以上分析，老堡子遗址商代遗存的年代约在殷墟一期或稍早。

二 文化因素分析与文化属性

文化因素分析方法和地层学、标型学（类型学）方法一样，是考古学基本方法之一。它是指对考古学文化构成因素的分析。任何一个考古学文化都有一个从形成、发展到消亡的过程，它在这一进程中，既有对其先行文化的继承与变革，又有对同时期

〔1〕 a. 北京大学考古系商周组、陕西省考古研究所：《陕西礼泉朱马嘴商代遗址试掘简报》，《考古与文物》2000年第5期。
b. 张天恩：《关中商文化研究》第一章第二节，文物出版社，2004年。

〔2〕 同〔1〕b. 其分期标准依据邹衡《试论殷墟文化分期》。

〔3〕 a. 北京大学考古系：《陕西壹家堡遗址发掘简报》，《考古》1993年第1期。
b. 北京大学考古系商周组、陕西省考古研究所：《陕西扶风县壹家堡遗址1986年发掘报告》，《考古学研究》（二），北京大学出版社，1994年。

〔4〕 孙华：《陕西扶风县壹家堡遗址分析——兼论晚商时期关中地区诸考古学文化的关系》，《考古学研究》（二），北京大学出版社，1994年。其分期标准也依据邹衡《试论殷墟文化分期》。

周围其他文化的借鉴、吸收和融合。从而也必然在考古学遗存中反映出来，故一个考古学文化只具有一种文化因素的情况几乎没有，而应该是包含多种文化因素[1]。这也是我们进行考古学文化因素分析及考古学文化遗存性质推定的依据。

从前面的分析可以看出，老堡子遗址商代文化遗存文化内涵较为复杂。这种复杂性表现在文化因素构成的不同。我们首先对各文化因素及其来源进行分析，通过各种文化因素含量的分析来推测老堡子遗址商代遗存的考古学文化属性。

（一）文化因素分析

该遗址商代遗存的文化因素至少可以分为以下六类：

第一类：典型陶器有分裆鬲、分裆甗、B型盆和假腹豆等。这些典型器物也都是典型商文化常见的器型（图2-7～10）。其形制特征与郑州、安阳、北村等地商文化的同类器物（图2-1～5）也比较接近。故其也应归入商文化范畴。

第二类：典型陶器有A、B型连裆鬲，A、B、C型连裆甗，C型盆，B、C和D型真腹豆，折肩罐，非典型陶器有小口罐、敛口罐、簋、瓮等。从目前可知的情况看，第二类因素中的典型器物不见于典型商文化及其他地区年代相当的文化中，而仅见于关中西部地区，与所谓的"京当型商文化"[2]密切相关。小口罐、敛口罐、簋、瓮等非典型陶器虽然在典型商文化和关中西部商文化中都能见到，但是发现数量均较少，且器物整体特征与京当型商文化同类器更为接近。所以也将其归入第二类文化因素。至于第二类因素的文化属性尚有争议，或认为它是京当型商文化的一部分，或认为属先周文化。尽管郑家坡早期遗存是否存在还有争议[3]，但我们也不排除它作为京当型商文化自身特色的一部分的可能性。

第三类：典型陶器有Ca、Cb型连裆鬲，Da、Db型连裆甗，Aa、Ab型盆，Aa、Ab型真腹豆等。在第三类因素中，Ca、Cb型连裆鬲（图2-11、12）裆部以上特征近同于分裆鬲，方唇，饰麦粒状绳纹，但绳纹较细，折沿者较少，从裆内看微分裆，从裆外看瘪裆较明显，为连裆。这应是受到商文化的影响的结果。Da、Db型甗（图2-13）器形特征与分裆甗也比较近似，只是前者沿外附加泥条明显。Aa、Ab型盆（图2-14）其整体风格与殷墟所出的典型商式绳纹盆相近，但唇部却有附加泥条作风，绳纹也均饰在下腹而不是上腹部，与商文化典型绳纹盆有相近之处又有不同之处。Aa型真腹豆（图2-15）在偃师商城第二期三段[4]（图2-6）时就发现有近似者，其豆盘外饰绳纹，而且豆柄饰弦纹和镂孔也为商式豆的作风。但其沿外附加宽厚泥条却为关中地

---

〔1〕李伯谦：《论文化因素分析方法》，《中国文物报》1988年11月4日。后收入李伯谦：《中国青铜文化结构体系研究》，科学出版社，1998年。

〔2〕a. 邹衡：《试论夏文化》，《夏商周考古学论文集》，文物出版社，1980年。
b. 张天恩：《关中西部商文化研究》，《关中商代文化研究》，文物出版社，2004年。

〔3〕王巍、徐良高：《先周文化的考古学探索》，《考古学报》2000年第3期。

〔4〕中国社会科学院考古研究所编著：《中国考古学·夏商卷》第182页图4-2：81，中国社会科学出版社，2003年。

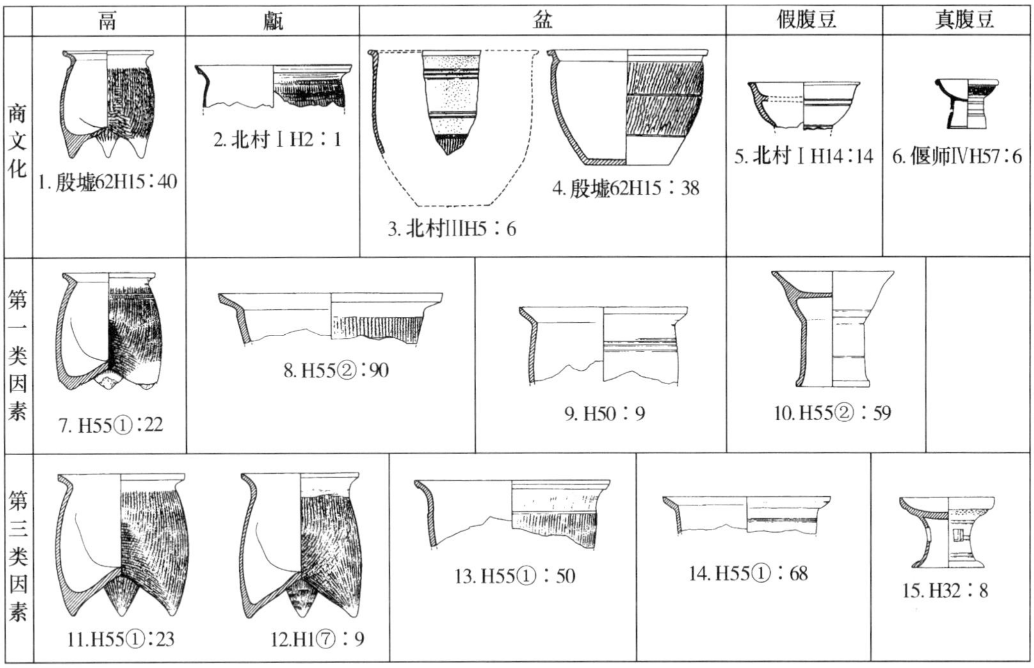

图2　老堡子遗址商代遗存第一、第三类因素与商文化陶器比较图

区常见的作风。而且从时间上看，这些器物是在商文化到达周原以后商文化和其他文化相互影响而形成的，属于商文化与其他文化混合而成的变异形态。其文化属性也应属于商文化范畴。

第四类：典型陶器只有袋足鬲。均为夹砂红褐陶，陶胎较薄，质地较差。这类因素目前可知在两类文化遗存中具有代表性。一是以刘家墓地〔1〕、晁峪〔2〕、石嘴头、宝鸡市纸坊头〔3〕、宝鸡市高家村〔4〕等遗址为代表的刘家类遗存。二是以碾子坡〔5〕、麟游县园子坪和蔡家河〔6〕等遗址为代表的碾子坡类遗存。两类文化均流行高领袋足鬲，仅从陶器特征上看，我们很难判定第四类因素应属于哪一类遗存，而且在老堡子遗址仅发现少量袋足鬲残片，无完整器，没有发现相关墓葬遗存，故很难把三者做比较。但从时间、地域分布情况来看，刘家类遗存出现的时间似要早于碾子坡类遗存，而周原遗址又更接近于刘家类遗存的分布区，故第四类因素似乎是受刘家类遗存所影响。

第五类：典型陶器有花边鬲和花边罐等。花边鬲，均夹砂，多褐陶。器型一般较

---

〔1〕 陕西周原考古队：《扶风刘家姜戎墓葬发掘简报》，《文物》1984年第7期。

〔2〕 刘宝爱：《宝鸡发现辛店文化陶器》，《考古》1985年第9期。

〔3〕 宝鸡市考古工作队：《陕西宝鸡市纸坊头遗址试掘简报》，《文物》1989年第5期。

〔4〕 宝鸡市考古工作队：《陕西宝鸡市高家村发掘简报》，《考古》1998年第4期。

〔5〕 胡谦盈：《胡谦盈周文化考古研究选集》，四川大学出版社，2000年。

〔6〕 雷兴山：《蔡家河、园子坪等遗址的发掘与碾子坡类遗存分析》，《考古学研究》（四），科学出版社，2000年。

小，矮领，微敛口，沿外均附加波浪状花边堆纹，分裆，内隔较高，似为袋足，无实足根，除唇面外均饰绳纹，且绳纹较细。花边罐，侈口，口沿外多饰波浪状花边，矮领，鼓腹，通体饰绳纹。要追溯这类因素的来源，我们必须从这类器物的时空分布方面做一个整体考察。

目前可知较早出现花边罐和花边鬲的遗址有内蒙古伊金霍洛旗朱开沟遗址〔1〕。该遗址被分为五段，年代从龙山文化晚期，一直延续至早商偏晚时期。自第一段到第五段都有花边鬲（报告中所分的AB、Ba、Bb和BC型鬲），均夹砂灰陶，分裆，袋足模制，套接领部，口外侧饰一周泥条附加堆纹，上用手指压印圆窝纹或捏成波浪形花纹。另外在有些带钮罐口沿外侧也饰有花边。与朱开沟遗址年代范围大致相当的二里头文化的二里头类型〔2〕和东下冯类型〔3〕中花边圆腹罐也常见。

另据张天恩先生对关中地区夏代文化遗存的研究〔4〕，关中东部地区的夏代遗存可以分为早晚两段，早段属于含有客省庄二期和二里头文化因素的"老牛坡类型"，其年代与二里头文化第一、第二期相当，晚段是自中原而来的二里头第三、第四期文化，其年代与二里头文化第三、第四期相当，下限也许已到了二里冈下层的范围。其中在蓝田泄湖遗址和墓葬〔5〕中就发现单耳花边圆腹罐。关中西部夏代遗存分为三期，第一期可能属于客省庄二期文化遗存，其年代约相当于夏代的早期，第二、第三期应是关中西部夏代的一种新的文化遗存，命名为"望鲁台—乔家堡类型"，第二期的年代可估计在夏代的中晚期，第三期的年代大体可估计其相当于夏代晚期至商代初期（二里冈下层阶段）。其中在第一期遗存中就发现有圆肩花边罐，尤其是在第二、第三期遗存中，普遍流行花边口沿器，最具代表性的有两类：一是花边罐，一般为直口，均有波浪状花边，有中领或矮领，圆鼓腹，小平底或凹底。一是鬲，主要为侈沿，连裆，基本都带有锯齿状花边，柱状足较高，通体饰绳纹。也有高领分裆鬲，侈口，口沿外有附加泥条或花边，斜高领，袋足，分裆，高锥足。但由于该类遗存发现较少，对其时代推测还有商榷之处。

进入商代以后，类似第二类因素的花边鬲和花边罐在很多遗址都有发现。在陕西耀县北村遗址第一至第三期遗存中均发现有花边圆腹罐，其年代范围为二里冈下层至

〔1〕 a. 内蒙古文物考古研究所：《内蒙古朱开沟遗址》，《考古学报》1988年第3期。
b. 内蒙古文物考古研究所、鄂尔多斯博物馆：《朱开沟——青铜时代早期遗址发掘报告》，文物出版社，2000年。

〔2〕 中国社会科学院考古研究所二里头队：《偃师二里头》，科学出版社，1999年。

〔3〕 中国社会科学院考古研究所、中国历史博物馆、山西省考古研究所：《山西夏县东下冯》，文物出版社，1988年。

〔4〕 a. 张天恩：《试论关中东部夏代文化遗存》，《文博》2000年第3期。
b. 张天恩：《关中西部夏代文化遗存探索》《考古与文物》2000年第3期。

〔5〕 中国社会科学院考古研究所陕西六队：《陕西蓝田泄湖遗址》，《考古学报》1991年第4期。

殷墟二期或偏早[1]。在陕西西安老牛坡遗址第二期遗存中也发现有花边圆腹罐，其年代为商代早期偏晚阶段[2]。在张天恩先生所分的先周文化孙家类型的旬邑孙家遗址[3]和彬县断泾遗址[4]中也发现大量花边器，一般是在鬲或甗的口沿外附加波浪状花边。口沿外饰花边的鬲有一般为分裆鬲，均侈沿，矮领，分裆，三足较肥硕，但也有少数矮领连裆鬲口沿外饰花边。关于孙家类型的年代还存在争议，但其年代推测最早在殷墟一期，最晚在殷墟三期。另外在郑家坡遗址和岸底遗址等为代表的“郑家坡早期遗存”中也发现有若干花边器，如连裆鬲、高斜领分裆鬲等器类都在口沿外附加花边堆纹。同样关于其年代争议很大，但目前大多数学者都认为其应属于早商偏晚至晚商偏早这一阶段的遗存。

综上所述，从时间上看，花边器自龙山晚期开始出现，经夏代一直延续到商代晚期。从分布地区来看，除二里头文化二里头类型在中原地区外，其余遗址均分布在北部和西部地区。但我们应该看到，在朱开沟遗址，花边鬲和花边罐是其常见器物，且占主要地位。而在关中地区早期花边器并不是很多，只是在关中西部龙山时期花边器发现较多，进入商代后，花边器也一直不是主体因素。在二里头文化二里头类型中虽然花边圆腹罐是常见器物，但在其他遗物上花边作风并不是很常见。所以这种在鬲和罐等器物口沿外饰花边的作风很有可能来源于北方文化因素，东部的二里头文化二里头类型和关中地区的花边器都可能是受朱开沟文化影响所致。但是由于同时期关中地区与朱开沟遗址所出花边器之间还存在很大差异，而且从出现时间看两者大体同时，故我们也不能排除此类因素是受北方因素影响而形成的关中地区地方因素的可能。

第六类：典型陶器仅有蛇纹鬲等。均夹砂，红褐陶或灰褐陶。胎多较薄，侈口，矮领，三袋足模制，分裆，无实足根。分裆位置偏低，沿外多饰波浪状附加堆纹，裆间及足上饰波折状或条状三棱形附加堆纹（蛇纹）。发现蛇纹器较多的地区主要在以内蒙古伊金霍洛旗朱开沟[5]、清水河县白泥窑子[6]等遗址为代表的内蒙古中南部的河套地区。据李水城先生研究，这种以细绳纹和蛇纹为典型纹饰的鬲、罐及少量甗等蛇形器，在公元前2000年前后，在中国西北至鄂尔多斯一线渐次生成，并迅速在长城沿

---

〔1〕 北京大学考古系商周组、陕西省考古研究所：《陕西耀县北村遗址1984年发掘报告》，《考古学研究》（二），北京大学出版社，1994年。

〔2〕 刘士莪：《老牛坡（西北大学考古专业田野发掘报告）》，陕西人民出版社，2001年。

〔3〕 陕西省考古研究所1994年发掘资料，待刊。部分资料可参见张天恩：《关中商文化研究》，文物出版社，2004年。

〔4〕 中国社会科学院考古研究所泾渭工作队：《陕西彬县断泾遗址发掘简报》，《考古学报》1999年第1期。

〔5〕 a. 内蒙古文物考古研究所：《内蒙古朱开沟遗址》，《考古学报》1988年第3期。

b. 内蒙古文物考古研究所、鄂尔多斯博物馆：《朱开沟——青铜时代早期遗址发掘报告》，文物出版社，2000年。

〔6〕 崔璿：《白泥窑子考古纪要》，《内蒙古文物考古》第4期，1986年。

线蔓延开来。而且蛇纹陶器与北方草原民族有着千丝万缕的联系〔1〕。本文基本赞同此观点。所以，第五、六类因素应是相关联的，均是受到来自北方文化因素的影响而形成的。

（二）文化性质的确定

前面已经分析了文化因素的构成，现在本文将全部的典型单位进行文化因素量化分析（表1）。

表1　　老堡子遗址商代遗存文化因素比较图

单位＼文化因素	第一类因素	第二类因素	第三类因素	第四类因素	第五类因素	第六类因素	总计
H55第1层	20	72	70	2	13	1	178
H55第2层	27	135	83		6	1	252
H55第3层	3	10	7		1		21
H1	3	9	11		1		24
H6	3	9	6		4		22
H7	1	17	8		5		31
H32	3	8	3		4		18
H44		6	3				9
H45	3	11	9		8	1	32
H50	1	7	4				12
H52		8	3		1		12
H53		2	1		2		5
总计（件）	64	294	208	2	45	3	616
比例（%）	10.39	47.73	33.77	0.32	7.31	0.49	100
SFZH1	1	6			28	2	37
比例（%）	2.70	16.22			75.68	5.41	100

注：据发掘报告的表3、续表3器类统计得出，但鬲足、甗腰、圈足和豆柄的数量没有计入。

根据文化因素比较表的情况来看，其中第二类因素占主导地位，达到47.73%，其次是第三类因素和第一类因素，第一类商文化因素约占10.39%。第三类商文化与其他文化结合而成的混合文化因素约占33.77%。两者约占44.16%多。第五类因素占7.31%，第四、六类文化因素所占比例较小，最高也只占0.49%。所以，对于老堡子

〔1〕李水城：《中国北方地带的蛇纹器研究》，《文物》1992年第1期。

遗址商代遗存的文化性质，我们一般认为其属于“商文化京当类型”，当然也受到来自河套地区朱开沟文化、来自周原以西的羌戎文化、来自中国西北至鄂尔多斯一线的北方草原等文化的影响。

另外，在讨论老堡子遗址商代遗存文化性质的时候，我们要特别考虑到04SFZH1的情况：

04SFZH1属于2004年秋季老堡子发掘的第三地点，位于窑白沟和七星河交汇处东侧一级阶地西缘断崖上。坑内出土有花边鬲、花边罐、蛇纹鬲、甗腰、绳纹盆、折肩罐和真腹豆等。从其器类统计情况看，花边鬲和花边罐等所占比例较高，达到75.68%（表1）。显然，04SFZH1的文化因素构成是以第五类因素为主。其次就是第二类因素，占16.22%，第六类因素和第一类因素所占比例较低。第三、第四类因素没有发现。这与老堡子遗址其他遗迹单位的文化因素构成明显不同。

出现这种现象，我们有多种解释，一种解释是以第五类文化因素为代表的这类遗存在殷墟第一期时势力开始增强，而当商文化的势力有所衰弱的时候，其在局部地区与商文化形成共存之势。但从目前考古发现来看，其几乎被商文化京当型势力范围所包围。所以这种可能性很小。另外一种较为合理的解释就是，在商文化退出周原后很短的时间内，这类遗存得到迅速发展，由于像刘家类遗存、碾子坡类遗存等势力在周原也开始强大，它又很快地衰退了或被融合了。

综合以上分析和研究，本文认为老堡子遗址商代遗存的年代上限稍晚于花园庄早段，约为殷墟第一期或稍早。其文化性质属于“商文化京当类型”，同时也受到来自河套地区朱开沟文化、来自周原以西的羌戎文化、来自中国西北至鄂尔多斯一线的北方草原等文化的影响。

1. 二里头文化二期墓葬02VM3（西－东）

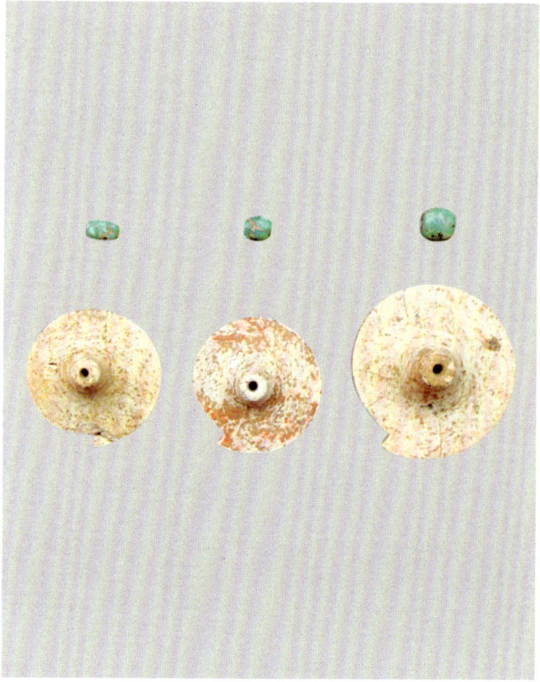

2. 斗笠状白陶器 (02VM3：1~3)

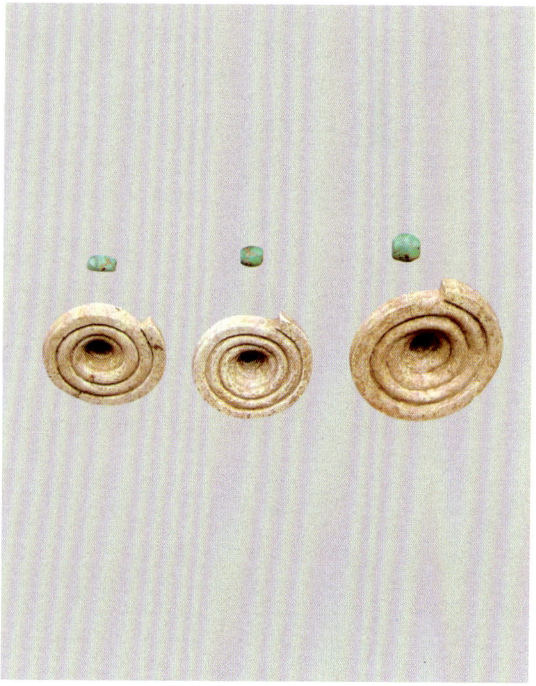

3. 斗笠状白陶器 (02VM3：1~3) (另一角度摄)

二里头文化二期墓葬及出土遗物

二里头遗址02VM3出土绿松石镶嵌龙形物

1. Ⅰ式平底尊（T1115⑤：123）

2. Ⅱ式平底尊（T1115③：33）

3. Ⅲ式平底尊（T1115③：67）

4. Ⅳ式平底尊（T1015③：26）

5. 舟形器（T1115③：127）

6. 碗（T1215②：3）

东岳石遗址陶器

1. AⅡ式盒（T1116④：67）

2. D型盒（G1①：19）

3. BⅢ式盒（G1①：15）

4. E型盒（G1②：25）

5. 杯（T1115②：143）

6. G型器盖（G1①：14）

东岳石遗址陶器

1. AⅢ式（G1①：1）

2. AⅠ式（T1116③：24）

3. D型（T1115③：85）

4. E型（G1①：1）

5. BⅡ式（H1：1）

6. BⅢ式（T1215②：56）

东岳石遗址陶器盖

1. D型泥质平底小罐（T1116②：64）

2. A型泥质平底小罐（T1015④：36）

3. Ⅰ式小口罐（G1②：23）

4. 三足罐（T1116⑤：58）

5. Ⅲ式子口罐（G1①：24）

6. Ⅳ式子口罐（T1215②：52）

东岳石遗址陶罐

1. A Ⅰ式（T1115④：107）

2. C型（T1114④：35）

3. D型（T1114④：34）

4. A Ⅱ式（T1015③：14）

5. B型（T1215⑤：50）

6. F型（T1215②：6）

东岳石遗址陶网坠

1. AⅠ式（T1116③：25）

2. AⅠ式（T404③C：9）

3. AⅡ式（T1015③：24）

4. AⅡ式（T1114②：4）

5. 半成品（T1115③：37）

6. 半成品（T304②：1）

东岳石遗址石刀

1. AⅠ式铲（T1116⑤：56）

2. B型铲（T1114⑤：38）

3. AⅡ式铲（T1116②：9）

4. B型铲（T1115③：45）

5. Ⅲ式凿（T1115②：7）

6. Ⅱ式凿（T1215②：7）

东岳石遗址石器

1. B型铲（T1115③：25）

2. B型铲（T1115③：40）

3. A型铲（T1116③：30）

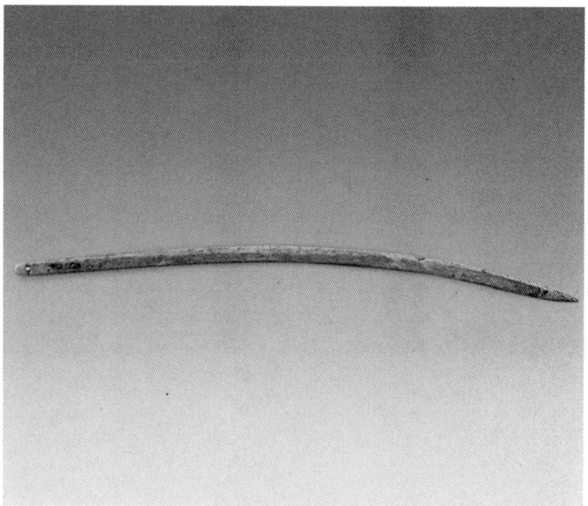
4. 大型针（T1115③：28）

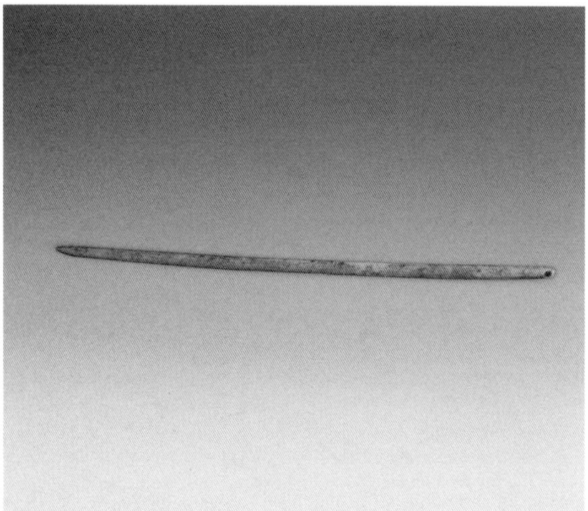
5. 小型针（T1215③：27）

6. 中型针（G1①：10）

东岳石遗址骨器

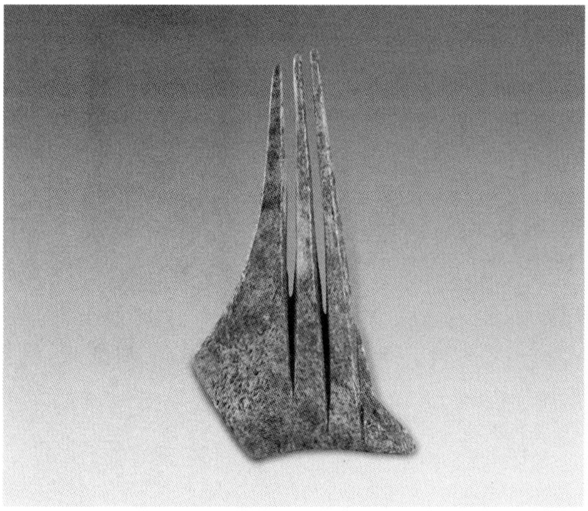

1. 梳（T1114④：24）

2. 管（T1215③：54）

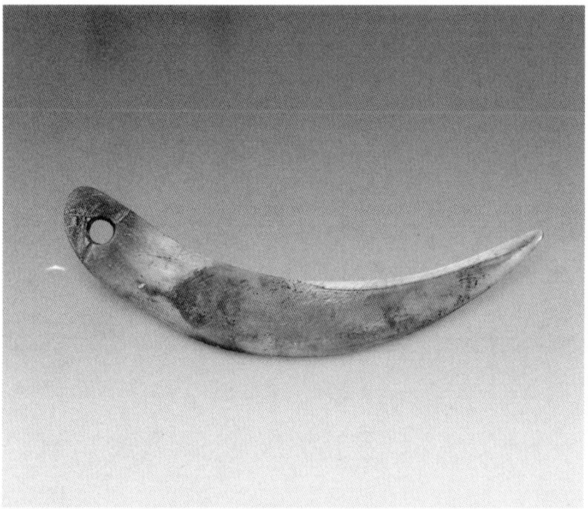

3. 獐牙刀（T1116②：13）

4. 鱼鳔（T1114④：64）

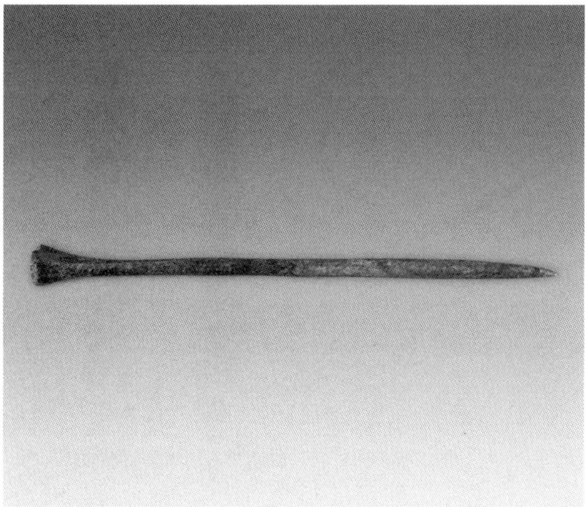

5. 笄（T1115④：106）

6. 配饰（T1114③：12）

东岳石遗址骨器

1. AⅠ式锥（T1015③：31）

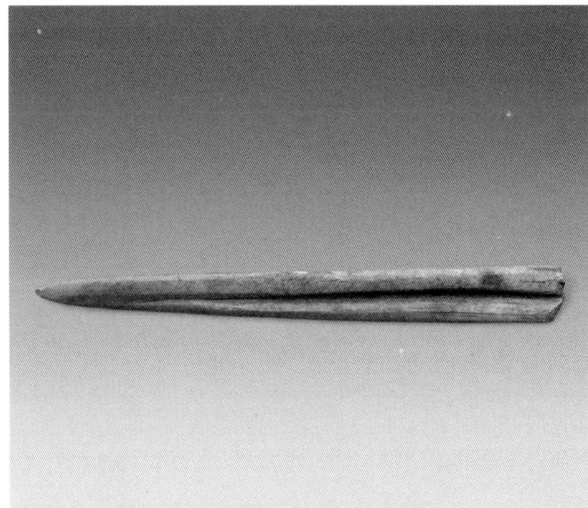

2. CⅢ式锥（T1215②：13）

3. C型匕（T1116④：50）

4. D型匕（T1016③：5）

5. Ⅰ式刀（T1015④：37）

6. Ⅰ式镞（T1115③：47）

东岳石遗址骨器

老堡子遗址远眺（西南→东北）

1. 赵家沟地点清理现场

2. 04SFLT14～T16南壁剖面

老堡子遗址遗迹图

1. Db型（H18：8）

2. Db型（H18：9）

3. Db型（F1：14）

4. F型（F1：15）

老堡子遗址陶罐

图版14（XIV）

1. 深腹盆（H18：10）

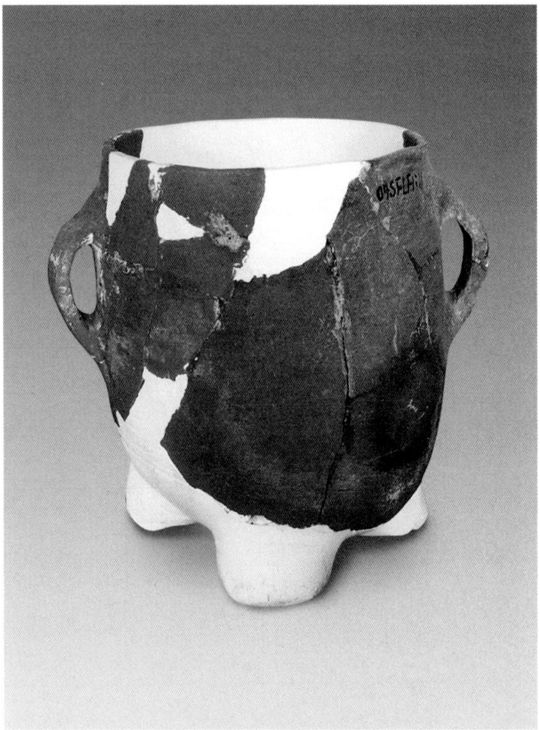

2. A型斝（F1：11）

3. A型Ⅱ式鬲（F1：16）

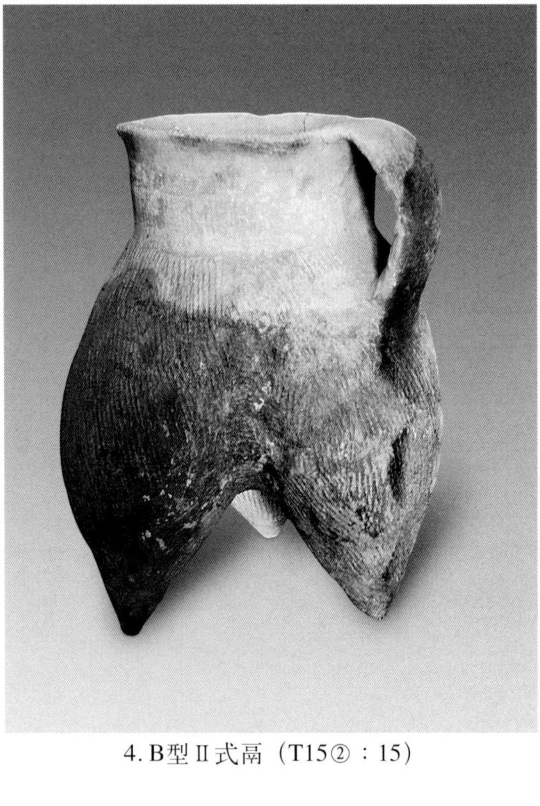

4. B型Ⅱ式鬲（T15②：15）

老堡子遗址陶器

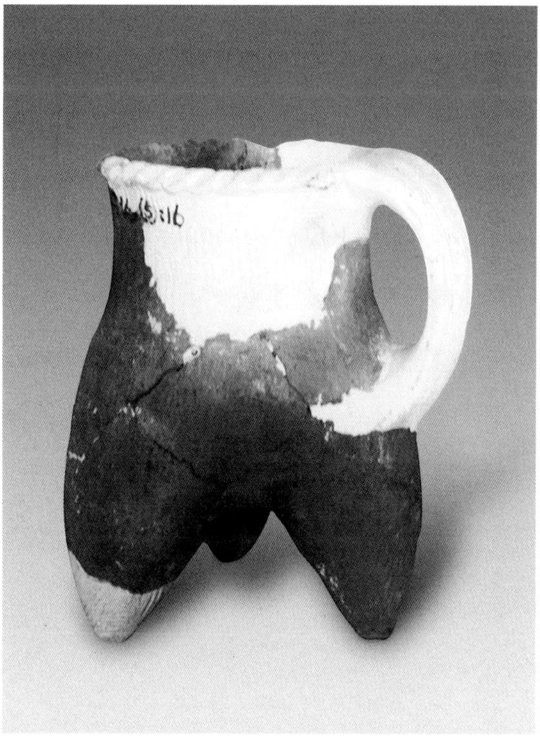

1. BⅡ式鬲（T15②：16）

2. A型分裆鬲（H55①：22）

3. Ca型连裆鬲（H55①：23）

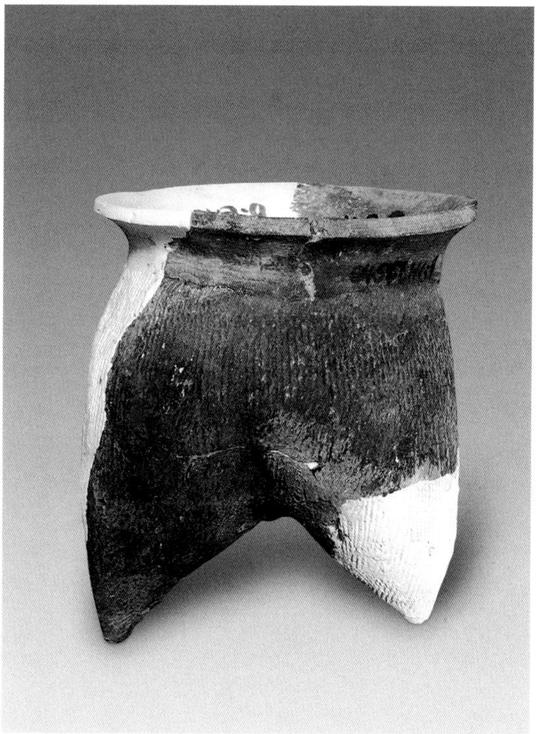

4. Cb型连裆鬲（SFLH1⑦：9）

老堡子遗址陶器

图版16（XVI）

1. 花边鬲（SFZH1：12）

2. C型盆（H6：6）

3. Ab型折肩罐（H55①：24）

4. 花边罐（SFZH1：16）

老堡子遗址陶器

1. A型假腹豆（H55③：12）

2. A型假腹豆（SFLH1⑦：10）

3. B型假腹豆（H55②：59）

4. Aa型真腹豆（H32：8）

老堡子遗址陶器

1. 东北向西南摄

2. 东南向西北摄

宣平门遗迹全貌

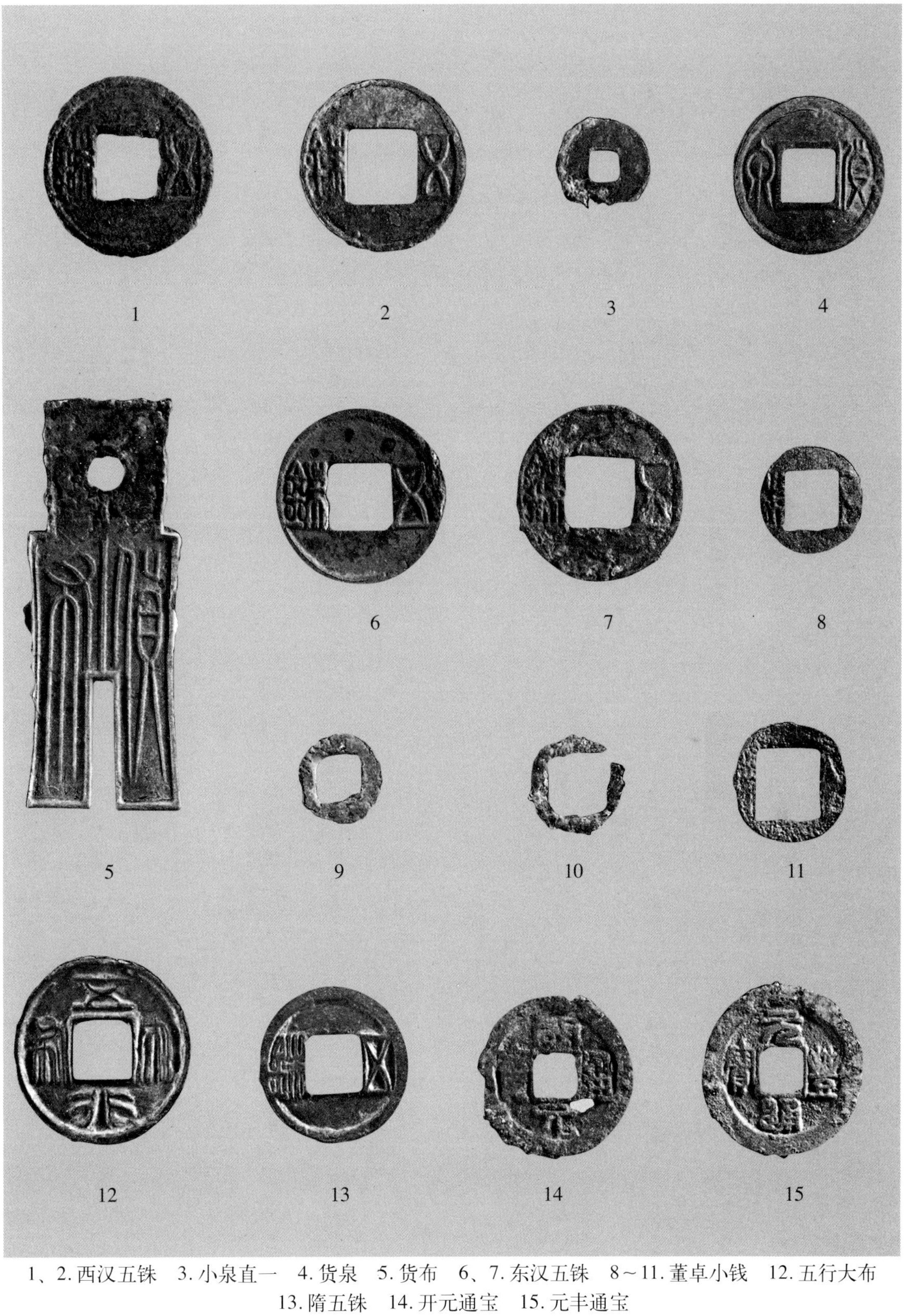

1、2. 西汉五铢　3. 小泉直一　4. 货泉　5. 货布　6、7. 东汉五铢　8～11. 董卓小钱　12. 五行大布
13. 隋五铢　14. 开元通宝　15. 元丰通宝

宣平门遗迹出土铜钱

1. 东汉夯土壁和隋代车辙（由东向西摄）

2. 东汉夯土壁（由北向南摄）

宣平门北门道遗迹

1. 后赵时中门道砖壁（由北向南摄）

2. 门墩石

宣平门中门道遗迹

1. 中门道遗迹（由东向西摄）

2. 中门道遗迹（由西向东摄）

宣平门遗迹

1. 隋代车辙被唐代夯土打断（由东向西摄）

2. 南壁后赵的砖块和土坯

宣平门南门道遗迹

1. 南边城墙突出部分北拐角处的瓦片和设施

2. 北边城墙突出部分北拐角处的瓦片和设施

霸城门遗迹

发掘后的霸城门南门道遗迹（由西向东摄）

1. 北侧础石、枕木、木柱（由西向东摄）

2. 南侧础石、枕木、木柱（由东向西摄）

霸城门南门道遗迹

1. 云纹

2. 云纹

3. 云纹

4. 长乐未央

5. 长生无极

6. 都司空瓦

西安门遗址出土瓦当

1. 东门道遗迹（由北向南摄）

2. 东门道底下砖筑水道

3. 东门道底下砖筑水道断面

西安门遗址

1. 铜镞

2. 铁镞

3. 铁铠甲

西安门遗址出土遗物

图版30（XXX）

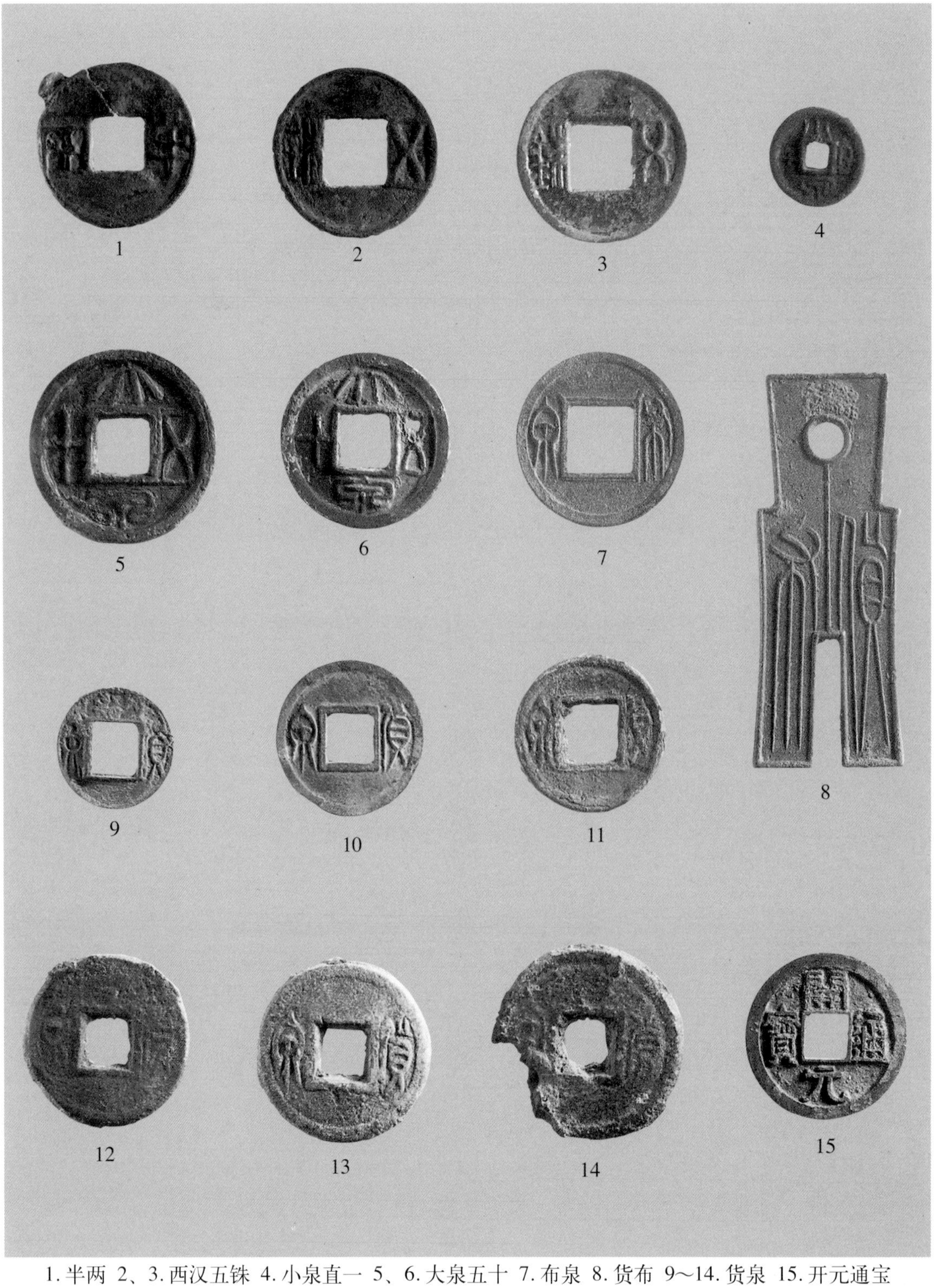

1. 半两 2、3. 西汉五铢 4. 小泉直一 5、6. 大泉五十 7. 布泉 8. 货布 9～14. 货泉 15. 开元通宝

西安门遗址出土铜钱

1. 中门道遗迹（由西向东摄）

2. 北门道遗迹（由西向东摄）

直城门遗址

1. 南门道南侧房舍

2. 南门道南侧房舍内的铁戟、铁刀

3. 中门道烧土堆积层上唐代遗迹

4. 中门道前端南侧的门墩石

5. 中门道前端北侧的门墩石

6. 北门道底下的水道

直城门遗迹、遗物